南雍佳篇：中央大学名师文选（一）
校长卷

中 央 大 学 南 京 校 友 会 编
《南雍佳篇：中央大学名师文选》编纂委员会

南京大学出版社

《南雍佳篇：中央大学名师文选》
编纂委员会

《南雍佳篇:中央大学名师文选》总序

中央大学历史悠久,爱国进步,名师荟萃,学风诚朴,英才辈出,贡献良多。鸡笼山麓,四牌楼前,南雍故地,《学衡》源导,雄伟礼堂,六朝古松,巍峨黉舍,甲于南东。抗战伊始,校长罗公,独具慧眼,一举迁川,宽敞沙坪,秀丽柏溪,师生团结,共赴国难,头顶敌机,弦歌不辍,三千学子,如沐春风。

百余年来,中大学子,为国为民,略尽绵薄,究其主因,端赖名师教导,当时中大名师,德才兼备,以身作则,循循善诱,师生情深义笃,中大学子,每念及此,莫不感喟涕零。为感恩母校,鸣谢恩师,2002 年春,中央大学南京校友会聚数百校友之力,穷六载之功,编纂《南雍骊珠:中央大学名师传略》三卷。载中大两百七十位名师,问世以来,反映殊佳。2017 年春我会商定,再接再厉,继续出书,名曰《南雍佳篇:中央大学名师文选》,共八卷。首卷为校长卷,余则按院设卷,每院各出一卷,力争 2022 年校庆以前出齐,以飨读者。我会深知,出好此书,困难殊多,一则三江以还,年代久远,收集名师佳篇非易,有些名师,著作甚丰,精中选精,非常人所能为;二则我中大校友存世者,均届耄耋之年,体力欠佳,且已有校友因出此书而积劳成疾,住院治疗。然我中大校友,笑迎困难,雄心未减,壮志犹存,力争如期出书。限于条件,书中错讹欠妥之处,仰请读者不吝赐正。

2017 年 8 月

《南雍佳篇:中央大学名师文选(一)校长卷》序

中央大学历史悠久,自 1902 年两江总督张之洞创办三江师范学堂以来,历任掌校诸公大都士林楷模,学界翘楚。本卷从中精选八位校长有代表性之遗著共八十篇,都四十万言。缪荃孙、陈三立先后任三江师范学堂总稽查(相当于校长),二位满腹经纶誓志办好三江,成绩卓著。李瑞清乃前清翰林院贡士,1905 年主掌两江师范学堂。视教育若性命,视学校若家庭,视学生若子弟,以"嚼得菜根、做得大事"为"校训","校风"俭朴、勤奋、诚笃,培养出众多知名学者,如国学大师胡小石、教育学家廖世承、艺术家吕凤子、文学家胡适等,李瑞清为我国师范教育开拓者当之无愧。南京高等师范学校、国立东南大学副校长刘伯明、襄佐郭秉文校长主理校政,成绩斐然,力挺梅光迪办好《学衡》。当时师生提起刘公莫不交誉称赞,视为楷模,中央大学校长罗家伦乃五四宣言起草者,三十一岁为清华大学校长,三十二岁任中央大学校长,长达十年之久,颇有建树,他认为抗日战争不仅军事上要抗日,文化上也要抗日,中央大学应该超过日本东京大学,打败日本东京大学,在他掌校期间,学校名师云集,部聘教授之数为全国高校之冠,又如中大校长吴有训乃物理学泰斗,

1945 年 8 月来校后,扬正气,兴学风,敦请著名物理学家赵忠尧为物理教授兼系主任,并带头主讲普通物理课程。他积极支持爱国学生运动,誓志办好中大;不得已于 1947 年秋出国访问,匆匆离校。

上述诸公莫不雄才大略,办好中大不遗余力,此乃中大之幸,亦为全国高等教育之幸也。

2017 年 8 月

目　录

壹 缪荃孙

缪荃孙（1844—1919），字炎之，又名筱珊，晚号艺风老人。江苏江阴中港镇缪家村人。中国近代藏书家、校勘家、教育家、目录学家、史学家、方志学家、金石学家，我国文化教育与科技界尊称他为我国近代图书馆的鼻祖。1876 年中进士，授翰林院编修，1902 年协助张之洞、魏光焘创办三江师范学堂并任总稽查（相当于今日之校长）。一生著述甚丰，有《艺风堂文集》和《续集》各八卷，《辛壬稿》三卷，《乙丁稿》五卷，《金石目》十八卷，《读书记》四卷，《藏书记》八卷，《续藏书记》八卷，《京师图书馆善本书目》八卷，《各省市书目》四卷，等等。

1. 盛京将军兼奉天总督旗民地方军务完颜文勤公神道碑*

圣朝发祥东土,抚有天下,丰镐旧都,最重留守。近年祠祀劳臣,得三人焉,曰文忠。文公清恳,都公文勤,崇公颜之,曰三忠祠。顾文公经营寰宇,功业不专在盛京。都公曾任将军,而战功卓著于三楚两江之境。惟文勤公综核名实,奠定区宇,金汤千里,屹然如磐石之安,洵为史册罕觏者也。公讳崇实,字朴山,完颜氏系出于金源,祖镏山东泰安府知府,父麟庆,嘉庆己巳进士,官至南河河道总督,公道光癸卯举人,庚戌进士,改庶吉士,授编修,不一年擢至侍讲学士通政使,司通政,使军务,初,兴屡上封事受文宗皇帝特达之知署户部左侍郎,奏罢当千当五百大钱,又奏止克勤郡王捐铸,命查四川总督裕瑞命案,旋授工部右侍郎。因案降补太仆寺少卿,升内阁学士,充驻藏大臣。再查四川总督曾望颜参案,署四川总督。时川匪颇肆蹂躏,派提督蒋玉龙、知府唐炯剿防,人心稍安。朝命湖南巡抚骆文忠公秉章为钦差大臣,入川督师,期年始至,即授总督。简公成都将军同办军务,剿平蓝李周郭各股,腹地肃清。又禽石达开于宁远,蜀中大定。丙寅文忠公患目疾,赏假。丁卯薨于位。公两署总督,并办文武,

* 编者注:为保持作品原貌,本书所选文章如在译名、人名、语词、标点符号等方面有与现行用法不一致处,均不做修改。

闽时黔匪未清,沿边千里,处处设防,而越嶲夷患亦甚,公派候补知府唐炯督军进剿号匪,派贵州提督周达武督军进剿夷匪,炯军由遵义克荆竹园过乌江,荡平玉华山尚大坪各老巢,生禽逆首刘义顺,达武军由越嶲破普雄西昌冕宁各支,夷目皆投诚纳质,内地既平,黔边亦靖,而满营饷日绌、兵日弱,又以钞票四六搭放,为奏请给发实银,邛州唐旺坝有老林,挑选旗丁五百名开垦种地,为裕旗民生计。岁辛未召来京补镶白旗蒙古都统。壬申署理热河都统,委朝阳县知县陈本植、古北口马队营官左宝贵同击马贼,平之。甲戌特简刑部尚书,充甲戌科会试总裁。光绪乙亥命赴奉天吉林一带查办事件,并署盛京将军调陈本植左宝贵等文武各员随行。盛京为国家根本重地,左临渤海,有营口、牛庄两通商口岸;右带鸭渌与朝鲜邻,山川缭绕,原隰饶沃,若能筹饷练兵,俾为重镇,可以壮京师之拱卫,杜强邻之窥伺,惟设官有将军、有都统、有五部侍郎、有府尹,事权不属,盗贼横行而大东沟大通沟两处匪徒盘踞日久,扰及永陵,并陷兴京。公饬陈本植色楞额充文武翼长,练通省马步各军,副将左宝贵练八旗马队,总兵王佑臣查省城内外,知县朱克杨等充发审委员,设营务处文案,清理粮饷,稽查军火,旋饬陈本植左宝贵剿大东沟匪徒,平之。因清查地亩、编连保甲、筑城定税,委陈本植督办,请以盛京将军兼奉天总督旗民地方军务官兵刑两部事务兼理粮饷,另请颁发总督关防,府尹加二品衔巡抚事,与将军相助为理,永禁旗营各衙门干预银钱词讼。复奏明不准地方重征以纾民困。奉旨允行,实授盛京将军兼总督事。丙寅左宝贵剿平大通沟贼,又平宾图王旗枯林地贼首周子玉、锦州贼首。

差总王勋改昌图厅为府、添怀德奉化康平三县以绥良善,定厘税,镇强暴,奉省又安。九月薨于位,年五十有八,遗疏上闻。

天颜震悼,奉旨入城治丧。谕经过地方官妥为照料。御赐祭葬,予谥文勤,典至渥也。公性开敏,多读书,谙练故事,事上以敬,驭下以严,与僚属共事则推贤让功,尤为人所不及。军兴以来练兵大帅往往为疆吏所牵制,不得畅行其志,骆文忠督师入境,公筹饷运粮,先事筹划,文忠大喜过望,不及一岁而大功告成,然在当时声望为文忠所掩,及至奉天,肩重任、申事权、剿巨寇,鼎新革故,因时制宜,出斯民于水火之中,而屹屹严疆,从容镇定,数十年来声望之隆与文忠之在四川相上下。方知才局干济,未可以轩轾也。公负知人鉴,而又折节,下交阳湖管才叔乐、元和顾幼耕复初、汉军徐功可虑善、溧水濮青耡文选、上元李仙根光节均入幕中。荃孙幼年为公激赏,佛龛燕集,久侍吟咏,丙子改庶常公子文恪公为教习师。末学菲才,受知两世,岁辛卯公之孙景贤荫生属荃孙撰次其事,立石于神道,于是公薨十有六年,而文恪公薨亦期年矣。公之德善功烈记诸史册,无俟碑铭然后显。乃读公奏疏,窃恐史氏未载其详,而深心伟略不尽传于天下,不可以不铭也。铭曰:天锡智勇,金源世胄,弹压山川,发挥宇宙,文采常扬,勋名文富,镍院抡才,严疆御寇,西南万里,井络天彭,抚绥噫鸿,抵御奔鲸,上德不德,至名无名,襄阳叔子,陇右营平,翼翼陪京,岐丰旧域,独总大纲,以策群力,缝裾刺姦,解绶惩墨,混同安流,医间生色,性功默运,元气潜斟,证菩提果,参薝蔔林,葆神悟道,敛阳育阴,神钟警耳,明镜澄心,公负长才,帝畀重镇,胡不期颐,俾竭忠尽,厘剔幽隐,拂拭英俊,民气尽乎,国威斯振,昊天不吊,恒干潜摧,山颓太岳,星坼中台,哀忠纶綍,入梦琼瑰,茅檐茹痛,蒿里衔哀,昔预宾筵,敬窥万一,今刊贞珉,谨瀎行实,蔡愧韩谀,力鉴前失,伟烈丰功,百世有述。

2. 说文段氏注匡谬序(代)

乾隆中叶,汉学倡明,经师浸盛,其时集小学之大成,阐洨长之奥义者,莫如金坛段先生《说文解字》注,盖穷经必先识字,识字必先说文,诚学海之津梁,亦儒林之径遂。顾自汉至今千有余年,简策之脱佚,浅人之窜乱,触处皆是,第执传刻大小徐本,为许君之本惜非特厚,诬前哲抑恐贻误通儒。段先生起缺者补之,复者乙之,幽隐者衷众说以明之,讹谬者集诸书以证之,如铲芜确剃灌莽,关仄径而达之康逵。如拨阴翳、去屏幛、启昏室而悬之白日。其功可谓勤矣,其学可为博矣。惟是卷袭既多,牴牾不免,如据大小徐前引用之文与广均玉篇等书,证传本之疏,而改原书之字,更有用意增减,定为许君本文,在先生自成一家之言,恐后学遂开武断之弊,同时元和江氏镠、徐氏承庆、吴县钮氏树玉,乌程严氏可均,阳湖陆氏继辂,时驳其说,钮氏徐氏皆成专书,钮氏书已盛行,徐氏成书后于钮氏,亦密于钮氏。藁藏令子让泉处世鲜知者。丙子之冬,觐元监司渝州从文、孙某某索得附丛刻以行,昔冲远疏注,为后郑之佞臣斗南补遗,实小颜之诤友。徐氏此书补苴罅漏,搜剔纤微,剥其浮辞,存其精义,宁为诤友,毋为佞臣。世之读段注者应亦共谅苦心。非苟为辨诘已也。至引段注系初稿本,与近刻不甚同,不足以为诟病云。

3. 宋元词四十家序

　　国朝汇刻前人词者,以虞山毛氏为最富,江都秦氏为最精,他若长塘鲍氏,监官蒋氏亦尝探灵琛于故楮,采片玉于珍秘,倚声之士,沾溉良多。吾友王子佑遐,明月入抱,惠风在襟,孕幽想于流黄,激凉吹于空碧,古怀落落,雅不类于虎贲,绮语玲玲,媟不堕于马腹。曾偕端木子畴、许君鹤巢、况君夔笙刻薇省联吟词,固已裁云制霞,天工丽巧,刻菢斫卉,神匠自操矣。其论南宋词人,姜张并举,暗香疏影,石帚以坚洁自矜,绿意红情,春水以清空流誉,洵足药粗豪之病,涤姝荡之疵,于是有双白词之刻。又论长公疏朗,稼轩沈雄,大德延祐之纪年,云闲信州之传本,延平剑合,昆山璧双,流传于竹坞,弇州赏鉴于延令,传是藉东阿之珍弄,订汲古之舛讹,于是有苏辛词之刻,他若阳春领袖于南唐,庆湖负声于北宋,碧山之绵眇,梅溪之轶丽,中圭双秀,不殊怨悱之音,南渡四臣,各抱忠贞之性,天籁清隽,待竹垞而传蚁,术新艳遇仪征而显以及词林正韵,乐府指迷,莫不录诸旧帙,付诸削氏,真词苑之津梁,雅歌之统会也。君又以天水一朝,人谙令慢,续骚抗雅,如日中天,降及金元,余风未泯。尺缣寸锦,易没于烟埃,碎璧零玑,终归于尘壒,遂乃名山剔宝,海舶征奇,螺损千丸,羊秃万颖,求书故府,逢宛委之佚编,散步冷摊,获羽陵秘牒,传钞遍于吴越,雠校忘夫昏旦。宋自潘阆以下得十九家,元自刘秉忠以下得十一家,或丽若金膏,或清如水碧,或冷如磠雪,或奇若岩云,万户千门,五光十色,出机杼于众制,融情景于一家。复为之搜采遗篇,校订讹字,栖尘宝瑟重调,殆绝之弦,沈水古香,复扇未灰之焰,洵足使汲古逊其精,享帚输其富者矣。荃孙冬心冷抱,秋士愁多,未谙律吕之声,粗识目录之学,奉兹瓌宝,叹为巨观,抉幽显晦,共知搜集之苦心,嚼微含宫,俾识源流于雅乐云尔。

4. 快园秋色赋

畊莆中表,观察湖北,监法武昌,五年于兹矣。署后余地,借山成园,蒯布政蔗农籾之,迺因旧基遂结,新构无华靡之饰,有登眺之乐,荃孙以甲午秋日寓兹园浹旬,岑楼挹凉,广厦祛暑,画廊缭曲,空水澄鲜,据江山之胜,蔚为大观,处城市之中,别饶野趣。课晴喜雨,民物萦乎寸抱,朋风友月,忧愉系乎一室,秋容怡人,快何如哉。昔齐安梦得之亭,镜湖放翁之阁,以今方古,名实相称,道州何诗孙图之义,宁陈右铭,武进屠静三再记之,而荃孙为之赋,其辞曰:扬州官阁,永嘉射堂,政剂水火,时调雨阳,辟坡陀之隙地,开翰墨之名场,联镴裙屐,接席壶觞,新雨如沐,轻飔已凉,揽一襟之秋爽,绚满目之秋光,有山蜿蜒,层厓皴绿,分高观之一支,绕衙斋兮半曲,官相曾比栖迟,蒯侯于焉卜筑,怅旧迹之渐湮,慨清游之谁续,接胜地兮南楼,拓名园于北麓。爰删灌莽,乃辟闲庭,高低酌槛,疏密添檐,捧云支丁,邀月补亭,叠磴悬线,危楼建瓴,凌虚兮缥渺,入望兮杳冥,纳牖则野延万绿,窥檐则天抱四青,曲径通桥,前湾凿沼,水气烘晴,霞光绚晓,丛翠搴蒲,嫣红刈蓼,泼刺跳鱼,褵褷浴鸟,洗砚兮镜揩,流杯兮带绕,契濠濮兮座中,傲沧州兮尘表,门敧竹醉,石碎苔缝,桐肥集凤,柏瘦拏龙,青垂薜荔,红弹芙蓉,蕉展心兮露滴,柳舒眼兮云慵,盆秋韵古,瓶夕香浓,饰日影兮琐碎,晕花光兮复重,鹊噪

10

芳辰，蜂喧正午，蝶聚嬉春，燕归识主。叶宫征兮莺簧，问官私兮蛙鼓，狎点水之蜻蜓，调诵经之鹦鹉。选胜红茵寋芳碧，坞摘丽藻而盍簪，霏清言而挥尘，今夕何夕，寥天欲霜，黄花三径，红叶半床，寒空过雁，深院啼蛩，轻阴奄乎篁岫，凉思袭夫萝裳，浦里青荷之镜，山巅金粟之香。云屐过重阳之节，风衣登千仞之冈。远则雉堞排云，鲸波漱岸，带蜀襟吴，面江肘汉，羽翕街衢，鳞次里闬，雀舫舣于城隈，鲛宫崎乎天半，瞰鹄矶则羡费祎之得仙，眇鹦洲则慨祢生之赴难，羌古往兮今来，几星移而物换，丽矣图画之奇壮哉，几席之玩，时若邹枚，接轸孔李，开筵帖，临青李，幕敞红莲，敲棊诮癖，拜石呼颠，苕水鹊华之卷，米家虹月之船，仿永和之故事，谈天宝之当年，酌金谷俊游之酒，赋玉山纪胜之篇。是则寄兴林邱，萦情云壑，逢暇日以自娱，幸芳晖之有托，一咏一觞，半村半郭，水木清华，鸢飞鱼跃，顾妙境而怡然，验庶征之时若，又何羡向禽五岳之游，刘阮重来之约。

5.先母瞿恭人事略

　　呜呼！自吾母之殁至今三十四年矣。吾十二岁而遂丧吾母。时吾母以七月望日病，始而疟，继而利，终而下血，病遂殆，吾父从军金陵大营，八月十二日吾母晕绝，予号泣狂呼，逾时而甦甦，后神志转清，十八日吾父从营次归，吾母自知不起，处分后事，至周且密，至二十六日卯刻长逝。弥留时，予起趋床前，吾母口不能言，转瞬视余良久，泪承睫，须臾遂瞑。是时哀惨之状，三十年来何敢一日忘也。予四五岁吾母授以千文及唐宋人小诗，六岁就塾，塾中童子二十余，咿唔杂沓，罕能成诵。归，吾母必令重读，音有讹、句有误，正之惟谨，予时甚以为苦而反乐，趋塾，窗北设竹榻，予坐一小椅子，陈书榻上，吾母坐于榻，手针黹而督予读，日以为常。岁己酉，外王父绥伯公自济宁归，舅妗董太恭人租宅凤官巷口。吾母挈予入城省视，外王父常令予诵所读书，慰吾母曰，是子口齿清，记性好，将来或能绍书香也。吾母亦顾予而有喜色。岁甲寅外王父殉难金陵，外王母冯恭人走常州，舅妗迁至吾邑西乡，吾母挈予往祭外王父，恸绝者数四。与舅妗述家事必涕下沾裳，迄今长大，追忆吾母之声音笑貌，虽尚仿佛一二，而不可得其详矣。吾父常谓予曰，外王父先以郎中分水部继保知府候铨，初境宽裕，后渐窘迫。外王母杨恭人殁，遗子女六人，汝母居长，最幼者五舅氏，甫数岁，赖汝母煦妪鞠育,终得成立,复支持家计,外王父酒食衣履,筹划至纤至悉,洎外王父续娶冯恭人,汝母归余十余年矣,岁丙申外王父客游,命汝母挈全家附粮艘南还,途间觏疫三四,两舅三日间继逝,是时无仆从,无资斧,惊忧困迫,殆非人境,汝母梦寐中因有惊悸之疾,每谈是事,泪未尝不涔涔下,洎来余家,大母年高,时时卧疾,汝母侍疾维谨,助理家政,待人以和,大母殁,家境日艰,余时出游,家中事井井有条,汝时尚幼未必能尽知也。吾父又谓予曰,外曾王父金陵新居高闿宏敞,有竹木泉石之胜,与孙氏五松园相埒,汝母来余家,屋仅容膝,每遇炎暑,如坐甑中,无几微怨于颜色,此亦人所难能者,呜呼!吾母之殁,至今三十四矣,岁月日以远,音容日以渺,所忆所闻者止此而已,罔极之恩,毕生莫报,略志梗概,以诏后人。光绪十四年正月,男荃孙泣血敬述。

6. 赠太傅恪靖侯大学士左宗棠祭文

朕惟位兼将相,抒鞠躬尽瘁之忱,气作星辰,称崇德报功之典,式颁奠醊,用答殊勋,尔原任大学士左宗棠,起家孝廉,授任军旅,湖湘闽浙,先底定夫东南,关陇洮凉,渐肃清夫西北,特畀台衡之任,仍操旄钺之权。扫穴犁庭,告成功于绝域。酬庸锡爵,膺懋赏于通侯,命入直于枢垣。俾统筹夫全局,回翔江左仍赞黄扉,炳燿中台,宠邀紫绥。顷以闽疆之不靖,俾提虎旅以专征。鹅鹳朝驱鲸鲵,夕避旌旗慑敌草木知名。会罢战而销兵。许引年而归里。何期大星遽落,薄海同惊,披览遗章,良深震悼,爰颁初祭,难遣悲怀,呜呼! 生为社稷之臣,殁壮山河之色。眷询谋于黄发,慨想风云。缅忧国之丹心,弥纶天地。灵其来格,享此苾芬。

7. 记名布政使刘连捷碑文

朕维襄钟纪伐,悝鼎铭勋。河山成刊定之猷,金石勒耀熙之绩,前型弗替,懋典斯存。尔头品顶戴记名布政使刘连捷,湘南毓秀。楚北摧锋,始战江黄,继规舒皖,合楚尾吴头之境;奏社金席革之劳。命屡锡夫师中,威频宣于阃外,浮罂渡水,韩信阏与之师。煮铠为粮,耿恭疏勒之守。阵严蛇鸟,令肃貔貅,黄巾之逆垒旋平,白下之坚城顿复,遂乃荫隆都尉,秩晋承宣。颁庸服以章身,锡拔都之美号。旋驻军于恒代,更移节于润常,卧渭北之王罴,麾幢却敌,歌江东之韦虎。巾扇筹边,一夕星沈,三军雨泣,为馨香而示眷,谥刚介以易名。于戏松槚成行,百丈祁连之塚。樵苏永禁,千秋岘首之碑。载锡镌词,长垂镂范。

8. 祭张文襄公文

呜呼！我公为国心膂旧学新猷,属望元辅,智能恢乎九垓,学术贯乎千古。公如元气,运物无垠,审机正轴。功无与伦,将推诚而孚信,以洽羽而驯鳞。何风惊而雷骇,倏山颓而木坏,妖星袭夫中合,哀声动夫两戒,安仰安放,大运俄届。悼斯民兮斯世,谁拯沈而救败,公之镇外也,扬厉夫入省,公之秉政也,前后无二年。凡时局之孔急,均筹画于事先。其才则裕,其志则坚。在庸众所愕眙,乃独任夫仔肩。叹幸宝之高张。嗟讽谕之未省,机有阻而思通。绪将散而欲整,任狂吠之猖狺,表孤忠之耿耿。国史大书,弟子私记,未尽事功之彪炳。至若荃孙之于公也,岁癸酉始入谒,至乙亥而及门,捧手以授大义,提耳以领微言。乃眷注之独厚,亦屡呼而屡援。公入秉钧,器使万类,谓桃李兮虽多,顾菅蒯其无弃,荐剡再歠,征车三至。忆畴昔之衔恩,拟抠衣而入侍,奈衰病之迫身,答高厚之无地。颂遗烈之镕洋,悯邦国之殄瘁。枕膝未闻,临风涕泗,呜呼哀哉,伏维尚飨。

贰　陈三立

　　雅望清标、耆年宿学陈三立先生（1853—1937），字伯严，号散原，江西义宁（今修水）人，湖南巡抚陈宝箴之子，国学大师陈寅恪之父。1886年（光绪十二年）进士，散馆编修，吏部主事。先生才识通敏，少有大志，受乃父影响，赞康梁新政。1898年，戊戌变后，陈氏父子同被革职。先生侍父卜居南昌西山。1904年先生任三江师范学堂总稽查，1924年与泰戈尔晤面，喜获赠书。1936年与胡适之获邀代表中国出席伦敦国际笔会，未克成行。1937年日寇发难卢沟桥，陷平、津，先生义愤填膺，拒服药食五日，溘然长逝，享年八十五岁。

1. 视女婴入塾戏为二绝句

两三间屋小如舟,唤取诸雏诵九流。莫学阿兄夸手笔,等闲费纸帧沟娄。公宫化杳国风远,图物西来见典型。安得神州兴女学,文明世纪汝先声。

2. 衡儿就沪学须过其外舅肯堂君通州率写一诗令持呈代柬

　　吾尝欲著藏兵论，汝舅还成问孔篇。此意深微竢知者，若论新旧转茫然。生涯获谤余无事，老去躭吟傥见怜。胸有万言艰一字，摩挲泪眼送青天。

3. 寄仲林

　　仲子惊才意自迷,盛年高价许云霓。一官便欲垂垂老,万事终成脉脉啼。了我江湖无去住,看君兄弟各提携。只今石烂天荒日,独梦匡山认旧题。

4. 过杨仁山居士听说法

　　车马喧驰道，人天有寱歌。初寻居士语，乌鹊散庭柯。
大地不知处，万灵相与过。病为众生病，已悟病维摩。

5. 与纯常相见之明日遂偕寻莫愁湖至则楼馆荡没巨浸中仅存败屋数橼而已怅然有作

别来岁月风云改，白日雷霆晦光彩。乖龙掉尾扫九州，掷取桑田换沧海。崎岖九死复相见，惊看各扪头颅在。旋出涕泪说家国，倔强世间欲何待。江南九月秋草枯，饭了携君莫愁湖。烟沙漠漠城西隅，巨浸汗漫没菰芦，颓墙坏屋挂朽株。飘然艇子浮银盂，兀坐天地吟老夫。四山眩转眺无极，向日渔歌犹在侧。绝代佳人不可寻，斜阳波面空颜色。千龄万劫须臾耳，吾心哀乐乃如此。起趁寒乌啼入城，回头世外一杯水。

6. 过伯戣出示所藏旧札
有诗志感次韵答之

盈盈带水绕闲门，看作乌啼溪上村。中有歌声出金石，更宜风叶与呼喧。零缣细忆平生语，暗烛能温儿女魂。那料携君供醉眼，放鸢城阙几人存。

7.宾南伯弢皆有见和遣兴之作掇此酬之

何人大嚼过屠门,为指初霜梅柳村。天放湖山兼晚色,陆沈怀抱有孤喧。居夷莫问乘桴事,掌梦难招负石魂。赢得风流说江左,新亭明灭谢墩存。

8. 寄肯堂

　　拗怒横流束一门,凭谁疏引灌千村。公知吾意亦何有,道在人群更不喧。碌碌已穷鼫鼠技,姝姝欲并蠹鱼魂。痴儿种海求瓯脱,任被麻姑目笑存。

9.春晴同江叔澥太守缪筱珊编修欧阳笠侪观察泛舟青溪看桃花吴董卿大令有诗纪兴次韵报之

初桃白日争妍华,夹岸十里铺晴霞。挐舟澹荡柳丝外,面面阑干迎鬓斜。流云剩照乌啄屋,暄风已乱蜂排衙。探头旷野兴孤绝,各挈寸抱包荒遐。钟山低昂驴背上,飞光泼翠攀无涯。緜花烛天弄溪水,百重倒影浮金沙。晒网无人鸬鹚卧,舵尾犬吠三两家。邻船吴令亦狡狯,坐倚红袖嘈筝琶。潇潇暮雨自清绝,恍如烟际轰缫车。吾侪儒生坐自失,万象掠眼余叹嗟。王侯蝼蚁定何物,有命归卖东陵瓜。还期颏唾净尘土,捉尘僧床烹拣芽。

10. 同叔瀣筱珊登扫叶楼归访薛庐顾石公遂携石公及梁公约过随园故址用前韵

　　朝兴漱齿汲井华，屋角已满潋滟霞。火急携客到山麓，新竹高檐相向斜。扫叶楼头万绿合，大江雁去呼衙衙。擎杯自了湖海外，今古在眼余心遐。还寻诗翁山水窟，潭鱼可钓垂杨涯。命酒瞠目不敢饮，却羡有饭蒸成沙。须臾翁亦跨驴出，攀条穿径迷田家。随园老人旧吟处，台榭想像传琵琶。自从兵戈阅百岁，问字客散无停车。荒丘乱塚牧儿下，万事不保惟长嗟。况今世变幻苍狗，屡闻窃国如分瓜。公等休矣各归去，卧看残阳明荻芽。

11. 宴集两江师范学堂六朝桧下

广夏盛弦歌,丽旭簇车马。簪缨屏尘虑,络绎就觞斝。峥嵘北极阁,影卧茅亭下。遮檐六朝桧,宛比枌榆社。铁干乌铜皮,柯叶弄佳冶。烟雨满涵蓄,雷火不能赭。其颠蹲孤鹰,怒瞥鱼鳞瓦。顾群旋扬去,下爪苍苍野。所荫列新柏,屈指待拱把。十年树木功,此意讵聊且。晚烛环须眉,有舌长河写。吐纳万景光,襟抱各奇雅。窥瞰神鬼出,入胜荷天假。画壁图辋川,谁为好事者?

12. 李道士为其门人胡翔东作御柳图乞题

　　青青犹自傍宫墙,蟠据根株岁月长。一夜东风怯无力,回看摇影不成行。绰约灵仙捧土栽,绕沟鹧鹊莫惊猜。对垂万泪移滋灌,飘絮为君覆酒杯。

13. 伯沆姑苏还过话

汎溪酒舫微雨后,重见追寻一回首。石榴子满桂馨流,秋光不漏支离叟。依稀问道访王倪,倾耳归来面目鳖。独隔飞鸣旧俦侣,笼养尸乡作木鸡。

14.《清道人遗集》序

　　清道人者,吾友临川李梅庵瑞清,国变易黄冠所自号也。初,道人弃庶吉士,改候补道,官江南,久主师范学校,群弟子习其风则,多嗜古擅文儒之业,称盛矣。辛亥革命之难兴,乱军四逼,僚吏率散走,总督乃索得道人摄充布政使,助城守。道人亦愤慨自矫,持木印填抚,倚一老胥治文书,城陷,誓死拒拥者,坚不屈,终为荐绅父老所扶挟,遂避居沪上。当是时,四方士大夫识与不识,类聚保夷市,竞以临危大节出竖儒为之太息。而道人家累数十,俶橡僻区,屡空且饿毙,稍鬻书为活。其后名乃大震,即海东邻国争掷重直购致之,而道人未几死矣。道人肥硕健啖,精烹饪,意态温温,朋辈过逢,谈谐终日夕不厌。或狃视之,无忤色,至去就取予必严辨,不为饿寒有所殉。尤于故君故国之思,缠绵肺腑,阴求遂其志业,疲奔走,蹈艰阻不悔,益自憙。往者余与陈君仁先卜居,邻道人,每乘月夕,相携立桥畔观流水,话兴亡之陈迹,抚丧乱之靡届,悼人纪之坏散,落落吊影,仰天欷歔,死生离合几何时,魂魄所依不能忘也。道人既书法号近古,所为文章亦然,务摹太史公书,发舒胸臆,有所刺讥狎侮,欲以寄奇宕诙诡之趣,与之合。他诗词皆黜凡近,评跋金石书画尤精出,然多残佚。今从子仲乾及门人蒋苏庵为搜辑授印,列四卷。呜呼!道人区区所存,糟粕耳,即以是揣道人一二于故纸,而其声情操行,搴芳披藻,掩映光气,已不可谓非千载如生之清道人者已。丙寅六月,义宁陈三立。

【校记】

此文见《清道人遗集》(1939 年铅印本)卷首。"师范学校"《清道人遗集》作"师范学堂"。"其后"句后《清道人遗集》有"渐饶给"三字。"而道人"句后《清道人遗集》有"岂非天哉"四字。"不为饥寒有所殉"前《清道人遗集》有"初"字,此句后有"伏居数岁,节概凛然"八字。

15. 与缪荃孙书

　　苏州内阁中书汪钟琳来拜,忘为何许人,公知其号否?敬山何日行? 南皮诗稿能否取示? 艺风先生。三立顿首。

　　案:录自郑逸梅《集札清话》(《大众》民国三十四年七月号)。"敬山"即屠寄,"南皮"为张之洞,"艺风先生"为缪荃孙。屠敬山在与缪荃孙的一封信中云:"暮春叩别,仓卒出都,遵海而南,溯江达汉……柚岑高捷,闻之狂喜,未知签分何部? 他若刘镐仲、陈伯严、陈松山诸君,皆索所心折者……冯孟华学有本原,获鼎良非天幸……沈子封得馆选,固意中事……六月廿四日。"(《艺风堂友朋书札》页四七二至四七三)据《艺风老人自订年谱》知,"柚岑中式用主事分户部广东司行走"在光绪十二年(1886)。陈三立书中"敬山何日行"一语,似即指屠寄之"暮春叩别"。暂系此书于是年三月。其时陈三立在京会试,而缪荃孙供职京师,故陈三立有内阁中书汪钟琳一问。

16. 与陈锐书

伯弢老弟足下:既由南昌归来,旋得惠书,具悉。汇刊生平著作,以骄妻妾而夸司巡,甚盛甚盛。所虑者,高邮手民,必无雅骨,劣刻恶装,何以称名士之风流自赏耶!今年酷暑,为数十年所罕觏。乃甫得游憩,又为铁路诸公电催赴局,商酌要事。间人偶心血来潮,便自寻苦恼至此,抑可笑也。此行仍拟在南昌小留十日即还,老弟暇时能相过,尚可聚语,穷员倘有意乎?正草此函,忽苏升以病回,询知贵局巡丁方病者相踵,颇有乏才之叹。于是乳媪之夫张鸿宾者,义形于色,挺身愿往。张本以老成硕望见重于时,曾充姜泰厘丁,所遭不偶,与其主人俱撤,时论惜之。今有此机缘,正张扬眉吐气之日也。且尤以医自豪,故虽卑湿地,视如无物也。足下获之,固足自壮。即陈老总闻之,亦必为高邮分卡得人庆也。如何如何?黄昏便出下关,与恪士同行。恪系往湘视其弟作协统。杜帮统来仅数日,便当赴苏。张胖子亦新自京师归,与杜避道而行。李晓暾则饮食无虚日,甚矣,缺之不可不补也。匆匆奉讯财安吟补。不尽。立白。六月廿六日。

案:录自陈均辑《褒碧斋箧中书》(民国四年铅印本)卷一。书中所言高邮刻书事,即指光绪乙巳(1905)刻于扬州的《褒碧斋集》。又云"今年酷暑,为数十年所罕觏",可与光绪三十一年六月《郑孝胥日记》、张謇《柳西草堂日记》、缪荃孙《艺风老人日记》相印证。则此书作于光绪三十一年"六月廿六日"（1905 年 7 月 28 日）。

17. 与同乡京官李盛铎等电

征五款经千辛万苦审慎而来，今加查究确无洋款，已无疑义，各稿日前寄京，可以印证。且紧要关键，原待载入正合同内，乃公等即令废约，瓦解势成，从此更无办法。李芗翁决退，良非得已。从来浮言乱实，每误大局，可为痛哭。请速举替人，免致停办，重贻中外笑柄。立亦即出局矣。

案：录目《中外日报》光绪三十一年七月二十日（1905 年 8 月 20 日）所刊《吏部主事陈三立致同乡京官李盛铎等电》，电文前有云："李徵五观察厚熙与铁路局订修南浔铁路百五十里，京外传播，谓其内附洋股，已将该观察由鄂与总局剖辩原电登之报端。近日，同乡京官李盛铎等电促总局与之废约，现经陈伯严吏部三立电致京中李盛铎诸公。"

18. 与端方书

昨甫抵宁,伏承政躬佳胜。袁道、日商尚留此否? 汉口有无回电? 容再趋候。匋帅同年。三立。廿四。

案:录自《端方存札》(中国社会科学院近代史研究所图书馆藏)。此书与下录陈三立致端方"能如此了法"一书,当作于同时也,即宣统元年二月"廿四"日(1909 年 3 月 15 日)。

19. 发起中国拒赌公会启

　　吾中国废时失业，终日游荡之人，颇占多数，安得而不贫？民贫斯国贫，实业不兴，百废不举，皆斯民不勤之积因也。而弊之尤大者，则莫如鸦片及麻雀二事。今鸦片既□，著为厉禁，洁身自好者均能避之若浼。惟麻雀之为害，尚未有立会劝戒，发人深省者。三立等深念麻雀之流毒，京外各行省无不传遍，以为非视如鸦片设法禁绝，难望有廓清之一日。爰刊广告，普劝各省同志，多立拒赌公会，不须筹画大宗经费，只需设立名册，刊印规条，广开演说会，多刊劝导文，使人人知赌博之可耻，麻雀之当禁，自能渐致消灭。尤望在上者严申禁赌之令，凡诱人赌博藉此营生者，务获究办。其抽头渔利之人，尤应重惩不贷。如此，则赌害尽绝，而国家亦庶几富强乎？

　　案：录自《申报》宣统元年四月十八日（1909 年 6 月 5 日）所刊《发起中国拒赌公会》一文，此文又载于《广益丛报》1909年第 206 期。该文开首云："江西陈三立主政近日邀集苏皖浙闽诸同志，发起中国拒赌公会，其言曰云云。"又《广益丛报》宣统二年二月十日第 226 期刊《特开拒赌大会公启》，云"爰联合同志于上年三月起，组织拒赌公会"，则此发起启事当在宣统元年三月。

20. 与康有为书

更生先生著席:邓君至,承手教,并辱隆贶,层累皆中外环物,重违盛谊,拜嘉增愧。前志文中漏叙年岁,或加"年卅二",于"君遂及于难"句下,何如?乞酌夺。翁文恭诗,诚如尊论,已于前岁购得初次印本,尽读之矣。培老抱恙,闻已霍然,为之喜慰!残岁气寒,想公暂不走视南湖新宅矣。忽布申谢,敬颂道安。三立顿首。腊十七日。

案:录自张荣华编校《康有为往来书信集》(中国人民大学出版社 2012 年)第 292 页。翁同龢诗民国七年戊午(1918)刊行,即云"前岁"得之,则时为民国九年庚申(1920)。是年十一月,沈曾植患疾,十二月初痊愈(见许全胜《沈曾植年谱长编》),与此书中"闻已霍然"相合。则此书当作于民国九年庚申十二月十七日(1921 年 1 月 25 日)。

21. 与梁启超书

搏沙明日下午即行,只得于今夕六钟,乞代约偕临小饮,外梅、柳、马、萧、杨、胡、熊诸君,并烦饬纪走邀作陪,无任幸祷。任公吾兄先生。三立。初三日。

案:录自北京匡时国际拍卖有限公司 2012 年秋季艺术品拍卖会预展手札图片。民国十一年壬戌(1922)梁启超南京讲学,"初三日"为十月三日(11 月 21 日),可参梁氏与思成、思顺诸书。书中诸人即王敬芳、梅光迪、柳诒徵、马承堃、萧纯锦、杨铨、胡先骕、熊庆来。

22. 与邵潭秋书

潭秋仁兄著席:承惠示,辱荷关注,无任纫感。日内略有虚惊,惟今晨北军开到,溃兵尽散,当可暂免掠扰也。前曾有戏赠小诗,录博一笑。率复即颂吟安。三立顿首,九月十七日。

案:录自刘经富《陈三立诗集、文集的版本及其佚诗、佚文》(《文史》2005 年第 2 期)。书中所云"戏赠小诗",当指民国十五年丙寅(1926)陈三立所作《赠邵潭秋时授课之江学校》。此书应作于是年"九月十七日"(10 月 23 日)。

叁　李瑞清

　　李瑞清(1867—1920),字仲麟,号梅庵;晚号清道人,江西抚州临川县(今进贤县温圳镇杨溪李家村)人,中国近代著名教育家、书画家、文学家。在清末民初的政治舞台上他由奉职之臣到食薇之民,树立了"冥行孤往"的独特形象。他自 1905 年起至 1911 年辛亥革命以江苏提学使身份兼任两江优级师范学堂监督(相当于今日之江苏教育厅长兼大学校长)。

1. 两江优级师范学堂同学录序

《记》曰："玉不琢，不成器，人不学，不知道。""木中绳则直，金就砺则利"，非虚言也。虽有骐骥，不调驯之，奔踶泛驾，不如驽骀；盲女喑童，收而训之，式语手视，比于全人，教与不教也。是以王者之民知，伯者之民勇，弱国之民私，亡国之民无耻。环球之上，自古以来，未有无学而国不亡，有学而国不兴者，故师重焉。师者，所以存亡强弱而致伯王之具也。李瑞清曰：古无师，有君若相而已。其时天下未平，教民求饮食、谋栖处而已，无学也。余稽之载籍，多阙，不可得而详。至于帝舜，使契为司徒，敷五品之教，于是始有教民之官。命夔典乐，教稚子，小学从此兴焉。虞有米廪，夏有序，殷有瞽宗。司徒者，司土也，职兼教养，故教于米廪、瞽宗，盖乐师云。学制至周而大备。周立三代之学，小学在公宫南之左，大学在郊。立之师氏以教德，立之保氏以教道，立之司徒施十有二教焉。五家为比，比有长；五比为闾，闾有胥；四闾为族，族有师；五族为党，党有正；五党为州，州有长；五州为乡，乡有师，有大夫，皆师也，属于司徒。小学则掌之乐师，有师职，无师学。师学之兴，自孔子。孔子门人盖三千，受业身通者七十有七人焉。孔子既没，七十子之徒各处四方授学，子路居卫，子张居陈，澹台子羽居楚，子贡终于齐，子夏教于西河，最称老师。孔子师学无专书，其说往往散见于《论语》。

其后学者，颇采摭其轶言为《学记》，是为中国教育学焉。当是时，身毒有释迦牟尼，雅典有苏格拉弟、柏拉图、亚里士多德，皆教育大家，或并孔子世，或后孔子。后世言欧洲学术者，莫不诵言希腊，苏伦言法学，毕达哥拉言天算，诺芬尼言名学，额拉吉来图言天演学。自时厥后，中国当秦时，燔诗书，坑术士，以吏为师，民学从此阙，而希腊学术亦稍凌迟衰微矣。迄汉，朝廷尚黄老，政沿秦法，学立儒家，政学遂分。俗儒不察，往往缘饰诗、书，附会时政，以希苟合，所谓利禄之徒也。当时学者，董仲舒、贾谊、司马迁、刘向、扬雄、郑康成、许慎最著。司马迁为史学大宗；孔子微言得董仲舒而传；拾残补阙，古学不至坠地者，郑康成功也；许慎盖比于欧洲之达泰云。而耶苏基督以此时兴于犹太，犹太人恶之，遂杀基督，耶教于是大行。欧洲教育家颇因其说，有所损益焉。基督既没四百七十余年而罗马亡，千余年间，而欧洲教育亦寖衰，赖僧徒、骑士，不沦于亡而已，西人所谓之晦霾时代是也。是时正当中国齐梁之际，缙绅先生好清谈，放恣自喜，滑稽乱俗，往往称老子，而佛学遂乘隙入中国，世并称佛老云。至于唐时，海内既平，太宗喟然叹兴于学，建首善京师，立二馆六学，由内及外，郡县分三等，各视其地以立学，崇化修理，以广贤才焉。然其取士也以诗赋，四方之士靡然争骛于文章矣。韩愈悼大道之郁滞，而嫉世人营于佛学，信因果，于是辟佛，作《原道》，述唐虞三代之意，以自比于孟子，当世莫知也。其后宋有程颢、程颐、朱熹、陆九渊之属。朱、陆为宋儒大宗，朱学尚穷理，陆学尚明心，其学咸不同，要皆探综佛学，因发明以序孔子之指意，而中国、身毒之学术合矣。东学遂通，然往往为世诟病,学者颇自讳,岂以孟子拒杨墨,韩愈辟佛故耶?孔子问礼于老聃,学乐于苌宏,达巷党人,七岁而为孔子师,孔子不以为耻。夫子焉不学?石垒成山,水衍成海,学集成圣,盖贵通也。至于元,尚武功,务在强兵并敌,无暇教育,学术后衰。及明王守仁创良知之说,颇近陆九渊,陆学后大明。世之言王学者则绌朱,言朱学者则绌王。是时,意有麦志埃、威里伯鲁那,德有哥比尼、加士亚格腊巴,法有门的伊尼,丹有泰哥伯里,英有培根,自此以来,欧西科学蒸蒸日兴焉。至明之季,利玛窦以耶教来中国,徐光启颇从之言天算,此西学入中国之始。清兴,承明之令,朝廷推崇朱学,背朱者至以背道论,著为功令,六艺皆折衷焉。其试士亦遵朱注,其有异解及新说者,有司不得荐,辄罢之。乾嘉以来,天下承平久,士大夫好治经,言训诂,号为"汉学",江淮之间最盛,学者多称郑康成,朱学少衰矣。自常州二庄子、刘逢禄习《公羊春秋》,喜言微言大义,黜东汉古文,自号为今文家,盖即西汉博士学也。邵阳魏子颇采刘逢禄之术以纪文,而世之言今文者由此盛。湖南罗泽南与曾国藩、刘蓉讲朱学于湘中,洪杨之乱卒赖以平。蒋益沣、杨昌濬、李续宾、李续宜,皆泽南弟子,其后均为名臣,此非其效耶?故自来言学术者,未有盛于本朝者也。显皇帝时,海禁大开,与欧西互市,于是西学遂东入中国。其时士大夫颇易之,以为殊方小道不足学。甲午以来,国势日蹙,有志之士,莫不人人奋袂言西学,留学英、日、德、法、美一辈,大者数千百人,少者亦数十人。中国率一岁之中,相望于道,颇苦烦费,于是于京师设大学,各省皆立高等或中学。南皮张相国于江南建两江师范学校,中国师范学校

47

之立,以两江为最早。聘日本教师十一人,综合中西,其学科颇采取日本,称完美焉。日本教育初师中国,实近隋唐,其后尤喜王守仁。明治变法,则壹法欧西,王学益重。南虏琉球,西败强俄,遂为环球强国,侔于英、德矣。由此观之,有教育若此,无教育若彼,强弱之原,存亡之机,讵不重耶?顷者欧美日盛,有并吞东亚,囊括全球之势,非以其有教育耶?然欧美教育之兴,实始于培根、笛卡儿;统系之定,自廓美纽司;澡垢曙昏,乃由陆克、谦谟、非希最为教育大家;近世学者,又多折衷威尔孟教育之学。数百年中,经名人数十辈积思参究,盖其成立,若斯之难也。两江本江南、江西地,本朝以来,名儒硕彦,飙起云兴。江宁程廷祚,扬州阮元、汪中,金坛段玉裁,高邮王念孙,常州孙星衍、洪亮吉、庄存与、刘逢禄,长洲宋翔凤。徽歙之间,则有汪绂、江永、戴震、凌廷堪、程瑶田、金榜之属。宣城有梅文鼎、方苞、姚鼐,起于桐城。江西则有魏禧诸子、王源、刘继庄、谢秋水、朱轼、李绂、裘曰修,或显或晦,皆笃学异能之士也。故中国之言文学者,必数东南。今学校肄业士,非诸先生子弟,则乡里后学,愿毋忘其先,溺于旧闻,壹志力学,为中国之培根、笛卡儿耶?廓美纽司耶?陆克、谦谟耶?非希、威尔孟耶?国且赖之矣。余尝东游日本,见其学校,综其学科,表其程度,其教师弟子详记其年名,兹效其意著于编,使参观者有所考览焉。

2. 与某君书

　　山川迢递,相见末由。忽奉手书,有如对面。并承远寄多金,适逢岁暮,诚如雪炭。不善营生,累及良友,但有惭汗。却之不恭,受之不忍。贫道业已黄冠为道士,谢绝荣利,饿死分也,亦复何虑,乃为故人忧。况君境亦非裕,犹恋恋世外人,此种风谊,岂图复见之今世士大夫哉。感刻感刻!又来书云:贵部长有聘鄙人编辑教科书意。此事关于全国教育,非不肖所能胜任。贵部长能谋及此,尤为伟识。最难为初等教科书。所谓国民教育,现止定四年,此四年中,所有国民知识皆须完全付予。七岁入小学,七八两岁,案儿童心理,皆须于游戏中输入,不能正言告之也。又当斟酌此四年中,应识若干字,方能够用,何种知识,当于何种书中输入,皆须先为筹画也。鄙意以为,京师高等师范当由学部聘大教育家主持之。更立一编辑教科书局,先翻各国初等教科书,视其用何法输与人民知识,讨论其每课之意与中国合否(其教科书必经多少教育家讨论经验而成),而后共讨论而编辑之。编成后,即于师范附属小学中试用之,不合者则更改之。故日本文部省以高等师范为试验场也,高等师范经验,有何教育须改良之处,报告文部省,文部省遂因之而更革全国教育,故其命令皆由经验而出之,非理想摹仿而出之。文部省本教育行政机关,不得不倚高等师范为研究所。中国向来则以学部理想,摹仿命令,反以改革高等师范,此何说也?故教科书非但一二有学问之人所能编也。贫道前在江南学司任内,见学部所颁简易识字学堂教科书,偶阅一课,即见其不合用,今不复忆其何课。上有"果腹"二字,明明"饱"字上通经书,下可通俗而不用,而"果腹"二字与儿童言之,恐二三十分钟犹不能了然也。而外间学堂通用,则多商务书馆,今又有中国图书公司,皆为射利起见,以中国孩提幼童之教育,皆付之一般书贾,诚足痛心。彼二局之书未尝读之,不知其如何,未敢妄说。去年在江西,于友人案头见商务印书馆之《文字源流》一书,曾经贵部鉴定,又著之功令中学通用者,其中荒谬百出。尤陋者,则有石鼓文及诅楚文,此本二石,非二种文字也。况诅楚文为伪物乎?公何妨取阅,大可下酒也。今贵部长发此宏愿,此诚为救中国第一要策,然非贫道所能胜任,急聘中国宿儒大教育家研究讨论之,中国即亡,或有更生之一日。贫道自出家以来,鬻书营生,已成一贾人矣。学殖荒落,精神遏漂,安能为重任以误天下青年?但愿伏处海上,以终余年而已。春气仍寒,千万珍卫。

3. 与张季直书

数辱手书,卒卒未及作报,幸勿为过。江阴设女师范事,无人不知其不可,必如尊示办之,但现在议案尚未交议(闻日内已油印,数日间或有会议),清又不能直接咨议,故尚未得上详也。省视学为教育行政上之大关系,必须曾学师范,于教授管理心理学均有根底,而曾办学富于经验之人,乃为合格。此总机关不灵,而望学堂进步,难矣。又能短定任期(久则调查之心不热,而于各学界私交深),由教育会公举或察善者,再由敝所择留,乃为正当办法。中国前途,除办学外,更无第二条生路,公不可不一注意也。高等学堂,蒋季翁求治太急,小有风潮,望公极力维持之。两等商业,得公乃大进步,慕韩代表望表同情,大能行公之志。大凡学堂,与其用新人,不如择旧人而量才使之之为有益,以其中利弊熟也。严生笃哉,本清门人,当为留意。雪寒尤厉,它冀珍卫。

4. 与程都督辞顾问官书

李瑞清顿首顿首！死罪死罪！雪帅都督执事：顷承照会，命清备员顾问，奉书只悚，忧心煊灼，怔营累息，不知所措。瑞清顿首顿首！死罪死罪！猥以顽暗，行能无算，少窃科举，本图宦达，但秉性迂拙，动与时忤。湛身学校，六年于兹，乐其简易，差胜乞食，幸免冻馁，无意荣进。前月十七，宁垣之警，省城官吏，闻风先遁。总督张公谬以瑞清承乏藩司，是时危城孤悬，四无援师。外顾隍陴，可战之兵不满五千；内稽府库，可支之饷不足三月。明知危巢之下，决无完卵，故受事之日，已无幸生之心，乃力小任重，卒遭倾覆。本月十二，江宁城陷，自谓当即时伏显诛，引领端坐，待膏斧钺。不意执事念畴昔之旧恩，垂异常之眷顾，待同国士，屡辱慰留，既加宽赦，更被采录。是以悾悾，面自陈诉，未蒙省许。清本亡国贱俘，难与图存。学术虚浅，不闲职政，赞扬盛化，宣布和风，非清才力所能供给。又以危城之中，兼旬不寐，气力日微。近复咯血，常中夜惊悸，呻吟达旦，左体手足痹麻酸楚，一身之中，寒暖异度，久病淹滞，遇冷增剧。傥缘宽假，使清黄冠归卧故里，俾孱弱之躯得遂首邱之志，诚冥目至愿，土灰极荣。如必相迫胁，义不苟活，难沸鼎在前，曲戟加颈，所不惧也。执事其图之。

5. 刘幼云前辈《介石山房图记》

　　李瑞清读刘子《介石山房图记》,至太公诏刘子之言,曰:叹乎,太公诚之矣。世所贵于天下士者,谓能行道施德,拨乱世反之正,以致于太平,非徒伏处堀穴岩岩之中,蝉蜕尘垢之外,约身洁己已也。故孔子之学,贵经世,不贵出世。曰:"吾非斯人之徒与而谁与? 天下有道,吾不与易也。"当孔子之时,上无明天子,下不得任用,虽卷而藏之,独善其身可也。孔子何为而作《春秋》哉! 是知其不可而为之者也。吾独怪自汉以来,严光、向长之伦,偷息苟活,雊轩冕如鼎镬,外中国如欧美,而世人多高其义,非以其皭然不为利禄所羁耶? 然其无益于世,与世之全躯保妻子之人何以异? 至若卑疵孅趋,势引利导,窃位钓禄,持粱刺齿肥,衣带素之貂,执紫瑬,雍容枢密,秉钺联圻,危国贼民而不顾,此为盗而不操刃者也,固无可言者。若夫阿衡五就汤,五就桀,吕尚以鱼钓奸周西伯,孔子不暖席,墨翟不黔突,孟子去齐,三宿于昼,此数圣人者,思天下之民有阽危焦然不被其泽者,若己推而纳之沟中,诚非有利于尊官厚禄,其志在利国家保民也。故清静寂灭,苟以自全,安在为学哉! 己欲立而立人,己欲达而达人,老者安之,朋友信之,少者怀之,夫子之道,忠恕而已。孔子干七十余君不能用,乃退而修诗书、正礼乐,西狩获麟曰:"吾道穷矣。"然犹使子夏等十四人求周史记,得百二十国宝书,上探正无端王公之位,万物民之所欲,下明得失,起贤才,以待后圣。孔子曰:"吾志在《春秋》,行在《孝经》。""我欲载之空言,不如见之行事之深切著明也。"故《春秋》者,孔子之行事也。世俗不察,猥以为空言,乃与老子、吕览、郇卿子并称,而圣人救世之苦心,后儒莫能晓焉。悲夫悲夫!自时厥后,后儒益务于空言矣。往往抱道甚高,其所著书言治乱之事,刺议国家之得失,莫不斐然,亦有可颇采者;及试而为政,不及胥吏之无言者,不可胜数。夫学不通于古今因革之源、东西殊俗之故、人性刚柔之异,漫然而临治之,是犹医者不知切脉望色,听声写形,以验其疾之阴阳寒暑表里,贸贸然虽持神农扁鹊之方,投之无益,适足以促其寿耳。故颜渊,白衣也,孔子与进退四代礼乐;仲弓,费宰也,孔子称以可使南面。诸葛孔明独居隆中,以观时变;王珪微时,尝交房乔、杜如晦之属。工欲善其事,必先利其器。居此邦,事其大夫之贤,友其士之仁,未有索居藜藿穷阎之中,屏绝人事而能为学者。语云:知今而不知古者,谓之史,知古而不知今者,谓之拘儒。王安石以周礼治宋,天下骚然,黎民怨叹,卒至身败名裂,为天下笑者,何也?时不同,势不便也。子曰:"温故

夫一澹之錫終古
尚稱況見拯九淵
惠同造化

而知新。"大氐世易则势变,代远则情阂。"穷则变,变则通,通则久",信夫!古者天子,五载一巡狩,辖轩之使采四方之诗,以观民风,因诗以知情,因情以察俗,因俗以立政,颁之乡国,掌之乐正,以为四教。然要其意,使人周知海内民风之贞淫,治各有宜,竖儒乔宇嵬琐之见难施也。自巡狩礼废,于是诸侯各以其私智治民,而海内纷然多故矣。王迹息而诗亡,盖谓此也。余读《尔雅》,见其多载四方名山大川、鸟兽草木之名与其地之宜,又曰:"太平之人仁,丹穴之人智,大蒙之人信,空桐之人武",未尝不叹古圣王稽考民图籍之精,而三代之盛亦以此。余因感太公之言如是,退而列论古今学术政治之道,以明太公之训,毋令严光、向长之徒得与贤豪同类而并称之,而希世干泽、面谀取容之人则为严光、向长之所丑,又未可同日而语也。刘子当光绪庚子之时,环球列国豕突上京,圣舆西狩,毅然切谏,不避权贵,与钱沣、谢振定争烈矣。今者政纪紊乱不能治,黎庶颛愚不能教,军旅罢弱不能振,盗贼蜂起不能禁,欧美侵暴不能摄,地有瘗屰,国多游民,不能理,愿子自爱,勿以高蹈远引为贤,要以辅君卫国拯民者为任。

6. 与研青论书书

　　顷承垂询学书之法，书学虽小道，贫道习之几四十年，以笔性沉腿，而质又驽下，年垂五十，尚无所成，然其门径亦略窥矣。吾子学颜书者也，则请为吾子言颜书。鲁公初学褚登善，又从张旭问草书笔法，以贫道窥之，大约繇登善《孟法师碑》（孟法师师《唐邕写经》）而悟《文殊般若》，繇《文殊般若》而悟《夏承碑》，此其迹灼然可寻者也。故鲁公诸碑全师夏承，顿挫更参虢季子白槃、兮甲槃之篆法。（以鲁公东方篆额观之，其学兮甲槃笔法自见。）又学《焦山鹤铭》，余昔曾见杨海琴所藏宋拓《中兴颂》，全似《鹤铭》笔法。包慎翁亦云，曾见宋拓《八关斋》，亦绝似《鹤铭》。鲁公论书又云："折钗股何如屋漏痕"，此鲁公以篆变褚之说也。折钗股，褚法也，而鲁公以篆法变之，此古人学古之法。如郑康成注《毛诗》，多驳毛说也。鲁公书碑，其结字大约全师汉碑，故后人视之，但觉腿肿，其实鲁公目无晋人也。

鲁公之书学,源流大约如此。然其书唐时不张,至宋乃大行于世,宋以后书派,几以鲁公祧右军矣。宋四家除山谷外,无不学颜者。蔡君谟师鲁公阴柔之品,而化以空,《万安桥记》出于《中兴颂》,并形质未化。东坡师《离堆记》《画像赞》,米南宫师《放生池》。(群玉堂有米南宫临《放生池》碑帖。)至元赵子昂,曾见其用鲁公《送蔡明远叙》笔法。逮明董文敏,则终身用偃笔,不能出《多宝塔》范围也。本朝学颜者,首推钱南园先生。南园繇鲁公告身悟入,后来功力极深,直欲直接鲁公,其笔法尤多发明,惜其年未至六十,但少变化,未别开门户耳。何贞翁以黑女化颜为空,晚年更参以篆籀。贞老高人,不衫不履,无复鲁公严正之概。书学虽小道,然实如其人耳。吾子学颜书,盍更师其人,则千古之学颜书者,莫如吾子矣。

7. 刘岐山七十寿叙

　　余去年自海上归乡里,闻新淦有刘岐山先生者,无知与不知,皆曰先生长者。先生本贾耳,余睹其行事,当世学士大夫或难能之。自汉重农轻商,而世俗遂贱商轻贾,以尊官厚禄为荣宠。欧亚互市以来,英吉利、美利坚诸国,皆以商立国,出与世争盈虚,或以商侵略人国,谓之商战,持筹握算,甚于兵旅焉。中国乃稍稍知务商,争为贾矣。李瑞清曰:余读太史公《货殖传》,而后知天下皆贾焉,特其名殊耳。白圭治生,乐观时变,遂至饶益,此家贾也。范蠡用计然策五,遂报强吴,观兵中国称五霸,此国贾也。汉置平准于京都,令吏坐市,列肆贩物以求利,此天下贾也。挽近士大夫卑疵孅趋,输金与币,阴交中贵人以求美除,视其官之肥瘠为直之隆薄,一旦试官,以官为威,以法为机,调君猎民,贾逐十一官利十倍,此宦贾也。其术巧于为贾。若夫遭置时变,苟且全躯保妻子,视君父之难若秦越,或且卖其故君,谄人以求容悦不少怪,其人与不择老少,目挑心招之赵姬郑女何以异?至如乘机假势,劫其主以自利,肆其奸慝,直盗贼耳,而世人荣之,以为文明识时务,岂有所慑耶?此又乡者商贾之所羞也。异哉!岐山先生之为贾。先生初学贾于洪江高氏。洪江者,湘西一大都会也。上连滇黔,下临武汉,百货辐辏。逐利之子,趋之若鹜,老贩奸侩,往往操奇赢莫敢与争。先生则矜然诺,

58

俭啬习劳,乃以信抑其诈,亿则屡中。高氏睹其效,愈益任之,终以起富,倾其一郡。高氏既富,先生归老于家,率其子孙修业,而息之积居,以时逐居,无几何,致产亦巨万。先生虽独贾,至于观时变,权弃取,必关白高氏无所祕,如佐高氏时。曰:"吾终不忍倍高氏而自利也。"叹夫!其视诸当世士大夫悍然不顾一切者,何如哉!先生为人,事亲孝,与人忠,淡菑兴利,累千金不一顾,动见称述,乡邮归仁。今年年七十矣,戚里宗族,执觞上寿,乞文于余。余综往古,揽百国,痛举世孤恩畏死,龌龊务荣利,迷而不反,故呕次先生至老而不倍其故人者以为世式,闻先生之风,争存特立,而中国庶几不即沦亡,比于犹太谥为"无耻之国"焉。先生三子皆举秀才,有闻于时,能世其业。长男游学京师,今教授乡里,称硕士矣。

8. 日赋

　　昔者汉武帝登明光之殿,司马相如侍。时方夜半,皎月在天,长乐、未央,杳窱窒寥,幽不见阳。须臾之间,旭日东上,照临四海,万象咸朗。帝曰:"昭乎曙乎,盛哉日乎,君之象也,寡人以之矣。"群臣皆称万岁,相如独笑。帝曰:"子之笑岂有说乎?"相如对曰:"有。"帝曰:"其如何矣?"相如曰:"日为火精,丙明离章。升景启旦,幽焕昧光。高曜表德,驰辉宣明。四时以立,昼夜以成。其始出也,浴于甘泉,上于扶桑。丽天平转,周行八纮。聿皇兮如骐骥之步也,鸿绚兮如骏鸟之翔也。煜朗兮膺华之耀丹,消摇兮羲和正轨于中黄。大参天地,功被黎民。充盈乎大寓,精微乎无伦。不曲其照,故无不照也;不私其神,故无不神也。驱雷而唤雾,雨子而云臣。魑魅惊而跳骇,盗贼顾而潜身。鸥鹗鸺鹠,窜莽伏榛。天下失之则灭,得之则存。日被其荫,莫知其仁。生养恩德,不可殚陈。至于孟冬作阴,急景凋年。气栗烈而岩凝,云窅冥而督天。雪纷糅于千里,冰峨峨而山连;风浏栗而四起,寒凛凛而莫宣。疆场原隰之下,崇巘隆阢之巅。灌丛烟邑而无色,林麓摇落而陨捐。百卉群木,萎约沈鲜。于是皓日照烂,雪然阳开。排黯黮而摛景,腾清霄而垂曦。燎烛天庭,照曜九垓。改冻释冰,出萌达荄。翠叶布濩于蘅薄,紫茎莛蔓于兰陂。郁菶菶以奄蔼,蔚茷梕而杝杝。扬芬芳以酷烈,舒朱荣于碧漪。蕤英从风，阿那纷披。升玉堂而扬绣幄，忽幡缅而威蕤。禾黍怀新而油油，新荑承晖而离离。故上下四表，宇轴之中，蒙其温煦，沐其和融。草木蕃芜，山无柹童。莫不怡愉闿怿，熙已而燧恢。若夫浮云淹而汜滥，昼霾曀而翳日。回焱肆其砀骇，雷霆施其狂獝。昆仑为之阤堵，沧海为之湢溺。羌冥冥而壅蔽，暗漠漠而轨汋。月掞明于日中，星皇皇而失律。狐狸晨趋于康逵，赋虎旦宿于魏阙，鼪雀厉吻于庭槐，絜钩长嘷于紫闱。蛟鳄鲸鲵，掉尾飞沫。凤皇飙忽而高翔，麒麟电逝而倏逸。仰杳眇而罔觌，频愕眙而战栗。是以处其下者，莫不缭悢悲哀，钦钦惙惙也。故曰："炳其明，煦其温，则天下君；丧其明，失其煴，则天下焚。"帝曰："善。"于是修德扬威，握权符，去权贵，天下艾安，流泽远近。海表鬼区，罔不只畏。洪辉所播，亿千万世。

9. 与赵次珊却聘书

　　十月十九日,瑞清顿首顿首次帅执事:瑞清,有清之皋臣也,偶漏天网,苟全首领,偷处海隅,鬻书作业,尚何面目珥笔奉册,从诸君子后乎? 久已黄冠为道士,不复愿闻人间事矣。幸鉴丹忱,特回宠命,聘书并呈,临笺惭皇。

10. 与诸门人谢寄钱米书

蜷处沪滨,鬻书糊口,卧病逾月,执笔昏眩,几至辍业。又丧一侄女,年十八矣,能读《太史公书》,以医药不继,遂亦夭殇,茹痛于心。乃承吾二三子远道寄书,殷勤慰问于流离颠沛之中,以节衣缩食之赀以相归遗,不图居今之世见此风义也。然吾子之所以待仆,其情义至周且渥矣,独令仆何以自处耶?使吾子而高官厚禄也者,即千金之赠,吾亦无所辞,受之安也;当此世乱国贫,谋生无计,吾知吾子之家必有啼饥号寒者,清独不能相惜耶?且清之不死,天也,今吾子家有啼饥号寒者,推解以恤我,我犹受之,天将不佑我矣,诚令辞受两难也。今我贸然受之乎?吾何忍也;毅然却之乎?又无以塞吾子相爱之情,令我何以自处耶?叹夫!叹夫!清之饿死,分也,求贫得贫,又何怪耶?岂知以此重为吾二三子之累,反不如去年危城之中,中炮而死之为安也。今以草间偷活之身而为我二三子忧,每一念及,不知涕泗之横流也。来金勉受,重负吾子之至意,它日学业之进,教授之理,研寻有得,愿时相告,勿为清忧,令我徒戚戚也。冬晴自爱。

肆　江谦

江谦(1876—1942)，字易园，号阳复，安徽婺源(今划归江西)人，1876年7月30日(农历六月初十)出生。自幼聪颖好学，五岁即能读书，九岁熟读四书，通义理，十三岁毕五经，攻诗文，十七岁应童子试，六场皆冠其首，补博士弟子员，就读紫阳学院与南京文正书院，后考入上海南洋公学师范班，未几以病辞归。1894年，近代我国著名教育家、实业家张謇(寄直)任崇明瀛洲书院山长期间，睹先生所著文，叹为美才，交谈中，赞先生"辞顺而气下"，益受重之。1902年张謇创办通州师范学校，先生佐助之，1907年，安徽优级师范聘先生为教务长，先生感张謇知遇之恩，婉辞勿就。1909年，京师开资政院，先生被推为议员，1914年，江苏民政长韩国钧委先生为教育司长，因辞未获准，乃就职。1915年，南京高等师范学校成立，先生被聘为校长，任职三年，卓有建树，积劳成疾，退休养病，以后，潜心佛学，著述良多。1941年移居上海，1942年5月24日辞世，享年六十七岁。

1. 关于南京高等师范学校筹备成立情形的报告

（1915 年 1 月 6 日）

为详报事。民国三年九月二日奉

钧署第二四〇六号饬：委任谦为南京高等师范学校校长，就两江优级师范校舍详加察勘，能否修葺一部分，勉应目前之用，抑尚须另借他项公屋开办，察酌情形，妥定办法，详候核夺，务尽本学期年内筹备完竣，以便定期开校等因。本年一月八日又奉

钧署第六二号饬开，据财政厅长详奉饬开：南京高等师范学校定期四年八月开校，先期设立筹办事务所，现距下学年始期仅仅七月。现经饬科拟具开办计划六则，逐年学生人数、班数表、开办费概算书，按照现定计划，本年度仅需要开办费五万余元。其第一年所需经常费为数亦不甚巨，合抄开办年划六则，开办支出概算一分，饬仰遵照，并先详覆备案等因。查高等师范学校为全省教育根本，既使署规定开办计划，饬将三年度预算所列该校经费十万元，暂照减半数目支给，自不能不事先筹维，分期核放。除此项开办费五万元，由厅勉力筹借，于四年二、四、六三个月分期拨放应用外，合将遵办情形，先行详覆等情前来。合行饬知该校长遵照前饬，

迅速来省筹备一切等因。先后奉此，遵于本月十七日到宁，并约同留学美国教育博士郭秉文，留学美国教育学士陈容，前教育部视学袁希涛，偕同来宁，就前省议会内商榷一切进行事项，并值省教育会副会长黄炎培，省教育会会长沈恩孚，因河海工程专门学校事来宁规划，一并约同筹议，以期集思广益。当于十八日偕同进谒，只承指示，旋经察勘前两江师范校舍，除已毁去宿舍一部分外，各室窗户十毁八九，地板楼板破坏亦多，只东南角音乐手工教室，现借设雷电练习所，略经修理至校门内，居中大楼及西首教员室等处房屋亦半损坏。现尚驻有陆军第十九师七十四团之兵队，如果早日全行移让，尚可择要修葺，勉资应用因，先择校内东首旧时教室修葺数间，作为筹备处，业于二十八日工竣，二十九日迁入办事，现更约定袁前视学希涛、常川来宁，协同筹备。除所有一切进行事项俟后续行详陈外，合先将筹备处成立情形，备文具报，统祈察核施行。再，此详借用省立第四师范学校钤记合并声明。谨详。江苏巡按使齐

校长江

中华民国四年二月三日发

（南京高等师范学校章）

2. 亡妻汪氏

江谦德薄障深。天降之罚。中年丧妇。祝予良祝。使高堂垂泪。弱子靡依。乌麋伤已。然内子含章隐德。与夫病逝始末。有不可殁者。谨略状之。以告吾挚亲旧好修德慎终之君子加览焉。内子生平孝顺慈惠，施贫济急，而俭薄自持。禀质弱而好苦行，善烹饪而淡于自食，购衣惠冻，而其衷衣必历年补缀，不肯更为。处上海纷华丽都之地数年，而不喜游观，不效时服。每岁纪经家政，施舍之费，而不私蓄一钱。敬爱于亲旧贫窭，而视世富贵崇高澹如也。自归谦三十三年。凡有善愿，必助成之。凡去就进退取与信仰之大义，无不同意。始谦随张啬庵师办教育南通，岁费所入，泰半以资寒士学费，而自用不足。内子则习纺织，期以自给。十数年来，谦以教育议院事，奔走京师、南京、安庆、上海、南通间。家事一委之内子，迄谦积损成痁。念佛习静。而筹画应付之事，内子一人当之，以是心力益瘁。顷数年来，虔心奉佛，戒杀放生，持六斋观音斋，诵《阿弥陀经》《般若心经》《法华普门品》《高王经》《往生咒》《杨枝手大悲咒》。去秋以来，病滞床褥，不获如常课诵。然常持念弥陀佛号，及观世音大势至菩萨名号。医药失宜，病遂加剧。自以堂上舅姑老母未送，发大愿作功德，祈延寿命。不谓天不假年，竟于夏历十一月朔日未时坐逝。先一日夜深时。语侍疾者。取烛置床上，两手作举香状,谓侍者楼上佛堂木鱼声甚清越。汝闻之乎,又谓床壁间皆金字经卷,光耀烛目。汝见之乎,侍者以为呓语也。及晨预告家人,今日卯未亥三时,须为我供佛,自是不复语,如入禅定。有问候者,领之而已。果至未而逝。逝时神色端肃自在,无愁苦相。落枕后,面部冰冷,而顶端犹温。沐浴后,肢体柔软。前二日两脚肿胀,不能动屈,而逝时盘曲如禅定状。自初逝时,谦为念《大悲咒》。又得族中道友数人输替相助,凡诵大悲心陀罗尼三百余卷。自未至亥,法音琅然。然后念佛助之回向。凡是诸端。古德所传称为瑞应。惟是脱苦轮生净土。非由亲证,莫释悬悬。嗟夫! 娑婆苦多,死生事大。凡我亲故,具有悲怀。登报以闻,恕不周讣。内子注氏婺源大畈汪知极公女,生光绪乙亥四月二十三日申时,殁民国甲子夏历十一月朔日未时。享年五十。子一,有明,生丁酉。女一,有贞,生己酉。皆信佛。随侍在侧,亲视含敛。孙一,宏通,生甫弥月。江谦谨状。

3. 说音

叙

　　夫治小学,有音形义三者,不可缺一。然文字原在语言之后,可见音尤为形义之本矣。然自来小学家多言形义而略言音,其致力于此者,又多详于韵而略于音,且偏攻古韵而略于今音。考据繁博,支离破碎,遂使古者童而习之之小学,成为专门之绝诣,是非学者之过欤。婺源江易园先生,精研文字音韵之学数十年,发明天然声母阴阳通转之轨则。二十年前,余在海上,亲聆先生讲说旬日之间,即通其义,难为稀有。然当时所讲,仅限于声母,未之详也。厥后先生因病返里,专心学佛,遗弃世典,偶通函札,亦惟讨论内学及修持方法,不涉其他。戊辰己巳之间,余在沪翻印四体密藏,见其中所附同文韵统,较通常本为完备,乃另印单行本。邮寄一部与先生。先生复函有云:"观梵音五十母,乃知守温之三十六母,纯从梵音译出,但译其三十四声母,去其十六韵母,又以影喻二韵母,凑入声母,故为三十六耳。当时若将声韵五十母,完全译出,以为译陀罗尼之准的,则为益宏矣。"又云:"年来学佛,不问他事,惟此声韵之学,结习未忘,当就昔者原稿,加以补充,俾成专书,以利后学"云云。本年之夏,先生来沪小住,则已容光焕发,夙疾全瘳。过从多次,倾谈别后修习净土精进之功,互相印证,欢喜赞叹。得闲问及所著说音,已否脱稿,先生归后,即将全稿寄来。受而读之,则粲然大备。凡天然声韵之通转,古今方音之变迁,古今音韵之异读,一一皆列表说明,简切易晓。学者得此,音韵之学,思过半矣。因怂恿速付剞劂。先生允之。余即为之校理,并加句读,以付中华书局印行。书成,先生嘱为并言,遂志其因缘如此。

民国二十四年乙亥仲秋,愚弟蒋维乔谨叙。

序

乙卯丙辰,予讲音义于天津江宁上海,录其简稿,为《说音》一编。江苏教育会中华书局印行之。天然声母阴阳通转之说。盖古者小学之事。口口相传,未有其书明言之者。予求音学二十年,一旦豁然通之,通此而一切典籍、一切语言,其于双声音义之转,犹破竹矣。童子能知,老不可废。或者古书有前言之者,予之浅陋,未之见耶。博学多闻之士,有以古先哲人之言告之者乎。百拜以请。诸佛菩萨,能解一切众生语言陀罗尼。陀罗尼者,总持门也。此则上彻欲界、色界、无色界之诸天,下彻鬼、畜、地狱之三途之语言矣。岂但人类,大哉大悟之大圣人也。中华人民建国十一年壬戌腊月。婺源江谦自序。

增订《说音》序

佛言因缘和合,虚妄有生。因缘别离,虚妄名灭。故一切法本自无生。其有生者,缘生之也,古书也,俗谚也,先哲时儒声韵之书也,闽粤之殊音也,朝鲜日本之异读也,亲戚师友之情话也,咨议局、资政院、众议院、中央教育会之博辨也,英吉利之拼音文字也,皆予说音之产地也、良师也、和合之因缘也。昔顾氏纂辑《音学五书》,几三十年,所过山川亭障,无日不以自随,凡五易稿,而手书者三,予之癖此,亦三十年矣。然此书既成,苟得敏者口而授之,则旬月之间,不出户而知天下,抑又生乎今而闻乎古,操是以读古今之书,习中外之译,究方俗之殊语,易为功矣,比之昔人皓首穷年,研兹绝学,则是汽车与徒行竞远,而飞艇与驽马争先也。或谓今之学校,方忻新而厌古,尚白话而弃文言。文言且弃,况古书乎。不知苟通声韵,则古书亦白话耳。今且不能守一国之白话,而废列邦之白话,何独守一时一方之白话,而废古来圣哲相传之白话乎,予甚悲夫今人之塞,而不能无薪乎来者之通也,于是乎增订此书,庶几行之,予日望之,若夫藏之名山,非予志也。岁在庚午孟春之月,婺源江谦自序。

说音目次

天然声母表

(表中所列第一字柔声,第二字刚声,以今通行之国音字母附注于次)

ㄐㄍ	吉鸽	深腭	腭部	
ㄑㄎ	乞刻			
广ㄫ	义暴	浅腭		
ㄒㄏ	吸黑			
一ㄨ	一屋			
ㄉㄉ	的代			
ㄊㄊ	剔突			
ㄌㄋ	栗内	舌头	舌部	
一ㄦ	抑二 (读卷舌音)			
ㄗㄓ	积卒			
ㄘ彳	七猝	以上第一字正齿第二字粗齿	齿部	
ㄙㄕ	惜率			

ㄅㄅ　必不

ㄆㄆ　匹勃　⎫重唇

ㄇㄇ　密昧　⎬唇部

ㄈㄈ　呔弗　⎫轻唇

万万　昧勿

以上注音字母读法，上一字柔声，收音于一，下一字刚声收音于九。

说明

（一）此表三十四声母，纯以天籁，证合一阴一阳一柔一刚自然之妙用，无古今方域之殊。所列吉鸽乞刻等字，须由明者口授，否则读者或有方音之殊，今以通行之国音字母附注于次，曾习国音字母者，可以比例而知。

（二）读者知此天然声母，则知小儿学语时，已可指点发音之妙用，他日习训诂通方言，习外国语，一以贯之矣。

天然韵母

古人言五音，曰宫、商、角、徵、羽，后人言四等，曰开、齐、合、撮，其实只是一理，盖宫即合口，商、角即开口，徵即齐齿，羽即撮口。（四等实具五音开口有二种大开为角徵开为商。）昔人五音歌诀六，欲知宫，舌居中，欲知商，口势张，欲知角，舌后缩（舌缩，即口大张），欲知徵，舌抵齿，欲知羽，唇上取（此诀虽似易知，而初学尚难了解。盖宫商角徵羽之唤，角为喔，徵为用，在韵而不在声。试延长其音读之则宫为翁，商为以，羽仍为原音）。

英文音母五,曰 a e i o u,即宫、商、角、徵、羽之五音,亦即开齐、合、撮之四等,盖 a i 开口,为商为角,e 齐齿,为徵,o 合口为宫,u 撮口为羽。日本文音母五,曰アイウエオ亦然,盖以喉出音而口为之节,不外此开口齐齿合口撮口之四法。合古今中外而皆同,故谓之天然韵母。

兴化刘融斋先生,所著《四音定切》,举四等之标的,曰挨意乌于准是推之,则见群之属,读为格记故居,溪之属,读为客气苦祛,疑之属读为额拟吾女,晓匣之属,读为赫戏呼嘘,舌齿唇音,皆以类推,挨意乌于,以今通行之国音字母例之,则为丫ㄧㄨㄩ。

李氏音鉴之张真宗珠,与刘氏之挨意乌于一律,其不及刘氏者,则挨意乌于四字,纯为韵母,使学者观念易明,而张真宗珠,则杂以声母。

虽曰四等,实则一音,口法不同,遂生变化。如张,开口也,齐齿读之,则变为真,合口读之,则变为宗,撮口读之,则变为珠,则知四等,实一音之变。如江,古读合口,音工,今读开口,音扛。仪,古读合口,音俄,今读齐齿,音宜。即此例也,详后古今韵异读表。

四等既会,每一等复有清浊六转音,即清平、浊平、清上、浊上、清去、浊去是也。更举例如次。

开	张	长	长	丈	帐	仗
斋	真	陈	诊	尽	镇	阵
合	宗	虫	肿	重	众	仲
撮	珠	储	祖	○	㼖	祝

说明

(甲)一清　二浊　三清　四浊　五清　六浊
缓长为清,短促为浊。

(乙)韵书说　(二一)平声　(四三)上声　(六五)
去声。

(丙)凡韵书所谓平上去入四声,其入声转音,皆在第六。
故反切辨清浊法。

入声与浊去同,因古无入声,今北方尚尔。

古入声者,闰声也,谓闰余之声,因韵书所列入声字,其
上去平往往有音无字,故附系于异韵之平。如丁顶订得,真
枕震则是也。得之与丁,则之与真,声同而韵异,以吕代嬴,
实非一系,可知入声根据,非出天然,未为正确,清浊六转,浊
去一音,统收诸入,无赘无漏,法尔浑成,口熟澜翻,自知其
妙,可知六转已括音韵变化之全。

拼音练习法

熟读清浊音表

东　同　董　动　冻　洞

都　徒　堵　杜　妒　笃

○ 清音·浊音无论何音概依此表,习惯读之则清浊
厘然。

腭音第一种,四等六转拼音之练习

下表纵读为四等,横读为六转。

开口　吉(声韵)　○姜(音)　吉○强　吉○讲　吉○○

吉○强　吉○○(尚吉)

　　齐齿　吉○金　吉○禽　吉○谨　吉○近　吉○禁　吉○仅

　　合口　吉○弓　吉○穷　吉○拱　吉○○(动吉)　吉○贡
吉○共

　　撮口　鸧○(乌)○(吴鸧)　鸧[五]○古　鸧○(舞)○(舞鸧)
鸧○(恶)故　鸧○(屋)鹄

　　舌音第一种,四等六转拼音之练习

　　开口　代○(汪)当　代○(王)堂　代○(枉)党　代○荡　代
○当　代(望)○宕

　　齐齿　代○登　代○○(民代)　代○等　代○○(引代)　代○
订　代○定

　　合口　代○(翁)东　代○同　代○董　代○动　代○冻
代○洞

　　撮口　代○(乌)都　代○(无)徒　代○(五)堵　代○(舞)杜
代○(恶)妒　代○(屋)笃

　　齿音第一种,四等六转拼音之练习

　　开口　之○张　之○张　之○长　之○丈　之○帐　之○仗

　　齐齿　之○真　之○陈　之○诊　之○○　之○镇　之○陈

　　合口　之○(翁)宗　之○重　之○肿　之○重　之○众
之○仲

　　撮口　之○(乌)珠　之○(无)储　之○(五)祖　之○(舞)○
之○(恶)注　之○(屋)祝

　　唇音第一种,四等六转拼音之练习

　　开口　不○帮　不○旁　不○榜　不○棒　不○谤
不○傍

齐齿　必○宾　必○濒　必○禀　必○○(引不)　必○摈
必○病

合口　不○奔　不○蓬　不○畚　不○○(动不)　不○○(冻
不)　不○○(洞不)

撮口　不○(乌)○(乌不)　不○(无)蒲　不○(五)补　不○
(舞)簿　不○(恶)布　不○(屋)步

右腭、舌、齿、唇每部举第一种为例,其余可依次练习推
演,拼音既通,学反切自易。

反切法

魏孙炎,字步然(炎汉郑康成门人),始为反语,字又作
翻,唐以后通谓之切音,以时君讳言反。反,变也。一音变两
谓之反,两音合一谓之切,或曰切,《说文》,刌分也。切分一
音而二之,然则反切之为义一也。反切盖元本于古之急读为
一,缓读为二,例如:不律为笔、不可为叵、之于为诸、之焉为
旃、勃鞮为披、蒺藜为茨,今吴语谓弗要为○(否要切),弗曾为
坟,亦急读之一类也。

反切难于拼音者,拼音二合,一声一韵而已,反切虽两
字,每字各有一声一韵,实四合也。特所取用,仍只一声一
韵,今以稣甘切三,解之如下。

稣甘二字,实为丝乌鸽安之四合,惟第一字用声去韵,第
二字用韵去声,以丝之声与安之韵合为三音。三与稣为双
声,双声者同声,三与甘为叠韵,叠韵者同韵。

切音至便之法,第一步,将反切下一字变读,如见稣甘,

79

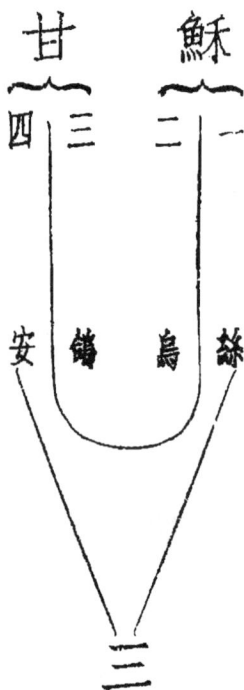

便读作稣安,则切得三音较易,第二步,将反切上一字定清浊,稣于六转为第一音,为清。三于六转为第一音,亦为清。知所切得之三不误,盖反切上一字清者,切得之音必清,浊者切得之音必浊,若上一字清,而变读切得之音浊,则须将切得之音更正。更正之法,六转之一二互易,三四互易,五六互易。

反切上一字,论清浊不论平仄,清浊六转,一三五,清音可通用也,二四六,浊音亦可通用。

稣甘改为所甘,或素甘,仍切得三音,以六转之一三五可通用。若改为雏甘,或竖甘、熟甘,则当切为三之浊音(第二转)。

前贤刘融斋、周山门皆论古人以上一字定清浊之非,欲改良反切,以下一字定清浊,如此则第一步变读之法,已能切得正确吻合之音,第二步方法,便可省略,不使学者更苦审定清浊之难。但古书不能遍改,斯古法不可不知,后此教育界应用,则尽可改良,使反切拼音趋于一轨,则便利多矣(昔人所为以上一字定清浊者,以下一字必求同韵、同等,又同清浊,则有时而穷,故改为上一字,使不为韵部平仄所拘,理虽未当,法则无穷)。

切音上一字,与切得之字同部、同位、同等,阴阳声又同者,谓之音和。否则谓之类隔,其实前人造反切者,必求音和,后人读反切者,有方音之殊,古今雅俗之异,斯有类隔耳。

清音　三之反切

甲式(用第一步法便得正音)

酥甘　所甘　素甘

乙式(用第二步法便得正音)

酥难　所难　素难

以上甲乙二式,均切得三音,甲法较省便。

浊音　三之反切

甲式

雏难　竖难　熟难

乙式

雏甘　竖甘　熟甘

以上甲乙二式,均切得三之浊音(馋)甲法较省便。

曩见习切音者,苦读累月,而不能通。老于此者,疑似清浊之音,亦难正定,今得此说明,旦暮之顷,可以了然,心口之间毫无含混,难易明昧,相去天渊矣。

顾亭林论反切不始于汉

反切之语，自汉以上，即已有之。宋沈括谓，古语已有二声合为一字音，如不可为叵、何不为盍、如是为尔、而已为耳、之于为诸。郑樵谓慢声为二，急声为一，慢声为者焉、急声为旃，慢声为者与、急声为诸，慢声为而已、急声为耳，慢声为之矣、急声为只，是也。愚尝考之经传，盖不止此，如《诗·墙有茨》传茨、蒺藜也，蒺藜正切茨字。《八月断壶》，今人谓之胡卢，《北史·后妃传》作匏芦。匏芦，正切壶字。《左传》有山鞠穷乎，鞠穷是芎䓖，鞠穷正切芎字，著于丁宁注，丁宁，钲也，《广韵》丁中茎切，丁宁正切钲字。守陴者皆哭，注陴城上僻倪，僻音避，僻倪正切陴字，弃甲则那，那何也，后人言奈何。奈何正切那字，六乡三族降听政，注降和同也，和同正切降字。《春秋》桓十二年，公及宋公燕人盟于谷丘，《左传》作句读之丘，句读正切谷字，《公羊传》邾娄后名邹。邾娄正切邹字。《礼记·檀弓铭》，明旌也，明旌正切铭字，玉藻终葵，椎也，方言、齐人谓椎为终葵，终葵正切椎字。《尔雅》，禘，大祭也，大祭正切禘字，不律谓之笔，不律正切笔字，须䓖芜䓖芜正切须字。《列子》，杨朱南之沛，《庄子》，阳子居南之沛，子居正切朱字，婿谓之倩，注今俗呼女婿为卒便，卒便正切倩字。《说文》，铃，令丁也，令丁正切铃字。鸠，鹘鸼也，鹘鸼正切鸠字。《释名》，韠，蔽膝也，所以蔽膝前也，蔽膝正切韠字。王子年《拾遗记》，晋武帝赐张华侧理纸，侧理正切纸字。《广韵》，狻猊、狮子，狻猊正切狮子。以此推之，反语不始于汉末矣。

《左传》襄十年，会于柤，会吴子，寿梦也，注寿梦，吴子乘，十二年经,书吴子乘卒,按梦古音莫登反,寿梦二字,合为乘子。

　　读顾氏此论,则知反切之法,本于天然,其来已久,学者当知,以象形文字,行拼音之法,中国之反切是也,以反切之法,为构造形声之主体,西域、印度及今欧美之拼音文字是也。

唐孙愐切音举例

𧘇 蘇沓	兄 諸氏	龠 以灼	行 戶庚	正 之盛	𢏚 苦屋	半 語求	蓐 而蜀	玨 古岳	一 於悉
嚚 語軒	囧 汝滑	冊 楚革	齒 昌里	是 承旨	辵 子苟	釐 莫交	芔 莫朗	去 去既	上 時掌
㗊 渠慶	九遇	品 阻立	牙 五加	丑略	諸市	古奥	私北	士 鉏里	示 神至
音 於今	居蚓	食列	足 即玉	丑亦	步 北末	口 苦后	八 博拔	古本	三 穌甘
章 去虔	古 公戶	古 古寒	疋 所菹	余忍	薄故	凵 口犯	釆 蒲莧	丑列	王 雨方
	十 是執	谷 其虐	品 丕欽	延 丑連	此 雠氏	況袁	茻 博慢	艸 倉老	玉 魚欲

唐韵切音举例

平声　一东二冬三钟

清之类

翁（红乌）　东（红德）　中（弓涉）　仲（中敕）　风（戎方）　丰（空敷）　烘（东呼）　通（红他）　钟（容职）　雍（容于）　锋（容敦）　从（恭七）

浊之类

同（红徒）　虫（弓直）　崇（弓锄）　穷（弓渠）　冯（戎房）　逢（容符）　洪（公户）　重（容直）　容（封余）　缝（容符）　从（容疾）

上声　一董二肿

清之类

董（动多）　肿（陇之）　拱（竦居）　捧（奉敷）　孔（董康）　桶（孔他）

浊之类

动（总徒）　重（陇直）　奉（陇扶）

去声　一送二宋三用

清之类

雍（用于）　送（弄苏）　贡（送古）　冻（贡多）　瓮（贡乌）　众（仲之）　痛（贡他）　讽（风方）　控（贡苦）　烘（贡呼）

浊之类

用（颂余）　共（用渠）　洞（弄徒）　仲（众直）　恸（弄

徒） 缝（容房） 哄（贡胡）

平声 九鱼十虞十一模

清之类

乌（都哀） 呼（乌荒） 都（孤当） 粗（胡仓） 肤（无甫） 苏（姑素） 朱（俱章） 枯（胡苦） 孤（胡古）

浊之类

吴（乎丑） 胡（吴户） 徒（都同） 徂（胡昨） 扶（无防） 殊（朱市） 厨（诛直） 奴（都乃） 模（胡莫）

上声 八语九麌十姥

清之类

覰（古当） 土（鲁他） 虎（古呼） 主（庚之） 古（户公） 抚（武芳） 所（举疏） 楚（举创） 苦（杜康） 补（古博）

浊之类

杜（古徒） 户（古侯） 柱（主直） 父（雨扶） 竖（庚臣） 簿（古裴）

去声 九御十遇十一暮

清之类

恶（路乌） 妒（故当） 付（遇方） 恕（署商） 注（戍之） 布（故博） 呼（故荒）

浊之类

误（故五） 渡（故徒） 附（遇扶） 树（句常） 住（遇持） 路（故洛） 步（故薄） 护（误胡） 暮（故莫）

附《广韵》入声一屋二沃三烛（今读多同浊去）

屋（谷乌） 竺（木丁） 蝮（福芳） 速（谷桑） 粥（六

85

之） 卜（木博） 臒（木呼）

以上清之类

独（谷徒） 伏（大房） 熟（六殊） 足（玉即） 禄（谷
卢） 仆（木蒲） 斛（谷胡） 木（卜莫）

以上浊之类

古今方音变通声类表（乙卯春天津讲稿）

深腭	见（见〞） 溪（溪〞） 群（群〞） 疑（疑〞）
浅腭	晓（匣） 影（喻）
舌头	端（知） 透（澈） 定（澄） 泥（娘） 来（日）
舌上	知 澈 澄 娘 日
（舌上变齿）	知 澈 澄 日
正齿	精 清 从 心 邪
粗齿	照 穿 床 审 禅
重唇	帮（非） 滂（敷） 并（奉） 明（微）
轻唇	非 敷 奉 微
（唇音入腭）	非 敷 奉 （闽音）

说明：

一发音之母为声，收音之母为韵，一声一韵，合而为音。

二声母旧谓之纽，又谓之字头，英文为康纯伦脱（Con-sonont）译谓无音字母，盖发音甚微，非无音也

三深腭浅腭，旧名深喉浅喉，又名浅腭为喉，深腭为牙，

86

其实韵母方为喉音,牙则无发音之关系,故改定今名。

四见见"犹吉鸽,溪溪"犹乞刻,群群"即见之浊,疑疑"犹义彖(以上深腭)。晓匣犹吸黑,影喻犹一屋(以上浅腭)。端端"犹的代,透透"犹剔突,定定"即端之浊,泥来"犹栗内(以上舌头)。知、彻、澄、娘、日读古音同端、透、定、泥、来,从舌上则混入深腭,读今音知、彻、澄同精、清、从,唯日读卷舌音,柔刚之分较难(以上舌上),精照犹积卒,清穿犹七猝,从床即清穿之浊,心审犹惜率,邪禅即心审之浊(以上第一字正齿,第二字粗齿),帮帮"犹必不,滂滂"犹匹勃,并并"即帮之浊,明明"犹密昧(以上重唇),非、敷、奉、微读古音同帮、滂、并、明,读今音则轻唇之柔刚分别较微(以上轻唇)。

五见溪群疑,今黄河流域扬子江流域人,大抵读柔声,唯闽人概读刚声,尚存古音之旧,故增列四字,旁加符号,令读者知声母作用,有一刚一柔之妙,一柔一刚即一阴一阳。

七晓必增匣,影必增喻,以此例之,则见必增见",溪必增溪",疑必增疑",若谓见可该见",溪可该溪",疑可该疑",以此例之,则晓可该匣,影可该喻,无庸增匣增喻,可知造声母者,未能阐发一阴一阳之妙用,故义例不一,三十六声母,戴东原氏声韵考,谓释守温所作,盖唐季人也,于古音义例,已不尽知。

八以晓匣影喻一阴一阳之例推之。泥来也,精照也,清穿也,必审也,亦符一阴一阳之例,其他声母或偏于阴,或偏于阳,不能一致,其实每一声母,皆有一阴一阳之用,本之天籁,无古今南北皆然,前表已明之矣。

九声韵之事,非口耳不明,文字流传辄滋疑误,然略举义例,或胜于无,是在读者深知其意,如坚固,如健刚,为见之一阴一阳,如启开,如顷刻,为溪之一阴一阳,如仰昂,如吟哦,为疑之一阴一阳,如喜欢,如显赫,为晓匣之一阴一阳,如隐约如抑扬,为影喻之一阴一阳,如丁当,如的当,为端之一阴一阳,如剔透,如倜傥,为透之一阴一阳,如玲珑,如辘辘,为泥来之一阴一阳,如嗟咨,如彳亍,为精照之一阴一阳,如青葱,如凄怆,为清穿之一阴一阳,如参商,如细琐,为心审之一阴一阳,如边旁,如标榜,为帮之一阴一阳,如劈破,如匹配,为滂之一阴一阳,如弥满,如迷茫,为明之一阴一阳,如菲芳,如匪弗,为非敷奉之一阴一阳,如味玩,为微之一阴一阳,(轻唇音至微母,阴阳之分亦较微)。

十凡同一声母之字,无论或为阴声,或为阳声,皆谓之双声,亦谓之同纽,如坚固,如健刚,同为见母,如启开,如顷刻,同为溪母,是也,若一为见母,一为溪母,刚谓之旁纽双声,若观之与看,竭之与去,间之与嵌,是也,推之见溪群疑晓匣影喻,深腭浅腭,皆有相互环通之妙,亦可谓之旁纽双声。

十一远稽训诂,近察方言,近转旁通,大抵不远轨则,见溪群疑,晓匣影喻,为腭音一类。见与溪为近转,而与晓匣影喻疑为旁通,端透定泥来,知澈澄娘日,为舌音一类。端与透为近转,而与智澈澄娘日泥来为旁通。精清从心邪,照穿床审禅,为齿音一类。精照与清从穿床为近转,而与心邪审禅为旁通。帮滂并明,非敷奉微,为唇音一类。帮与滂非与敷为近转,而与明微为旁通。至于群为见浊,定为端浊,澄为和浊,从为清浊,邪为心浊,床为穿浊,禅为审浊,并为帮浊,奉为非浊。虽列两母,实则一声,清浊者韵之事,非声之事也,读者熟知同纽旁纽近转旁通之例,以稽古训、以察方言,知声音虽有古今南北之殊,而轨道范围,井然不紊,此中乐趣,触绪而环生矣。

十二上所举为通转正则,此外闽人读非敷奉、入晓匣母为希呼混,则轻唇缩入浅腭,然胡邱即为方邱,蝮即为虺,古训可征,盖方读如荒、蝮读如护,舌上舒为齿音,齿音缩入舌上,舌上混入深腭,亦为出轨,然古人互训,亦间有斯例,可知古训已有方言之殊,此为变则,唯读者知此,可以会通,而言者于此,要当矫正。

十三知澈澄娘日,古读如端透定泥来(今福建及江西抚州尚尔),非敷奉微,古读如帮滂并明(今朝鲜尚尔),此为钱竹汀氏陈兰甫氏章太炎氏所证明,今表于舌头附入知澈澄日,于重唇附入非敷奉微,以存古音之旧,读者知此,可以通故训,辨切音(《广韵》切音上一字,多汉魏遗音。)。

十四古人声音训诂之例可举者(一)、同音(二)、一音之转(三)、双声(四)、叠韵(五)、重言(六),急读缓读,而双声之用最多,以字广于同音,而义亲于叠韵故也。我国学者惯习诗赋,叠韵观念,尚易明了,至于双声,往往忽略,段氏知转注大抵同一韵部,孔氏发明韵部对转,章大炎氏益之以阴轴阳轴旁转对转次旁转次旁对转韵之说至矣。而双声之用,阐发未宏,刘融斋谓韵有古今之分,双声无古今一也,今方言互异,亦皆韵变而声不殊,故知声可以知故训方言之根。知韵可以究变化纷纭之迹,许氏说文叙建类一首,同意相受,考老是也。建类可兼赅声韵。一首必专指双声,许叙为行文体格所限,单举叠韵考老二字,未及双声,遂滋后人疑论,此表专为阐发声母之用,至于韵,则后列之古今韵异读表,读之,可以知天然之变化矣。

音读训诂方言通转法（乙卯秋南京高等师范讲稿）

腭部通转

学,今普通读晓匣母,吴音读喻母,古读见母,日本亦读见疑二母。《说文》,斅,觉悟也。孟子使先觉觉后觉,犹言先学教后学也,学者求自觉悟,教者使人觉悟。教,读见母,阴阳二声,从孝则通晓匣,孝即学字,《王篇·子部》,孝,效也。

鹤今读匣母,顾亭林氏谓古称黄鹄、鸿鹄,即今称鹤,则通见母,吴音读鹤为疑母刚声。

《孟子》,洚水者,洪水也,即见匣通转。畜君者,好君也,即晓匣一阴一阳。

吴音晓匣,多作影喻,如学校、会合、齐桓之桓、往还之还、见在之见、何胡、河湖,普通读晓匣者,吴音读影喻。《诗》云:于戏,前王不忘,于戏即呜呼,于乌为撮口合口之转,戏呼即晓匣。

影喻通疑,如鱼,今读喻母,古读疑母,海门读疑之刚声,五、吾、乌今读喻母,古读疑之刚声。玉,今读喻母,或读疑母,古亦读疑。牛,普通读疑,南通广州读疑之刚声,或有读油者,则转入喻母。

广州读溪母字,多如匣母,牵牛之牵、出去之去、起来之起,皆读入匣母,天津则读溪为晓母,溪从奚声(以上音读训诂方言通转,皆不出腭音之范围)。

90

腭声通转,以《说文》证之。

禧,礼吉也,祺,吉也。祮(苦浩切),告祭也。袷,大合,祭先祖亲疏远近。祈,求福也,祪,(古外切)会袷祭也。 祊(与章切),强鬼也。祸,害也。禁,吉凶之忌也。祼(古切玩),灌祭也。王,天下所归往也。

玉,有五德。瑛,玉光也。瑗,大孔璧也。《尔雅》,好倍肉谓之瑗。好,孔也。珏,二玉相合为一珏。

——王部一贯,三为王,玉部象三画之连—其贯也。

苋,从州,见声。莒(居许切),齐谓芋为莒。齐桓公与管仲于台上谋伐莒,东郭牙望桓公口开而不闭,故知所言者莒也,古读开口,今读撮口。薰,香草也。芰,菱也,菱芰,俗称菱角。

介,画也,介界通。

告,牛触人,角著横木,所以告人也。易曰,童牛之告,今易作牿。

喉,咽也。咽,嗌也。吟,咽也。唵,口急也。吾,我自称也。呷,吸呷也。呼,号也。启,开也。咸,皆也。吃,言蹇难也。

哽,语为舌所介碍也。各,异词也。叩,惊呼也。严,教命急也。哭,哀声也。归,女嫁也。

茎,草木干也。荄,草根也,亥声。

舌部通转及齿音入舌

他字,古皆作佗,为端透旁转,徒同杜动等字,今亦端透两读:钝与鲁、堕与落、道与理、道与路、涂与泥,为端泥旁转,以及叮咛玓瓅团园螳螂等皆为端泥连语。吴语谓钱为田为连,田连即端泥之转,今普通读钱齿音,钱与田连,即齿舌之通。至字，今普通读齿音，而或谓之到，或谓之抵，即至之舌音阴声为抵阳声为到，此知端之通。今谓我之父、我之兄为文，我的父、我的兄为语，其实的即之之舌音。孟子直不百步耳，朱注，直，犹但也，直古读为德，德但同端母双声。德，《说文》，从直从心，直亦声也。

徒善不足以为政，徒法不能以自行。赵岐注，以但释徒，朱注，徒，犹空也，不如赵注声合，徒但特独，犹言单也。空，则并单而无之矣。

泄泄，犹沓沓也，亦为齿音通舌。泄泄犹喋喋，多言也。喋喋沓沓，一阴声一阳声，沓沓犹滔滔。齐陈恒即田恒，陈田，即知端之通，汉蒯彻避武帝讳改名通，彻通，即澈透之通。

诗，谁谓荼苦，其甘如荠。荼，顾亭林氏谓即今茶字，荼茶，犹知端，或读澈透，吴音有读荼审母者。

蛇字，今音通读心审，吴音有读知母者，古读端透，《说文》，它，即蛇字，上古草居患宅，故相问无它乎，无它，今作无他，[吴语谓无为唔（鼻音）谓蛇为啥（读若少）谓无他为唔啥犹古之言无它也]端透与舌上阴声之日通转，如委蛇之蛇读夷，皋陶之陶读姚，台从目声，代从弋声，稻从舀声，荼从余声，条从攸声，地从也声，狄从亦声，汤从易声，通从甬声，皆是。今语称伱，实尔之古音，阴声为你，阳声为汝，为若，为而，为乃，古音皆舌头泥母，尔汝若而，今普通读卷舌日母，吴音则读汝若入齿音审母，唯吴称侬称乃，犹古音之遗。

柔弱糯软，如若仁人入闰忍辱肉日等字，皆有舌头舌上齿音数读，最足为舌齿通转之证，大概普通音读舌头舌上，而吴音读齿。

舌齿之通,本为出轨,唯二者近接,稍缩则入舌,稍伸则入齿,亦变之自然者也。

附表(此表须竖读　使音轨一律)				
日舌头	日舌上	日阴	日阳卷舌	日齿
柔	柔	柔	柔	柔
弱	箬	弱	弱	弱
儒	儒	儒	儒	儒
软	软	软	软	软
如	如	如	如	如
若	箬	若	若	若
仁	仁	仁	仁	仁
人	人	人	人	人
入	入	入	入	入
闰	闰	闰	闰	闰
忍	忍	忍	忍	忍
辱	褥	辱	辱	辱
耳	耳		耳	
任	任	任	任	任
然	然	然	然	然
染	染	染	染	染
肉	肉	肉	肉	肉

此表第一竖行,读舌头为古音,今扬州及南省普通语尚

尔,第二竖行,舌上为吴俗语音,第三竖行,阴声徽州婺源音,第四竖行,卷舌阳声,北省普通音,第五竖行,读齿音,为吴文语音,学者熟此而推之,方言之隔阂,通过半矣。

舌部通转及齿音入舌以《说文》证之。

天,颠也。吏,治人者也。帝,谛也,从上,朿声。礼,履也,祇,敬也。斋,戒也。

禘,谛祭也。祝,从示,从人口,一曰从兑省。祷,谓请于鬼神也,从示,寿声。社,从示,土声。雕,治玉也。瑱他甸切,从玉,真声,以玉充耳也。理,治玉也。玓玓都历切,璨明珠光也,从玉,勺声。壮,大也。 荅都合切,小尗也。

薄,水萹茿,《诗》绿竹如箦,《韩诗》作绿薄。蒂,瓜当也。玉卮无当,虽实无用。当,底也。

兹,草木多益。落,凡草曰蘦,木曰落。蒵草木凡皮叶落,降地曰蒵,从草,择声。

薙,除草也,从草,雉声。折,断也,从斤断草。荼,苦荼也。顾亭林谓即今之茶字。舂,推也,从草从日,屯声。詹,多言也。召,从口,刀声。唱,导也。啻,语时不啻也,从口,帝声,施智都计二切。唐,大言也。超,跳也。止,下基也。象草木出有址,故以止为足(足为脚亦通舌上),蓐而蜀切,陈草复生也。(陈草犹言宿草。《礼记》:朋友之墓,有宿草而不哭焉。)

齿部通转及齿音入腭

《论语》:政者,正也。子帅以正,孰敢不正。政正同音,照母。《孟子》:征者,正人之不正也。征正一音之转。

《孟子》:助者,借也。借助,犹清穿。序者,射也,序射,犹心审序或读清母。《论语》:学而时习之。习,鸟数飞也,习数,犹心审巧言令色,鲜矣仁,鲜,少也,鲜少亦心审。

精、清、心为齿音上中下三部之转,照、穿、审亦然,故齿音一字而三读,或两读者甚多,如常、长、藏、陈、成、呈皆有照穿审三读,召有照审二读,情有精清心三读。

广东读四如细,读七如察,婺源亦有此音,细四犹心审,七察犹清穿,《尚书》多用兹,《论语》《孟子》则用此用斯,兹此斯即照穿审之转。

《诗》将仲子兮,将子无怒。将,请也。将字独用不从他形者,今普通皆读精母,唯此读清母,与请同纽。

《诗》丞在栗薪,丞即众,栗即裂,薪即柴,丞众同照,薪柴犹审穿。此诗犹言大众在彼裂柴,故知声音通转之学,则通古犹通俗也。

精、清、心有读为金轻欣,照、穿、审有读为叫牵笋者,则通腭音之见溪晓,此为齿音入腭。如稣从鱼声,所从户声,失从乙声,恤从血声,或从弋声,施从也声,邪从牙声,威从戌声,则稣、所、失、恤或施、邪、戌当读入晓母,乃与鱼、户、乙、血、弋、也、牙、威为同纽或旁纽,如屈从出声、详从羊声、车读如居、剑从金声、训从川声,则出、详、车、金、川,当读入溪母,乃与屈、羊、居、剑、训为同纽或旁纽,如芰、跂从支声,诣从旨声,刑从井声,造从告声,臬从自声,唯从佳声,则支、旨、井、造、自、佳当读入见母,乃与芰、跂、诣、刑、告、臬、唯为同纽或旁纽,唯精清通腭,与舌上音混,例犹知澈之读为鸡桀也,婺源书舒输殊水恕树等字,皆读晓母,今普通则读心审母,陶潜《五柳先生传》,先生不知何许人也,犹言不知何所人,亦审晓

95

通转之证。

齿部通转及齿音入腭以说文证之

示，天垂象，见吉凶，所以示人也，又示，神事也。禛，以真受福也。祯，祥也。祭，祭祀也。《白虎通》：祭者察也，柴，烧柴焚燎以祭天神也。祖，始庙也。祠，春祭曰祠，品物少多文词也，祝祭主赞词者。瑞，以玉为信也。琢，治玉也。珠，蚌之阴精。琼，赤玉也。士，事也。孔子曰：推一合十为士。

Ψ，草木初生也，象——出形有技茎也，蓍，蒿属，生十岁，百茎。莳，更别种，薪，荛也。葬，藏也。尚，庶几也。爰，从意也。寀，悉也，知寀谛也。悉，详尽也。释，解也。牷，牛纯色。牺，宗庙之牲也。呬，东夷谓息为呬虚器切，吸，内息也。呼，外息也。哲，知也。唏，笑也。聑，聂语也。聂，附耳私小语也。喙，鸟食也。走，趋也。此，止也。正，是也。是，直也。

辵，乍行乍止也。巡，视行也。造，就也。遄 市缘切，往来数也。《释诂》，遄，速也。速，疾也。迅，疾也。逐，追也。

唇部通转及唇音入腭

《论语》暴虎冯河，《诗》不敢冯河，冯读为凭。冯本从冰声，读皮冰切帮母，今普通读冯轻唇音。

《诗》凡民有丧，匍匐救之。《礼记·檀弓》引《诗》作扶服，家语引作扶伏，盖古扶服，扶伏皆读重唇，故伏羲氏亦称庖牺氏。

《释名》：负，背也。今谓负，为文，背为俗。其实古负音如背，周公摄政，南面负扆。《史记·鲁周公世家》，作南面陪依。《汉书·徐乐传》，作南面背依。

《汉书·高帝纪》，常从王媪武负赊酒，如淳曰，俗称老大母为负，钱竹汀谓古称老妪为负，若今称婆，盖亦读重唇。

《孟子》，入则无法家拂士，出则无敌国外患者，国恒亡，拂士即弼士。《说文》，燕谓之弗，秦谓之笔，拂弗皆读重唇。

《诗》敷政优优。《左传》引作布政，则读敷帮母，又《诗》敷时绎思，《左传》引作铺时，则读敷滂母。

《孟子》，逢蒙学射于羿。《庄子》作蓬蒙，今俗谓相逢为碰著，即逢之古音。

蛮貊、阡陌，皆从百声而读若默，此为帮明之转，古读微母字如明母。《诗》黾勉从事，《刘向传》引作密勿，即《尔雅》之蠠没。《论语》文莫吾犹人也，亦训为蠠没。

无古读如模。《论语》吾末如之何也已矣，注，末，无也。《诗》德音莫违笺莫，无也，佛语谓归依为南无，或译作南摩，或作囊谟。

《曲礼》，毋不敬。《释文》云，古文言毋，犹今人言莫也，今俗谓无有为没有，皆无之古音。

吴语，谓蚊虫为门虫，味道为蜜道，物事为没事，未来为昧来，谓鼻闻为门，眼望为茫，与《说文》门闻也，《释名》望茫也，远视茫茫也，合皆可为微母通明之证，唯吴音读微，又转入敷奉。

古读文如门，武如拇，《水经注》汉水篇文水，即门水也，《书》岷山导江，《史记·夏本纪》作汶山，说文马武也，马武古皆读明母。

闽无轻唇音，读非敷奉，为希呼混，入腭音晓匣母，故谓福建为祜监，然唇腭之通，古训亦夥。《说文》，氾从㠯乎感切声,衅从分声,虫 读若虺 蝮也。《尔雅》邱四方者曰胡邱,则氾当读如個,分当读如昏,蝮当读如祐,方当读如荒。

《论语》唯我与尔有是夫,《孟子》,率天下之人而祸仁义者,必子之言夫,夫皆用如乎。松江人匣母字,又读入唇,如火读如抚,花读如敷,荒读如方,适得闽音之反。

唇部通转及唇音入腭以《说文》证之

丕,大也,从一,不声。祜,释诂,祜,福也。伏候古今注,祜之字曰福,谓避汉安帝讳,而以福字代祜字也。福,备也。祔,后死者合,食于先祖也。祔,卒哭之明日祭名。鬃门内祭先祖,所以彷徨也,鬃或从方,作祊。《诗》:祝祭于祊。《传》,祊,门内也。祸,师行所止,恐有伤慢,其神下而祀之。玭,珠也。玭,蚌之有声者。班,分瑞玉。

玫,玫瑰,火齐珠也,从玉,文声。每 武罪切 ,草盛上出也,从中,母声。芬,芳也,草初生,其香分布。从草从分,分亦声。菔 蒲北切 ,芦菔,从草,服声。蘋,大萍也。葩,华也(葩古花字)。茂草,丰盛儿,芜,薉也。芾,道多草不可行。苾,馨香也。

芳,香草也。藩,屏也,从草,潘声。《仓颉篇》:藩,蔽也。蓬,蒿也。从草,逢声。蕃,草茂也。莫,日且冥也,从日在茻中,茻亦声。八,别也。象分别相背之形。分,别也。必,分极也。采,辨别也。象兽指爪分别也,半物中分也,从八从牛,牛之为物大,可以分也。胖,半体肉也,一曰广肉(胖丰双声故有广肉义)。犕 平秘切 服也,《易》曰犕牛乘马,从牛葡声。牦 莫交切 ,西南夷长髦牛也,吻 武粉切 ,口边也。问,从口,门声,癶,从止相背,步从止相背(背倍古通用,背当作倍)。

古今音异读表叙

　　清宣统三年,学部谋国语统一,设国语调查会。江谦窃议宜分两部,招集闳达,从事研究编辑之务,其一统一国语,其一调查方音,统一国语,则主京音,所以通今,调查方音,以古音之散见于方言也,所以通古。癖古之士,有议并为一陶者曰,孰若标准古音,以易时习,下走伟夫斯议,是昆山顾氏之所欲复焉,而未之能也。虽然,硕学之士,以是为闻古之译焉可矣,若以易今一般之社会,而复之古,则其不适于时之故,下走犹能言之。古音钝而重,今音清以利;古音简而偏,今音繁而全;古音北之祖也,今音南之原也。魏汉以前,北音之时代也,南不列于雅。东晋以来,南音之时代也,北亦稍稠焉。清之经师,及晚近时哲,于古今多有考证,今为分质列表,挈其要领,庶几大夫君子,口焉而明之,一览而知其辜较。若为今音,若为古读,今变今音尽为古读,为便不便。自东晋以后,古者扬州之域,更递为帝都,其音轻扬,主盟文学之坛者,又大都南士。齐梁之际,昌言声韵,文物彪遂,执力日加。隋唐以还,从龙之士北征,南音北渐。历代帝者,往往移徙南方,豪族充斥京畿,由是轻扬之音,习为普通之语,北方族氏,递遭胡乱,又复南迁,于时古来刚劲钝重之音,浸以潜弱。今虽山林偏僻之地,交通困绝,尚能保存文献之遗,然已降为土音,不复熟于当世学士大夫之口。今如江西抚州者,读《论语》知之为知之,而为的的为的的,闻者犹然陋之,畴孰知其存古矣,夫其积重,而欲返之也诚难,必欲返之,则将使有重唇音,无轻唇音,有舌头音,无舌上音,及半舌半齿音,有帮滂并明音,无非敷奉微音,有端透定泥音,无知澈澄娘音,有泥音,无日音,有见音,无匣音,弃清而就钝,舍全而抱偏,行之中国而不能便也。后生学子,以是重唇钝舌,学欧美之译,其困难加强,惟夫高工学者,究专门之业,必于古有事焉,则是诚金科玉律哉,徒示以古之云云也。虽证向确凿,学者犹或瞠目结舌,莫释于疑,则必北究燕秦,南穷闽粤,旁搜朝鲜日本,标注音符,觊之一简,知夫某与经通,某与传合,某与笺注音疏相明,经传聱牙,则为奥僻,口舌惯习,则为易知,斯业之成,古义益显,抑悬念夫百年以往,语言统一,国习一音,而古训方言,赖斯不坠,岂非空前之盛业,垂后之鸿篇,调查国语之大夫君子,倪有事乎。

古今音异读表一　各表皆详声读古今之异与韵无关

今音	古读	考　　证
扶服	匍匐	《诗》匍匐救之,《檀弓》引作扶服。
伏羲	庖牺	伏,《广韵》扶冒切鸟抱子,扶古音蒲,故伏转为庖。
负	背	《汉书·徐乐传》,南面背依,背依,即负扆也。
方	背	《书》方命圮族,《史记》作负命,正义云,负音佩,犹言背命。
附	部	《左传》,部娄无松柏,《说文》引作附娄。
苻	蒲	《左传》,取人于萑苻之泽,释文音蒲,晋苻坚,蒲洪孙。
佛	弼	《诗》,佛时仔肩,郑康成音弼。
拂	弼	《孟子》,入则无法家拂士,拂士,即弼士。

今音	古读	考　证
文	门	《水经注》,汉水为文水,即门水也,今吴音犹谓蚊为门。
武	拇	《诗》,履帝武敏歆,武训为拇。
汶	岷	《书》,岷山导江,《史记》作汶山。
弗	不	《说文》,吴谓之不律,燕谓之弗,秦谓之笔,笔弗声近。
繁	鞶	《左传》,曲县繁缨以朝,释文步干切。
繁	婆	《汉书·陈汤列传》,御大夫繁延寿,师古音蒲胡反。
蕃	卞	《汉书》,引书于蕃时,雍即于变也,孔宙碑,于卞时雍。
偾	奔	《礼》,射义,偾军之将,《诗》行苇传,引作奔军之将。
纷	幽	《周礼》,司几筵,设莞筵纷纯,郑读为幽。
甫	圃	《诗》,东有甫草,《韩诗》作圃草,薛君章句,圃博也。
敷	布	《诗》,敷政优优,《左传》,引作布政。
敷	铺	《诗》,敷时绎思,《左传》,引作铺。
方	旁	《书》,方鸠僝工,《说文》两引,一作旁逑,一作旁救。
方	谤	《论语》,子贡方人,郑康成本作谤人。
魴	鲂	《左传》,晋侯使士魴来乞师,公羊作士彭。

今音	古读	考　　证
逢	蓬	《诗》,鼍鼓逢逢,释文薄红切,《孟子》逢蒙,《庄子》作蓬蒙。
封	邦	《论语》,且在邦域之中矣,释文,邦或作封。
封	窆	《檀弓》,县棺而封,注封当作窆,《春秋传》作堋。
勿	没	《尔雅》,蠠没,即《诗》密勿,黾勉从事,刘向引作密勿。
副	劈	《说文》,副判也,《字林》,匹亦反。
非	颂	《说文》,非读若颂。
匪	彼	《诗》,彼交匪敖,《左传》引诗作匪交匪敖,《广雅》匪彼也。
匪	邠	《诗》,有匪君子,《韩诗》作邠。
妃	配	《诗》,天立厥配,释文本亦作妃。
剕	膑	《书》,剕罚之属五百,《史记》周本纪作膑。
菲	苞	《曲礼》,苞屦扱衽,注苞或为菲。
微	眉	少牢礼,眉寿万年,注古文眉为微,《论语》微生亩,《汉书》作尾生晦,眉尾音转。
微	郿	《春秋》庄公二十八年,筑郿,公羊作微。
无(母同)	模	汉人规模字作橅,又《广雅》,莫,无也,莫无双声,无又训靡训末皆双声。
芜	蔓	蔓青又作芜青。
万	曼	《左传》,曼伯又无使滋蔓,皆音万,盖古读万为蔓,今吴人犹读千万之万如曼,故迈从万声。
膴	模	《诗》,民虽靡膴,郑音模,《说文》膴读若模。

今音	古读	考　证
反	变	《诗》,四矢反兮,《韩诗》作变,《说文》汳水即汴水。
馥	苾	《诗》,苾芬孝祀,《韩诗》,作馥芬。
鳆	愎	今人呼鳆鱼曰鲍鱼,犹存古音。
晚	莫	《说文》,晚,莫也,晚莫声近。
冯	淜	《诗》,不敢冯河,《论语》,暴虎冯河,皆皮冰反。
俘	宝	《春秋》,齐人来归卫俘,公谷作宝。
桴	枹	同扶鸠反,扶古音蒲。
望	茫	《周礼》,其泽薮曰望诸,注望诸明都也,疏明都即宋之孟诸。望明孟声近,《释名》,望,茫也,远望注茫也。
务	牟	《左传》,莒公子务娄,徐音莫侯反。
发	拨	《诗》,鳣鲔发发。释文,补末切一之曰鬵发。《说文》,作潎泼。

以上今音轻唇音,古皆读重唇,今读非敷奉微母者,古读如帮滂并明母。

古今音异读表二

今音	古读	考　证
冲	动	《说文》冲读若动,《书》惟予冲人,释文,直忠反,古读直如持,冲子犹童子也。
虫	同	《诗》,蕴隆虫虫,《韩诗》作烔,音徒冬反,春秋成五年,同盟于虫牢,杜注陈留封邱县北有桐牢,是虫桐同音。

今音	古读	考　　证
中	得	《周礼》,师氏,掌王中失之事,杜子春云,当为得,记君得失,若春秋是也,今江西抚州读中为东,东得声,近三仓云中得也。
陟	得	《周礼》,太卜掌三梦之法,三日咸陟,注陟之言得也,读如王德翟人之德,《诗》陟其高山,笺陟登也,登得声近。
赵	挑	《诗》,其镈斯赵,释文,徒了反,《考工记》注,引作其镈斯挑。
直	特	《诗》,实惟我特,《韩诗》作直,云相当值也,孟子直不百步耳,直但也,但特直声皆相近。
竹	笃	《诗》绿竹猗猗,《韩诗》作藩,音徒沃反。
竺	笃	《论语》,君子笃于亲,古文作竺,《释诂》,竺,厚也,笃竺皆从竹得声。
裯	裯	《诗》,既祸既裯,《周礼》注,引作祷,文异义同。
猪	都	《檀弓》,洿其宫而猪焉,注都也,南方谓都为猪,《禹贡》大野既猪,《史记》作既都。
追	堆	士冠礼,追注,犹堆也。
追	雕	《诗》,追琢其章,《传》,雕也,荀子引《诗》雕琢其章。
卓	的	觐礼,匹马卓上,注,卓,犹的也。
倬	菿	《诗》,倬彼甫田,《韩诗》作菿。
枨	棠	《论语》申枨,《史记》作申棠,《诗》俟我于堂兮,笺云堂当作枨,盖古读长,丁丈切,与党音相近。

今音	古读	考　证
池	沱	《礼记》,晋人将有事于河,必先有事于恶池,恶池即滹沱异文。
褫	拖	《易》,终朝三褫之,郑本作拖,音徒可反,《说文》,褫,夺衣也。
沈	潭	《史记·陈涉世家》,夥颐! 涉之为王沈沈者。与潭潭同音长含反,韩愈诗,潭潭府中居,即沈沈也。
廛	坛	《周礼》,廛人注,故书廛为坛。
秩	䵒	《书》平秩东作,《说文》引作䵒,从失声,跌迭瓞诔,皆从失得声而读舌音,可证也。
侄	经	《公羊》释文,侄大结反,《广韵》有徒结、直一两切,盖直古音持。
抽	搯	《诗》,左旋右抽,《说文》作搯,他牢反。
陈	田	《说文》,田陈也,齐陈氏后称田氏,盖文异而音义同。
乘	甸	《周礼》小司徒,四邱为甸,注甸之言乘也,乘之转甸,犹陈之转田,诗不濡其味,徐音都豆反。
涿	独	《周礼》壶涿氏,注故书涿为独。
种	董	《左传》予发如此种种,徐仙氏作董董。
重	穜	《诗》童穆字,《周礼》作重穜。
周	雕	雕凋鵰调,皆从周声,古读周如雕。
舟	雕	《周礼》《考工记》,玉栉雕矢磬,注故书雕或为舟。《诗》,何以舟之,传舟带也,读舟如雕,故与带声近。

今音	古读	考　　证
至	疐	经、鷙、到,皆从至得声,《诗》,神之吊矣,傅训为至,亦以声近。
支	鞮	晋语,以鼓子苑支来,《左传》作鸢鞮。
之	的	今人语凡之皆谓之的,盖古音,今江西抚州《论语》知之为知之犹读的的为的的。
涅	泥	《论语》,涅而不缁,或作泥而不滓,涅读如泥。
娘	良	娘从良声,今扬州尚读娘为良。

以上今音读舌上音者,古皆读舌头音,今读知澈澄娘母者,古读为端透定泥母。

古今音异读表三

今音	古读	考　　证
日	昵	《说文》引《传》不义不黏,黏从日声。《考工记·弓人》,杜子春注,引《传》不义不昵,是日昵音同也。
入	内	《释名》,入内也,内使还也,入声同内。
任	男	《释名》《白虎通》皆云男,任也,又曰,南之为言任也,古音任男南同。
然	难	然,或体作难,剧奏美新,难除仲尼之篇籍,从难声。
然	蠕	魏太武改柔然为蠕蠕,是古音柔然皆有蠕声。
而	能	《易》,宜建侯而不宁。《淮南子·原道训》,行柔而刚,用弱而强。郑康成、高诱,皆读而为能,而耐从而声,古耐能同音,奭亦从而声。

今音	古读	考 证
如	奴	《公羊解诂》,如犹奈也,奴古音如,与奈声近。
若	诺	诺从若声,古读若如诺,故转训为如为乃。
尔(耳)	昵	《释名》,尔昵也,古读尔如昵,今语对称为你,盖古尔音也,古读亦与昵声近。《汉书惠帝纪》注,师古以耳孙为仍孙,仍从乃声,则耳读为泥,今婺源土音,犹谓耳为里朵。
弱	溺	溺从弱声,古读弱如溺,又溺奴鸟切,㲻奴历切,皆从弱声。
柔	蠕	《说文》,糅铼皆训奥。《广雅·释诂》,训为弱,弱奥柔,本皆双声,魏太武改柔然为蠕蠕,则柔音如蠕可知矣。
儒	羺	儒羺燸皆从需声,释文需乃乱反。《释名》襦奥也,犹言温暖。
人(仁)	伦	年从人声,读奴颠切。佞从人声,读乃定切。则知人仁本音,與奴乃双声,读如伦也。今黔县读音尚尔。
攘	囊	抢攘古为抢囊。攘本音为囊,谯周注《论语》,乡人傩,谓却之也。盖襀除之襀。古音与傩双声。却之,犹言襀之也。

以上今音读半舌半齿音者。古皆读舌头音。今读日母者,古读如泥母。

古今音异读表四

今音	古读	考 证
何	假	《诗》,假以溢我。《左传》引作何以恤我。古何假声近。故转写为何。

今音	古读	考　　证
夏	假	《礼记》,乡饮酒,夏之言假也。《书》大传,夏者,假也。《广雅·释言》,夏煆也。古夏音与假煆声近。又《诗》从夏南读假。
夏	榎	《礼记》,夏楚二物,读榎。
闲	间	古间字皆作闲。从门从月。自门见月,则有间也。《史记·管晏列传》,从门间而窥其夫。庄子攘臂于其间,孟子山径之蹊间,皆作闲而读间。间俗字。有间则空。故引申为闲民闲居闲田。
现	见	古现字皆为见。《易》,见龙在田。《疏》,谓阳气发现。又今谓现在者,古谓见在。《王莽传》,仓无见谷。注,谓见在也。俗字作现。
咸	感	《说文》,咸,皆也。《易》,咸卦象曰咸,感也。古音咸与感皆声近。《汉书·酷吏传》,咸宣注,咸音减省之减。
恒	亘	《易》,恒卦,恒,大也。恒从亘声,与久双声。《诗》,如月之恒。读古证反。《诗·大雅》,恒之秬秠,亦古邓反。
盍	盖	《诗·小雅》,盖云归处。《孟子》则盖反其本矣。盍皆作盖。盍本从大从皿,像覆盖形,即古盖字。
贺	加	《说文》,贺从加声。《广雅》,贺嘉也。觐礼,余一人贺之。亦假为嘉。
混	滚	《孟子》,原泉混混,音滚,大水流貌,犹言滚滚。《诗·大雅》,混夷駾矣,即昆夷。《周礼》注,混沦即昆仑。

108

今音	古读	考　证
洪	洚	《六书》故,洪洚实一字。《孟子》,洚水警予。洚水者,洪水也。洪从共声。读古巷切。又洪姓共工氏之后,本姓共,即古洪声也。
皓	皎	《楚辞·渔父》,安能以皎皎之白,蒙世俗之尘埃乎。《史记·屈原列传》,作皓皓。以告声与皎音同。
皜	皎	《孟子》,皜皜乎不可尚已。《玉篇》,皓同皜,皎声通皓。则知皜皜犹皎皎也。皜从高声。
合	郃	《史记·魏世家》,筑洛阴合阳。注郃水之北。又高祖功臣表,高祖兄仲,废为合阳侯。即郃阳。《前汉律历志》,十合为斗。读葛合切。
哄	共	《孟子》,邹与鲁哄。注:哄,构也。犹构兵而斗也。斗从共声,与构双声。
旱	干	旱从干声。《洪范五行传》,旱之为言干。干即古乾字。
涸	固	涸从固声。《说文》,渴也。渴固声近,犹言干也。
学	觉	《说文》,学,觉悟也。《白虎通》,学之为言觉也。以觉悟所未知也。
会	侩	《书》,日月星辰山龙华虫作会。孟字,会计当而已矣。《周礼》,东南曰扬州。其山镇曰会稽。皆读如侩。
狐	孤	《说苑》,狐者,人之所攻也。又《广雅》,短狐,蜮也,含沙射人,名射工。狐从瓜声,故与攻工声近。《埤雅》,狐性疑,疑则不可以合类,故从孤省也。

今音	古读	考　　　证
弧	弧	《说文》，弧，木弓也。从弓，瓜声。一曰，往体寡来体多曰弧。人之为恭也。木之为弓弧也。皆以其往体寡来体多。谓向内曲形也。弓、恭、弧、声近。
暇	假	扬子方言，凡物之壮大者而爱伟之。谓之夏。周郑之间谓之暇。注，暇音假。王粲《登楼赋》，聊暇日以销忧。读古雅反。或作假。又官寮之暇，经传多以假为之。《说文》，暇，闲也。古闲字皆读间。与假双声。暇从假声。叚即假字。
祸	褐	《晋书文帝纪》，褐同发机。褐读古暮切，声同。故假为祸。祸从呙声。
和	猳	史记表，秦共工和。《秦本纪》，索隐，本作猳。猳读古牙切。
旭	九	《尔雅》，旭旭跷跷，憍也。注，皆小人得意骄蹇之貌。旭从九声。故与跷憍双声。
亥	该	《史记律书》。亥者，该也。《说文》，亥，荄也。皆读为古哀切。荄，草根。干支名义。取譬草木。故训亥为荄。
曷	匄	《尔雅·释言》，曷，盍也。曷从匄声，与盍音近。《说文》，何也。何，古读如假，亦与匄双声。
害	割	《释名》，害，割也。如割削物也。害从丰声。丰读如介。《孟子》，时日害丧。《诗》，害澣害否。害又通曷通何。古读之如匄，读何如假，皆与割双声也。

以上今读浅腭音者。古读深腭音。今读匣母者。古读见母。

此外如痕、很、恨从艮声，浑从军声，酣从甘声，谐从皆声，胡从古声，滑从骨声，航、杭从亢声，项从工声，晃、幌从光声，匣、押从甲声，皆古读匣母如见母之证。表所考证，多据钱竹汀《养新录》，钱氏实为发明此学之先河。此表成于辛亥，其时尚未悟声母天然通转之轨道。学者习知声母通转之法，再读此表，于古今异读之故了然矣。庚午加注

中外音通训表

先儒有言，声音之理通，而六经之指得，此谓一国而古今言语系统之同也。然外国语亦世界方言耳，以心理生理之间。而因声托意，不能无合同之点，此殆所谓自然者非耶。予习英语故浅，又久而遗忘，表其易知而音训通者若干言。俾讲音学者广其途，为参考之资，习西文者通其法，亦会心之助也。

英文	中文	声类
a	一	影喻
ago	过	见
and	与	喻
awoy	违	喻
back	背	帮
bac	败	帮
borin	盆	帮

because	因故	见溪
black	黧	泥
big	庞	帮
blue	蓝	泥
book	簿	帮
both	并	帮
bottle	瓶	帮
bowl	杯	帮
boy	保	帮
bright	亮	泥
burn	焚	帮
by	傍	帮
Call	叫	溪见
Can	堪	溪
Chair	椅	溪影
City	城	心审
Coat	褂子	溪见
Cold	寒	匣溪
day	天	透端
desk	抬	端
divide	分	非
do	作	端知

112

dish	碟	定
down	低	端
draw	拉	泥
ear	耳	日
easy	易	影
eat	茹	影
end	完	喻
eye	眼	喻
face	面庞	非帮
father	父	非敷
feet	跌	非
few	微	微
finger	擘	非滂
fire	焚火	奉
fly	飞	非
food	饭	敷
foot	跌	敷
future	未来	非
give	给	见
glass	璃	泥
go	去	见溪
gold	金	见

good	嘉佳	见
green	绿	泥
hair	豪	匣
hang	挂	见
hard	坚	见
hat	寻（大帽）	匣晓
head	页	匣
hide	隐	影
high	高	匣见
hole	穴	匣
home	家	见
hook	钩	见
hot	烘	匣
I	我	疑喻
if	若然	日
kind	科别	溪
know	领略	泥
leap	闰年	泥日
learn	理会	泥
let	任	泥日
light	燎亮	泥
like	类	泥

114

like	乐	泥
listen	聆	泥
little	一点儿	端透
live	留	泥
look	览	泥
love	怜	泥
low	落下	泥
man，men	民氓	明
meal	麋	明
mean	默想	明
meat	肉糜	明
moon	明月	明
morning	昧爽	明
much	满曼	明
melk	领	泥
no	那有	未
one	一	喻
or	或	匣喻
our	我们的	喻
dair	匹	滂
part	部分	滂帮
pen	笔	帮滂

people	民	滂帮
piece	片	滂
play	弄	泥
please	劳	来
put	放	滂敷
rain	霖	泥
read	朗读	泥端
ring	摇铃	泥
road	路	来
rule	律例	泥
sit sat	坐(吴音)	审
see saw	视	心审
say	说	心
school	学校	溪
second	次	心清
sent	送	心
shore	鞋	晓匣
should	愿	晓喻
show	显	晓
skin	革	溪见
sky	昊天	晓匣
sleep	睡	心

small	微小	明微
so	如是	审
so	所以	审
soon	速	审
stand	站	端知
stone	石头	端
stool	凳子	端
student	生徒	端
study	读	端
sun	日(吴音)	日
supper	飧	审
table	台	知端
take	取	透澄
taught	导	透
tea	茶	透澄或知端
thank	谢	审
the	这	端知
these	这些	精
they	他们	端
think	想	心
third	第三	心
This	这个	精

those	那些	端泥
thousand	千	清
three	三	审
till	等到	透端
to	到	透端
to-day	当天	透端
to-morrow	明天	明
too	同	透端
top	顶	透端
tree	林	泥
turn	旋	透澄
understand	懂	端透
us	我们	喻
use	用	喻
wake	寤	喻
warm	温	喻
we	吾	喻
well	韪	喻
what	何	匣
wrpen	会	匣
where	何处	匣
which	何物	匣

white	皓	匣
who	何人	匣
whole	完全	匣
will	要	匣
with	与	喻
wood	木	微明
Word	字	微
would	愿	喻
wrong	乱	泥
write	泐	泥
year	纪年	喻见
yellow	黄（吴音）	喻
yes	俞	喻
yet	抑	喻

古今韵异读表叙

孔子曰：吾自卫反鲁，然后乐正。雅颂各得其所。然则诗三百篇即孔子雅言之教所正定之韵书也。郑康成注《论语》。子所雅言，谓先王典法，必正言其音，然后义全。《楚辞》屈宋之作，其韵犹与三百篇合，盖北方文化统一时代，虽南人亦北学于中国也。

两汉诸儒皆北方学者。至晋五胡之乱，北族南迁。梁武帝开五经馆,延礼师儒,擢用文学。南方文化,由是崛兴。南北音声,纷然糅合。古韵之不能不变为今韵也,势使之然。

自佛典来入震旦,翻译滋繁。而南北六朝,人喜言反切声韵之学。今韵之书,如沈约《四声谱》、吕静《韵集》、夏侯该《韵略》、阳休之《韵略》、周思言《音韵》、李季节《音谱》、杜台卿《韵略》等,今皆不传。今所传者,莫古于陆法言《切韵》。《切韵》亦非陆氏一人之作。隋开皇时,与刘臻、颜之推、魏渊、卢思道、李若、萧该、辛德源、薛道衡八人者所共撰集。而陆氏卒成之,其自序曰:吴楚则时伤轻浅,燕赵则多伤重浊,秦陇则去声为入,梁益则平声似去。欲广文路,自可清浊皆通。若赏知音,则须轻重有异。又曰:遂取诸家音韵,古今字书,剖析豪氂,分别黍累。又曰:非是小子专辄,乃述群贤遗意。则知陆氏之书,综合古今南北,及诸家韵书,志在析音,不在复古,亦不专为诗赋之用。故分二百六部之多。若以一方之音读之,则有不能尽分者矣。厥后唐增刊之而为《唐韵》,宋增刊之而为《广韵》。虽训释字数,迭有增加。功令颁垂,有同用独用。而尚仍陆氏二百六部之旧。至宋刘渊,并为一百七部。元阴时夫,又并为一百六部。则志在广诗赋之用,不在审音矣。

晚明陈第始为古韵之学。证明古人本音,而非协韵之说。昆山顾炎武继之,为《音学五书》。五书者,一《音论》、二《诗本音》、三《易本音》、四《唐韵正》、五《古音表》。至是而五经三代有韵之文,琅然得其本音之读,功亦卓矣。自顾氏书出,而清乾嘉以来,为古韵之学者益盛。顾氏《古音表》,分平声为十部。而上去入、分隶于平。吾家慎修公继为古韵标准,分十三部。其后戴东原分九类二十五部。段玉裁分五类十七部。孔广森分十八类,阴阳相配。严可均分十六类。江有诰分二十一部。王念孙亦分二十一部。至近儒章太炎分二十三部。古今韵不同如彼。为古韵之学者,其不同又如此。后之学者将难之。又考据则明,口吻则昧,非声音学之了义也。要之析音之功,陆氏为多。考古之功,清儒为胜。今就顾氏书所分析考证者,而以四等天然韵法,判古今韵分合之故。表之如后。夫一字也,开口则读甲,齐齿则读乙,合口则读丙,撮口则读丁。古读今读,皆各有之。其曰古韵今韵者,亦大较之辞耳。盖韵皆喉音也。音出于喉,而节之以口。自然而有开口齐齿合口撮口之四法。韵部变化之迹,尽于此矣。学者明天然四等之法,以读古人之文,于某韵甲,于某韵乙。当两知之而两读之,如是则融通无碍。《唐韵》一字、两部或三部分收之法,盖为得之。若如顾氏书,谓当于某韵削去,并入某韵,此则执一之论。合乎此而背乎彼,窒碍必多矣。

古今韵异读表

东冬锺江部第一(《唐韵》一东二冬三锺四江古通为一部)

江　合口读,音工。《释名》:江,公也。小水流入其中,所公共也。《楚辞·九章》:将运舟而下浮兮,上洞庭而下江。去终古之所居兮,今逍遥而来东。杨修《五湖赋》:头首无锡,足蹄松江。负乌程于背上。怀大吴以当胸。陶潜《停云诗》:停云霭霭,时雨濛濛。八表同昏,平陆成江。《晋书·元帝纪》童谣云:五马浮渡江。一马化为龙。与东冬锺合韵。

开口读,古双切。今普通音皆尔。《宋书·符瑞志》、沈演之《嘉禾颂》：白鹿逾海，素乌越江。则已与攘彰厢阳为韵矣。

窗　合口读，音葱。晋陆云诗：凯风有集，飘飖南窗，思乐万物，观异知同。鲍照玩月诗：蛾眉蔽珠栊，玉钩隔锁窗，三五二八时，千里与君同。《左传》定九年：载葱灵，寝于其中而逃。贾逵曰：葱灵，衣车也。有葱有灵。盖以葱为窗，以灵为牖也。《释名》：窗，聪也。于内窥外，为聪明也。《说文》：窗从穴，葱声。杨慎曰，今俗呼烟突窗犹曰烟聪。

开口读，楚江切。今普通音皆尔。

邦　合口读，博工切。《书·尧典》，协和万邦。黎民于变时雍。《诗·瞻彼洛矣》三章：君子至止，福禄既同。君子万年，保其家邦。《易·蹇彖传》：蹇、利西南，往得中也。不利东北，其道穷也。利见大人，往有功也，当位贞吉，以正邦也。梁昭明太子《七契》，盖闻志士不希狷介。仁者莫有迷邦。傅说终受殷爵。吕望遂启齐封。白居易《凶宅》诗，因小以明大，借家可喻邦：周秦宅崤函，其宅非不同，一兴八百年，一死望夷宫；寄语家与国，人凶非宅凶。《说文》：邦从邑，丰声。古多与东冬钟合韵。

开口读，博江切。今普通音皆尔。《焦氏易林》，用邦字，如颐之渐、蒙之比、离之大畜、咸之节、家人之涣、升之渐、涣之豫，皆入阳韵。则读博江切者亦古矣。

降　合口读，户工切。音洪。《诗·草虫》首章：喓喓草虫，趯趯阜螽。未见君子，忧心忡忡。亦既见止，亦既观止，我心则降。《礼记·月令》：天气上腾，地气下降，天地不通，闭塞而成冬。《焦氏易林》：蛊之夬，秋季孟冬，寒露霜降。

开口读,下江切。音杭。今普通音读平声皆尔。《楚辞·九歌》:青云衣兮白霓裳,举长矢兮射天狼。操余弧兮反沦降,援北斗兮酌桂浆。则读下江切用入阳韵者,亦古矣。去声则合口读贡,读哄。开口读绛。

双　合口读,所工切。《诗·南山》二章:葛屦五两,冠绥双止。鲁道有荡,齐子庸止。既曰庸止,曷又从止?《史记·龟策传》:祸与福同,刑与德双。圣人察之,以知吉凶。《列女传·鲁寡陶婴》歌:悲夫黄鹄之早寡兮,七年不双。宛颈独宿兮,不与众同。《说苑》谈丛篇:两高不可重,两大不可容,两势不可同,两贵不可双。夫重容同双,必争其功。《后汉书·荀爽传》:荀氏八龙,慈明无双。开口读,所江切。今普通音皆尔。《乐府·紫玉歌》:羽族之长,名为凤皇,一日失雄,三年感伤,虽有众鸟,不为匹双。徐陵《鸳鸯赋》:孤鸾照镜不成双。与鸾为韵。则读所江切亦旧矣。

谦按开口齐齿合口撮口四法。发音变化自然之节也,故合古今中外而皆同。古人今人口相似也。故今之方音,皆源于古。古之读音,亦散见于今。江韵之字,合口读之,则入东冬。开口读之,则入阳唐。亦变之自然者也。古人用韵,东冬、阳、唐往往并见。如《淮南子·兵略训》:兵失道而弱,得道而强。将失道而拙,得道而工。国得道而存,失道而亡。则工亦开口。读入阳韵。《老子》:不自见故明,不自是故彰,不自伐故有功,不自矜故长。《陆贾新语》:以圆制规,以矩立方,圣人王世,贤者建功。汤举伊尹,周任吕望,行合天地,德配阴阳,承天诛恶,剋暴除殃。《史记·龟策传》:暴得者必暴亡,强取者必后无功。入于周地,得太公望。兴兵聚卒。与之相攻。则功攻二字,亦开口读入阳韵。学者熟知天然四等之读法。则于古今韵分合之故了然矣。

支脂之微齐佳皆灰咍部第二(《唐韵》五支六脂七之八微十二齐十三佳十四皆十五灰十六咍古通为一部)

移　合口读,弋多切。《说文》:移从禾,多声。古用移字。每与多加和何为韵。东方朔《七谏》:世沈淖而难论兮,俗岭峨而崚嵯。清泠泠而歼灭兮,溷湛湛而日多。枭鸮既以成群兮,玄鹤弭翼而屏移。蓬艾亲入御于床笫兮,马兰踸踔而日加。弃捐药芷与杜蘅兮,余奈世之不知芳何。

齐齿读,弋支切。今普通音皆尔。

蛇　合口读,徒何切。音佗。《诗·羔羊》首章:羔羊之皮,素丝五紽。退食自公,委蛇委蛇。《庄子》应帝王篇:吾与之虚而委蛇,不知其谁何。《太公兵法》:涓涓不塞,将为江河。荧荧不救,炎炎奈何。两叶不去,将用斧柯。为虺弗摧,行将为蛇。今吴音合口读蛇如荼,即佗声之变。古读知端二母之通。齐齿读,弋支切。今普通读委蛇之蛇,皆音怡。而读虺蛇之蛇,为开口食遮切。故《唐韵》三收此字于支歌麻三部中。

为　合口读,吾何切。音讹。《诗·兔爰》首章:有兔爰爰,雉离于罗。我生之初,尚无为。我生之后,逢此百罹。尚寐无吪。《抑》五章:白圭之玷,尚可磨也。斯言之玷,不可为也。《易》革象传:巩用黄牛,不可以有为也。已日革之,行有嘉也。

《史记》引书平秩南讹。讹字作为。

齐齿读,远支切。今普通音皆尔。

124

陂　合口读,彼禾切。《诗·泽陂》首章:彼泽之陂,有蒲与荷。有美一人,伤如之何。寤寐无为,涕泗滂沱。

齐齿读,彼为切。今普通音皆尔。

随　合口读,旬禾切。《论语》:周有八士。伯达、伯适、仲突、仲忽、叔夜、叔夏、季随、季骒。命名八人而四韵。达适,一韵也。突忽,一韵也。夜夏,一韵也。随骒,一韵也。周人尚文。其命名不苟如此。《老子》:音声相和,前后相随。古用随,每与和多为韵。

齐齿读,旬为切。今普通音皆尔。《素问·天元纪大论》,知迎知随。气可与期,则已读旬为切矣。

宜　合口读,鳌何切。《诗·君子偕老》首章:君子偕老,副笄六珈。委委佗佗,如山如河。象服是宜。子之不淑,云如之何。《女曰鸡鸣》二章:弋言加之,与子宜之。《说文》宜所安也。从宀之下,一之上。多省声。俗字作宜从且,谬矣。

齐齿读,牛羁切。今普通音皆尔。

仪　合口读,鳌何切。音俄。《诗·柏舟》首章:汎彼柏舟,在彼中河。髧彼两髦,实维我仪。之死矢靡。《抑》五章:敬尔威仪,无不柔嘉。《菁菁者莪》首章:菁菁者莪,在彼中阿。既见君子,乐且有仪。《周礼》注云,仪义二字。古皆音俄。杨慎曰,月中嫦娥。其说始于《淮南子》。其实因常仪占月而误也。古者羲和占日,常仪占月,皆官名,见《吕氏春秋》。后讹为常娥。以仪娥音同耳。

齐齿读,牛羁切。今普通音皆尔。汉中山王胜《文木赋》:载重雪而梢劲风,将等岁于二仪。始与枝雌知斯为韵。则已读牛羁切矣。

皮　合口读,蒲波切。音婆。《左传》宣二年:华元使其骖乘谓之曰:牛则有皮,犀兕尚多,弃甲则那。又役人曰:从其有皮,丹漆若何。《说文》:波、坡、跛、破等字,皆从皮得声。

齐齿读,蒲羁切。今普通音皆尔。

离　合口读,音罗。《易》既济上六:弗遇过之,飞鸟离之。《淮南子·本经训》:乔枝菱阿,芙蓉芰荷。五采争胜,流漫陆离。

齐齿读,吕支切。《老子》:载营魄抱一,能无离乎。专气致柔,能如婴儿乎。涤除玄览,能无疵乎。爱民治国,能无为乎。天门开阖,能无雌乎。明白四达,能无知乎。则已读吕支切矣。

蠡　合口读,音罗。《文子》:圣人师蛛蝥而结网,法蠡蟥而闭户。今字作螺。

齐齿读,吕支切。《唐韵》并收于支戈荠三部。

罹　合口读,音罗。《诗·小弁》首章:民莫不谷,我独于罹。何辜于天,我罪伊何。心之忧矣,云如之何。

齐齿读,吕支切。今普通音皆尔。

施　合口读,式何切。《诗》:丘中有麻,彼留子嗟。彼留子嗟,将其来施施。留姓同刘,子嗟名也。施施读如娑娑。《吴子》料敌篇:诸侯未会,君臣未和,沟垒未成,禁令未施。《史记·高帝纪》:高帝歌,横绝四海兮,当奈何。虽有矰缴兮,将安所施。

齐齿读,式支切。今普通音皆尔。

驰　合口读,音驼。《诗·卷阿》十章:君子之车,既庶且多。君子之马,既闲且驰。矢诗不多,维以遂歌。《说文》:

126

驰,从马,也声。盖古也与它通。故蛇从它,亦从也。池从也,亦从它。

齐齿读,直离切。今普通音皆尔。

池　合口读,音沱。《诗·东门之池》首章:东门之池,可以沤麻。彼美淑姬,可与晤歌。又《无羊》二章:或降于阿,或饮于池,或寝或讹。古沱池通用。故潳沱作虏池,蹉跎作差池,滂沱作滂池。

齐齿读,直离切。今普通音皆尔。

顾氏谓以上从多从为从皮从麻从肴从义从离从也之字,皆当读合口音。与歌戈通为一韵,不当杂入支部。然合口则韵歌戈,齐齿则韵支微。亦音性变化之自然者也。故汉以来诗赋,皆杂用之。与其执一而碍多,不若两收之为圆协也。

挥　开口读,音熏。魏王粲诗:荆轲为燕使,送者盈水滨。缟素易水上,涕泣不可挥。《说文》:挥从手,军声。

齐齿读,许归切。今普通音皆尔。

辉　开口读,音熏。《诗·庭燎》三章:夜如何其。夜乡晨,庭燎有辉。《说文》:辉从火,军声。上声读混,去声读运。张弨曰:辉从火。其用皆熏燎之属。俗改从光,遂与古意远矣。

齐齿读,许归切。今普通音皆尔。又《说文》:晖从日,军声。翚从羽,军声。开口齐齿两读。并与辉同。

旂　开口读,音芹。《诗·泮水》首章:思乐泮水,薄采其芹。鲁侯戾止,言观其旂。《说文》:旂,从㫃,斤声。

齐齿读,渠希切。今普通音皆尔。

沂　开口读,牛巾切。汉班固《答宾戏》:言通帝王,谋合圣神。殷说梦发于傅严,周望兆动于渭滨。齐宁激声于康衢,汉良受书于邳沂。《说文》:沂从水,斤声。

齐齿读,牛衣切。今普通音两读之。

顾氏谓微韵中从军声之字,当改入文韵。从斤声之字,当改入殷韵。然开口则韵殷文,齐齿则韵微。亦音性变化之自然者也。

顾氏谓《唐韵》五支之半,及六脂、七之、八微、十二齐、十三佳、十四皆、十五灰、十六咍,古皆通为一韵。其同用之证。如《诗·南山》首章,兼用脂微皆厌。《出车》六章、《烝民》八章,兼用脂微齐皆。其用二三韵者甚多。《易》《传》《楚辞》诸子先秦之书,无不同者。汉魏而下,古诗兼用此数韵者,不可胜述。盖佳皆灰咍四韵之字,读开口音,则与支脂之微齐。分读齐齿音,则与支脂之微齐合。亦音性变化之自然者也。《唐韵》之分,与顾氏之合。其并行而不相悖者乎。

古诗:西北有高楼,上与浮云齐。交疏结绮窗,阿阁三重阶。上有弦歌声,音响一何悲!谁能为此曲,无乃杞梁妻。清商随风发,中曲正徘徊。一弹再三叹,慷慨有余哀,不惜歌者苦,但伤知音稀。愿为双鸿鹄,奋翅起高飞。此诗兼用六脂八微十二齐十四皆十五灰十六咍韵。然楷徊哀三字读齐齿,则收音皆如衣,故与支之微齐之韵通也。

又尤韵中字,当入支脂之部者。

尤　齐齿读,羽其切。《诗·载驰》四章:大夫君子,无我有尤。百尔所思,不如我所之。《易》鼎象传:鼎有实,慎所之也。我仇有疾,终无尤也。贲象传:六四当位,疑也。匪寇婚媾,终无尤也。毛先舒曰:《论语》,多闻阙疑,慎言其余,则寡尤。多见阙殆，慎行其余，则寡悔。疑与尤为韵，殆与悔为韵。

撮口读，羽求切。今普通音皆尔。

訧　古亦读雨其切。《诗·绿衣》三章：绿兮丝兮，女所治兮。我思古人，俾无訧兮。今亦读羽求切。

牛　齐齿读，音疑。《易》：无妄六三，无妄之灾。或系之牛，行人之得，邑人之灾。灾读如脂，与牛为韵。《楚辞·九章》：吕望屠于朝歌兮，宁戚歌而饭牛。不逢汤武与桓缪兮，世孰云而知之。

撮口读，语求切。今普通音皆尔。

丘　齐齿读，去其切。《易》：涣六四、涣有丘。匪夷所思。《诗·巷伯》七章：杨园之道，猗于亩丘。寺人孟子，作为此诗。凡百君子，敬而听之。《左传》僖十五年：史苏之占，为雷为火。为嬴败姬，车说其輹，火焚其旗。不利行师，败于宗丘。

撮口读，去鸠切。今普通音皆尔。汉人赋中，已多用为去鸠切矣。

裘　齐齿读，渠之切。《礼记·学记》：良冶之子，必学为裘。良弓之子，必学为箕。

撮口读，讵鸠切。今普通音皆尔。

谋　齐齿读，音迷。《诗·泉水》首章：毖彼泉水，亦流于淇。有怀于卫，靡日不思。娈彼诸姬，聊与之谋。《皇皇者华》三章：我马维骐，六辔如丝。载驰载驱，周爰咨谋。《绵》三章：周原膴膴，堇荼如饴。爰始爰谋，爰契我龟。曰止曰时，筑室于兹。《老子》：其安易持，其未兆易谋。《尸子》孔子

129

云:诵诗读书,与古人居。读书诵诗,与古人谋。

撮口读,莫侯切。今普通音皆尔。

顾氏谓以上诸字,当与支脂之通为一韵。然读齐齿,则与支脂之合。读撮口,则与支脂之分。亦音性变化之自然者也。今婺源读以上字皆开口。

鱼虞模侯部第三(《唐韵》九鱼十虞十一模十九侯古通为一部)

侯　撮口读,洪孤切。音胡。《诗·羔裘》首章:羔裘如濡,洵直且侯。彼真之子,舍命不渝。《左传》昭二年:鸜鹆跦跦,公在乾侯。征褰与襦。《庄子》胠箧篇:窃钩者诛,窃国者为诸侯。汉司马相如《封禅颂》:君乎君乎,侯不迈哉。侯即胡字。古侯胡字多通用。

开口读,户钩切。今普通音皆尔。

喉　撮口音读胡。《文子》上义篇:左手据天下之图,右手刎其喉。元戴侗《六书》故曰:喉亦谓之胡。《后汉书·五行志》:请为诸君鼓咙胡。喉胡一声也。今俗谓之胡咙,亦谓猴狲为胡狲。

开口读,户钩切。今普通音皆尔。

讴　撮口读,于胡切。魏陈思王《赠丁翼》诗:嘉宾填城阙,丰膳出中厨。吾与二三子,曲宴此城隅。秦筝发西气,齐瑟扬东讴。《说文》:讴从言,区声。沤欧鸥瓯古并读入鱼虞韵。

开口读,乌侯切。今普通音皆尔。

楼　撮口读,音闾。《急就篇》,芎穷厚朴桂栝楼,通章皆用模韵。汉《艳歌罗敷行》:日出东南隅,照我秦氏楼;秦氏有好女,自名为罗敷;罗敷善蚕桑,采桑城南隅。《黄庭经》:藉以紫宫丹城楼,侠以日月如明珠。娄、蒌、蝼、耬古皆读入虞模韵。

开口读,落侯切。今普通音皆尔。

陬　撮口读,子胡切。汉张衡《南都赋》:若夫天封大狐,列仙之陬。上平衍而旷荡,下蒙笼而崎岖。晋束皙《补亡·白华》诗:白华绛趺,在陵之陬。蓇蓇士子,涅而不渝。竭诚尽敬,矍矍忘劬。掫缀古并读入虞韵。

开口读,子侯切。今普通音皆尔。

头　撮口读,音徒。《史记·龟策传》:今寡人梦见一丈夫,延颈而长头,衣玄绣之衣而乘辎车。车音居,与头为韵。王延寿《鲁灵光殿赋》:上纪开辟,遂古之初。五龙比翼,人皇九头。伏羲鳞身,女娲蛇躯。鸿荒朴略,厥状睢盱。元戴侗《六书故》曰:项,徒谷切。颅,落乎切,头骨也。又作髑髅,亦称头颅。急言之为头。

开口读,度侯切。今普通音皆尔。汉卓文君《白头吟》:今日斗酒会,明旦沟水头。躞蹀御沟上,沟水东西流。则已读开口音矣。

钩　撮口读,音拘。《礼记·乐记》:倨中矩,句中钩。累累乎端如贯珠。古书钩、拘字多通用。《汉书》:使吏钩止丞相。钩,即拘字。今句容县之句曲山,犹读拘。

开口读,古侯切。今普通音皆尔。

沟　撮口读,音拘,音沽。《荀子》:沟犹瞀儒。沟读为拘。《易林》:蒙之既济,马惊破车。王堕深沟,身死魂去,离其室庐。

开口读,古侯切。今普通音皆尔。

兜　撮口读,当胡切。音都。《山海经》:讙头国或曰讙朱国。注曰,讙兜,尧臣也。古读朱音如都。知端二母之通也。

开口读,当侯切。今普通音皆尔。

以上《唐韵》十九侯之字,顾氏考证古音,谓当与九鱼、十虞、十一模通为一韵。然撮口读之,则与鱼虞模合。开口读之,则与鱼虞模分。亦音性变化之自然者也。

真谆臻文殷元魂痕寒桓删山先仙部第四

《唐韵》十七真、十八谆、十九臻、二十文、二十一殷、二十二元、二十三魂、二十四痕、二十五寒、二十六桓、二十七删、二十八山、一先、二仙,古通为一部。《诗》北斗首章:出自北门,忧心殷殷。终窭且贫,莫知我艰,则魂殷真山同用。《皇矣》八章:临冲闲闲,崇墉言言。执讯连连,攸馘安安。则山元仙寒同用。《凫鹥》五章:凫鹥在亹,公尸来止熏熏。旨酒欣欣,燔炙芬芬。公尸燕饮,无有后艰。则魂文殷山同用。其二三韵同用者。不能尽载。汉魏以下并然。

李因笃曰:此韵之通用,即唐人亦然。杜甫《彭衙行》:忆昔避贼初,北走经险艰。夜深彭衙道,月照白水山。尽室久徒步,逢人多厚颜。参差谷鸟吟,不见游子还。痴女饥咬我,啼畏虎狼闻。怀中掩其口,反侧声愈嗔。小儿强解事,故索苦李餐。一旬半雷雨,泥泞相攀牵。既无御雨备,径滑衣又寒。有时经契阔,竟日数里间。野果充糇粮,卑枝成屋椽。早行石上水,暮宿天边烟。少留周家洼,欲出芦子关。故人有孙宰,高义薄层云。延客已曛黑,张灯启重门。煖汤濯我

132

足,翦纸招我魂。从此出妻孥,相视涕阑干。众雏烂漫睡,唤起沾盘飧。誓将与夫子,永结为弟昆。遂空所坐堂,安居奉我欢。谁肯艰难际,豁达露心肝。别来岁月周,胡羯仍构患。何当有翅翎,飞去堕尔前。此诗真文魂寒桓删山先仙同用,犹古人之遗。

按此数韵所以同用者,盖皆作侈口大开音读之。其读真谆臻殷文元魂痕先仙,皆如读寒桓删山,其收音皆为俺。今北方音尚尔。若以今普通音分之,则真谆臻殷之齐齿音为一类,文元魂痕之开口音为一类,寒桓删山之侈口大开音为一类,先仙之齐齿音为一类。《唐韵》之分,顾氏之合,其各持之有故矣。

萧宵肴豪幽部第五(《唐韵》三萧四宵五肴六豪二十幽古通为一部)

幽　开口读,于胶切。《诗》:隰桑有阿,其叶有幽。既见君子,德音孔胶。汉淮南小山《招隐士》:桂树丛生兮山之幽,偃蹇连蜷兮枝相缭。《抱朴子》嘉遁篇:夫绳舒则木直,正进则邪凋。有虞举则四凶戮,宣尼任则少卯枭。犹震雷骇则蛰虫堲,朝日出则萤烛幽也。《尔雅》释地,燕曰幽州,疏。李巡曰:燕其气深要,厥性剽疾,故曰幽。幽,要也。

撮口读,于虬切。今普通音皆尔。

彪　开口读,补交切。《易·蒙》九二:包蒙,吉。郑康成云:包,当作彪。彪,文也。盖读彪如包。

撮口读,补休切。今普通音皆尔。

缪　开口读,拇交切。晋陆云《赠顾骠骑诗》:在虞之冑,实惟有姚。颖艳玉秀,华茂桃夭。居显祇明,在灵格幽。清

133

尘熠烁,淑心绸缪。

撮口读,㧄休切。今普通音皆尔。

又尤韵中字,有当入萧宵肴豪部者。

忧　开口读,于交切。《诗·载驰》首章:驱马悠悠,言至于漕。大夫跋涉,我心则忧。《蟋蟀》三章:今我不乐,日月其慆。无已大康,职思其忧。《易》乾文言:是故居上位而不骄,居下位而不忧。《楚辞·九歌》:风飒飒兮木萧萧,思公子兮徒离忧。《家语》子路初见篇:乐之将至,乐而勿骄。患之将至,思而勿忧。

撮口读,于求切。今普通音皆尔。

留　开口读,音牢。《释名》:留牢也。《楚辞·离骚》:时缤纷以变易兮,又何可以淹留。兰芷变而不芳兮,荃蕙化而为茅。王褒《九怀》:望溪兮滃郁,熊罴兮响噑。唐虞兮不存,何故兮久留。

撮口读,力求切。今普通音皆尔。

流　开口读,音僚。《诗·常武》五章:如山之苞,如川之流。汉班彪《冀州赋》:遍五岳与四渎兮,观沧海以周流,鄙臣恨不及事兮,陪后乘之下僚。邯郸淳《曹娥碑》:翩翩孝女,载沈载浮,或泊洲渚,或在中流,或趋湍濑,或逐波涛。

撮口读,力求切。今普通音皆尔。

秋　开口读,七交切。《诗·采葛》二章:彼采萧兮,一日不见,如三秋兮。《荀子》解蔽篇引逸诗曰:凤凰秋秋,其翼若干,其声若箫,秋与箫为韵。《说文》:本作秌,从禾,龟省声,龟音焦。

撮口读,七由切。今普通音皆尔。萩、楸、湫、鳅、啾,读并同。

犹　开口读,音摇。《诗·白华》二章:英英白云,露彼菅茅。天步艰难,之子不犹。《礼记·檀弓》:人喜则斯陶,陶斯咏,咏斯犹。郑氏曰,犹当为摇,摇谓身动摇也,古犹摇同音。

撮口读,以周切。今普通音皆尔。

悠　开口读,于交切,汉王褒《九怀》:将息兮兰皋,失志兮悠悠,芬蕴兮徽嫮,思君兮无聊。《说苑》辨物篇引诗悠悠我思,作遥遥。

撮口读,于鸠切。今普通音皆尔。

游　开口读,余交切。《淮南子·原道训》:循天者与道游者也,随人者与俗交者也。《诗·泉水》四章:思须与漕,我心悠悠,驾言出游,以写我忧。悠、游、忧皆读与漕韵。

撮口读,余求切。今普通音皆尔。

繇　开口读,音遥。《书·禹贡》:厥草惟繇,厥木惟条。《诗·民劳》笺,繇役烦多,繇本亦作徭,古徭役字多作繇役,古《尚书》皋陶作咎繇。《周礼》追师注,步摇作步繇。

撮口读,音由。今普通音皆尔。

脩　开口读,音萧。《吕氏春秋》辨土篇:寒则雕,热则脩。《诗·鸤鸠》:予尾翛翛。唐石经作脩脩。

撮口读,息流切。今普通音皆尔。脩修读同。邯郸淳《曹娥碑》:何者大国,防礼自修,岂况庶贱,露屋草茅。古亦读如萧。

周　开口读,职交切。《诗·下泉》二章:冽彼下泉,浸彼苞萧。忾我寤叹,念彼京周。《说文》:调、蜩、雕、琱、霌、啁,皆以周得声。

135

撮口读,职流切。今普通音皆尔。

州　开口读,职交切。汉王褒《九怀》:林不容兮鸣蜩,余何留兮中州。张弨曰,州为重川,本洲渚字,后人加水以别州县,经典亦承其讹也。

撮口读,职流切。今普通音皆尔。

舟　开口读,职交切。《诗·笃公刘》二章:何以舟之,维玉及瑶,鞞琫容刀。《说文》:朝,从舟,舟声。

撮口读,职流切。今普通音皆尔。

鸠　开口读,音胶。宋玉《高唐赋》:薄草靡靡,联延夭夭。越香掩掩,众雀嗷嗷。雌雄相失,哀鸣相号。王雎鸝黄,正冥楚鸠。

撮口读,居求切。今普通音皆尔。

休　开口读,许交切。《诗·蟋蟀》三章:好乐无荒,良士休休,与日月其慆为韵。《易林·鼎》之《困》:登高望家,役事未休,王事靡监,不得逍遥。陆云《赠郑曼季诗》:鸾栖高冈,耳想云韶。拊翼坠夕,和鸣兴朝。我之思之,言怀其休。

撮口读,许犹切。今普通音皆尔。

囚　开口读,似交切。《诗·泮水》五章:淑问如皋陶,在泮献囚。《易林·遁》之《既济》:镃基逢时,稷契皋陶。贞良得愿,微子解囚。

撮口读,似由切。今普通音皆尔。

俦　开口读,直交切。魏刘桢《鲁都赋》:昼行宵藏,俯仰哮咆,禽兽布窜,失偶丧俦。又古读俦如梼杌之梼,齿舌混通,故今吴语呼俦伴之俦为桃。

撮口读,直由切。今普通音皆尔。

136

浮　开口读,缚茅切。《诗·江汉》首章:江汉浮浮,武夫
滔滔。《素问·平人气象论》:死肺脉来,如物之浮,如风吹
毛。古读浮重唇如匏。《礼记》:投壶若是者浮,注浮或作匏。
《盐铁论》李斯与苞丘子同事荀卿,苞丘子,即浮丘子也。

撮口读,缚谋切。今普通音皆尔。

矛　开口读,音茅。《诗·无衣》首章:岂曰无衣,与子同
袍,王于兴师,修我戈矛,与子同仇。仇矛皆读与袍为韵。
《释名》:矛,冒也,刃下冒矜也。

撮口读,莫浮切。今普通音两读之。

顾氏谓以上诸字,当与萧宵肴豪通为一韵,然开口读则
与萧宵肴豪合,撮口读则与萧宵肴豪分,亦音性变化之自然
者也。

歌戈麻部第六《唐韵》七歌八戈九麻古通为一部

麻　合口读,莫和切。《诗·东门之池》首章:东门之池,
可以沤麻。彼美淑姬,可与晤歌。可证歌麻古为一韵。

开口读,莫华切。今普通音皆尔。

嗟　合口读,子罗切。《易·离》九三:日昃之离,不鼓缶
而歌,则大耋之嗟,又六五出涕沱若,戚嗟若。《节南山》二
章:天方荐瘥,丧乱弘多。民言无嘉,憯莫惩嗟。

开口读,子华切。今普通音皆尔。

騧　合口读,古和切。《论语》:季随季騧。随,读旬禾
切,与騧为韵。

开口读,古麻切。今普通读,乌瓜切。

嘉　合口读,古禾切。《诗·鱼丽》四章:物其多矣,维其
嘉矣。

开口读,居麻切。今普通音皆尔。加、珈读并同。

沙　合口读,所和切。《诗·凫鹥》二章:凫鹥在沙,公尸来燕来宜,尔酒既多,尔殽既嘉,公尸燕饮,福禄来为。沙、宜、嘉、为皆与多为韵。

开口读,所加切。今普通音皆尔。

以上诸字,今属麻韵,顾氏谓当与歌戈通为一韵,然合口读之则与歌戈合,开口读之则与歌戈分,亦音性变化之自然者也。

蟆　撮口读,音谟。《史记·龟策传》:神龟知吉凶,而骨直空枯,日为德而君于天下,辱于三足之鸟,月为刑而相佐,见食于虾蟆。《急就篇》:水虫科斗蝇虾蟆。通章皆用模韵,《说文》:蟆从虫,莫声,莫即暮本字。

开口读,莫霞切,或合口读,莫禾切。今普通音皆尔。

车　撮口读,音居。《易·睽》上九:睽孤。见豕负涂,载鬼一车。先张之弧,后说之弧。困九四:来徐徐,困于金车。《诗·北风》三章:莫赤匪狐,莫黑匪乌,惠而好我,携手同车。

开口读,尺遮切。今普通音皆尔。或合口读,尺禾切。《汉人赋》中,已与葩蛇跎华为韵矣。

赊　撮口读,音舒。《说文》:赊,从贝,余声,俗作赊,非古也。

开口读,式麻切。今普通音皆尔,或读合口式禾切。

邪　开口读以遮切者古音余。读似遮切者古音徐,《诗·北风》:其虚其邪,既亟只且,笺邪读如徐。《驷》四章:思无邪。思马斯徂,《灵枢经》邪客篇补其不足。写其有余,调其虚实,以通其道而去其邪,邪皆读徐,扬雄徐州牧箴,降

138

周任姜,镇于琅邪,姜姓绝苗,田氏攸都,邪读为余,琅邪或作琅琊。今普通读开口以遮似遮二切。

华　撮口读,况于切。音呼,又音敷。《易·大过》九五:枯杨生华,老妇得其士夫,无咎无誉。《诗·桃夭》首章:桃之夭夭,灼灼其华。之子于归,宜其室家。家,古读姑,与华为韵。《山有扶苏》首章:山有扶苏,湿有荷华。不见子都,乃见狂且。《说文》:琴,从采,亏声。今松江人犹读为敷,入唇音矣,俗字作花,非古。

开口读,呼瓜切,或合口读,入歌韵。今普通音皆尔。然《汉人赋》中已用入歌韵矣。

瓜　撮口读,音孤。《诗·木瓜》首章:投我以木瓜,报之以琼琚。《七月》六章:七月食瓜,八月断壶,九月叔苴,采荼薪樗,食我农夫。《荀子》非相篇:皋陶之状,色如削瓜,闳夭之状,面无见肤。《说文》:孤、罛、觚、柧皆以瓜得声。

开口读,古华切,或合口读,入歌韵。《汉人赋》中已用之矣。

夸　撮口读,音枯。《老子》:朝甚除,田甚芜,仓甚虚,服文采,带利剑,厌饮食,财货有余,是谓盗夸。《说文》:夸,从大,于声。

开口读,苦瓜切。或合口读,入歌韵。今普通音皆尔。

家　撮口读,音姑。《书·洪范》:汝弗能使有好于而家,时人斯其辜。《诗·鸱鸮》三章:予手拮据,予所捋荼,予所蓄租,予口卒瘏,曰予未有室家。《常棣》八章:宜尔室家,乐尔妻孥,是究是图,亶其然乎。《老子》:修之家,其德乃余。《墨子》尚同篇:治天下之国,若治一家,使天下之民,若使一夫。

《后汉书·曹世叔妻传》：帝数召入宫，令皇后诸贵人师事焉，号曰大家。胡三省《通鉴》注曰：曹大家，今人相传读曰姑。

开口读，居牙切，或合口读，入歌韵。今普通音皆尔。汉人诗赋已用之矣。

遐　撮口读，音胡。《诗·隰桑》：心乎爱矣，遐不谓矣。《礼记·表记》引作瑕，注，瑕之言胡也。仪礼，士冠礼，永受胡福，注，胡，犹遐远无穷也。霞、瑕古读同。

开口读，奚加切，或合口读，胡禾切，入歌韵。今普通音皆尔。

鸦　撮口读，音乌。古但有乌字，后人别为鸦，实则乌鸦一音之变，非二字也。

开口读，于加切，或合口读，入歌韵。今普通音皆尔。

牙　撮口读，音吾。《诗·祈父》：予王之爪牙，胡转予于恤，靡所止居。《诗》驺虞字、《山海经》《墨子》并作驺吾，《汉书》《东方朔传》作驺牙，曰，其齿前后若一，齐等无牙，故谓之驺牙，牙、吾、虞三字，声近故通。

开口读，吾加切，或合口读，入歌韵。今普通音皆尔。

衙　撮口读，音吾。《说文》：衙从行，吾声。《释名》：敔，衙也，衙，止也，所以止乐也。

开口读，吾加切，或合口读，入歌韵。今普通音皆尔。

茶　撮口读，音涂。《说文》，茶，苦茶也，从草，余声，徐铉曰即今之茶字。宋魏了翁《邛州先茶记》曰，茶之始其字为荼，《春秋》书齐荼，《汉书志》荼陵之类，陆颜诸人，虽已转入麻韵，而未敢辄易字文也。若《尔雅》，若本草，犹从草从余，而徐鼎臣训荼，犹曰即今之茶也。惟自陆羽《茶经》、卢仝《茶歌》、赵赞《茶禁》以后,则遂易茶为茶。而谓茶为茅秀为苦菜,终无有命茶为茶者矣。今湖南长沙府茶陵州字,竟作茶,读为宅加切,不知有涂音矣,按涂即茶撮口音之变,古知端二母通,故为涂音也,今俗谓涂朱传粉之涂为搽,亦此例也。

开口读宅加切,或合口读入歌韵。今普通音皆尔。

以上诸字,今属麻韵,顾氏谓当与鱼虞模通为一韵,然此韵字,大抵具有三读,撮口则入鱼虞模,合口则入歌戈,开口则入麻,亦音性变化之自然者也。夫通常之字,其于四等,或惟有一音,或兼具三二,未可一概论也。而四等之法,则有口皆然,无殊中外,何异古今,惟是口所同也,习所独也。雅俗之偏重,或因时而异,或随方而殊,而谣俗之辞,与典雅之制,其所趋尚,亦复不同。魏了翁谓开口麻音,来自西域,非中夏所有,则亦异乎四等天然之说,未可为定论也,顾氏何取焉。今婺源人读麻韵中字,皆入歌戈,则似有歌无麻矣,然于佳皆二韵之字,又反读入开口麻音,此则雅俗偏尚,随方或殊之例也。

阳唐部第七《唐韵》十阳十一唐古通为一部

庚韵之字,有当入阳唐部者。

庚　开口读,古郎切。《诗·七月》二章:春日载阳,有鸣仓庚,女执懿筐,遵彼微行,爰求柔桑。《史记·孝文本纪》:大横庚庚,余为天王,夏启以光。《释名》:庚,刚也,坚强貌也。《说文》:唐穅字,皆以庚得声。

齐齿读,古行切。今普通音皆尔。

更　开口读,古郎切。《礼记·少仪》:怠则张而相之,废则扫而更之。《焦仲卿妻》诗:中有双飞鸟,自名为鸳鸯。仰头相向鸣,夜夜达五更。行人驻足听,寡妇起傍徨。多谢后世人,戒之慎勿忘。《说文》:夏从支,丙声,今作更。

齐齿读,古行切。今普通音皆尔。

羹　开口读,音冈。《诗·荡》六章:文王曰咨,咨女殷商,如蜩如螗,如沸如羹。《后汉书·李固传》:坐则见尧于墙,食则观尧于羹。

齐齿读,古行切。今普通音皆尔。

阬　开口读,苦冈切。《庄子》天运篇:吾又奏之以阴阳之和,烛之以日月之明。其声能短能长,能柔能刚。变化齐一,不主故常。在谷满谷,在阬满阬。《说文》:从阜,亢声,坑读同。

齐齿读,苦行切。今普通音皆尔。

横　开口读,音黄。《楚辞·九辩》:收恢台之孟夏兮,然欲傺而沈藏。叶菸邑而无色兮,枝烦挐而交横。《淮南子》说林训:未尝稼穑粟满仓,未尝桑蚕丝满囊,得之不以道,用之必横,又泰族训,轮员舆方,辕从衡横。《说文》:横,从木,黄声。

齐齿读,户行切。今普通音皆尔。

觥　开口读,音光。《诗·卷耳》三章:陟彼高冈,我马玄黄,我姑酌彼兕觥,维以不永伤。《说文》:觵从角,黄声,又曰俗觵从光。

齐齿读,古行切。今普通音皆尔。

彭　开口读,音旁。《诗·大明》八章:牧野洋洋,檀车煌煌。驷骓彭彭,维师尚父,时维鹰扬。《诗》用彭彭字甚多,皆入阳唐韵。汉刘歆《遂初赋》:求仁得仁,固其常兮,守信保志,比老彭兮。《释名》:彭,旁也,在旁排敌御攻也。

齐齿读,薄庚切。今普通音皆尔。

亨　开口读,浒郎切。《易》坤象传:坤厚载物,德合无疆。含宏光大,品物咸亨。后汉祢衡鲁夫子碑文:终日乾乾,配天之行,在险而正,在困而亨,穷达之运,委诸穹苍,日月则阴,天地不光,圣叡殂崩,大猷不纲。《说文》作㐬,俗作亨。

齐齿读,浒庚切。今普通音皆尔。汉王延寿《鲁灵光殿赋》:荷天衢以元亨。则已与精、宁为韵矣。

英　开口读,音央。《诗有·女同车》二章:有女同行,颜如舜英。将翱将翔,佩玉将将。彼美孟姜,德音不忘。《韩诗》英英白云作泱泱。《说文》:英,从草,央声。

齐齿读,于惊切。今普通音皆尔。《后汉书》天下忠贞魏少英,天下才英赵仲经,则已读于惊切矣。

烹　开口读,普郎切。《诗·瓠叶》首章:幡幡瓠叶,采之烹之。君子有酒,酌言尝之。《史记·越世家》:飞鸟尽,良弓藏,狡兔死,走狗烹。张绍曰,《说文》享许两切,又普庚切,又许庚切,俗改享烹亨三体。《广韵》亨注,俗作烹。

齐齿读,普庚切。今普通音皆尔。魏陈思王《矫志诗》:芝桂虽芳,难以饵烹。与名为韵,则已读普庚切矣。

京　开口读,音疆。《诗·定之方中》二章:望楚与堂,景山与京,降观于桑,卜云其吉,终焉允臧。《下泉》首章:列彼下泉,浸彼苞稂,忾我寤欢,念彼周京。《说文》:凉、倞、谅皆以京得声。

齐齿读,举卿切。今普通音皆尔。然汉人诗赋则已用入耕清青韵矣。

明　开口读,谟郎切。《书·益稷》:元首明哉,股肱良哉,庶事康哉。《诗·鸡鸣》二章:东方明矣,朝既昌矣,匪东方则明,月出之光。《东方未明》首章:东方未明,颠倒衣裳。《易·乾》文言:潜龙勿用,阳气潜藏。见龙在田,天下文明。终日乾乾,与时偕行。行明皆与藏为韵。《楚辞·卜居》:夫尺有所短,寸有所长。物有所不足,智有所不明。《老子》:知人者智,自知者明。胜人者有力,自胜者强。《说苑》建本篇:少而好学,如日出之阳。壮而好学,如日中之光。老而好学,如炳烛之明。炳烛之明,孰与昧行乎。盟萌读同。

齐齿读,谟兵切。今普通音皆尔。然《素问·四气调神大论》:秋三月,此谓容平。天气以急,地气以明,早卧早起,与鸡俱兴,使志安宁,以缓秋刑,收敛神气,使秋气平,无外其志,使肺气清。则已读明谟兵切。汉魏以来,庚耕清青四韵,纷然杂用矣。

兵　开口读,必良切。《诗·无衣》三章:岂曰无衣,与子同裳。王于兴师,修我甲兵,与子同行。行兵皆读与裳为韵。《左传》哀九年:是谓沈阳,可以兴兵,利以伐姜,不利子商。《吴子》治兵篇:投之所往,天下莫当,名曰父子之兵。《说苑》谈丛篇:口者,关也,舌者,兵也,出言不当,反自伤也。

齐齿读,补明切。今普通音皆尔。魏王《繁刀铭》,相时阴阳,制兹利兵。则已与清呈形灵为韵矣。

兄　开口读,虚王切。《诗·将仲子》二章:将仲子兮,无逾我墙,无折我树桑。岂敢爱之,畏我诸兄。《陟岵》三章:陟彼冈兮,瞻望兄兮。《皇矣》七章:帝谓文王,询尔仇方,同尔兄弟。《后汉书·伏湛传》引作同尔弟兄,今俗军人相谓为弟兄，盖本于此。晋鲁褒《钱神论》：亲之如兄，字曰孔方，失之则贫弱，得之则富昌。《释名》：兄，荒也，荒，大也，故青徐人谓兄为荒也。

齐齿读，许荣切。汉韦玄成《自劾诗》：茅土之继，在我后兄。则已与形声为韵矣，今普通音合口读入东韵。

卿　开口读，音羌，去羊切。《诗》：尔德不明，以无陪无卿。卿明皆读阳韵。《左传》庄二十二年：懿氏卜妻，是谓凤皇于飞，和鸣锵锵，有妫之后，将育于姜，五世其昌，并于正卿，八世之后，莫之与京。卿京与锵姜为韵。《说文》：卿，章也。

齐齿读，去京切。今普通音皆尔。魏陈思王《精微篇》，关东有贤女，自字苏来卿，已与倾生零名为韵矣。

迎　开口读，音昂。《庄子》应帝王篇：至人之用心若镜，不将不迎，应而不藏，故能胜物而不伤。《淮南子·诠言训》：来者弗迎，去者弗将。人虽东西南北，独立中央。《说文》：迎从辵，印声。

齐齿读，疑京切。今普通音皆尔。

行　开口读，音杭。《诗·卷耳》首章：采采卷耳，不盈顷筐，嗟我怀人，置彼周行。《雄雉》四章：百尔君子，不知德行，不忮不求，何用不臧。《老子》：上士闻道，勤而行之，中士闻道，若存若亡。

齐齿读，许庚切。今普通音皆尔。惟行列之行与行货之行读杭。《淮南子·说林训》：兔丝无根而生，蛇无足而行，鱼无耳而听，蝉无口而鸣。则已入清青韵矣。

衡　开口读，音杭。《诗·长发》七章：实维阿衡，实左右商王。《管子》揆度篇：贵贱相当，此谓国衡。

齐齿读，户庚切。今普通音皆尔。《庄子》胠箧篇：剖斗折衡，而民不争。则已读户庚切矣。

顾氏谓以上庚韵字，当与阳唐通为一韵，然开口读之，则入阳唐，齐齿读之，则入耕清青，亦音性变化之自然者也。

耕清青部第八《唐韵》十三耕十四清十五青古通为一部

庚韵之字，有当入耕清青部者。

平　齐齿读，蒲盈切。古今读同。《诗·伐木》首章：嘤其鸣矣，求其友声。相彼鸟矣，犹求友声。矧伊人矣，不求友生？神之听之，终和且平。《常武》六章：四方既平，徐方来庭。

间有读入阳韵者。《急就篇》：云中定襄与朔方，代郡上谷右北平。则方音偶异，非通例也。

惊　齐齿读，举盈切。古今读同。《诗·车攻》七章：萧萧马鸣，悠悠旆旌。徒御不惊，大庖不盈。

鸣　齐齿读，弥盈切。古今读同。《诗·鸡鸣》首章：鸡既鸣矣，朝既盈矣。匪鸡则鸣，苍蝇之声。《小宛》四章：题彼脊令，载飞载鸣。我日斯迈，而月斯征。夙兴夜寐，无忝尔所生。

间有用入阳韵者。魏武帝《蒿里行》：铠甲生虮虱，万姓以死亡。白骨露于野，千里无鸡鸣。非通例也。

荣　齐齿读，永平切。古今读同。《管子》内业篇：凡道无根无茎，无叶无荣，万物以生，万物以成，命之曰道。《诗》无荣字，有营莹萦三字，皆入青韵。

间有读为庸者，则合口音之变。

生　齐齿读，所争切。古今读同。《诗·苕之华》二章：

146

苕之华,其叶青青。知我如此,不如无生。《文王》三章:王国克生,维周之桢;济济多士,文王以宁。《老子》:昔之得一者,天得一以清,地得一以宁,神得一以灵,谷得一以盈,万物得一以生,侯王得一以为天下贞。《说文》:青字,亦从生,得声。《释名》:青,生也,象物生时色也。笙牲甥读同。

间有用入阳韵者。汉传毅《舞赋》:在山峨峨,在水汤汤,与志迁化,容不虚生。马融《广成颂》:珍林嘉树,建木丛生,椿梧栝柏,桓柳枫杨。非通例也。以上诸字,当与耕清青通为一韵,顾氏谓以上诸字及耕清青三韵,古人无与阳唐同用者,易诗之文,固已截然不紊,西京以下则杂矣。然若汉郊祀歌《景星》篇,用成生鸣牲醒名并宁平荣为韵,魏鼓吹曲《初之平》篇,用平征鸣名倾灵争城经旌宁成为韵,二篇用韵最多,而无一杂。又如《李陵录别诗》,用生鸣等凡十一字,蔡邕《王子乔碑》辞用灵贞等凡十六字,《胡根碑铭》用灵莹等凡十四字,蔡琰《悲愤诗》用精零等凡二十七字,苦县《老子铭》用清营等凡二十七字,魏陈思王《弃妇篇》用青荣等凡十七字,亦无一杂。其他用韵少者,不能具述,唐韩文公笃于好古,而不知古音,其所作此日足可惜一篇,兼用阳唐庚耕清青六韵,又旁及东冬锺江,最为不伦。

按耕清青韵之字,所以不与阳唐杂用者,盖为纯一齐齿之音,无开口读故也。

蒸登部第九《唐韵》十六蒸十七登古通为一部

耕清青韵,皆齐齿音,蒸登韵则开口音,此其所以异部也。

蒸登韵之字,与耕清青韵之字,其音有极相似者,读者颇难辨之。今以齐齿开口二法,表之如下,惟知音者审焉。

耕清青齐齿音	蒸登开口音
争峥铮精晶	增曾征
丁钉仃叮	登灯簦
灵龄伶宁	陵能棱
星腥声	僧胜
婴缨撄嘤	膺应鹰
盈营	仍蝇
经泾茎	兢矜
庭亭停霆	腾滕誊藤
呈程裎	惩澄瞪
怦瓶屏萍	凭朋
扃駉坰	肱薨

以上字音，分别甚微，学者即齐齿开口二法，以意会之可也。

东韵字古读入蒸登韵者。

弓　开口读，姑弘切。音肱。《左传》庄二十二年诗曰：翘翘车乘，招我以弓；岂不欲往，畏我友朋。春秋昭三十一年，邾黑肱以滥来奔。《公羊传》作黑弓。

合口读，居戎切。今普通音皆尔。

雄　开口读，羽陵切。《诗·无羊》三章：尔牧来思，以薪以蒸，以雌以雄。《正月》五章：谓山盖卑，为冈为陵；民之讹言，宁莫之惩；召彼故老，讯之占梦；具曰予圣，谁知乌之雌雄。《左传》襄十年：孙文子卜繇，兆如山陵，有夫出征，而丧其雄。正义云，古人读雄与陵为韵。

合口读，羽弓切。《文子》符言篇：老子曰一言不可穷也，

148

二言天下宗也,三言诸侯雄也,四言天下双也。然则读羽弓切者亦古矣,婺源及普通音多读兮弓切,则晓喻二母之通。

熊　开口读,羽陵切。春秋宣八年,葬我小君敬嬴。公羊谷梁并作顷熊,顷音近敬,熊音同嬴。

合口读,羽弓切。同雄。

梦　开口读,莫腾切。《诗·鸡鸣》三章:虫飞薨薨,甘与子同梦。会且归矣,无庶予子憎。《正月》四章:民今方殆,视天梦梦。既克有定,靡人弗胜。有皇上帝,伊谁云憎。

合口读,莫中切。音蒙。今普通音读平声皆尔。晋潘岳《哀永逝文》:既遇目兮无兆,曾寤寐兮弗梦;既顾瞻兮家道,长寄心兮尔躬。则已读莫中切矣。

冯　开口读,皮冰切。音冯。《诗·绵》六章:筑之登登,削屡冯冯。百堵皆兴,鼛鼓弗胜。元吾衍《闲居录》曰:舜生诸冯,及晋人有冯妇之类。古皆音皮冰反,合口读,房戎切,今普通音皆尔。晋郭璞作《元帝哀策文》曰:大业未恢,皇龄未中,天憯其景,昆颓其崇,茕茕小子,藐藐孤冲,靡天何戴,靡地何凭。则凭字亦读旁戎切矣。《唐韵》两收于东蒸二部。

以上数字,顾氏谓当于东韵削去,改入蒸登部,然开口则读入蒸登韵,合口则读入东韵,亦音性变化之自然者也,两收之法,盖为得之。

侵覃谈盐添咸衔严凡部第十《唐韵》二十一侵二十二覃二十三谈二十四监二十五添二十六咸二十七衔二十八严二十九凡古通为一部

侵韵字有读入东韵者。

禽　《易》屯象传:即鹿无虞,以从禽也,君子舍之,往吝穷也。比象传:显比之吉,位正中也。舍逆取顺,失前禽也,邑人不诫,上使中也。比之无首,无所终也。恒象传:浚恒之凶,始求深也。九二悔亡,能久中也。不恒其德,无所容也。久非其位,安得禽也?妇人贞洁,从一而终也,夫子制义,从妇凶也。振恒在上,大无功也。则禽字深字并读入东韵矣。

心 《易》艮象传:艮其限,危熏心也。艮其身,止诸躬也。艮其辅,以正中也。敦艮之吉,以厚终也。今广州人犹读心为松。

阴 《诗·七月》八章:二之日凿冰冲冲,三之日纳于凌阴。《素问·调经论》:血并于阴,气并于阳,故为惊狂。血并于阳,气并于阴,乃为炅中,炅热也。《东观汉记》:载顺帝作梁商诔,孰云忠侯,不闻其音,背去家国,都兹玄阴,幽居冥冥,靡所宜穷。则音阴并读为雍。

临 《诗·云汉》二章:后稷不克,上帝不临。耗斁下土,宁丁我躬。后汉避殇帝讳,改隆虑曰林虑,《荀子》书亦作临虑,《诗》与尔临冲,《韩诗》引作隆冲,则临林并读为隆。

沈 《楚辞·天问》:比干何逆而抑沈之,雷开何顺而赐封之。则读沈为丛。

今 《诗》:我躬不阅,遑恤我后。《礼记·表记》引作我今不阅,则读今如躬。

篸 《广韵》,侧吟切。《易·豫》九四:朋盍篸。荀爽作盍宗,则读篸如宗。

谌 《广韵》,氏任切。《诗·荡》首章:天生烝民,其命匪谌。靡不有初,鲜克有终。则读谌如嵩之浊音。

以上皆侵韵字读入东韵,盖侵韵字皆齐齿音,然合口读之,则成东韵,亦音性变化之自然者也,今松江人读侵韵字入

150

东韵,犹古音之遗。覃、谈、监、添、咸、衔、严凡六韵之字,皆有齐齿开口二读,齐齿读之,则覃、谈、咸、衔、凡皆与监添严为韵,开口读之,则监、添、严皆与覃谈咸衔凡为韵,亦音性变化之自然者也,惟侵韵开口,亦类覃谈咸衔凡,而齐齿,则与监添严不类,此其微异也。

以上就顾氏古音表所分十部,平声之字,而以四等天然读法。说明古今韵分合异读之故,仄韵之字,不复缕举,盖平韵开口者,仄韵亦必开口,平韵齐齿者,仄韵亦必齐齿,平韵合口者,仄韵亦必合口,平韵撮口者,仄韵亦必撮口,故举一隅而三可推知也。

顾亭林先生撰集《音学五书》,垂三十年,考证详明,实为空前之作,虽江、戴、段、孔、严、王、章氏诸家,踵接前尘,续有所发,而荜路褴缕,以启山林,则先生之功也,故谨就先生所分析考证者,而以天然四等读法,附为说明,庶几读先生之书者,易于探讨,而知声音之学者,遍于胶庠,间有不敢强同者,则穷讬于当仁之义,傥亦先生之所冀望于后知者乎,岁在庚午仲春之月,后学江谦谨述。

杂著

与汪礼安论教师范生国文书

三四月来,无日不与人言形声训诂之事。以为求治文字,更无捷径优过于此者,本立而道生,欲速则不达,此一切学术事功不可逃之原则,非但文字而已。自宋以后,大率入手便读书作文,而不讲求识字,研究形声,不识字而读书作文,只是盲读,只是妄作,其病在忘本,而其致病之因,在欲速,其结果则终其身不能达,无可逃也。比教人学文,先令识字,先令知见、溪、群、疑三十六字母之读法用法,旋习切音,知切音然后令看王氏《说文》句读,先看部首五百四十字,其次择每部应用之字看之,每看一字,先按某某切定某音,次辨三十六母中之某母,然后看说解中有无与本字同母双声之字,有则标出卷端,某某同某母双声,或叠韵,次辨形从某,次辨某声,务令精熟,毋苟且忽略过。如此不过二年,二三千字之形声训诂,均能通贯,终其身读书、作文用之不能尽矣,何惮而不为。所以必令人熟知声韵者,因古初未有文字,已借声韵发表意志、品定名物,故形为后起,而声为先天,一形只限一名,一声可贯数义,故形易扞格,而声多贯通,以是古人训诂之方,先择同音之字,如仁者人也,不获,乃求诸一音之转,如义者宜也,不获,乃求诸双声,范围较广矣,又不得,乃求诸叠韵,声韵均不可得,乃求诸习惯易知之字,《尔雅》《说文》,汉儒笺注,大率如此。刘熙之《释名》,粤雅堂丛书中之《广释名》,钱竹汀之声类,尤其专书,可考而知也。今教国文,舍形声训诂不讲,舍经书不读,乃授唐宋以后之古文,文余于质,乃不得不尚气,比之吹泡,气旺则泡张,皮相者相与吓之,不知其中之无实也。科举时代,最利此种文字,科举废,安事此乎,社会之通札,学术之说明,政府之文牍章程,皆取质实,《大学》《中庸》《孟子》之文,皆坦荡爽朗,如平原大陆,《论语》简括,无浮文浪语,指示学者最为平易,仆以为学者,但识二三千之形声训诂,又读四书通熟,此后中国之道德伦理政治文学,皆能自求得之,无事教师之句句而讲之,事事而授之,又不但文字一端而已,此之谓本立而道生,跂望同志笃信而力行之。

与余学平论韵学书

韵学可先阅顾氏《音学五书》中之《唐韵正》、诗易本音,与章氏丛书中《国故论衡》,已是导河积石至于海,古今声纽之证明,实始钱氏,故《十驾斋养新录》当一览,(《皇清经解》或潜研堂丛书中有之)太炎所证明,则娘日归泥,此亦旧说,而证引独详,鄙人所说,与昔贤不同者。其一,训诂通转,以声为本,而韵次之,以声亲而韵较泛;其二,天然声母,为近数年所证悟,使一切声纽通转,契合天然,尤便小学;其三,各家所论古韵分部,大率以为今韵不同,而古韵则一致,不知古亦有雅言方言之殊,《诗》所谓以雅以南是也,后世韵学之失,在强立一标准,而不问方言之有无异同,今以此法部分古韵,其得失可知也。至于古今音不同者,古今雅言之不同耳。古今雅言,今降为土风,如闽人之读见溪群疑皆刚声,读知澈澄娘入舌头(见声类表说明)。其实今音皆源古语,古语具存于今,钱氏谓古音有舌头,无舌上,有重唇,无轻唇之说,鄙人始亦用之。近年考之训诂,征之方言,而知其不然也,故敢为通古通俗一致之说(即近所述音读训诂方言通转法)。小学未识六书文字以前,便可练习音性,了解方言通转,他日读古经传,一以贯之矣,古人六岁教方名,而十岁乃学六书,疑即此意。此三者他日必有助于小学,使之迎刃而解,以一扫向者支离破碎考据之繁难,今当慎重图之耳。

致南京陈燮勋书

燮勋贤弟,书来慰念。去岁一得书,方病未能阅答,然知汝书语肫挚爱师之诚,卜汝福德深厚,吾近寝馈皆在法华,诸贤与吾同好，便是日日见我，日日与我同游真如性海中也。日本之行，尚病未能，吾所谓天然声母，全出天籁流转，不事文字，用文字者，借证焉尔，若拘泥文字习惯求之，便多障碍，非真知我者也。吾之说可以破六朝唐宋以后诸家之障碍，上接两汉以前，旁通各方言语，余书尽可不看，看亦能知其是非，此小学耳，不愿诸贤多费精力，然亦须知其真实义也，方不致执著拘泥，佛菩萨能解一切众生语言，亦是从根性上求之也。若执著文字，岂可通乎，如以某读为标准而不知通转，便是执著，悟此可以入道，岂但音学，望通告诸贤，并知吾意。

与罗铭盂居士书

铭盂居士慧鉴，月前欢聚，至慰渴想，手书敬悉。声音之学，古书方言，并当参证，古音今音之云，不过学者就一时一地言之方便语耳，非真实理解，实则今音皆源古语，古语具存于今，古音亦博矣。《诗》有以雅以南，《尔雅》有释诂释言，公羊有从中国从主人之殊，如钱氏所证明之古音，不过今黄河扬子江流域人所不习，若闽、若粤、若江西抚州，则依然古读音，而不自知其为古。小儿初学语时，亦多此种变语，彼岂知古音者耶，走自发明天然声母，一阴一阳通转之轨则，及同部异纽通转，与异部混通之轨则，一切皆出天然，证之古书训诂，各省方言、外国语而皆合，乃敢为此古今一致雅俗互通之说，非率尔肌论也。汉许氏时，已慨六书不课，小学不修，故有《说文解字》之著述。说文者，说形，解字，则兼解形声，形得书可传，声非口不达，以是治许书者，多详于形而忽于声，而转注一门，为六书之大用者，建类一首之说，不复可解，聚讼纷纭，莫知要领，建类兼言声韵，一首专指双声，此义不明，古书训诂多不可识，不能知其同意相受之所由，声韵转注之轨则不明，而形声假借之轨则亦失，治六书者，得其半而遗其三矣。千余年来，教者学者相率以文不能工为耻，而不以字不能识、书不能读为忧。此非倒见也欤，非君师之失学，政教之失修，而何以至此。拙著《说音》，多阐双声通转，以意义之通，声亲而韵泛，盖欲为通许书，及一切古书训诂，各地方言，外国语音之笔钥，而补清乾嘉诸师偏攻古韵之未备，今之学者，废古书不读，譬之窭人家徒四壁，彼无意于千仓万箱之积，则此笔钥者，将安用之，圣人复起，国学中兴，其能舍是乎。《说音》一书，未即付印者，一者世缘未会，二者昔人每恨成书太早，谬误传布，改正为难，故当审重，贤者天资英发，而勤学好古，又曾读钱氏章氏之书，傥得机缘，相与讲习一月，当了然超悟无疑矣，往年黄山钟，及教育季报，所载拙著，请先取观之，可知要略，敬颂精进，江谦再拜。

读丁氏一切经音义提要书后

丁子仲祐成一切经音义提要，邮而示予，读之，辩矣，博矣，蔑以加矣。而尤契其论六书，曰声之为用，较形尤繁，洞哉斯言乎，夫形声小学，乃古昔儿童之事，为读书通话之方，前清乾隆嘉庆间，诸子踵兴，务为宏博，白首专门，虽足名家，实乖本义，又多详于形而略于声，孔子传易，孟子说经，刘熙《释名》，皆略举音声，期通大义，至如形体，假借无妨，唯六书义例，亦须触类能通，夫是故古者施教之序，先声而后形，先语言而后文字，内则所记，六年教之数与方名，十年乃学书计，予意方名者方言也。刘熙《释名》一书，即古方名之教之事，十年学书，而后及于象形指事会意谐声假借转注，许氏

155

《说文解字》，即古十年学书之教之遗也，六书之谐声转注假借，皆有声韵之关系，不明声韵通转之例，则凝沮滋多，夫许书称《说文解字》，说文，主形，解字，则兼形声，读许书者，知形而不知声，则能说文，而解字未了然也，声为先天，形为后起，未有文字，先有语言之声音，既有文字，而所谐之声，所假之形，所转之义，皆声音也，学六书者知形而不知声，则知象形指事会意，而谐声转注假借未了然也。朱子晚年，亦知声韵为经籍中一大事，自惜年老，不能致精，盖古者训诂之通，皆由音转。如仁者人也，则为同音，义者宜也，则为一音之转，庠者养也，则为叠韵，礼者履也，则为双声，亦为同纽双声，同纽双声者，同部而一纽，礼履同属舌部，而又同为泥纽也，泽水者洪水也，则为旁纽双声，旁纽双声者，同部而殊纽，泽洪同属腭部，泽属见纽，洪属匣纽也。洪从共声，则泽洪古亦同纽，旁纽双声，是为同部之通转，泄泄犹沓沓也，则为异部之混通，今读泄音属齿，沓音属舌，而古则同为舌头音，易言以明之，则喋喋犹沓沓也，谐声假借，其通转多方，亦复类是。大抵同音易知，声韵之转难知，今韵易知，古韵难知，叠韵易知，双声难知，双声难知，同纽双声易知，旁纽双声难知，腭舌齿唇同部通转之例易知，异部混通之例难知，古者声音之教以口，口口之传易知，今者声音之教以书，文字之传难知，夫是故古者称为小学，儿童皆知也，今者以为绝学，老师宿儒不尽知也，学之不讲如是夫，予弱冠后，习英文拼音，而始有志于中国音声之学，或昭或昧，或沮或通，积二十年，以贤圣之灵，而始有悟于天然声母，与夫天然通转之妙，证之经籍训诂而通，验之各省方言异邦文字而合，试之野夫稚子而知,而凡文字所谐之声,所假之形,所转之义,皆斠然入吾范围中矣。是演教通译之喉唇,而一切经音义之筦钥也,尝讲于天津上海江宁。录存简稿,而为说音一编,举其凡例,异日傥得同志之助,因慧琳希麟之书,尚当广为一编,以声为纲,博采而宏搜,条分而缕贯,使知数字一贯,皆由音转,而文俗互通,方言互证,古今互训,虚实互明,如举一干,而健也,刚也,强也,坚也,固也,鞙也,介也,庚也,金也。声相属也,义相属也,举一谦,而歉也,欿也,缺也,阙也,欠也,坎也,窟也,空也。声相属也,义相属也。开卷了然,如指诸掌,庶省学子自学之难,而便按部取求之易,与许氏之书,并胫而走,使幽沈之响,复出人间。蓄是久之,而病未能也,诗曰,嘤其鸣矣,求其友声,微丁子载籍之博而成书之勇,吾谁友乎,婺源江谦。

教学简说

教学之道,三要四本。何谓三要,曰诚,曰相生相养,曰简易切用,以是三要。而有三毋,毋伪,毋相残相杀,毋繁难无用。何谓四本,学孔老佛,归佛为本,修教弟慈,致孝为本,治农工商,务农为本,解形声义,通声为本,本立而道生,欲速则不达。

4. 上张啬庵师

世俗相称以学佛,此通常门面语耳,若语真实学佛,惟诸大菩萨庶乎能之。罗汉则逊让未能,诸天则嗟叹莫及,尧舜孔孟更瞠乎后矣,何论程朱陆王,若谦自审所能学,则程朱陆王且不可几及,何况尧舜孔孟,何况诸天,何况罗汉,何况菩萨,更何论佛也。其阶级悬绝如是。谦今所学,则西方弥陀此土释迦两世尊慈悲开示之优异方便净土法门也。余之法门,皆凭自力,历劫难成,惟净土法门,乘佛愿船,即登彼岸。然理至浅而至深。事至易而至难,一句洪名,义该全藏,如尝海一滴。味具万流,疑于理者,可阅《净土十要》。疑于事者,可阅《净土圣贤录》。印光老法师今日净宗老宿,莲池蕅益之流也。谨奉上《印光法师文钞》及《净土圣贤录》各一部,余书随后再寄,吾师大根器人。时节一到,机缘一熟,必常诉后无间,勇猛异常。谦蓄诚积意,欲以是报恩而未敢强渎者,盖有待也。今日自救救人之法第一讲明因果轮回。第二劝人专修净土,不讲因果,则善无所劝,恶无所惩,故孔孟程朱之说,觉其平淡而高深。严正而刻苦。苦于为善,必乐于趋恶,因果炽然,则慑伏者众,知一切自因自果。然后修身慎独戒谨恐惧之意,皆可自牖而明,不知轮回,则堕入断见。谓人继大恶。死即消灭,不悟死后坠落畜生饿鬼地狱。受苦愈惨,不知轮回则贵人贱物。谓以人杀物,理所当然,不悟六道众生,

158

唯心所现,则皆人所为。且以人食羊,人死为羊,羊死为人,世世生生,仇杀无已,今兵灾四起,皆杀业所招,不急忏悔,祸至无日,即知因果轮回。则专修净土,最为要着,修净土者,一不必严事,二不必出家。三且不必通佛藏,识文字,宋永明大师所谓但得见弥陀,何愁不开悟,如此则无办事人不足与言学之疑。且净土者净心也。心净则事净。如此则无学人不能办事之疑。若以秽心而称能办事,但能办恶事耳,乌可信乎,《大学》一书,言明明德于天下。言止于至善,虚存此说,二千余年矣。真欲明明德于天下,非昌明佛教不可,真欲止于至善,非修净土不办。十方世界,如恒河沙数,而我此土,号曰娑婆。五浊所钟,称为恶世,修身立行,魔难滋多,博施济众,尧舜犹病,盛衰荣辱。生灭无常,生死轮回,坠落难保,乌有实现止至善之一日乎。或疑人人修净土,则此土之秽谁复救之。不知此土之秽,由心秽故。心净日增,土秽日减。昔人有言,身出瓮外,乃能举瓮,此实妙喻。舜禹有天下而不与,乃能平治天下也。或疑今人日言共和平等,言自由解放。喜新厌故,安肯信佛? 排斥迷信,安肯信佛? 崇拜科学,安肯信佛? 不知时节一到,此皆信佛机缘,随顺导引。无烦逆折,唯佛乃真实共和平等。余皆结内排外,贵自贱他,唯佛乃真实自由解放。不为名利臣奴,不受轮回管束,余皆起业自缚,而不自知,惟佛乃为正觉,余多迷信,互熏互染,同流合污,载胥及溺,而自谓随顺潮流。佛学昌明,则科学之根据错误者,皆将摇动摧灭。如进化学根据生物竞争,弱肉强食,不知人法畜生,是坠落恶道,欧战告终而此说失败,其一端也。佛学昌明,则科学之根据确凿者,将益发挥广大。如天文学者,证明一星球为一世界,测火星者,证明火星中人学术之程度,人物之繁盛,实胜我土,则将推知十方虚空微尘恒沙无量世界,及西方极乐世界之不诬,其一端也。唯彼不知善因善果恶因恶果之定律,故欲以杀盗淫妄之恶因,得修齐治平之善果,彼唯不知眼耳鼻舌身意色声香味触法之虚妄,故欲以凡夫所思所议之境界,妄测圣神不可思议之体用,其根本错误在此也。而我国学士伟人,其思想障蔽而不得开悟,言论屈伏而不敢自币者,则以今全国学术政治,其引擎动力,远寄欧美,而我为机轮,随顺转动。破产败国,受苦忍痛,而不敢违言,必待他日外人赞佛扬孔,然后乃敢随声出舌,此真诸佛菩萨所悲悯,诸天所震怒,而孔孟掩面涕泣之秋也。谦复何心,能不少动于中哉,故今日欲觉悟本邦,必先救度欧美。或译先佛圣贤经典,输入彼国。或引彼国虚心求道之博士,就学吾华。世界和平,将以是为基础,科学之致用,将以是为准绳。而吾国人亦将端视听而显良知,脱危途而归安宅矣。深冀大力仁者起而图之。谦事教育十余年,过影追思,唯余忏悔,安士全书,今日救世之广长舌也。故欲追随同志,推行此书,冀遍全国,如教修行,使天下有开云见日之时,则私衷有补过赎非之地知,尽忱吐露,惟师教之。

伍 郭秉文

郭秉文(1880—1969),字鸿声,江苏省江浦县(今为南京市浦口区)人,1880年2月16日出生于上海青浦。1896年毕业于上海清心书院。1908年赴美国留学,三年后获乌斯特大学理学士学位,继续深造,入哥伦比亚大学攻读教育学,1912年获硕士学位。1914年以《中国教育制度沿革史》一文获哥伦比亚大学哲学博士学位,同年受聘为南京高等师范学校教务主任。校长江谦委托他在美延揽人才和考察欧美教育,1915年回国,协助江校长筹建南高。江当时多病,常滞留安徽,校务多由郭主持。1918年3月江谦辞职,郭乃真除校长一职。1920年致力于筹建国立东南大学,1921年10月事成,郭为第一任东南大学校长,兼掌两校。1923年,南高并入东南大学。

南高以培养中等学校师资为目的。起初只设文史地部和数理化部,1916年,郭倡议设体育专修科,以后陆续增设国文、英文、教育、体育、农、工、商等专修科，其中农、工、商专修科和高等师范原不相关，但郭认为"教育为立国之本，国家的强弱、民族的兴衰都和教育的成败有关"，他尽全力将南高扩展为综合性的东南大学，也为日后的中央大学奠定了基础。郭的远见卓识，后人永远难忘。

1. 中国教育制度沿革史

目 录

序一

郭子鸿声示我所著《中国教育制度沿革史》,受而读之,盖空前之作也。因发余积感,杂书诸端。

中国富于史事而贫于史书。二十四姓之家乘,匪可云史。夫人能道之,坐是欲窥见古代教育之真精神,非从无字句处求之不可。求之不得,率焉诋为无教育。沟犹之徒,又谓时代益古,文化益隆,不胜其低徊慨叹。可云两失!夫至教育精神,须索之于无字句处,则见仁见智。一视乎其人自为。而秉笔者之事业与责任,将匪仅述焉而止。读其书、不知其人,可乎?余之重是书,以是书固郭子之书也。

是古非今,此习盖有由致。人群事物,由质而日趋于文,文胜之极,本意浸失,从而矫之。不觉神之辄与古会。子舆氏曰:"后稷教民稼穑,树艺五谷,五谷熟而民人育。饱食暖衣、逸居而无教。圣人有忧之,使契为司徒,教以人伦……"由前之说,生活教育之谓也;由后之说,道德教育之谓也。一部大历史,其始生活而已。演进之不已,乃有道德、宗教、政治等等。今卑视生产,不先教之善能自养,徒凭迂执之理想,枯燥之方法,欲以进民德,且日责詈民之不进德,洎乎争存益烈,情见势绌,转觉古代教育之犹近人情,而相与尊之矣。此其例也。

今之谋改良教育者,其所揭橥,亦复时与古合。古之时初生弧矢,春夏干戈,非今所谓尚武主义乎?道而弗牵,强而弗抑,开而弗达,非今所谓启发主义、自然主义乎?六艺射驭,小子洒扫,诵诗专对,读易寡过,何一非与今之实用主义相印者。然则进化论之壁垒,不见摧于复古说乎? 曰:"无虑。"譬之美术家、文学家崇尚自然,竞取资于原人之制作,童竖之歌谣,谓其天性未漓,真趣独永。而究之画圣针神,不传于草昧。拜伦、荷马,不属于孩提。况我国近二千年进化所由滞,一误为政策之愚民,再误于交通之梗塞,其事特殊。一部大历史,岂目光沾沾数千年间,而可与论文化进退者哉。教育之所为教,与宗教之所为教,有以异乎? 无以异也。天命之谓性,率性之谓道,修道之谓教。道无二,教安得有二?所异者,教有宗耳。耶稣之后不能复有耶稣,穆罕默德之后不能复有穆罕默德,遂疑孔子之后不能复有孔子。尊之乎;小人耳。圣人之道,虽万古江河,可以不废,君子有过,如日月之食,人皆见之。人伦不可无模范,而不必纳之一式;百家不禁其腾跃,而不必强定一尊,教人不当如是耶!

郭子谓吾国人民富于平等精神,其于教育制度亦然。非如英德法之有为缙绅立学者。此亦有故。盖吾国行君主政体数千年间,初未尝有良好完密坚强整饬之政治,足以促国家与社会之进步。即论教育官制,自秦以来,盖亦疏矣。任吾民之自为谋,于是文化之进甚迟,固未免受政府不良之害。而阶级之风不烈,亦未始非受政治甚疏之赐。虽然,就世界全部大历史言,二千年间,彼此长短优劣、进退迟速,区区旦夕间事,有不足较絮者矣。

吾国凡百制度之完密统一,以周为最,史每称之。然其时辖地,视今中部一隅而未足。以今之幅员,而欲一切画一之,吾知难矣。画一主义者,今创立一切制度所受之通病,而教育与居一焉。夫法有必一者,亦有不必一者。既未周知四国之为,而欲立适于四国之法,古云"削足适履"。今纳天下足于一履,使彼诚一俯察天下足之匪一其度者,亦将哑然自笑其过当。而惜乎其梦梦焉方日僧人之不我适,而自谓削之不获已也。望治方新,成事不说,前车之覆,其后车之戒也夫!

中华民国五年(1916)六月

黄炎培

序二

东方之聪睿者，亦深明西学之需要而研究之矣。然东方之学问、理想、精神、功业，西人尚未有竭诚以求之者也。斯书为郭博士所著。专述东方一大民族最近之急于探考西学，而又以中国历来进化之迹，与教育制度之沿革，表显于世。西人获此，庶几于东方情形，略窥一斑乎。

是书微意，凡久与中国人相处之西人，深表同情。谓东西人之不同，在观察，在方法，而不在智慧。固无程度高下之足言也。若人种学家，若社会学家，无不服膺斯说。证明西方之所以异于东方者，其物质也，其知识也。谓其才能则何别焉？盖华人之生活观念，既不同于西人。故于物质之发达，科学之昌明，瞠乎人后。兹已知病症之所在，而返然易辙，则将来必有根本变迁之一日，毫无疑义。

抑知进步由智慧而生者也，而智慧则由智力才能而生者也。是犹物理力系体积与动量之合也。中国民族，实一大体积，所缺者动量耳。设中国人原有之智质中，灌输以科学知识，则所得之结果，必为西人所难能而可贵者也。

最近日本之于军备、商务、科学以及其他事业，得著成效，岂非一证欤？或者今世纪所视为重要之事，自中国人视之，未尝驾乎其历来道德及各种社会动作之上也。然而西人之所贵者，中国人已渐贵之。

中国之以平和政策，维持其群众，已三千余年于斯矣。地广人众，民物殷富，而西方之精华，几发泄无余矣。即以创作论,有火药,有印刷术,有罗盘针,此外又有各种艺术、货殖力,靡不有其独到之处。果能参以西法,则其前途岂有涯哉?况中国之军事、政治、农、工、商诸业,规模备具。若加以科学、知识及振刷其民之道德精神,必可以划除西人之歧视偏私,而生其仰慕之心也。

郭博士之著是书,不独表扬己国之事绩,且俾西人恍然有悟于中邦维新之变革。是变革也,利之所及,端在西方。吾馨香祝焉。

孟禄　序于哥伦比亚大学师范科

绪　言

　　何为而作教育制度沿革史？吾知研究历史、政治与教育者，必乐闻斯言也。盖欲考见吾国开化独早之由来，与夫数百兆人民结集之故，则不得不读此沿革史。欲寻求吾国操何治术，俾政体巩固，与夫人民得安居乐业，则不得不读此沿革史。夫一国之有教育制度，即所以助其国陶淑人民之性情，令日趋于坚凝与齐一，巍然并立乎天地间者也。迨乎今日，吾国教育家既诸斯义矣，则殚精竭虑，思合近世之趋势，应最新之需要，故其教育制度沿革史，与他国同，亦既深饶趣味，且可多所借鉴。正言之，为模范，为指南；反言之，则亦前车之覆辙也。

　　有为吾国教育沿革全史者，则必举吾国历代人民之知识道德之沿革，记载靡遗；或撮其文学、科学、宗教与政治诸灿烂之事实，所以造成国民性与一切教育制度者，搜讨其复杂之原因焉，而是书非其伦也。盖仅为吾国公共教育制度沿革之概观。自上古以至今日之激进过渡时代，作一评论。所谓公共教育制度者，乃指国家所维持与管理之学校，所以为人民教育者。由狭义的言之，则不能括登庸考试制度。惟其与历来教育有密切之关系，且互相消长，故连带及之。且由公共教育制度名词之性质言之，即私人创设之学校，亦不宜旁及。惟其影响及于吾国教育者甚大，故亦不得不略述。然则是书之研究，又不嫌其不精密乎？曰："否。"是书之性质乃涯略的而非特殊的，广大的而非专意的，盖兹所急需者，为吾国教育史之概要,而非专考吾国教育沿革一部分之事实故也。

读教育史者,当知欧美各国教育所受最大之影响,莫宗教与政治若也。是二物之影响及于吾国教育,与欧美同。在昔之孔教(孔子是否宗教家尚属一问题,但孔教之称相沿已久,姑从之)、佛教、道教及今日耶教,皆直接或间接大有造于吾国之教育。其中尤以政治占大势力。盖自古然也。国家治乱,皆视政府之能尽心于教育与否。是故吾国之教育制度,不得不归诸政治之组织。政府所恃以启迪与发达人民之国家观念,期致国家安如磐石者,教育之功也。学校譬之一机器然,政府即其管理者。欲造成适宜何种国家之国民,惟其意之所欲。立宪国以养成自治力为要;尚武国以为锻炼军人为主;而一国普通男女教育,亦当养成一种男女之模范人格也。

自宗教、政治而外,尚有一物,大影响于吾国之教育者,曰"好古心"是也。吾国人之特性,尊重过去之一切事物,追溯既往之文明,而忽将来之进步。考其所以成今日之现状者,其原因有二焉。一曰昧于进化之公理。数千年来,人民之理想,以为时代愈古,则文明愈甚,古果能复,则事物莫不克臻尽善之域。二曰崇拜古之圣贤。其一言一动,后生所矜式而唯恐不及,故宗教、政治以及好古之心,时为吾国教育进步之助,或亦时为其障碍。然无论如何,其所以造成吾国教育之力颇大,岂可等闲视之哉。

吾国教育制度,表现吾国特性者也。而吾国特性,即亦造成吾国教育制度者也。互相为因,互相为果。夫吾国人民,实富于平等精神者也,其于教育制度亦然。古制自天子以至庶人,皆受同等之教育。由匹夫而为卿相,秦汉以来,世世有之。时至近世,学制虽变,而平等精神仍存。无论官立、私立学校,自小学至大学,各种社会之子弟,均可入学焉。非若英、德、法诸国,有专为缙绅而设之学校。是不亦吾国教育制度上之一优点欤?

次则吾国人民与英、德同,富于保守之性。其教育制度,亦多保守之现象。若登庸考试,若国子监,若其他诸教育组织,皆历数千年而不变,是其明证。然而吾国人之保守性,非无限制而不知变者也。即以登庸考试论,其变革不知凡几,盖一见有不得不变之势,即无所吝而速改。穷则变,变以渐,一旦了悟真理,实效表显,则行根本之改良,艰难与阻碍皆非其所畏。读是书者,当知吾人保守性质以及改革激进之精神,皆有胜于人者在也。

教育制度既以平等为主义,而改革又富于激进之精神,然则可与欧美各国一比其优劣乎? 曰:"乌乎可?"盖国情有不同,时事有变迁。善于彼者,或不善于此。宜于古者,或不宜于今。故教育制度,无绝对善者,无绝对不善者。要以合乎境地,审乎政治社会之现象为主。若以理想制度施于己国,必难获良好之结果,适足成其理想制度而已。况吾国采用教育新制度,为时未久,其不能达于完美之域,与他国一比较,乃时间使之。若以公平正确眼光考察之,则吾国在世界教育史中,未尝有逊色也。

以两国采用教育新教度,时间有长短者,势不能比较其优劣。即两国教育之宗旨亦有不同。以教育宗旨不同之两国,而欲比较其制度之优劣,其可得乎? 霍斯氏有言曰:"吾人可以两国教育统计表,比较其校舍,比较其教职员之薪金,比较两国个人所担负之教育费,比较两国儿童个人之教育费,以及比较其他之种种,若夫欲比较两国教育制度之精神,仍不在其教育统计表也。"故欲问何种教育制度能造成最善良之国民,必先有一前提:为何国欲造成最善良之国民。能造成德国最善良国民之教育制度,未必能造成法国最善良之国民,故一国欲养成己国最善良之国民,必先详察国家之需要,然后立一教养国民之宗旨。各国皆然,吾国亦无不然。

或问吾国何以采用教育新制在各国之后乎?曰:"昔之时势,无须乎此也。"数百年前,吾国以高山峻岭之阻,大海荒漠之隔,闭关自守,鲜与人通。无电报电话也,故交通梗塞,难通问闻,且生活简单,教育制度不过致国于太平,与人民各安其业已耳。其后海禁渐开,泰西使臣,络绎于道,而机器、汽船、铁道等新发明,挟以俱来。吾人始知生活改良之不容缓,而教育制度不得不有以应之也。抑更有进者,西人东渡,吾人不得不与之相见。屡受外侮,刺激甚深,加以国家主义之发达,于是社会、政治、教育各制度,势非改革不足以对外言竞争,对内致安宁也。

世界各国之采新教育制度,不独吾国为时未久,即欧美诸国之从事国民教育,屈指亦甚暂也。而其发达乃在 19 世纪之间耳。前此雅不如今日之发达与完备也。若云提倡之者,则早有其人。路德、瑞克斯、马尔卡斯特诸教育家,皆谆谆言之者也。吾国与欧美各国又有相同之点,则在采用新教育制度之趋势虽缓,而教育家对于此制度之热心,勤勤恳恳,以趋赴之。况其好学之精神,历久不磨。所学虽不同,而其好学之精神则一也。昔日好文学及经学中之伦理，今日则推而及于西学之实验，以及致用之道矣。盖国民主义与爱国主义之发展，不得不然之势也。

教育学博士　郭秉文　原著

周　槃　译述

第一编　上古教育制度之起源

一　教育之发端

吾国之教育,发端于何时乎?曰:"有文化之日,即有教育之日也。"但是时之教育制度,甚属简单。人民之生活,逐水草而居,恃渔猎为生。后由牧畜之民,进而为耕作之业。所谓教育制度者,利用厚生以养民而已。教之渔猎,教之牧畜,教之耕耘。其教育不外乎处世日用之需,所见所闻,皆家庭宗族之事也。而教育之目的,即所以达增加富源与人生境地之利益耳。

唐虞之时,文明日启,教育制度益臻完密。非独教育制度为然也,凡政治、社会与知识三者,皆有进益。古今言圣人,则首推尧舜,论治世则先举唐虞,实吾国历史最盛之时代也。夏商继之,文治大备,不独创历代考试制度与学官制度,且广设大学小学,以教育士民,而其学制之完美,亦为吾教育史中所罕观。

二　创设考试制度

吾国上古之考试制度,大抵限于从政者也。自有史以来,即有此种考试制度,所以举贤任能,以图治理。《书·舜典》曰:"三载考绩,三考,黜陟幽明。"所考者为何?因当时文字发明未久,记载不详,难以考究焉。然师其遗意者,至今未尝绝也。

三　建立学官

帝舜有虞氏设九官,中有三官掌教育之职者。命契为司徒,敬敷五教在宽。君臣有义,父子有亲,夫妇有别,长幼有序,朋友有信,皆人伦之道也。《舜典》曰:"咨四岳,有能典朕三礼?"佥曰:"伯夷。"遂命伯夷作秩宗之官。又曰:"夔,命汝典乐。"是夔为典乐之官也。此学官之制,建立于尧舜之时,而夏商两代,沿之不替。非独建都之地,设有学官,即诸侯封域,亦间有之。可知吾国之学官,上古时代即已设立之,且为政府之职务,其建立之早,远在世界各国之前也。

四　最初之大小学校

唐虞之时,在王宫左右,有两种学校焉,曰上庠,曰下庠。上庠即太学也;下庠即小学也。上庠在西,下庠在东。此两种学校,亦见于夏商两朝,惟其名不同耳。夏则曰东序、曰西序,皆以方向名之。商则曰右学、曰左学:右学在王宫之西,左学在王宫之东,其位置与夏时适相反者也。此等学校,为王子、贵族与人民子弟之优秀者而设。《礼记》王制篇曰:有虞氏养国老于上庠,养庶老于下庠;夏后氏养国老于东序,养庶老于西序;殷人养国老于右学,养庶老于左学。是三代大小学制度,亦所以敬老也。国君时幸其处,会国老而咨询政治,于是有相见之礼,而礼乐兴焉。

以上所述之学校,皆设立于建都之地,大抵为贵族者也。此外,国内尚有校、序、乡学与瞽宗各种学校。校之义,则教也。此学校为人民修业之地,了无疑义。以习射事则曰序。商时之学校,亦以序名也。乡学则侯国四乡设之。瞽宗之名,始见于商时。瞽意目盲也,指乐师而言;宗则致敬之意,以乐祖在焉,故曰瞽宗。在王宫之左近,教礼乐之处也。

五 学校之课程

上古学官之所掌,与教育之宗旨,可赅括于礼、乐与五伦之道三者而已。"礼"则天地人三才,盖信天地祖先能降福于人,故敬礼惟勤。凡宗教社会之惯例与礼貌风俗等,皆属于礼者也。凡《周礼》《仪礼》《礼记》三书,皆言礼者也。礼之意义,不以表于外为界,盖于礼貌与礼仪之大原,亦三致意焉。政府之政策、家族之组织、社会之信条,皆以礼为本。观爱姆开劳莱之言,可以知礼之重要矣。其言曰:"礼也者,为中国人所不可须臾离者也,而《礼记》为述礼最完备之书。人之七情,以礼而得其平;人事以礼而尽其职。其善恶则取鉴于礼。人与人之关系,亦载于礼。一言以蔽之,曰:其国人民之于家国、社会、道德、宗教,皆以礼系之也。"

次于礼者则为乐。乐则包诗歌、舞象与乐器也。《诗经》所载,自大禹迄春秋,为作乐最盛之时代。乐器之最著者有八音:金、石、丝、竹、匏、土、革、木。金如钟,石如磬,丝如琴瑟,竹如箫管,匏如笙,土如埙,革如鼓,木如敔,皆作乐之乐器也。诗之别有四:(一)民俗歌谣之诗,诸侯采之,以贡于天子;(二)天子廷宴时所歌之诗;(三)诸侯会盟时所歌之诗;(四)赞美献祭之诗。此外则战争诗、夫妇离别诗、耕耘行猎诗与婚嫁燕飨之诗。若怀怨与发幽情之诗,乃诗之别格也。《礼记》载舞有四种,即干、戈、羽、龠是也。其舞名之不同,视其手中所执舞器而有别也。

乐也者,和其性、平其气,而与人神共安者也。《舜典》:

"帝曰,'夔,命汝典乐,教胄子。直而温,宽而栗,刚而无虐,简而无傲。'"又作乐之概念曰:"诗言志,歌咏言,声依咏,律和声。八音克谐,无相夺伦,神人以和。"

五伦所以立人我之五种关系,前既言之矣。所谓五伦者,父子也,君臣也,夫妇也,兄弟也,朋友也。孟子曰:父子有亲,君臣有义,夫妇有别,长幼有序,朋友有信,乃五伦之道也。其意以为人能行五伦之道,则人我无争,而国家平矣。

考唐虞夏商时之教育,其性质大抵属于道德与宗教,为人与人之关系,以及人与神之间关系。学校之有名曰"序"者,于其中教习弓矢,实为体育与军事养成之所。若其文字教育,则因印刷术未发明,无甚可观。然其时之上庠,学生已从事于竹书之研读矣。

六　上古之教育法

吾国上古之教育法,与其他诸国略同,甚为简单。盖知识与著作皆未发达,故教育宗旨亦不闻于世。虽有竹书之记载,然以制成竹书之不易,故仅见于上庠。道德之成与礼乐之教,不出二端。一曰口述;一曰作法。《礼记》内则篇:教子弟以礼乐,师作之,弟子从之。史曰上古之君,作之君,作之师,其治民化民也,非恃其教而以其德。由此观之,上古之教育,专重作法,而古人教育之成,不得不归于能效君师之作法。古人以经验与观察之所得,作心理原则之解说曰:人之生也,效其所善。故人之德行礼貌,常胜于告令。盖己身之作法,俾人知所当为,或使人乐为之。是则非文字语言之力所能及也。

七 上古之教育宗旨

吾国文化初启之时，其教育之宗旨，即审察境地而以发达实利为事。经唐虞夏商，进化甚速。于是教育亦日趋完备。以人我相亲、国家安宁为达教育宗旨之道。修己治人，为吾国教育不刊之经。盖五伦者，修己之道；礼乐者，治人之道也。申言之，以德行道艺修于己，养成才能以治人。后世数百年之教育皆不外乎此。

第二编　上古教育制度及其退化

周监于二代,礼教大兴,郁郁乎其文哉。文王、武王、周公圣人辈出,制礼作乐,凡社会上、政治上,皆大显进步,实周室极盛之秋,而上古文明最发达之时也。说者谓希腊之伯里克利时代(Periclean age),不过是也。是时,教育制度大备,高等教育与平民教育,俱为注意,教育制度之美,为三代冠,为后世所称道。兹先述其最完美之时,次及其变迁,终则及其退化也。

一　名称、地位及学校之性质

周时之学校,大别为二种。一在王城与诸侯之首邑,或诸侯封邑之大进,其名称有五:上庠、东序、瞽宗、成均、辟雍是也。上庠之名,初见于舜时,为教授高等教育之地;周时则在王宫之西,王宫在都城之北,乃一种初等学校,教授书读者。上庠亦曰米廪,盖即学以藏粢,自其孝养之心而发之,为天子养庶老之处。东序,夏朝高等学校也;周亦名为东胶,在都城之东,王宫之右,又曰太学。于此学干戈羽龠,九年而业成。国老于此养焉。瞽宗亦始于商,学歌唱,使弄乐器,以成礼也。以其成其亏,均其过不及,则曰成均,此学校为前代所无,在王城之南。周代都城学校有五,而居中者则为辟雍。若论其性质,则殊难一定。有时为大射行礼之处;有时又为天子朝会群臣之处。礼书曰辟雍即成均也。观《文王世子》篇,知周先有成均以施高等教育,后有辟雍,与成均相同,而成均之名遂因以消灭。此成均与辟雍之又一说也。但为周代授高等学问之地则无疑。虽然,古书言成均、辟雍为二种学校者居多,殿版《礼记》有图,以明周代各学校之地位者。中央一部,称之为辟雍;东区称东序;西区称瞽宗;南区称成均;北区称上庠。在天子郊曰辟雍,而侯国亦立当代之学,惟损其制曰泮宫。

地方学校,在闾曰塾;在党曰庠或序;在州曰序;在侯国之乡曰庠。村中街门之旁有两室,即闾塾也。周时每值春初,村中人民,无论男女老幼,自早即往学校听讲,至晚方归。主持讲坛者,大抵七十而致仕老于乡里之大夫也。此学校曰庠或序,其名皆自前朝而来。州学之名曰序,亦取自夏时,盖夏时教射事之学校也。在侯国乡之学校曰庠,舜时即有此名,为授高等教育地也。

二 学校之课程

王都与侯国都邑诸学校所授之课程,可分别为上庠使学书、东序使学干戈羽龠、瞽宗使学礼、成均使学乐。凡王太子、王子、群后之太子、卿大夫元士之嫡子皆造焉。当时之学生,皆教以经义、道德、诗歌以及算舞御各种技艺,以应时势之需要。周官大司徒以乡三物教万民而宾兴之。一曰六德:知、仁、圣、义、忠、和;二曰六行:孝、友、睦、姻、任、恤;三曰六艺:礼、乐、射、御、书、数。其普通教育,则有五礼、六乐、五射、五驭、六书、九数。以近世教育眼光评论此种学校之课程,实包德、智、体三育,于人生有密切之关系。此教育即所以为人能竞争于生活界之预备。盖周时教育之宗旨,于发达心身,均无偏废,兼有雅典、斯巴达教育之美,以练成智、德、体三育及军事之技能为主也。

《礼记》内则篇中,载上古男女之教育颇详,不独言其教育之性质,且于教育男女之法,亦有一定之标准。兹分别述之如下。

三 男子准则

六年教之数与方名;七年男女不同席,不共食;八年出入门户及即席饮食,必后长者,始教之让;九年教之数日;十年出就外傅,居宿于外,学书计,衣不帛襦裤,礼师初,朝夕学幼仪,请肄简谅;十有三年,学乐,诵诗,舞勺。成童,舞象,学射御;二十而冠,始学礼,可以衣裘帛,舞大夏,惇行孝悌,博学不教,内而不出;三十而有室,始理男事,博学无方,逊友视志;四十始仕,方物出谋发虑,道合则服从,不可则去;五十命为大夫,服官政;七十致仕。

四 女子准则

女子十年不出,母教婉娩听从,执麻枲,治丝茧,织纴组紃,学女事以共衣服。观于祭祀,纳酒浆笾豆菹醢,礼相助奠。十有五年而笄,二十而嫁。有故,二十三年而嫁,聘则为妻,奔则为妾。

据《礼记·内则》而观,男子自六岁,即受教育,十岁而就外傅;女子则足不出户,学操家务,以贞静为主,书算皆非所习;男子至十岁,则学之。吾国古时女子教育,虽似不甚重要,而一按其实际,又不然也。盖因女子为一家为主,其所学应以家务为限。夫女子之教育,德容是也。《周礼》载:贵族女子有公宫宗室之教,其科目为德、容、言、功四者。故周时之女子,实吾国历代女子之模范也,其教育女子之宗旨,后世相沿勿衰。而女子之得于社会、家庭占有重要位置,岂非以妇德之故乎?

五　教育法

《礼记》中《学记》《内则》两篇,于当代教育法,言之颇详,极端排斥谙记法,与近世教育法,多有吻合。一本人生天然之理,以开发其天性为主,谓学仅为得一种知识不可也,必也心得,始谓之无负所学乎。其教育之法,自易至难,自粗至精,学以渐不以骤,积小成大,一时学一事,不可泛求,必使彼自然奋发,而尽其才能也。

除《礼记》之外,述古时教育之法者,要以孔子之言为主矣。其言曰:"学而不思则罔,思而不学则殆。"又曰:"不愤不启,不悱不发,举一隅不以三隅反,则不复也。"是当时教育法,颇合于自动主义,且当时教育,一准心意发达之次序,自易至难。颜渊道孔子教育之法,曰:"夫子循循然善诱人。"则当代教育之法,不期而合乎教育原理矣。

战国时有孟子,服膺孔子之道者也,于教育之法,亦颇有所称道。其言曰:"君子之所以教者五:有如时雨化之者,有成德者,有达材者,有答问者,有私淑艾者。此五者君子之所以教也。"申言之,孟子之教育法,专注学者之个性,顺其性而陶冶之。有如时雨化之者,谓学者天资聪颖,有闻必悟,教者因势而利导,犹如及时而雨之,则其化速矣。有成德者,谓学者好谈道义,则纳之于成德之正轨。有达材者,谓学者富于理想,或治事之能力,各因其所长而达之。有答问者,谓就所问而答之也。所私淑艾者,谓人或不能及门受业,但闻君子之道于人,而窃以善治其身,是亦君子教诲之所及。综观孟子五者之教，皆因材而施，或小成，或大成，无弃材，无废人，教育普及之道，其在斯乎。

六　入学考试、学业考试及升学之法

读《礼记》知当时之入国学与泮宫者，不独太子、王子、王公之冢子，而卿大夫元士之嫡子及国之俊选皆造焉。惟入学必经考试也。所试者为德行、言语与治事之才能。选于小学者，则升于成均，而天子于其处，亲授杯酒，以为荣宠。反之，考试不及格者，则留读以待下次之考试。然苟学者，于德行、言语、治才三者，有一擅长，亦可升入大学。

据《学记》云：比年入学，中年考校。一年视离经辨志；三年视敬业乐群；五年视博习亲师；七年视论学取友；谓之小成。九年知类通达，强立而不反，谓之大成。此大学之道也。

周时升学之制，亦颇完备。选于党庠者，升于州序；选于州序者，升于乡庠；选于乡庠者，升于诸侯之泮宫；而其中之超群者，则升于国学。凡学者自此学而升入彼学，乃尊荣之事也。士之秀者，司马论定其材，使之任官，或王都，或侯邑，而后与之爵禄。

七　入学年龄、学期及学年

周时入学年龄，诸说不一。据《大戴礼·保傅传》及《白虎通》之说，王太子自 8 岁入小学，15 岁入大学。据《尚书·大传》之说，公卿、大夫、元士之嫡子，为 13 岁入小学，20 岁入大学。是入学之迟早，以贵贱而分也。王太子所以较卿大夫之长子为早者，盖信其智能较聪慧也。然而世之从《白虎通》之说者较多，即人生 8 岁入小学，及其十有五年，而入大学也。

是时学期学年之长短,后世莫详焉。但一年中之四季,为四个学期,则颇有说以证明之。且四学期中之每一学期,所教之事,各有不同。大抵春夏学干戈与羽籥于东序,诵歌于瞽宗;秋会于瞽宗而学礼;冬读书于上庠,此其教育之大概也。但人民之务农者,不得终岁受教。然为普及教育计,亦不得不有以为之备。故古者耕稼毕,男子未有室者,咸入学听讲。冬至,复之田亩,备农事。期 45 日,化民成俗,意志善,法至美也。

八 教育官

周代教育之官,读《周礼》可知也。职掌学校一切事宜,学礼舞,属于乐官;学诵记,属于学官。同时乐官亦掌王国教育事及会集学子事,与夫施教于成均也。故学官与其属官,不独教乐而已,凡德行、书、舞诸学科,亦为其分内事。余则庶士教儿童,知道与善行。保氏教人以六艺。尚有一甚关重要之教育官,名胄子者,以时聚学子,教舞,作进退、疾徐、疏数之节,且教以孝悌之道,故此教育官之对于学子,不独教之,且有以监察之。此外则乡师、父师、少师诸教官,大抵致仕于乡,专教乡、州、党各学校者也。

九 学校数

上古教育统计之不全,夫人而知之。然册籍俱在,亦有可得而考者。据周官所载,王畿方千里,有 6 乡、30 州、150 党、3 000 闾,闾有塾,党有庠,州有序,国有学;诸侯之国,公方 500 里,侯方 400 里,伯方 300 里,子方 200 里,男方 100 里,依次递推,所得学校之总数,自必可观。但诸侯国数究有若干,传说不一。据马端临《封建考》序,离涂山之会,号称万国;汤受命时,凡 3 000 国;周定五等之封,凡 1 773 国;至春秋之时,见于经传者,仅 165 国,而蛮夷戎狄亦在其中。国数既由多而寡,学校数亦必随之而减。观郑人之游乡校以论执政,当时之学校,平日必已虚无人矣。

十　教育行政法

周时教育行政,中央设专官以治理之。一曰"天官",二曰"地官",三曰"春官",四曰"夏官",五曰"秋官",六曰"冬官"。各官之长者曰"卿"。地官卿曰大司徒,除掌教化万民,凡贸易耕植与人民之治安皆属焉。地官与其他四官,皆受天官大冢宰之节制。地官掌体国经野,设官分职,不独颁职事,待政令,且以乡八刑,纠万民。地官之属官、州长党正,以时各属其民而读法,并考其德行道艺,选其民之秀者而升学焉。

十一　选　举

周代教育制度之完备,前既言之矣,而其举贤任能之选举法,亦可与其教育制度媲美。其选举考试法,不仅士之在乡者而已,即在朝者,亦所不能免。每逢三年,中央六官与老而致仕在乡者,考其属或士之在乡者之德行道艺,以为任职之预备。每官之下,大夫举贤者、能者以升于大司徒,大司徒论定之,以升入乡学或国学。秀于一乡者曰秀士,升之大司徒。秀于国学者曰俊士,则于王、国、侯、卿、大夫、士处求职焉,但须受乐官之管辖也。其官级则定于大司马,以射艺为准。然无论如何,各种选举考试,皆受成于王。盖于一定时期,各考官以德行才能之士书于王也。

若已为吏者,则按时有举吏之法。长官献贤能之士书于王,王则凭诸人之说,然后察之。察之果贤,乃选其官。故当时选举法之手续有三:(一) 选于州,或选于乡;(二) 选于卿大夫;(三) 则受成于王。据云,周时诸侯每三年献属下之能者,列于王朝;大国三人,中国二人,小国一人。

兹将周代举贤任官制度之四优点而述之:(一) 纯以平等主义。上自卿大夫,下及庶人,无贵贱,无贫富,一以德行才能为本。(二) 教育制度与各行政同,皆取中央集权主义。此为周之特色。抑更有进者,取士以德行为首,才能次之,而不若后世之斤斤于词章。此其三也。其四,则官吏虽多出于学校之一途,然学校非专为造就官吏之地。有此四端,是周代之教育制度,所以为后世所不可及欤。

十二 上古教育制度衰颓期及其变迁期

去今二千七百年前,王室渐微,诸侯争霸,王命不行于诸侯,学制荡然。且各种高官之位,多为世袭。昔日之选举法,已无复用之者。与欧洲中世纪黑暗时代相同。幸是时有孔子出,以恢复礼教为己任,收集信史,考古代之制度文物,删定《诗》《书》《易》《礼》,作《春秋》《孝经》。其弟子以其言著《论语》,后世之道德、历史与学艺皆宗之。惟当时之阻力颇多,志不能达。身后七十子之徒,遨游于诸侯,稍能传其道焉。后百年有孟子,继往开来,说人君以兴学。后以其道不行于诸侯,退而与万章之徒,作《孟子》七篇。孟子生于战国,强凌弱,众暴寡,弃仁义如敝履,不用于当时宜也。然其教人之法,未几即大昌明。师其意者,实繁有徒。虽争乱相寻,学者仍能持孔孟之道于不坠。秦始皇既灭六国,统一天下,崇尚刑法。时儒生敢挟经术以讽始皇,皆上承孔孟教化之力也。始皇见儒生非议朝政,怒下禁止之议;继采李斯献策,搜天下非秦记之书籍,皆焚之。有敢偶语诗书者弃市。儒生犯禁者四百六十余人,皆坑之咸阳。中国之教育,至此受一大挫折。

自春秋而战国而嬴秦,虽学制已废,然不能谓天下无一学校。国家虽不注重学校,而民间教育家辈兴。孔子、孟子,其最著者也。传者谓孔子幼聪颖,十七即致用于世,晚年归而讲学于洙泗:弟子三千人,身通六艺者七十二人。孟子之母,择邻而处,迁其家与学校为邻。后孟子之得为亚圣,其母之力居多。盖孔孟之时,学校几尽属私人之事,王室诸侯不与焉。故孟子说诸侯,谨庠序之教,申之以孝悌之义,期王道行于天下也。

夫所谓教育衰颓期者,亦即教育大变迁期也。何以言之?盖孔子与其徒皆好古,敏以求之:遂开后世好文学以及求学必于六经之门。再古之教育,乃朝廷之职,今则一变为私家之事。然因学制废弛,功令束缚渐少,哲学家辈出。思想自由,诸子横议,极一时之盛。若孔子、墨子、老子、杨子、荀子、鬼谷子,皆一时佼佼者也。而孔子之道靡不赅,其德靡不备,非诸子所及。谓之曰哲学家,毋宁谓之曰道德家与政治家;谓之曰道德家与政治家,毋宁谓之曰教育家也。孔孟之教,极注意开发心性,深合近世所谓自然教育法。而其书之有关道德社会国家者,于吾国历代考试法及教育大有关系。

吾人所执之笔,为何人所制乎?因其大有关于吾国之文化,所不可不知者也。秦始皇时,有大将蒙恬造笔,遂弃竹简而不用。凡书必以布或绢,其臣李斯发明一种较易之书法,名曰小篆,交换知识之道日以广。若秦始皇时,无焚书坑儒以愚黔首之举,则于吾国教育史上亦一重要之时代也。

后世目秦火之灾,谓当时教育之生机,已被摧灭无存。是又不然。盖秦始皇所恶者,系一种教育,而其所兴者,又一种教育也。不观秦始皇之臣吕不韦乎?搜集古籍颇多,著有《吕氏春秋》行世。再京师设有博士馆,古籍皆归博士所掌。其所焚之书,乃民间之藏书,固非举古之图籍,悉沦亡无孑遗也。且凡医药、卜筮、种树之书,特予保存。然而既经秦火之劫,学制遭其挫折,大小学校,荡焉无存。所幸秦只二世。未几汉有天下,教育复兴。汉时之文化,不独关系吾国而已,即于世界史上,亦颇有研究之价值。

第三编 汉以后各朝教育之沿革

周代教育之完备,前既言之矣。虽然以周代之教育与历朝相比较,未必即为极端之优也。特周代教育之所长,为重实验而与当时生活相接近。虽其教育制度有一部分为养成官吏之预备,然普通人之教育,自初等以至高等,皆秩然有序。炎汉继之,损益周制。汉以后各朝教育制度,皆代有变迁,所以成今日之教育者,岂偶然哉!是以不得不分别而叙述之也。

一 汉朝教育之状况

汉高祖既平秦乱,见廷臣争功,至拔剑击柱,于是思优礼儒生,以挽末俗,实春秋以来教育之一大转机。其子惠帝,除秦始皇挟书之律,惜乎后五六十年间,惟知稽古而不遑谋新,访残经于遗老,求断简于壁中,得孔子经籍,因年代湮远,遂诏诸博士为之注释。虽汉代训诂之解经,与宋代理学之解经,各有不同,要其影响于吾国之人心甚大。汉代有蔡伦树皮造纸,秦时有蒙恬以兔毫制笔,二者皆促进菩国文明之具也。

孔子之道,经汉文、武二帝之提倡,凡天下治理与考试士子之德行才能,一以经术为本。孔子列代之嫡子,皆有封号。自汉开敬孔尊经之风,历代相沿,教育为经术所限,未免守旧泥古,为进步上之一窒碍。学者浸沉于经术,被陶镕成为儒派。其盛时与古罗马倡西塞罗辩术同出一辙。

以远大之眼光,评论此汉代之崇尚经术,排斥百家,于吾国文化之进步，实属大不幸之事也。因学者专讲经术，动辄孔孟，不敢附以己意。虽彼等非有意摧折三代之文明，而惜乎其行事有类于是也。上有好之，下必甚焉。学者惟知拾古人之唾余，孜孜砣砣，于学术上无发表思想之余地，而欲文明之进化，难矣。

上既略叙汉代之学风，兹将及于最有关系之学校制度与选举制度。汉时封建、郡县之制并行，故官不尽出于学校，且选举制度屡有更改，不能以一法而概其余。官有出身于学校者，有被选于郡守、县令者，惟官之职守大者，多由小官选升。郡守、县令有权自选其佐贰。上述被选于郡守、县令之人，须经一种考试，有时为特别情形，亦可免之。东汉时选举之法有二：一则选于县令而献于郡守；一则径献于帝而不经郡守。然非声望素著，才能超群之辈，不能享此第二种选举法也。要知两汉选官之制，皆曰选举。被举者或名为孝廉方正，或曰博士弟子，其名随帝统而不同。大抵有德行才能者，不患无进身之路。故两汉人才，史册相望，虽文化之进行不及古，而用人之法，则非后世之所能及也。

汉代之选举法，经东、西二汉之变，制度不一，兹不赘述。所当注意者，官非尽出于学校，人民之教育，不为国家所重，而渐成退化之象。

汉初天下方治，未遑庠序之教。至武帝纳董仲舒策，建大学于京师，以养天下之士；又立五经博士，研究经术；诏地方官吏，举修德明礼之士，上之于礼部，以为入大学之预备。时京外有一郡守，兴学校，讲五经，武帝嘉其事，遂令天下郡国，皆仿其法，以兴学校。汉代之教育，于以大备。及王莽秉政,未几篡夺,天下大乱,西汉学校制度,荡焉无存。光武中兴,重建大学。明帝、顺帝能继先志,将大学极力扩充。质帝、桓帝时,来学听讲者益众,至三万余人。东汉之教育状况,即以官立学校而论,已不让前代。况当光武、明帝之际,私家学校且满天下,尊孔讲经,学习礼仪,以补国家学校之不足。人称东汉风俗之美,未始非上下从事学校之效也。惜乎灵帝昏弱,受宦官道徒之邪说,摧折学校、裁抑士气,继又乱离相寻,教育与选举制度俱废,与汉同归于尽矣。汉时教育之法,与欧洲中古僧侣学校,颇有相似之处。教师高坐讲堂,向前列之高足子弟,讲说经义;听者又递次传授,以至于最下之新学生。故高足子弟常得听师之讲说,其次则虽师之音容,亦不易见。相传郑玄在马融之门,三年不得一面云。

二 汉唐间教育之状况

汉唐间300余年,内忧外患,迭乘而起。初为三国;至司马炎灭吴,一统天下,国号曰晋;后五胡乱华,天下分南北,继统于隋。故学校教育,亦随天下治乱而兴灭焉。

晋初设大学与国子学于京师,学者渐增至3 000人,盛时至7 000人。后北被侵于五胡,学校尽废。东晋偏安,重建大学与博士制,但政象不稳,学校亦似风雨飘摇而无定。南宋文帝,设四大学于京师,即儒学、玄学、史学与文学是也;又有国子学,毕业者则升入学士馆。虽学校之兴,为时甚暂,而江左学风,于是有可观者。北魏道武,初定中原,即以经术为先,立大学,置五经博士。献文帝时,诏立乡学,郡置博士、助教。大郡2博士、4助教,学生100人;次郡博士2人,助教2人,学生80人;中郡博士1人,助教2人,学生60人;下郡博士1人,助教1人,学生40人。孝文帝于京师设国子监,又立四门小学。当时北朝颇讲励经学,儒者一时称盛。北齐于京师设大学,于郡县立小学。不久即相归消灭,所余者仅大学与国子监二者而已。然大学中,亦不过二博士,七十二学生耳。至隋代,始建进士科,士人皆得投牒赴试,遂开两千年科举之陋习。所幸当时士人不得志于朝者,优游乡里,能以教授著述为务,刘焯、刘玄、王通其最著者也。

自汉及唐,半以叛乱,故其教育不难以数语包括之。尊崇经学之旨,政府不克维持而不敝;且教育之注重讲经,受宦官黄老之影响,已极挫折;加以佛教盛行,为吾国文化一大关键。是以儒术之衰,佛教之力居多。至于魏晋六朝,选举之制,紊乱极矣。其极大抵操之于大小中正,不暇举贤,惟知徇私,是立法之弊也,甚而末世高官传子,则变本加厉矣。

三 唐朝教育之状况

唐祚几三百年,圣君、贤相辈出,励精图治,虽间有内乱外患,然不可不称为一代之治也。若诗赋,若文学,若教育,皆显特著之进步,一洗魏晋六朝浮华之弊。唐初,高祖、太宗皆奖励学术,学校林立。是时日本、高丽、新罗、百济、高昌、吐蕃诸国,皆遣子弟来唐求学焉。

唐时之学校制度,颇为完备;京师有国子学、大学、四门学、律学、书学、算学六学。文武三品以上了孙、二品以上曾孙入国子学,学生300人;文武五品以上子孙、三品以上曾孙入大学,学生500人;四门学能容1 300学生,其中500人为文武七品以上之子,800人为庶人之俊异者;律学50人;书学30人;算学30人。京师之六学,皆隶国子监。又有弘文馆与崇文馆,为贵族之学校,凡宰相及一品功臣之子,皆有资格入学焉。此外则广文馆,为考试进士者求学之所。京师学则研究五经之地也。

地方之府州县俱设学校。大都督府、中都督府,学生 60人。若下都督府,则 50 人。大、中、下州学之学生,自 50 至60 人;而上、中、下县之学生,则自 20 至 50 人。当时无论公私各学校,均以五经为主课。

若欲知当时之教授法与京内外各种学校所习之科目,读《文献通考》可知也。考试之法与学生转学之程序,亦详载于《文献通考》。京师各学校之学生,非选送之府学校优等生,即应竞争考试而来者也。此为欲入京师学校者,仅有之二途。

唐制取士之法,不外生徒法、贡举法、制举法三种。由京师之六学二馆,及州、县之诸学校,选其成业而送入京师试验者,曰生徒。不入于学校,先试于州县,及第则更至京师受试,曰贡举。间有非常之士,天子自试之,曰制举。换言之,士子进身之途有三:(一) 毕业于学校者;(二) 经州县竞争考试者;(三) 受天子亲试者。《文献通考》载有各种学位及如何取得学位之道颇详。秀才试方略策,明经试五经解释与时务对策。高宗永隆年(679)以后定制,进士试诗,其试五经与方略策,则较秀才为宽;明法试律与法令;明算试造术,令说明术理。虽然,得各种学位,非易事也。至玄宗天宝元年(742),因无合格秀才之人,遂下诏废除秀才学位云。

唐代之学校制度与考试制度,既如上所述,然帝王相继,因时制宜,间有变更者,兹不一一详之。玄宗开元末年,有所谓翰林院出,地近宫掖,帝王亦时幸院,精究文学,未几又变为修史督学试士之处矣。

唐代儒者之厄运,为自玄宗开元十八年(730)至天宝十四年(755)之 26 年。盖其时玄宗重玄学,置崇玄学于京师,令学老子、庄子、文子、列子,立道举之制。一切规例,与取士之制同。幸不久遇安史之乱,而其制遂废。其子代宗即位,追溯前绪,重建乱散各学校。然大乱敉平,疮痍未复,大学教师薪资微薄,小学教师则非犁田不足以自给。且唐代宦官之祸不减于东汉,故其为害于学校考试亦颇烈。宪宗元和二年(807),诏令长安、洛阳东西二京,各设 6 学校。然国势日非,已去之人心风俗,教育亦不能挽回。

当玄宗开元二十四年(736),考试制度之掌管,生一大变革。昔日各种考试皆在吏部举行,于是年移归礼部。自古取士,皆以礼为本,则考试自当属于礼部,并无疑义。但考取之后,量才授职,吏部之事也。吏礼二部,以此时起暗潮。礼部考学术,吏部选才能。不幸有举于礼部而不得官于吏部者,有虽不举于礼部而吏部授之以官者。第二类之人,多为奖励之小职,其中之大多数,为高官之子,恃援引进国学,以父荫而得官。至代宗时,因宦官之力,护此陋习,士子得官之难有加。常闻礼部考取之名册,送于吏部,得官者 10 人中难遇 1 人焉。《文献通考》云:三代、两汉,举士与举官合而为一,士之获举,未有不入官者也;至唐,以试士属礼部,试吏属吏部,于是举士与举官分为二途矣。

于叙述宋代教育之前,有数事关系于教育者,当先提出说明之。唐朝诸帝,间引内外学士,于听朝之隙,讲论学术,商榷政事,此等学士,皆归京师都府长官荐引。又立夙慧少年考试法。设各府州县督学官,以察士子之德行。武后时,创武举之制,选取赐典,一如明经进士之律,后废而复兴者一次。他若各府州县,多建医学校,其考试与学位之奖励,与普通取士制同,则崇尚医学之道也。

唐末,内则宦官擅权,外则藩镇跋扈,至梁太祖开平元年(907)而亡。此后半世纪则为五代。君臣相贼,兵连祸结,教育几于全废。迨赵宋统一天下,文化教育为之一振。

四　宋朝教育之状况

赵宋之一朝,亦为吾国文化上极有关系之时代也。先是后唐宰相冯道发明木版印书之术,知识传布之道渐广,宋代诸学者食其福,文明日启。凡史学、经学、文学、训诂学以及诗词学,硕儒辈出,皆英主提倡之力。虽曾受辱于辽金,二帝蒙尘,但在吾国历史上仍称盛朝,不让他代也。

宋太祖既受周禅,首于京师设国子监,七品以上子弟入学焉。仁宗庆历三年(1043),重建四门学,以士庶子弟为生员。明年,诏国子监博士,仿汉唐制立太学。创始之初,殊形简陋,后20余年,规模渐具,能容学生900人。京外诸州,皆立学校,亦仁宗之力也。仁宗有见诸州县学校选择教授之不慎,于庆历四年(1044),下诏戒饬之。神宗时,王安石于宫中设律学,行明法考试,以代明经考试;又立武学;神宗元丰二年(1070),立三舍法。所谓三舍法者,即以太学学生分为内舍、外舍、上舍是也。外舍2 000生员,内舍300生员,上舍100生员。初入为外舍,外舍升内舍,内舍升上舍。既升上舍,则有得官及享受他种权利之希望。此三舍升迁法,所以奖励士人之求实学，而不专学作诗赋，以博取科名已也。官吏考试法，一仍唐代之旧。一为学校出身者，一为非学校出身者。王安石所立之三舍法，至绍圣元年(1094)，又复立之。元符二年(1090)，诏三舍法之制，遍行天下各学校。学校博士，有权授学位，一如考试之制。徽宗崇宁二年(1103)，有诏暂罢考试制度。至于博士之选任，不经吏部而归州官。宣和三年(1121)，因士子之哀请，州县除三舍法。迨南宋高宗绍兴十二年(1142)，曾一度再兴三舍法，时徽宗已北虏，迁都临安，即今之杭州。上溯北宋徽宗崇宁三年(1104)，学校除国子监、太学、律学外，尚有算学、医学、画学、书学四专门学校，设于京师及各州；并令各省四种专门学校，仿古时县学之制，注重德行与文学。未几蔡京罢相，四种专门学校遂废，继而又被召，四种学校亦随之而恢复。高宗南渡，屡诏京师及南方各州学兴。绍兴二十一年(1151)，诏州县慎核特种田产之所入，以维持学校，并令立高等视学官。但因干戈相寻，税源竭蹶，教育费短少甚多，博士无权荐举生员得官，盖是时考试法已正式进行矣。

宋代之初叶，诸帝虽不重学校制度，然考试制度则颇为发达。因欲得人才以理国事，除诸州有司有权荐举人才外，则有各种高等考试，及第、赐五经律算等学位。考试之权操诸礼部，赐进士与其他高学位。考试诸科目与唐代大同小异，《文献通考》详焉。唯考进士者，专以诗赋定高下。考取进士之后，以入翰林院较授职为荣。

约言之，宋时士子，多重考试而轻学校，盖经考试得官较易故也。因此，考试制度颇呈整齐划一之象。防作弊之法，亦属完密。吾人知当北宋末叶，凡国子监、太学以及其他诸专门学校之博士，有举士之权，其所得之功名，与经礼部考试者同。其后甚而暂罢考试法，以举士之权全属诸博士。南宋时，博士举士之特权遂废：功名尽出于考试之途。所惜考试专重诗赋，无济世用，大背立法之初意。《文献通考》云，宋代养士之德行，非尽本于古礼，去孔门之道远哉。

于述宋朝教育状况之后，不得不旁及与吾国教育有关系之穷理哲学。盖其时学者病汉唐之徒尚训诂，繁琐支离，而以汉儒为甚。其注经也，师弟授受，恪守旧训，不复参以己见，成为专家之说。东汉马融、郑玄之徒，赅综众说，注释诸经，不以一家自封。唐时学者，又疏解汉注，委曲旁引。然汉唐诸儒之注疏诸经，惟古是从则一，不暇讨寻真理。迨乎有宋，患汉唐之所失，受佛教之感化，诸哲迭兴，一洗汉唐之旧理想，倡一种新哲学。诸哲虽被佛老之说潜移默化，然竭力避人称作佛老之徒。世界之哲学，不外乎二派。一派以心为主，物不过一想象之幻影也；一派谓物为本，心由物而生者也。二派皆谆谆于一元。论宋代诸哲，折中于二派之间，倡言二元论，说理则归本于力与质二者。凡深究中国哲学者，谓吾国之哲学，早得近世科学之精意矣。宋代著名之学者，为邵雍、周敦颐、程颢、程颐、张载、陆九渊、朱熹诸人，其中以朱熹最有功于吾国之教育，而其名亦最著。效司马光著《通鉴纲目》，占吾国史学上重要之位置；又注解《四书》，虽与汉儒之训诂不同，而不背于理，引申治国处事之道，极端反对一字之注解。因所处之时不同而有异议，自后学者对于经义，从朱熹之注解者为多。

与上述诸哲立于反对之地位者,实大政治家与大经济家王安石氏。其人于有宋一代之教育,大有关系;释《诗》《书》《周礼》,号曰《三经新义》;作《论语》《孟子》义,一时学者,靡然从风;改革考试之法,罢诗赋帖墨,以经义论策试士。风会所趋,虽乡村士子,多抛弃诗文,而从事于历史、地理、政治、经济诸学,甚或古代医学垦植等书,无不披览,皆有助于人之研究古代之经学。惜乎王安石之政策,不为老成所喜,贬为州吏,虽未几再被召,而不久即去世,其政策被推翻,而新经义亦遭禁废也。

宋室最大之患为辽金。虽起朔漠,而皆淹有吾国之东北部,故辽金教育之状况,想亦读者所乐闻。辽既以武功经略域内,觉典章文物,较南土有愧色,遂设学校于辽京,兴科举制,以与南朝相竞。金人继之,亦效辽制,行考试法取士法。命官征服各州,以女真文翻译各经,印两种经本,一汉文、一女真文,颁行各学校。又创女真文考试法,金人与汉人考试中式者,各赐举人、进士。此外有童子试、律试,又遍设医学于各地。

辽、金之在吾国北方,日以侵伐为事。南朝天子,宵衣旰食,不得不重武艺,以为御国之计。故高宗绍兴五年(1135),行武举制,以策为去留,以弓马为高下。绍兴二十七年(1157)于京师设武学。孝宗隆兴九年①,定制前敌各军,赐功名一如文举同。

---

① 编者注:宋孝宗隆兴年号只使用了两年,此处恐为笔误。

五 元朝教育之状况

在今八百余年前，蒙古人崛起于北方。宋理宗时，蒙古约宋夹攻金。揣宋意，不过欲蒙古灭金，饱掠而还漠北，以为偷安旦夕。岂知金亡而蒙古转其马首以向己。是宋助蒙古灭金，实所以使蒙古少一劲敌，而专心谋己也。哀哉！

元为蒙古游牧人种，世居荒漠，初主中原，于吾国文化少有兴味，且长官不喜用汉人，故选举、学校，皆非其急务。然帝王中，间有酷好文学教育者。若元世祖忽必烈之命萨斯迦人八思巴，制蒙古文字；至元十七年（1280），重订中国历法；至元二十四年（1287），设国子监，各州县俱设学校。仁宗皇庆三年①，诏天下州郡县，举其贤者能者以应试。科场试艺，首以经术，次则时务策。其时则各经已译成蒙古文，故考试法分为二种。试蒙古文者共两场。若试汉文，则有三场。汉人与蒙人同有授高官之权利，故各种官吏之数，较前多倍蓰。顺帝至元元年（1335），诏罢科举，官长尽用蒙人，汉人群起反抗，不得已于至元六年（1340），复科举取士，以安人心，至顺帝北走而罢。

世祖忽必烈及其他诸帝，皆极注意医学、阴阳学、天文学三专门学。各州皆设有此三种学校，不可谓不盛。立医学考试法，中选者升入太医院。其天文学校考试中选者，则为钦天监之副贰。

元代之教育制度，分京师、地方两种。京师有蒙古国子监、汉人国子监、回回国子监。地方则各州有书院，路有路

---

① 编者注：元仁宗皇庆年号只使用了两年，此处恐为笔误。

学,县有县学,再各路蒙古字学、医学、阴阳学等。至元中,大司农所上学校之数,多至二万四千,然名存实亡者居多。世祖忽必烈及其他诸帝,诏兴教育之鸿猷安在哉?其故由于元为北狄之一种,不尚文教,所以设学校开科举者,仅以笼络汉人而已。故立国八十余年,有声誉于文学教育者,寥寥无几。唯间有一人,颇有功于教育,为人所不忘者,即宋末王应麟所著之《三字经》是也,为初入学校儿童讽诵之本,几七百余年;内容包罗万象,哲学、经学、文学、历史、传记与普通知识皆入焉;又可谓之曰数千历史之缩影;每句三字,文义虽浅,若讽诵成熟,于人生常识大有裨益。

六　明朝教育之状况

有明一代诸帝王,皆得谓之曰酷好文学与教育者也。初,太祖崛起布衣,奄有海宇,首建国子监。洪武二年(1369),诏郡县立学校,又复科举制,定教官之名及各种学校之学生额。凡学生之津贴,以及学校之课程、考试法、组织法与管理法,皆以法令规定之,取古制之所长。学校课程中,除经学外,又加武学与算学,命国子生及郡县学生员皆习射,郡县试与部试,俱有射箭与算学科目。然此文武并重之教育制,未几即废,而学校与选举,尽以文义为重矣。洪武二十五年(1392),礼部请立武学,设武举。帝欲学子兼习射事,文武并重。不许。是时百国教育发达,声闻遐迩。日本、琉球、暹罗诸国,皆有官生入国子监读书。太祖又命郡县学校,选生员俊秀者,入京师修业。成祖时,设武学于南北两京及边陬之地;且简郡县督学官,以提倡教育;并命两千余儒者,费时五岁,成一《永乐大典》,卷帙浩繁,共一万一千卷,九十一万七千四百八十页,三万万六千六百万字,包罗万象;凡关于经学、历史、哲学、天文、地理、开辟论、艺术、医理、阴阳学以及佛老之道,无不备载,诚吾国文化上之一巨制。

当明代学校盛时,教育制度斐然可观。京师有国子监,又有宗学,以教贵族子弟。地方则郡有府学,州有州学,县有县学,乡有乡学。此外则有教武臣子弟之都司儒学、都转运司儒学、京卫武学等。

据洪武元年(1368)之诏,京师设国子监。其性质仿古之上学与太学,生员有官吏子弟、夷生、直省考试中式者与郡县荐举者。监分六堂,修业期为十年。自第一堂顺序升入第六堂,皆用递次增难考试法。生员若于第六堂学业期满,考试合格,赐第同直省中式者,有得官之希望。明初,考试中式者为数不多,故国子监生员,不难于各省得一官职,时派往六部、都察院、通政司、大理寺等处观政,唯中有三十八人,往翰林院译外国文书籍。后仕途日滥,流品渐淆。学子之中选者,不以才能而以在监时间之长短,间有不克毕业国子监者,则于官衙延长其学习时期,以为抵补。

各省学校之生员,分为四类。二类为津助生员,又二类为非津助生员。后宣宗、英宗诏令凡季考合格者,方可受国家之津助。又当明之中叶,置提督学校官,学校荐举生员之事,归其职掌;又躬历各学,督率教官,考试诸生,分生员为成绩优美者、留校补习者与退学者之三等。

明代之于考试组织法,亦间有更张。考进士不中者,许应第二试。第二试较第一试为易,唯考试规则较严,各省之考额定为一千三百七十名。后亦时有增加。进士名额,同以法律规定之，又以文风南胜于北，故进士额分为南北二部，以免南部各省多占额数。代宗景泰五年(1454)时，废去分部之制。初，省试之主考为地方官吏，继改为朝廷命官或翰林院人员；京试则归尚书或宰相主之，副以翰林院人员。

武举之制，蒙古人视为无用者，明太祖仍恢复之。悉依文科例，分为乡试、会试，乡试巡抚御史主之，会试兵部主之。其制屡有变革。至武宗正德元年(1506)，重订武举之制，武举所重为策论、射箭与骑术三科目。

明代诸帝，仍好蒙古人所奖励之医学、阴阳学、天文学诸专门学。钦天监人员，初行考选之制，继而一变为世袭。医学人员之位，传于子孙，虽有时行考试之法，然应试者大抵仍为医世家子弟而富经验之人。

明初学者与理想与元时同，祖述朱熹、二程之绪余。后有一新学说出，与宋元理学争雄长，开后世教育理想与实践教育之一新纪元。创此新学说者为王阳明先生。其学说主要有二：其一，为知行合一、不可分离之理；其二，为人当以己之心察事物之理。乃一实验哲学与理论哲学之折中派也。王阳明盛创个人良知说，取个人标准，以测人生之现象。心有所解决问题，必根据于己之本性，且极主张人生之真理，并谓知识之获得，必从实行而来，经实验之结果，确较胜于主观之效力。要言之，阳明学说之主脑，在既思之后，而必继之以行也。

阳明先生之哲学，精微而切实用，有功于吾国之学术非浅。其所主张之教育宗旨，大类裴斯泰洛齐派，深信教育为发达个人能力之温和主动物。故欲贯彻此温和启导主义，当与儿童以多量之自由,极力摒斥诸束缚。其言曰:儿童天性乐嬉游而惮拘束,譬若花草也,舒之则长,挠之则萎。故教儿童,必鼓舞其趋向,喜悦其心中,犹草木之沾时雨春风则萌动而长,遭摧折严霜则萎枯。令学诗歌,不独发其意志,且所以伸歌舞于咏歌,宣抑郁于音节也;令学礼以裨体育,不独一其动作,且所以周旋而动血脉,屈伸而固筋骨也;劝读书,不独开其知觉,且所以沉潜其存心,讽诵而宣志也。阳明所提倡教育之要旨,洵与近世泰西教育学说若合符节矣。

七 清朝教育之状况

兹已叙及清朝教育之状况,于此时代,乃近世教育所发端,而进行极速。诸清帝热心教育者过半。太宗时创造满洲字,以满文译汉书,诏诸贝勒大臣子弟,年在 15 岁以下者入学读书。其子世祖重建国子监,立八旗学校,置宗学以教宗室子孙。圣祖继立,酷好文学,与当时诸大儒撰纂巨著至数十种,其最著名者为:(一)《康熙字典》,乃中国文字之正则字典;(二)《佩文韵府》,凡吾国文学之要辞具备焉,订成 44 大卷;(三)《骈字类编》,共 36 卷,亦一分类辞典也;(四)《渊鉴类函》,成一种百科全书,共 44 卷;(六)《图书集成》,为一卷帙浩繁之大百科全书,有 1 628 卷,每卷 200 页。其时琉球遣陪臣子弟,赴京受业。康熙帝命人监读书,贡生 1 人为教习,博士一员董率之。又于皇宫左近立官校,教书读骑射。诏令各省设立社学、义学。康熙在位 61 年而崩。其子世宗命直省之城设立书院,并各赐帑金千两为营建之资。六年(1728),俄罗斯国遣官生 41 人来学,即于会同馆设学,选满汉教员教之。继世宗之位者为高宗,圣祖之孙,其好文学与教育,不让乃祖。在位日久,经纶之业媲美汉唐,重刊《十三经》与《二十四史》。三十七年(1772)又诏求遗书,详审编疑,网罗古今诸书,汇为《四库全书目录》,共 3 460 种,历史、哲学、文学皆备。各书缀以撮要,诚世界文学之巨观。又其时书院,经在上之鼓奖,颇著成效。

满洲崛兴,诸帝方事武功,未遑治术,故一切内治皆借鉴于明。即以教育一端而论,几尽遵守明制,间有变更,亦因时势之不同而然。学校制度之下,分为三种学校:一曰宗学,二曰官学,三曰书院。宗学设于京师,分为三类:(一) 11 岁以上、18 岁以下之王贝勒、贝子、公、将军及闲散宗室子弟读书之宗学,内分汉人与满人二部,功课为清书、汉书、骑射三科目;(二) 名觉罗学,生员为觉罗子弟,共 8 学校,每旗 1 学校,功课与宗学同;(三) 称盛京宗室觉罗官学,宗室觉罗子弟之在盛京者为生员。第二种之官学,乃包括诸种学校,为官吏子弟、满洲八旗、蒙古八旗与从征明朝之汉军八旗子弟而设,分蒙古语官学、满洲语官学、算学官学。此种学校所在地,为京师、盛京、黑龙江三处。官学之上,则有国子监,其中学官与教员,均为一时之选。学官则满汉人员各半数;入学之生员,为秀才、贡生、荫生、监生、外国留学生,满汉勋臣之子弟以及圣贤后裔;功课分经义、治事二门。修经义者选一经或兼经。习治事者于历代之典礼、赋役、律令、边防、水利、天官、河渠、算法之类,或专治一事,或兼治数事。此外,京师有翰林院、钦天监与太医院,皆与教育有密切关系者也。

地方学校受政府统辖者为各省之书院、各府之府学、各州之州学、各县之县学。城乡又有社学与义学,支地方公款为贫苦儿童无力入小学者而设。省城书院之生员,学位最小者为秀才。府学、州学与县学三学之生员,首曰廪膳生,年满则考授岁贡生或恩贡生;次曰增广生;最新入学者曰附生。考课则有月课、季课、年课与特别年课。年课与特别年课中选者则赐较高之学位。省会书院渐变为只有考试而无课业,学校之名存而实亡。推其故,由于学子之功名,在一日考试之长,而不问其课业之荒废与否。是以生员之往书院,以学使临座而应考试,学使既去,学子遂亦各返其家。谓之书院教育,以学使临场与分期考试而废,谁曰不宜?学校制度之退化,即反有以助成考试制度之进步也。吾国考试制度之完备,至清已达其极。穷乡僻壤之士,矻矻终年者,为应考试也。虽有清一代之入仕途者,有捐例,有保送,有皇上特简,然而以考试之法,甄别贤能而授职者居多。兹吾举递升考试法而述之者,盖以其为有清一代重典之故。

(一)小试。先县试,在各县举行者;继府直隶州试;终学政试。在各府直隶州首县举行者,中选者为生员,通称秀才。

(二)省试。中选者为举人,试于顺天府、各布政使司,凡秀才才得应试。

(三)会试。每三年在京师举行一次,应试者为举人,中选者为贡士。

(四)殿试。取会试中式者以闻,皇帝亲策试于太和殿,赐进士、同进士,上选则入翰林院。

(五)特科。亦皇帝亲试之,自举人以上皆得应试,中选者通籍,吏部授之以职。

清代前半期之教育,不难以数语括言之。政府主持之高等教育,有一其他之目的,而非以教育为目的者也。其他之目的为安国经邦,造成治事能吏所以为其达教育之目的者。盖教育既为养成官吏之物,官吏已得,则教育为人民之一语,早不成问题。虽求学以道德为先,上下所交称,然教育既失其本旨,是亦适成一口头禅而已。夫政府之现象,人民之反照也。多数人民之意,以为教育不过求功名之具。故无志于功名者,除人生日用之事外,凡一切知识,皆非吾所需。全国之教育,一以是为归。学校之在京师者,贵族与特殊阶级之教育也,若各行省之书院,仅徒有其名,甚言之,亦不过为俊秀士子之地。从无国家拟一普通学制,以教育为多数人谋幸福。所谓公共之教育,尽付诸私人或团体之善举。譬若政府为一采果之人,而以功名、官职与他种荣誉为奖励其繁殖,至于栽培灌溉,则不过问焉。吾国未兴新教育以前之教育状况大抵如是也。

第四编　新旧教育之过渡时代

一　近世学校之发轫

近世学校之动机实始于清宣宗道光二十二年(1842)。是年《江宁条约》成，开五口通商。而成此条约之原动力又实为传教师之急拟来华传教。待机而动，条约既立，教师纷纷东渡，广设学校，以布耶教之知识与信条。虽所设之学校，学生不尽限以耶教徒，然耶教徒乃居多数，是以与外界无甚接触；且当时教会学校之性质与今日不同，无教育完备政策，但视有学校之机会，即请诸本国教会董事股拨款建筑；所收学生多为下流社会，卒业后绝少担任政府职务之希望。虽然，当时得见西方学术之萌动与近世教育制度之输入，教会学校之功又岂可湮没而不彰乎？

《天津条约》之批准在文宗咸丰十年(1860)，总理衙门即于是发生。需用熟悉有条约国文字语言之人才甚急，盖赖以办理外交故也。《天津条约》载明，凡交涉公文必附以汉文译义。惟此办法之有效期为三年，盖给中政府养在翻译之机。穆宗同治元年(1862)，总理衙门奏准在京师设同文馆以培植翻译人员。该馆虽属总理衙门，而主持一切，统归后为总税务司之赫德(Sir Robert Hart)。同治五年(1866)，改正同文馆课程同于高等学校。七年(1868)聘马丁博士(Dr. W. A. P. Martin)讲万国公法，翌年，升为馆长。京师既设同文馆，未几,总理衙门即于上海与广东各建一同式之学校,卒业者得送入京师同文馆,以资深造。惟广东同文馆程度较上海为优,后因时势之需要,英、法、俄、日诸国语言文字逐渐增加焉。

自同文馆及上海、广东三学校外,其他种学校亦相继而立,实为吾国近世教育制度之先道。同治六年(1867),总督曾国藩从容闳之请,建设机器学堂,附属上海之江南制造局内,课机器制作之理与实习之法,期将来免用外国工程师与机器师也。是年福州又设海军制造学堂二:一为法文学堂,一为英文学堂。德宗光绪五年(1879),政府又立一电报学校于天津。十五年(1889),李鸿章创议于天津立北洋大学,中外人士慨捐巨款,校舍旋成。已拟聘丁家立博士(Dr. Charles D. Tenny)为大学校长,因故中止。迨至中日战争后,大学方实行开学。十六年(1890),南京设水师学堂。后二年,湖北矿务局建立矿业工程二学堂。又一年,天津设军医学堂。时湖广总督张之洞有《改革学堂议》,以期输进西方教育。凡关于农业、语言、机器与军事诸学堂皆次第建立,教员则聘自美、比、英、德、俄诸国。

二 初变科举制度

沿袭数百年,举世所热衷之科举,而渐欲变更其制,是亦吾国教育史上一重要事也。当同治八年(1869),闽浙总督奏请考试加算学一课。光绪元年(1875),直隶总督李鸿章亦有同一之奏请,以算学与理科为考试之必要课目。但朝旨皆以时尚未至,不之准。其时政府虽迟疑于变更考试之制,而国中士子之趋新学者,已有日增月盛之势。光绪十三年(1887),中法战后二年,中政府知非变教育制度不足以图强,于是下诏,凡应科举者,必试算学与科学二门,实吾国历史上科学与经学并重之始也。文学与科学既生有关系,最后则质必胜文,不独吾国为然也,文明各国无不皆然。如德于西历1901年、法于1902年,经一度之改革,始文质二科并重。不幸吾国科举法初变,试官于新增科目,素乏研究,故改良考试一道,无甚效果。然而此改革也,于吾国教育史上不得不谓之极有价值之一事。当时著作家曾评论此考试变更,譬若以斧凿发硎于考试制度中间,而后使保守思想渐见分 裂,彼莘莘学子得理想之自由,同归于进步与改良之一途焉。

三 派赴西洋游学

吾国最初派遣留学与新教育之关系,实非浅鲜。创斯议者为容闳博士,美国耶鲁大学之毕业生也,于同治七年(1868)条陈当道,选聪颖子弟往美国游学,以为将来任用之地。举行考试后,共录取120学生。遣送凡分四期,每期30人,每年派一次,修业期为15年,年龄限自12岁至14岁。初二两期之成效甚著,务使派遣留学计划必可继续而行。学生既派赴美国,有中文教员教之修国文,政府简二监督照管一切。每岁提海关若干成之盈余,图维持是举于不坠。赞成派遣游学最力者为曾国藩、丁汝昌以及其他诸大吏,故得邀朝廷之裁许。同治九年(1870),天津有焚学堂、戮教士之案。

政府知民智闭塞,非讲西方不足以救敝俗,遂毅然派容闳与陈兰彬办理游学事。十年(1871)设留学预备学堂于上海,以昔为曾公幕府之刘开成任监督。翌年夏,派遣第一次游学生往美,共三十人;后四年,第二、三次游学生赴美;其最末次游学生之抵美,为光绪元年(1875)也。游学生在美,二人或四人为一处,预备英文后皆陆续入高等学校,成绩甚佳,于美国学生界崭然露头角。游学生事务处分设于哈佛与康涅狄格河谷二地,皆经李公鸿章之批准而开办者也。是时李公已代曾公办理游学事,于同治十三年(1874),坚固、华丽之办公屋舍落成。

未几忽发生一事,使当时有思想人失望者,即全国所瞩目派遣游学生之举,不久即停止是也。先是光绪二年(1876),政府别遣吴子登为游美学生监督。吴性顽固,反对游学甚力,痛诋游学生之学问与道德。闻于朝,不期又遇一顽固御史,利用美禁华工之议,呈请废弃游学,撤回所遣游学生。政府不察,竟从其请。光绪七年(1881),游学生百人被撤在美首途,而吾新学之希望不绝如线矣。故使政府撤回游学生之原动力与游学生回国时所亲历之感触,皆为吾国近世教育史中极饶意味之一章也。

光绪二年(1876),福建船政局资遣四十六学生往外洋习造船与驾驶术。此举虽较之曾公派遣游美学生为小,而其影响及于吾国之新教育则一也。惟此辈游学生之命运较佳,数年后大收效果,派出者纷纷回国,以其所学饷国民,新教育遂大显进步。惜乎政府仍有科举旧制绳尺回国之游学生,羁以虚名而不授以相当位置,俾尽所长,是政府对待游学生不公之失策。

四 中日战争之影响于新教育

甲午战败,列强争攫沿海各港口。虽大损吾国之尊严,而间以促进吾国新教育之功不可没也。国人受此奇辱,知非改良教育不足以固国基。改良教育之声洋洋盈耳。虽颁白之老者亦尽心研究西学,或负笈教会学校,或设改良教育会,或聘私家教员,或读译成之西学书籍,颇极一时之盛也。当时德宗皇帝亦性嗜泰西科学与文学,令太监穷搜外间汉文科学以献。西学之需要日增。至光绪二十二年(1896),凡学校之教西学与西文者,无不生徒济济,甚而无知少年于西学毫无门径,亦设帐课徒,利市三倍。际此上下热心西学之际,有数重要学校成立,而以二学校为最。一为天津北洋大学,此大学之成立,远在光绪十三年(1887),但内部组织完备,则于中日战争后方告成功,经费从电报局、招商局以及海关盈余而出。次则为南洋公学,乃系盛宣怀于光绪二十三年(1897)奏请建设者。此二大学校后虽屡经变更,然独立于政象潮流之中十余年矣,至今仍为吾国研究高深学问之所,不可谓非重要也。

五 张之洞之《劝学篇》与其兴学议

中日战后,湖广总督张之洞著一书,署曰《劝学篇》。书中于筹备全国学堂事,规划详密。各省、各道、各府、各州县,皆宜有学。京师、省会为大学堂,道府为中学堂,州县为小学堂。中小学以备升入大学之选。小学堂之课程为四书、中国地理、中国史事之大略。中学堂各科较小学堂加深,而益以习五经,习通鉴,习政治之学,习外国语言文字。大学堂之课程则又加深博焉。关于经济上之实行此规划,则以佛道寺观改为学堂,以其屋宇田产悉作经费。又有变科举之议,主废八股文,以时务策试士,问历史、地理、政治各西学,附属于四书文、五经文,以取士焉。

《劝学篇》一书,持论平正,文辞畅达,故人皆乐诵之。内阁奉谕旨,由军机处颁发各省督抚、学政各一部,风行天下。当时学子,几人手一篇,数百万册不胫而走,广播新知识之种子。后此学子,倡为革新议,未免稍失原书之意,偏于激昂,然未始非导源于是也。

六 戊戌变政及其反动力

光绪二十四年(1898),德宗亲政既久,又因甲午丧师辱国,立意维新,重用新党。康有为、梁启超辈相继登进,数发朝旨,变法自强,兴学校,废八股,考试用时务策论,遣满洲子弟出洋留学,变更武举之制,专注翻译外国书籍,广设报馆,几尽举旧制而新之。一时风会所趋,改新之机,举国一致。

未几反动力之来,其势与变政之烘烈如出一辙。先是维新党中之激进派,汲汲私谋幽慈禧太后于颐和园,事机不密,或泄于太后。太后遂以其道反治光绪帝之身,禁诸瀛台,大索新党诛之,漏网者不过数人焉。继下诏除新政,维新一线之机遂绝。凡旧制皆一一恢复之。闭报馆,各府州县中小学堂令缓办,寺院改学堂之说不行,重立八股考试与旧法武举制,各种教育改革皆随反动力以去,所存者仅京师大学堂耳。

七　拳匪变乱与日俄战争之促进新教育进步

所谓教育退化之象,至拳匪肇祸而一变。际此掀天动地,扰攘鼎沸,凡新学校皆暂闭,北洋大学亦然,甚而有被毁者。其时南方各督抚,与各国立互保之约,故北部各学校虽糜烂,而在东南者则宴然。此次之乱,人皆知大有损于学校,而及其结果则实得反比例焉。慈禧太后蒙尘回京,痛定思痛,数下诏兴学,其规模间有较大于光绪帝昔日之主张者。于是新教育之进行,一日千里。

《辛丑和约》之结果,山东设高等学堂,海司博士(Dr. W. U. Hayes)为之长。山西大学亦于是时成立,李提摩太主其事。请试举山西大学创设之历史述之。初拳匪之乱,教士之在山西者,被戕甚惨。事后,列强要求修复教堂与抚恤教士二条。时教士中有反对抚恤之议者,盖遵古教会之精神,不当以教士之血易金钱。惟列强持抚恤之议甚坚,苦不得解决如何抚恤之法。适遇中政府问计于李提摩太博士,该博士乃倡议告列强,以教士之恤金,于山西省立一大学堂,为之纪念。列强采其说,而山西大学堂以成。学堂名为受辖于中政府,实则双方订有约款,学堂之一切筹划,归李提摩太主政,

216

10 年后,方可变为完全政府之大学。

当新教育正进行之际,忽日俄战争起,朝野惊骇。清廷
金言日之所以胜俄也,归功于西方教育。于是增其兴学之
力,而坚其 改良教育之志。当时舆论,以为日本所能为者,吾
国即其法而行之,即可期如日本之强盛。吾人震日本之成
功,愿降志以求其故。不以昔之日本,曾输出吾国学术而不
屑也。一时留学岛国者如潮涌,多至 15 000 人。后毕业络绎
回国,满布各省,为进步改革之原动力。其留日本者,亦发印
杂志,翻译书籍,售入祖国,穷乡陋巷无不至。操笔墨生涯
者,大抵为爱国少年,发为议论,激昂慷慨,大足以唤醒国人
之迷梦。

八 给新学毕业生以科举功名

给新学毕业生以科举功名,亦教育史上一大改革也。光
绪二十七年(1901)十二月五日有上谕,许给毕业新学校者以
出身,与科举同。大意谓:毕业小学,选其优良者,送入中学
肄业;毕业中学,选其优良者送入本省高等学堂肄业;若能毕
业高等学堂,则名之曰"超等生",送考于本省督抚学政之前,
择其列最优等者,送京师大学复试,既及格,钦赐举人或贡
生;凡出身为贡生者,则许再考一次,以期得举人之功名;其
得举人者,再往京师大学,应较难之考试;又列最优等,则该
大学监督荐于礼部,请旨派尚书为主试官,举行殿试,中式赐
进士,送翰林院,或归各部录用,奖励颇优。

九 革新旧式学校

革新旧式学校,又改良教育之一法。光绪二十七年

（1901），孙家鼐奏请改翰林院课程，大致谓养成外交与政治人才，当致力于政治学、算学、化学以及他种科学，不宜终日咿唔无谓之诗赋；又言翰林人员，愿往北洋大学或南洋公学研究西学者，政府可备文咨送。翌年，有谕旨令翰林人员，勤修古今历史、政治、西学等，以备国家任使，并命翰林院长，每五月举行考试一次，以其成绩，启奏于朝。

十　对于留学生之新订划

其时政府对于留学生，更有一大计划出现。光绪二十七年（1901），慈禧太后懿旨，令在外使臣考察游学生之学业品行，凡毕业得有文凭或学位者，资送回国应试，奖以出身。逾数年，又有上谕，令各省督抚，遵江南、湖北、四川等省办法，资遣青年俊秀子弟往外洋学习西学与工艺，各以性之所近，认学一门，学成回国，国家有赖焉。同一上谕，并着留学生经费与回国资斧，妥筹发给；回国执有文凭之留学生，至本省督抚学政处报到应试，出具切实考语，咨送外务部任用；当在外游学之经费，着各本省督抚按期汇往；如有自备资斧出洋留学者，着由该省督抚咨明该出使大臣，随时照料；私费生与官费生同一办理，毕业后，准照遣派出洋学生，一体考验奖励，均候旨分别赏给各项出身。

未几，张之洞、张百熙、荣庆联衔会奏，谓派遣年少资浅学生留学，大抵事倍功半，不若特派老成中学有根底之翰林亲贵，出洋游历；其奖励之法，则以游历时间之长短为准，第一等在外五年者，第二等在欧美二年者，第三等在日本一年者，若未满一年则不在奖励之列；并请朝廷格外优待，当游历人员在外时，仍支原薪;游历之要旨，为考察列邦治术、外交、军制、教育等，笔诸日记，归国后呈于皇上，以验心得而资奖励。

光绪三十一年(1905)，又有一谕旨，足以窥当时朝廷对于留学生之慎重。谕旨谓:各省督抚已遵照前降谕旨，陆续派遣学生出洋留学;殊深嘉慰;现在留学东洋者，已不乏人，着再多派学生，分赴欧美，俾宏造就;各该学生，远涉重瀛，将为国家求实学以致效用;各出使大臣，皆有监督之责，当视学生如子弟，随时考察;坚苦向学、志正品端之学生，认真爱护，其有资斧不继、染患疾病者，即酌量情形，分别体恤。此谕旨之大意，盖一着内外臣工，不可轻视留学生，当为朝廷求有用之才，再则命留学生，慎选与己性相近之学而研究之，以备国家之任用。

十一 第一次所颁布之新学校制度

清政府之创立新学校制度，于国民为教育之本，颇能三致意焉。光绪二十七年(1901)，上谕令将各省所有书院，于省城均改设大学堂或高等学堂，各府、厅、直隶州均设中学堂，各州县均设小学堂，并多设蒙养学堂以立儿童教育之基础;其教法当以四书、五经、纲常大义为主，以历代史鉴及中外政治艺学为辅。二十九年(1903)，命孙家鼐、张百熙、张之洞会同厘定学堂章程。回奏时，以管理法、教授法与学堂建设法，汇为四篇，奉旨准行，遂颁布全国。

奏定学堂统系表如下:

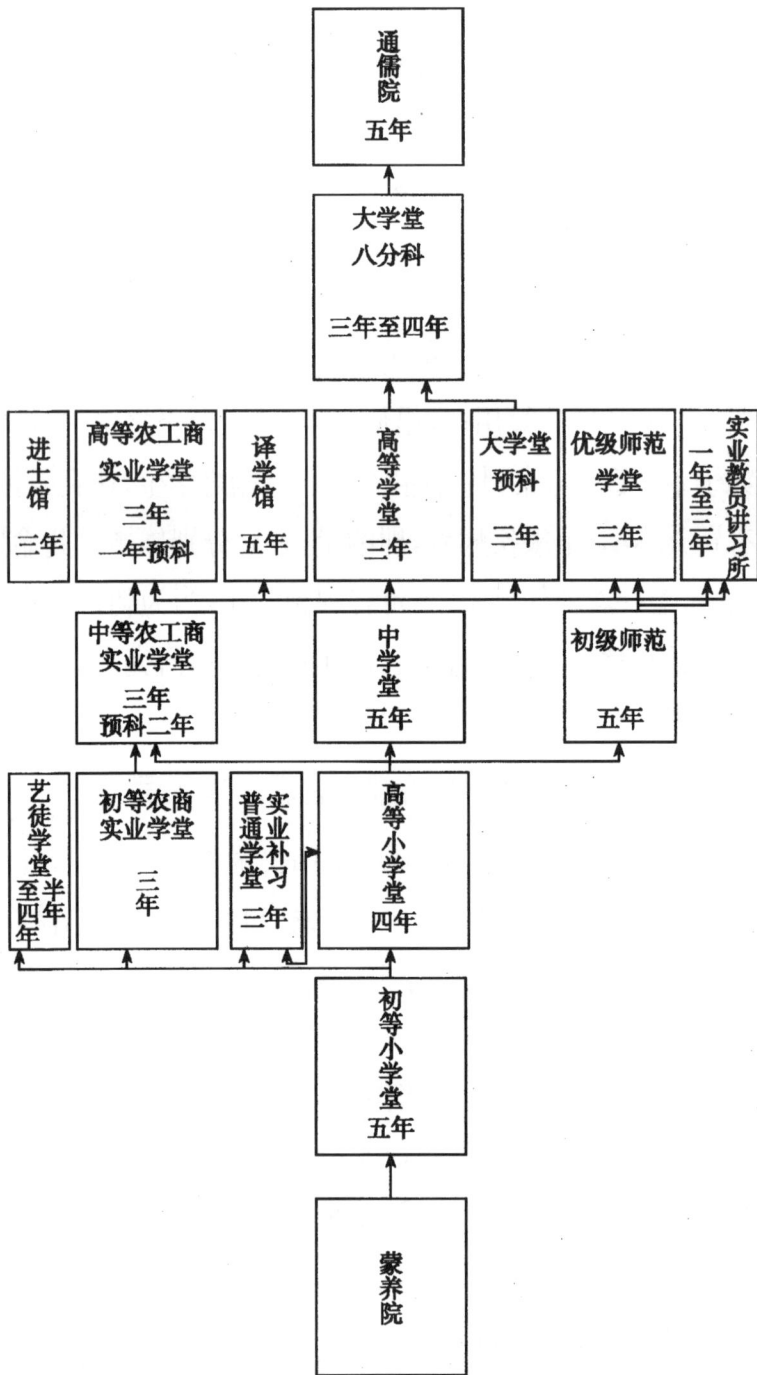

通儒院
五年

大学堂
八分科
三年至四年

进士馆
三年

高等农工商实业学堂
三年
一年预科

译学馆
五年

高等学堂
三年

大学堂预科
三年

优级师范学堂
三年

实业教员讲习所
一年至三年

中等农工商实业学堂
三年
预科二年

中学堂
五年

初级师范
五年

艺徒学堂
半年至四年

初等农商实业学堂
三年

实业补习普通学堂
三年

高等小学堂
四年

初等小学堂
五年

蒙养院

蒙养院

蒙养院为保育 3 岁以上至 7 岁幼儿之所,即于育婴、敬节两堂内附设焉。儿童之留于蒙养院,每日不得过 4 点钟,不收学费。

初等小学堂

初等小学堂,令凡国民 7 岁以上者入焉,以启导人生应有之知识,立明伦理爱国家之根基,并调护儿童身体,使得发育为宗旨。至少小县城内必设初等小学两所,大县城内必设初等小学 3 所,各县著名大镇亦必设初等小学 1 所,此皆名为初等官小学,以为模范者。初等小学堂之教授科目凡八:(一)修身;(二)读 经讲经;(三)中国文字;(四)算术;(五)历史;(六)地理;(七)格致;(八)体操。此为完全学科,视地方之情形,尚可加图画、手工之一科目或二科目。学习年数,以五年为限,每星期教授时刻为 30 小时,中有 12 小时为读经讲经。凡初等小学之属官立者,不征学费。

高等小学堂

高等小学堂以培养国民之善性,扩充国民之知识,强壮国民之气体为宗旨。凡州、县至少必应由官设立高等小学一所,以为模范。入学资格为已经初等小学毕业、年在 15 岁以下者。高等小学堂之教授科目凡九:(一)修身;(二)读经讲经;(三)中国文学;(四)算术;(五)中国历史;(六)地理;(七)格致;(八)图画;(九)体操。视地方之情形,尚可加授手工、农业、商业等科。每星期 36 点钟,四年毕业。惟每星期钟点有 12 小时为读经讲经。官设高等小学堂应令贴补学费,由各该学堂斟酌本地情形,与常年经费核办。

中学堂

中学堂为自 15 岁至 18 岁之学生,施较深之普通教育,俾毕业后不仕者从事于各项实业,进取者升入各高等专门学堂,均有根底为宗旨。中学堂学生应以高等小学堂毕业者升入肄业。若愿入学者逾于中学堂定额,则须经考试而定去留。学费当视地方情形,斟酌办理。中学堂科目凡分十二,共五学年,(一) 修身;(二) 读经讲经;(三) 中国文学;(四) 外国语;(五) 历史;(六) 地理;(七) 算学;(八) 博物;(九) 物理及化学;(十) 法制及理财;(十一) 图画;(十二) 体操。每星期为 36 点钟,仍注重经学与中文,第一、二年占 13 小时,第三年加为 14 小时,第四、五年则为 12 小时。

高等学堂

高等学堂为普通中学堂毕业后,愿求深造者入焉,以教大学预备科为宗旨。定各省城设置一所,经费即由该省筹备,应征收学费。共三学年,每星期 36 小时。高等学堂学科分为三类:第一类学科为预备入经学科、政法科、文学科、商科等大学者治之;第二类学科为预备入格致科大学、工科大学、农科大学者治之;第三类学科为预备入医科大学者治之;注重近世各国语言学,以能直接听讲为成效。

大学堂

大学堂设在北京及各行省,高等学堂毕业者入焉,征收学费。大学堂分为八科:(一) 经学科;(二) 政法科;(三) 文科;(四) 医科;(五) 格致科;(六) 农科;(七) 工科;(八) 商科。除政法科与医科四年毕业外,各科肄业期俱为三年。经学科分十一门,每星期 11 小时。政法科分政治、法律二门,每门每星期 24 小时。医科分医学、药学二门。格致科分六门:(一) 算学;(二) 星学;(三) 物理;(四) 化学;(五) 动植物学;(六) 地质学。农科分四门:(一) 农学;(二) 农艺化学;(三) 林学;(四) 兽医学。工科分九门:(一) 土木工学;(二) 机器工学;(三) 造船学;(四) 造兵器学;(五) 电气工学;(六) 建筑学;(七) 应用化学;(八) 火药学;(九) 采矿及冶金学。商科分三门:(一) 银行及保险学;(二) 贸易及贩运学;(三) 关税学。各科大学,每星期之钟点,所差颇多。

通儒院

通儒院为分科大学毕业生研究学术之所。凡非分科大学之毕业生,而欲入通儒院者,必经考验然后可。学期以五年为限。在院研究二年,以能发明新理,著有成书为毕业。

师范学校

师范学校分为三种:一曰优级师范学堂;二曰初级师范学堂;三曰实业教员讲习所。师范生之各种费用,皆归师范学校备办,惟情愿自费者不在此限。

优级师范学堂

优级师范学堂,以造就初级师范学堂及中学堂之教员、管理员为宗旨。各省城宜各设 1 所,学额最少数为 248 人。优级师范 学堂之学科,分为三科:(一) 公共科;(二) 分类科;(三) 加习科。公共科为一年,每星期 36 小时,学科有八:(一) 人伦道 德;(二) 群经源流;(三) 中国文学;(四) 东语;(五) 英语;(六) 辨学;(七) 算学;(八) 体操。分类科之学科共有四类,每类三年毕业,36 小时一星期,以养成特种学科教员为目的。第一类系以中国文学、外国语为主;第二类系以地理、历史为主;第三类系以算学、物理学、化学为主;第四类系以植物、动物、矿物、生理学为主。分类科之四类通习学科为人伦道德、教育学、心理学与体操是也。加习科之学科,凡有十科。修加习科者所选诸科目,至少不得在五科目以下;毕业时须使呈出著述论说,以验心得,授业时刻由本学堂酌定。

初级师范学堂

初级师范学堂以养成高等小学堂及初等小学堂两项教员为宗旨。每州县必设 1 所,以 150 人为足额。省城设 1 所,则以 300 人为足额。但亦可酌量情形,合二三县共设 1 所,以 300 人方为足额。初级师范完全科科目,分十一科:(一)修身;(二)读经讲经;(三)中国文学;(四)教育学;(五)历史;(六)地理;(七)算学;(八)博物;(九)物理及化学;(十)习字;(十一)图画;(十二)体操。初级师范分正科与简易科。正科为五年毕业,每年 45 星期,教授时刻每星期 36 点钟;简易科为一年,每星期 36 点钟。

实业教员讲习所

实业教员讲习所,以养成各实业学堂及实业补习普通学堂、艺徒学堂之教员为宗旨,令中学堂或初级师范学堂毕业生入焉。实业教员讲习所分三种:(一)农业;(二)商业;(三)工业,附设于农工商大学或高等农工商业学堂之内。若此二种大学或高等学堂尚未设立之各行省,应暂特设一所,以为扩张实业学堂之基,农业教员讲习所、商业教员讲习所之学习年数,以二年为限;工业教员讲习所之完全科学习年数以三年为限,简易科学习年数以一年为限。农业教员讲习所科目凡二十三,商业教员讲习所科目凡十五,工业教员讲习所之完全科及简易所,均分为六科。完全科为:(一)金工科;(二)木工科;(三)染织科;(四)窑业科;(五)应用化学科;(六)工业图样科。简易科为:(一)金工科;(二)木工科;(三)染色科;(四)机织科;(五)陶器科;(六)漆工科。完全科之各科科目自十七种至十九种,简易科之各科科目则自八种至十一种。各科目有必修科,有随意科,凡随意科,则任生徒选择一二种学习之。

实业学堂

实业学堂之种类为艺徒、学徒、初等实业学堂、中等实业学堂、高等实业学堂各种。中学毕业者入高等实业学堂;高等小学毕业者入中等实业学堂;初等小学毕业者入初等实业学堂;有高等小学二年程度在外谋生而有志实业者,则入实业补习普通学堂;艺徒学堂之入学资格,亦为初等小学毕业生;各种实业学堂皆须经考选方得入学。应否收学生学费,听各省各学堂随时酌定。初等实业学堂之学期,自二年至三年。中等实业学堂为一年预科,三年正科。高等实业学堂为一年预科,正科则三年或四年。实业补习普通学堂,三年毕业。艺徒学堂之学科,门类甚多,而肄业期之长短,亦大相悬殊,至长为四年,至短仅六月也。

特殊学校

特殊学校有两种,即译学馆与进士馆是也。译学馆为养成翻译人才而设,中学堂毕业生有入学之资格,五年毕业。外国语有英语、法语、俄语、德语、日本语五种,学生仍择一种习之。进士馆为进士、翰林研究西学之所,预备将来服官之实用,期限三年,每星期四小时,科目共十一门。

十二 废除科举

于教育革新之际,慈禧太后与其他诸大臣,未尝一日忘如何变革考试制度之问题。光绪二十七年(1901),改八股为时务策论。未几,又废武举。然以科举之毒,深入人心,学堂虽兴,而多数之人仍趋于科举之一途。对于扶植学校,迟疑莫决,有志维新者知其然也,谓非废除科举不足以奖进学堂。但全废千余年根深蒂固之科举,必大起世人之骇异,故张之洞、张百熙、荣庆三人,于光绪二十九年(1904),以渐废科举之议上奏,呈明学堂章程,业已具定,各省督抚果能体认实行,不出十年,学堂出身者必敷国家之用。若非将今后科举名额,依年递减,至废除而止,不能达此地位。然此时间冗长之渐废科举政策,果足以满诸热诚改革教育家之意乎?三十一年(1905),又有人奏谓全废科举并不有违古制,且实所以采取其意。盖三代以前,选士皆由学校,即近征诸日本、西洋之富强,亦何莫非收学堂之效。方今时局多艰,需才孔亟,非停止科举,人民必对于学堂,意存观望。若国家有意于新学之发达,必自先一律停止科举始。此奏章极有效力,同年有上谕,废除科举。所谓与吾国历史俱来之科举制度,自是已归消灭,而旧教育与新教育之过渡,亦同时告成功。

第五编　新教育制度之设立

清朝覆亡前七年间,虽为时甚促,然而教育制度之创立,不知凡几,其原动力,不独科举之废除,而社会与政治诸方面骤然变迁,亦生大影响。新学推行之速,为前古所未有。凡奏章谕旨以及法令之关于新教育制度各方面者,汇成十二卷,若逐一录之,殊失是书之本意,然其大纲节目,不得不撮要具于篇,因其为现今教育制度之所本也。

一　京师教育官制

清光绪三十一年(1905)十一月设立学部之上谕,即拥护新教育制度之初步。上谕谓:据政务处学务大臣会奏议复一折,着即设立学部,以为监督管理与推广全国学校总汇之区,其所掌之职务,即昔日属诸礼部者也。该上谕并谓国子监,即古之成均,本系大学所有,该监事务着即归并学部;荣庆着调补学部尚书;是时学部为十一行政部之一(外务部、吏部、民政部、度支部、礼部、兵部、刑部、农工商部、理藩部、学部、邮传部)。三十二年(1906),颁布学部官制,设尚书一人,左右侍郎二人,左右丞二人,左右参议二人,参事官四人;办事则设五司:一曰总务司,二曰专门司,三曰普通司,四曰实业司,五曰会计司;每司分设数科,五司中设三科者有三司,设两科者有二司;总理每司之事务者为郎中一员,每科之事务者为员外郎一员,主事一、二员,部中设有视学官、咨议官数员,分为四等;编译图书局管理,归并国子监处;部视学约十二人;对于教育官或各学堂之教员管理员,视为不称职者,得请提学使撤换。简言之,部视学除一部分专属地方教育官之职务外,凡教育事业皆有绝对之干涉权。

附注:中央除学部外,各机关之有权管理教育者,为京师督学局,凡中小学堂之在京师者属之。美国退还庚子赔款盈余所建之清华学堂,外务部亦有权过问。兵部则主办全国陆军学堂以及海军学堂之在福州、天津、烟台与南京者。礼部则仍掌旧时科举未了之事与夫学堂之制服礼仪。凡学堂之在内外蒙古、西藏与满洲者,则属于理藩部之治下。邮传部设有电报学堂。农工商部之于工业学堂及艺徒学堂皆有监督之权。吏部则办理学堂毕业出身之事。光绪三十四年(1908),旨准财政部建一财政学堂,历年海关所办之北京广方言馆与广东广方言馆,亦为特殊之学堂。至光绪二十八年(1902),北京广方言馆归并于京师大学堂,然广东广方言馆,终清季仍在海关之手。三十四年(1908),海关总税务司为养成办事人起见,创一税务学堂于北京,亦不属学部者也。

二 宣布教育宗旨

光绪三十二年(1906),因学部尚书之奏请,特颁上谕,宣布教育宗旨,以一人心而定趋向:一忠君、二尊孔、三尚公、四尚武、五尚实,并申明忠君即所以爱国,尊孔以立道德之基,尚公以提倡公共合作之精神,人人有尚武之精神,则自强可以御外侮,能尚实必讲求开发富源,期有益于国计民生。教育家有恒言曰:教育之宗旨,当为国家谋幸福,重团体轻个人,非若希腊式之教育,以养成个人高贵之品格为主,重个人而轻团体也。国以民而成或民以国而立,民为国受教育而国家蒙其利,与国家为谋个人之利益而施教育,此皆绝对相反之教育宗旨,言各成理。要以己国之本身为主脑,然后采用教育宗旨,方不入歧途。

三　颁行教育官制章程及法令

以教育历史之眼光,观察吾国之初以教育经验与最新教育法而成之教育制度,莫善乎光绪三十三年(1907)所颁布之官制章程及法令也。在此一年中,学部所规划关于教育制度之组织法与行政法诸章程甚多,奉旨依议,转饬各省遵行,其最堪注意者,为教育会章程。自此章程颁布后,未几教育会即遍设全国。次为国家教育行政法之学部官制及视学官章程。再则为地方教育行政法之各省学务官制、省视学官章程以及推广教育之劝学所章程,虽其时所颁布之官制、章程及法令等,实行未久而废,然其理想周详,有足多者。

四　调查全国教育状况

吾国教育行政官之取第一次政治手续,实为光绪三十三年(1907)学部札行各省提学使,通饬府厅州县调查境内一切有关教育事宜文。考学部此札之意,盖欲为将来实行教育政策之张本。调查之范围:(1) 境地户口、种族、知识、道德与教门,以备划分学区而兴教育;(2) 风俗、生计与文化,以备施教之顺序;(3) 钱粮数若干与杂税数若干,期周知各地方之财力,以资筹划兴学之经费;(4) 学校数、学生数及校舍之地位,藉悉全国教育之状况。经此一度之调查,不独全国之教育力,了如指掌,而于施行公共之教育亦易于措手。

五　预备立宪时代学部之分年筹备教育单

因新教育之推行,而有采代议政体之议。光绪三十四年

（1908），下预备立宪之诏。学部尚书知立宪政治之收效，非增高人民之知识道德程度不可，遂颁行分年筹备教育事宜单，以敦促新教育之进行。凡筹备之事，中央与地方共负其责。自三十四年（1908）起，共分八年，至第八年，即诏许开国会之年，教育筹备当竣事。果遵此筹备单而渐进，则第八年末，吾国教育之制度不难与欧美较优劣，后以内外臣工，见国事日非，纷请缩短立宪期限，奉旨俞允。于是预备立宪之期缩短四年，而分年筹备教育事宜，亦不得不随之有所变更。宣统二年（1910），学部札行各省，兴办教育，分最要、次要二种。三年（1911）又发表筹备单，为最后二年之事宜。迨八月而武昌首义，清朝覆亡，所谓筹备单者，恍若昙花一现，是乃出乎吾人意料之外者也。

六　视学官章程

光绪三十二年（1906）所颁布之学部官制，即有视学官一条，然并未实行。预备立宪分年筹备教育事宜单中，始列视学官章程。奉旨依议，宣统二年（1910）之下半年，遂派第一批视学官，分往河南、江宁、江苏、安徽、江西、湖北与浙江六省，翌年，第二批出发，往其余诸省。学部汇集诸视学官之报告，上闻于朝，虽所报告者，偏于简约，要之于各地教育状况，已可略见一斑。不独各地学校之成绩，笔之于报告书，亦间附以改良之意。兹于前清视学官章程，除可助吾辈研究之数条外，宁缺焉而不述。

视学官之往各省视察教育，当谓之曰学部之实地功课。据宣统元年（1909）所颁布之视学官章程，全国分为十二区，每区二省或三省；按年每区派遣视学官二人，每年约视察三四区,每三年视察一周,三年之内,每区必须视察一次;再每区所派视学官,须有精通外国文及各种科学者一人,以便考察中等以上之教育;视学官以宗旨正大、深明教育原理者为合格,其职任有二:一以视察区之教育进行报告于学部;二当督助诸行省实行各种教育之政策。

七 第一次中央教育会

宣统三年(1911),学部奉旨准设中央教育会,为学部之一附属机关,颇关重要,仿日本教育制之高等教育会而设,亦即英国之 Consultative Committee 与法国之 Comité Consultatif 也。性质为一顾问机关。慎选全国教育界之俊英,本其经验学术,以助学部倡立完备之教育政策,并促学校之进步。会所设于北京。会期三十日,会议之事以中学以下问题为限。会员皆选自学部、民政部、海陆军部、京师督学局、提学使署、省视学、省教育会以及退职之视学官,或学部直辖各学堂之监督,与师范中小学堂之监督堂长,会员任期为三年。

第一次中央教育会,于清宣统三年(1911)夏间举行。各省会员到者百余人,经提议者为:强迫教育、奖励中学堂毕业生、军国民主义、废小学读经、添加手工、政府资助小学堂、初级师范受提学使节制、统一读音、政府津贴小学教员、划一初等小学教法诸议案。议决之案,多经学部尚书之批准,因八月武昌革命,未能见诸实行。

八 地方教育官制

吾国地方教育官制之演成,为促新教育进步之重要分子。清光绪三十二年(1906)前之地方教育官制,为每省设有提督学政。雍正时所改之官职也。雍正前，仿明制名曰提学道。提督学政之职务，为代礼部考试各省之士子，助以府州县之教官。后新学发端，各省除学政教官外，间有设立学务处者，为兴办新学之用。

光绪三十二年（1906），因学部之奏请，遂颁布新地方教育官制，以代昔日之所谓学政者。各省设提学使司，由学部开单奏请简放，照各直省藩臬两司例，为督抚之属官，归其节制。一面由学部考查办理教育得力与否，故一省之教育官，提学使司实为之首。改学务处为学务公所，分为六课，每课设课长一人，副长一人，由提学使详派。又设议长一人，议绅四人，佐提学使参画学务。议长由督抚咨明学部奏派，议绅由提学使延聘。每省定视学六人，职务为监督指导本省教育之事，由提学使详请督抚札派。

各府厅州县之地方官；有督率兴学之责。设有劝学所，为本境学务之总汇。县视学一人，由提学使札派；地方每一学区，又有一劝学员，归地方官选派，以熟悉本地情形、热心教育之绅董为合格；以下则为各乡学董，学堂经费皆责成学董就地筹款，以维持经营之。

此次颁布地方教育官制之实行期为六年，后以各地方有自治会成立，情形为之一变。凡关于教育行政之属府厅州县者，归自治会；城乡者，划入乡学联合会；以不能独立兴学之数乡，合而成乡学联合会，以利教育之进行。非若美国、加拿大之联合数农区，为增大教育效力所可比拟，但此次教育行政上之更改，仅限于自治会已成立之各地方而言，其未成立者照旧章办理。

九　派遣留学生监督

清政府因见出洋留学生日多,遂倡立监督之制与考试之制,期收成效。光绪三十三年(1907)前,留学生之在外国者统归公使照料。至三十三年(1907),始派欧洲留学生监督,翌年,又遣日本留学生监督;又以欧洲留学生散在各国,恐一监督管理有所不周,乃加派多数监督,分赴法、德、俄、比、英诸国,监督即设于所在国公使馆内,受节制于该公使。初,美国留学生亦属公使管理,与日本、欧洲同,自三十三年(1907),始因退还庚子赔款,派出留学生甚多,特设一监督。民国二年(1913)起,各省留美学生,皆归一监督董理之。留学生考试分二种:未出洋之前,有考试以验其合格与否;既毕业回国,有考试为入仕途之预备。前者名曰出洋考试,有中学毕业程度、通习派往国之文字、能直入高等专门学堂为合格。光绪三十三年(1907)夏,江苏初考出洋留学生,许女学生应考,为吾国亘古之创举。报考者六百余人,审查合格者,男生 72 人,女生 10 人。三日考毕,取中男生 10 人,女生 3 人,皆能入外国大学肄业者。明年,浙江亦行同样之考试。宣统元年(1909),北京第一次举行退还庚子赔款留学生考试,投考者 600 余人,只选派 47 人。以后中央与各省举行出洋考试者屡。惟上述退还赔款之留学生,不直接选,必由清华学堂预备数年,然后派往。回国留学生之第一次考试,为光绪三十一年(1905),在北京礼部举行,后此则归学部,赐进士、翰林、举人出身。宣统三年(1911),革命军起,留学生考试与学堂出身之举,同归于消灭。

十 分文官考试与教育考试为二途

废除给官职于高等学堂之毕业生,即所以分文官考试与教育考试为二途,实吾国教育史上极有关系之一事。唐以前,国家之用人皆选自学校之士。至唐,则以试士、试吏分属于礼、吏二部,盖有举于礼部而不得官者,然士子之读书,仍以得官为希望。自新学制度兴,一仿古制,以官职奖励高等学堂之毕业生。然官职有限,毕业者逐年增多,虽名为得官而不能得一位置者,所在皆是,且使学生仍以得官为教育之目的,不以求学为事业与日常生活之需要,甚非新教育所当有。

另立文官考试法,不以官职给高等学堂毕业生,所以期挽回人心于万一。然在当日,言提倡新教育而无奖励决不足以督促其进行,故赐学位之事,实为要图。盖学位仅足以为荣,而不能入仕途。大学毕业得进士,高等学堂得举人,中学与同等程度之学堂得贡生,高等小学或初等实业学堂之毕业生,则名曰生员。

十一 学校组织之变迁及其进步

自光绪二十九年(1904)颁布《奏定学堂章程》起,至清覆亡止,其中学校组织之变更甚多,约可分为三类:(1) 推广新教育;(2) 采复杂制以应社会之需要;(3) 删浮夸之进行策。当时政府对于教育之精神,与其政治举动颇吻合,盖已有意采用立宪政体故也。惟经学仍支配于课程之中,为其重要之部分,未免轻重倒置,然因旧制度与新制度之过渡,尚未完毕,是亦无足怪者。教育家之理想即国民之理想,改良非可骤然而致,行一新制度未久,必有以保存古经与古教授法以为反对者。幸而吾国新学校采用经学为时甚暂,非若他国新旧学相争历期颇久而难解决。兹将教育制度之变迁,分为普通教育、师范教育、实业教育与高等专门教育各种而约言之,想亦读者所乐闻欤。

(一) 普通教育

1. 初等小学堂

光绪二十九年(1904)之《奏定学堂章程》,定初等小学堂为五年,每星期为 30 小时,宣统元年(1909)增为 36 小时;因注重国文之故,同时又立有小学简易科办法,一类程度较深,定为四年毕业,一类程度略浅,定为三年毕业,听民间自择办理。后以经验所得,四年毕业,最为适宜,遂划一制度,定全国初等小学为四年毕业。初一、二学年,每星期 24 小时,至第三、四学年,则增至 30 小时,重订课程中仍以国文与经学占大部分。初两年,14 小时一星期,末两年,多至 15 小时。

2. 高等小学堂

因受宣统二年(1910)变更初等小学堂章程之结果,高等小学之课程,亦不得不随时有所损益:音乐一门,列入随意科;凡通商口岸,第三、四学年可加入英文一门;因统一读音起见,以官话加入课程表;高等小学之授课时间,自第一年起至第四年止,每星期皆为 36 小时。

3. 女子初等小学堂

在光绪三十三年(1907)以前,政府已有议及女子之教育者矣。顾设立女学校者,惟私家有之,政府对于女子之教育,无设一学校或立一制度之事。至三十三年(1907),学部始议及女子小学堂章程,与男子同,分女子初等小学、女子高等小学及女子两等小学三种;宗旨仍以养成道德、灌输知识、发达身体为主。女子小学堂与男子小学堂,当分别设立。入初等小学之年龄为自 7 岁至 10 岁,高等小学则自 11 岁至 14 岁;初等小学堂为四年毕业,钟点每星期至少 24 小时,至多 28 小时;高等小学亦四年毕业,钟点每星期不可少于 28 小时,或多于 30 小时;初等小学有五种必修科,即修身、国文、算术、女红、体操是也,得斟酌加入音乐、图画二科;初两年,国文每星期占 12 小时,后两年则为 14 小时,高等小学则较初等小学多加历史、地理、格致三科,注重国文,每星期 9 小时,次则女红,第一、二年 5 小时,第三、四年则加至 6 小时。

4. 简易学堂

宣统元年(1909),学部奏分年筹备事宜单,开有简易识字学堂章程。因小学堂为数不多,以补其不及也。凡经费难筹,师资缺乏,人民操作鲜暇,生计困苦,各地方当设简易学堂,为年长失学及贫寒子弟无力就学者读书之所。学生不收学费,应用书籍物品,概由学堂发给。每日钟点自 1 小时至 3 小时,授课之时为上午、下午或夜间。此项学堂,三年毕业,毕业生得升入初等小学第四年。至宣统三年(1911),改定此项学堂章程,为两年毕业,每星期 12 小时,毕业后得升入初等小学之第三学年。

5. 半日学堂

奏请设立半日学堂者,为给事中刘学谦,奉旨准行,时为光绪三十一年(1905)。而半日学堂之设,亦所以为贫寒子弟计,与简易学堂同。

6. 改良私塾

清代教育行政官,知国内经济力之不足以多设学校,以应学龄儿童之需要,乃于宣统二年(1910),学部订有改良私塾章程。私塾之种类为:(1) 义塾,系官款或地方公款设立,专课邑中贫寒子弟者;(2) 书塾,就义庄或宗祠内设立,专课一姓子弟者;(3) 一家或数家设塾,延师课其子弟者;(4) 塾师自行设馆,召集附近学童教授者。改良私塾手续,以采用教科书与改良教法为主,且为之定特殊课程,以资应用。毕业改良私塾之学生,得升入高、初小学堂。先是光绪三十三年(1907),学部曾准施行学务局拟定初等小学简易科课程。是年下学期,查得京内私塾能按照简易小学课程办理者仅有12处,学生只300余人,而未经改良者,不啻倍蓗。因筹给名誉金以奖励之,颇著奇效。至三十四年(1908)上学期,查得各处改良私塾,共42处,学生1 000余人,下学期增至89处,学生2 200余人。迨乎宣统元年(1909)末,京内私塾之改良者,已有172处,学生达4 300余人,共用去奖励金仅1 370两,而成绩已如是之显著。后拟以此法通行各省,按照本地情形斟酌举办。忽政体改革,其结果之若何,未克暴现于世。

7. 中学堂

宣统元年(1909),因学部之奏请,奉旨准中学堂课程分为文实二科,以便学子择性情所近而学焉。实科重工艺,文科重经学,钟点与前同,仍为每星期36小时。于三年(1911)时,又改订中学文实两科课程,性质较为普通,其故由于合格教师缺乏,设备难周,时间既未至,何能效法德国教育制度哉!

（二）师范教育

1. 师范学堂

光绪三十二年（1906），学部有电行知各省，变通师范章程，得设一年卒业之初级简易科、二年卒业之优级选科、五个月卒业之体操专修科，选科分四类：（1）历史、地理；（2）理化；（3）博物；（4）算学。至宣统二年（1910），学部拟加高师资程度，特通令停办优级选科与初级简易科，惟得设补习班，以为升入优级师范之预备，初级师范生当兼练习单级教授、二部教授以资实验。

2. 女子师范学堂

光绪三十三年（1907）之一年，实女子教育发达之纪念年也。官家不独倡议设女子小学，且推而及于女子师范学堂，其企图为每州县必设一所。惟初办时，可暂于省城及府城，由官筹设一所，与男子师范同。不征收学费，以毕业女子高等小学堂，或高等小学堂第二学年者，有入学之资格，惟取得第二种资格之学生，必先入预备班，补习一年方可；修业年限为四年，教授日数，每年 45 星期，教授时刻，每星期 34 小时，学科为修身、教育、国文、历史、地理、算学、音乐与体操，当斟酌地方情形设立补习班，学科与高等小学之末二年同。

（三）实业教员讲习所

宣统二年（1910），学部鉴于实业学堂之缺少，而缺少实业学堂，则由师资之难求，故创一新制度，办理实业教员讲习所，以初级师范为标准。于高等实业学堂或初等实业学堂中，设实业教员讲习所之简易科。明年，见各省设简易科者居多数，完全者反属寥寥，盖由财力难兼顾之故。遂变通办法,将完全科学生,择其分科与高等实业相同者,附设于高等实业学堂分科之中,合班教授,必可收费省事举之效;增加教育学、教授法、教育法令等学科。此次之变通办法,可谓全为解除经济困难,以利进行而设。

（四）专门教育

专门教育受教育制度改革之潮流而不得不有所变迁为理所当然。溯自光绪二十七年(1901),京师设有大学预备科,至宣统元年(1909)废之,代以高等学堂,以为升入大学之预备,各种专门学堂,相继设立。而关于若法政学堂、医学堂、满蒙文高等学堂、存古学堂、清华留学预备学堂各种专门学堂章程,亦经学部拟定公布。

十二　管理教科书

当吾国公共教育制度进行之际,立一审定教科书之法令,为不容缓之举。当是法令未拟定以前,凡编纂教科书听私家自理,间有书贾送书籍往北京学务大臣审查者,不过为发达营业起见,非有法令以限之。光绪三十二年(1906),学部设立图书局,发行学校教科书,三十四年(1908),编成简易识字学堂课本,又国民读本两种,继此则从事于小学教科书及教授法之编辑。学部图书局所编之教科书,通令各省采用后,各省即设法翻印,转饬各学堂购读。同年又立教科书审定制,规定民间所编之教科书,经审定后,始准学堂采用。数年间,学部公布之中小学堂及初级师范学堂之教科书,不知凡几,但未经审定之教科书,若无悖国体之语,亦非绝对禁制之。

十三　清末教育之状况

吾国昔年之初行新教育也,有人譬诸孺子之浴溪中,身方入水,忽而跃起,涉涯逸归,未敢被诱于易溺之水也。见旁有老于浴水者,恣意嬉戏,时没时出,水势湍急,泰然处之;虽中怀嫉妒,莫如之何,以为岂可轻于一试! 此状初行教育时则然。至清之末叶,不可同日而语矣。其时政府对于新教育之态度,非类胆怯之浴水孺子,彼没于水,一之不足,继之以再而三而四,毅然为人民兴新教育,有所牺牲而不惜。

宣统三年(1911),学部刊有报告,载宣统二年(1910)教育之状况:全国各种学校共 52 650,中有师范与实业学堂;学生数 1 625 534 人,教员 89 766 人,职员 95 800 人;教育机关 69 处,地方教育会、省城教育会与中央教育会共 722 所,劝学所有 1 558 处,演讲会有 3 867 处;关于教育之入款,计 25 331 171 万两,出款 2 444 309 两,官家之教育资产,估计共 700 367 882 两;此外则各国之留学生数于清末之教育状况,亦颇有关系,不得不连带述之。宣统元年(1909),东京一埠之官费生共 2 387 人,其中属于专门学校 1 992 人,士官学校 395 人,余为私费生,至少 2 500 人;至二年(1910),日本之私费生多至 5 000 余人,其中 150 人为女学生;同年,留学英国者 140 人,私费生数亦如之;比利时官费生 70 人,法国 80 人,德国 60 人,奥地利 10 人,俄罗斯约 15 人,留学比、法、德、奥、俄诸国之私费生无统计,盖不受留学生监督之节制也;宣统二年(1910),美国之中国留学生不下 600 人,因广东、江苏、浙江与直隶四省,皆遣大批学生赴美留学,故学生之数骤增。

以上之纪录,皆吾国数年间新教育之成绩,下此乃学部报告中之历年各种学校数之比较表。

年　份	官立	公立	私立	总数
光绪三十一年(1905)	3 605	393	224	4 222
光绪三十二年(1906)	2 770	4 829	78	8 477
光绪三十三年(1907)	5 224	12 310	2 296	19 830
光绪三十四年(1908)	11 546	20 321	4 046	35 913
宣统元年(1909)	12 888	25 688	4 512	43 086
宣统二年(1910)	14 301	32 254	5 793	52 348

于是可见光绪三十一年(1905)至宣统二年(1910)间,官立学堂自 3 605 所增至 14 301 所,公立学堂自 393 所增至 32 254 所,私立者则自 224 所至 5 793 所,增加之速度颇高;各种学堂之学生增加,速度亦同。光绪二十九年(1903),吾国受新教育者仅 1 274 人,历年增加,至宣统二年(1910),有 1 625 534 人。以下所列之表,即证明此 8 年间,各种学堂之学生数。

年　份	学生数
光绪二十九年(1903)	1 276
光绪三十年(1904)	31 378
光绪三十一年(1905)	102 767
光绪三十二年(1906)	200 401
光绪三十三年(1907)	547 064

年　份	学生数
光绪三十四年(1908)	921 020
宣统元年(1909)	1 301 168
宣统二年(1910)	1 625 534

　　学部报告之统计,曾申说各省之为人民谋教育,不能显同一之进步,有进步极速者,有落于人后者。兹以例证之。宣统元年(1909),直隶与四川二省同有 65 个教育会,黑龙江1 个,甘肃亦仅有 4 个;同年,直隶与四川二省各有 152 个与145 个教育研究会,而黑龙江、吉林则各仅有 17 个与 18 个之数;其各省演讲会所差之数亦颇大,贵州 1 167 所演讲会,同时四川多至 396 所,以黑龙江最少,仅有 6 所;各省学校数与学生数之相差,亦大有径庭。推其所以致此相差点之原因有数种:(1) 各省之经济力;(2) 人民之多寡;(3) 人民知识程度之高下;(4) 外力之压 迫与外人之影响等皆是;(5) 境地之不同;(6) 官吏与人民对 于教育之热心如何。此六端,各省之教育,焉能整齐划一乎?

　　若欲知清末各处学校之成绩,观其送出之教育比赛品,当可得其梗概。宣统二年(1910),南京设劝业会,征集教育品有 34 000 件之多,内有仪器、讲义、表册、图书、字迹等物。会毕,审查教育品,得奖牌九百余面,占全数之半。外人参观者交相称誉,其中小部分之教育品,又送往意大利赛会,获奖甚多,技术与思想二者,俱有特征之进步。吾国改革以前之教育,影响及于人民之知识思想,颇著成效。现世之进化,人多归功于学校，良有以也。无论老幼既受新教育之思潮，遂不满意于己国之现象，而改革政治社会之愿望，一发而不可复遏，建设刷新政体之奇勋，非教育其谁与归？

第六编　民国时代所建之新教育

一　辛亥革命之影响及于教育

辛亥(1911)八月,武昌革命事起,全国鼎沸。教育之进行,受一大打击,实时势使然。溯当风声鹤唳之秋,移教育之费以养军队,校舍则改为兵房,校具几被暴民掠尽,书籍仪器则散而之四方,尤以学校之在成都、汉口、武昌、南京、广东者为甚。盖形势之地,兵家必争。暂时停办学校之学生,或投笔从戎,或负笈归里。教育经此一度之挫折,不得不有待于恢复也。

二　临时政府之暂行教育政策

民国元年(1912)一月九日,临时政府设于南京。教育部同时组织完备,拟定《普通教育暂行办法》若干条,附以中小学、师范学校课程之标准,通令十七省都督。若论其暂行办法与各级学校课程,不过为权宜之计,故缺憾其多。至完全新学制之编制,当征集各地方教育家意见,折衷其说,以备参考。并饬催各省,重兴革命时被毁各学校,尤以小学为急务。凡采用各种教科书,务合乎共和国宗旨。所有前清教科书及参考书,与共和精神不合者,一律禁用。惟可随时删改,呈请民政司或教育会核夺。又废除中小学毕业生之奖励。改中学校、师范学校之修业期为四年。中学为普通性质,无文实二科之分。小学手工应加注重。高等小学以上体操科,应注重兵式。初等小学算术科,自第三学年起,兼课珠算。考临时政府教育计划中之最要各点：第一为初等小学许男女同校；第二为小学读经课一律废止，如是不啻举旧制度根本之计划而改革之，以期合乎当时之新现象。

临时教育政策之对于社会教育，颇能积极筹划。其进行方法为宣讲，其辅助器为报纸、藏书楼以及有益之活动画片。盖其时执政者，深信欲巩固国家，非开通民智不可，又知普及教育，非一时所可几及。故若以从事社会教育，则影响及于失学之男女或不能就学之青年颇大。教育部有以知其然也，通电已宣布共和各省都督，注重宣讲，兼备活动画等。就本省情形，定宣讲标准，选辑资料，并转饬各州县，遵照办理，其经费则取诸地方行政费，或于公款中酌量开支，以为辅助。至宣讲标准，大致应专注此次革新之事实、共和国民之权利、义务以及尚武实业诸端，而尤注重于公民之道德。当教育部提倡社会教育时，各省官民，如响斯应，然其进行之事实，则非本篇之所及也。未几教育部设社会教育司，以专责成对于社会教育，积极进行。

南北既统一，临时政府迁于北京。教育部即设立前清旧学部所在地，居全国之中央，统辖一切。时当国基新奠，一切计划皆属草创。先从事考察革命以后诸教育之变迁，发还暂时移作军用及他项用之教育财产；凡编有教科书，为中学以下所用者，当先送样本往教育部审查，以定准否发行；并竭力奖励社会教育之进行，通饬各省仿照中央与京师督学局之办法，以兴社会教育；未几又开临时教育会，征集全国教育家讨论一切，实教育上一重要之事。下当专章述之。

三 设立临时教育会议

临时教育会议于民国元年(1912)七月十日开会,八月十日竣事,为期一月,仿宣统三年(1911)中央教育会而设者也。征集全国教育家之知识与经验,助政府厘定学校规程,以促教育之进行,成效颇著。会员皆一时之选,其资格限定为国内外师范毕业生,有三年以上教务经验,且素驰声誉于教育界者。其办法由各行省及蒙藏各推举二人,华侨一人,又由教育部直辖学校中教职员选派十五人,再由教育部咨请内务、财政、农林、工商、海陆军各部,派出十人,余则归教育总长特请。会务由教育总长主持。规定临时教育会议应议事项如下:学校系统、学校规程、学校由中央管辖与地方管辖之划分、蒙回藏教育、小学教员优待及检定法、尊孔、国歌、高等教育会议组织法。议案共有九十二件,会议十九次,议决重要案件二十一起,请教育总长采择办理。虽经会中议决案件,无强制必行之理,然其影响及于国家之教育政策颇大。观乎闭会后,教育部所颁之规程法令等,可以知之矣。

四 教育新宗旨之公布

民国肇兴,国体变更,教育部有见前清教育宗旨,若忠君、尊孔、尚公、尚武、尚实诸端,因情形不同,间有不相宜者,遂颁布新教育宗旨以代之。知教育所以养成青年之道德者也,故新教育宗旨首重道德教育,以实利教育、军国民教育辅之,更以美感教育完成其道德。夫注重道德教育,与孔子之道实相吻合。然 而道德二字之意义,人各异其说,但道德以公德为主,当无疑义。教育虽一面为谋国家之利益起见,一面仍当注意勿使阻碍世界之进步与个人之发达。民国之第一次教育总长为蔡元培氏，作道德之解说，曰：所谓道德教育，乃输自由、平等、博爱之知识于人民，而使之生正确之观念者也。教育部曾分三次训令全国教育行政官、学校教职员以及各校学生，告以民国之教育当作如何之观念。

五　重订教育官制

教育部官制，既经参议院之议决，于元年（1912）八月二日，由临时大总统命令公布之。设一教育总长，管理关于教育之一切事宜，并监督全国之学校与部辖之教育建筑物。总长之下，设多数之职员，除各部官制通则所定之职员外，设视学十六人，技正二人，技士八人。视学及技正为荐任官，技士为委任官。办事机关有总务厅。改前清学部之五司马为三司。总务厅所掌之事务：（一）关于直辖学校及公立学校职员事项；（二）关于教育会议事项；（三）关于审查及编纂事项；（四）关于学校卫生事项；（五）关于学校图书馆、博物馆等修建事项。教育部所置之三司，为普通教育司、专门教育司与社会教育司是也。普通教育司所掌之事务：（一）关于师范学校事项；（二）关于中学院校事项；（三）关于小学校及蒙养园事项；（四）关于普通实业学校事项；（五）关于盲哑学校及其他残废等特种学校事项；（六）关于与以上相等之各种学校事项；（七）关于学龄儿童就学事项；（八）关于检定教员事项。专门教育司所掌之事务：（一）关于大学校事项；（二）关于高等专门学校事项；（三）关于与以上相等之各种学校事项；（四）关于外国留学生事项；（五）关于历象事项；（六）关于博士会事项；（七）关于国语统一会事项；（八）关于医士、药剂士开业试验委员会事项；（九）关于各种学术会事项；（十）关于授学位事项。社会教育司所掌之事务：（一）关于厘正通俗礼仪事项；（二）关于博物馆、图书馆事项；（三）关于动植物园等学术事项；（四）关于美术馆、美术展览会事项；（五）关于文艺、音乐、演剧等事项；（六）关于调查及搜集古物事项；（七）关于通俗教育及讲演会事项；（八）关于通俗图书馆、巡行文库事项；（九）关于通俗教育之编辑、调查、规划等事项。以上乃教育部官制之大略也。

民国二年（1913），教育部公布部视学规程，以代前清之视学官章程。前清分全国为十二视学区，民国改为八区。第一视学区为直隶、奉天、吉林、黑龙江四省；第二视学区山东、山西、河南三省；第三视学区为江苏、安徽、浙江三省；第四视学区为湖北、湖南、江西三省；第五视学区为陕西、四川两省；第六视学区为甘肃、新疆两省；第七视学区为福建、广东、广西三省；第八视学区为云南、贵州两省；其蒙古、西藏暂作为特别视学区域，其规程别定之。每区域派视学二人，视察该区域之普通教育及社会教育，并得酌派部员，协同视察。规定之视察期，每年自八月下旬起至次年六月上旬止。临时视察，依教育总长特别命令行之。视学之每年视察区域，由教育总长临时指定。有荐任文官资格且合于下列各项之一者，得任用为视学：（一）毕业于本国、外国大学或高等师范学校，任学务职一年以上者；（二）曾任师范学校、中学校校长或教员在三年以上者；（三）曾任教育行政职务三年以上者。视学应视察之事项:(一)教育行政;(二)学校教育;(三)学校经济;(四)学校卫生;(五)关系教育官之执务;(六)社会教育及其设施诸状况;(七)教育总长特命视察事项。凡视学遇有以下诸事:(一)与教育法令抵触者;(二)部议决定诸事;(三)学校教授管理;(四)社会教育诸设施;(五)教育总长特命指示各事项,得就主管者表示意见。所有前清视学官职权中之含有专断性质者,皆不列入,不过负有启迪之责任而已。由此观之,中央之教育权,较诸前清已略减,而地方之教育权则增加矣。

各行省与各地方之教育行政,与其他之行政同,皆含有临时性质。而此行省与彼行省之情形,又各自不同。多数行省设有教育司,以为一省教育行政最高之机关。其性质与昔日提学使署不同之处,为教育司仅属省行政之一部分,提学使署则一独立机关也。教育司长为教育一司之长,属简任官,其下有省视学数人,归省长委任。前清各县之教育机关名劝学所者,其时已消灭,于县署中立学务科。学务科与劝学所之不同,亦犹教育司与提学使署之不同也。劝学所与地方行政分立,学务科则属县行政之一部分。每县设一县视学,归县知事委派,城镇乡之教育,归地方董事主持,则被举诸人民者也。诸董事又公举一学务委员以专责任。

六 民国各种学校组织法

下列为民国政府所颁布之学校统系表。

年龄				
24		大学		
23				
22				
21	专门学校		高等师范学校	
20		预科		
19				
18	（预科）		（预科）	
17				师范学校
16	实业学校（甲种）	中学校		
15			补习科	
14				预科
13	实业学校（乙种）	高等小学校		
12			补习科	
11				
10	初等学校			
9				
8				
7				

　　初等小学校四年毕业，为义务教育。毕业后得入高等小学校，或实业学校。高等小学校三年毕业，毕业后得入中学校，或师范学校，或实业学校。初等小学校及高等小学校设补习科，为毕业生欲升入他校者，补修学科，兼为职业上之预备，均两年毕业。中学校四年毕业，毕业后得入大学或专门学校或高等师范学校。大学本科三年或四年毕业，预科三年。师范学校本科四年毕业，预科一年。高等师范学校本科三年毕业，预科一年。实业学校分甲乙两种，各三年毕业。专门学校，本科三年或四年毕业，预科一年。前表所注年龄，

系略示标准,非限定某年龄入某种学校。各学校修业期限,亦可随宜增减。详见各学校令及规程。此次之学校系统表,较之前清所公布者,有数不同之点,若高等小学之由四年改为三年;中学则由五年改为四年;废高等学堂之一级,为大学预科;毕业大学后之研究年限,无特别规定,非若前清有所谓五年之通儒院也。总计自小学至大学之修业年限已缩短,不可不谓新制度较胜于旧制度。因初、高等小学及中学年限之缩短,故毕业于初、高等小学及中学之学生数,亦日以增也。

（一）小学校

小学校教育之宗旨为:① 留意儿童身心之发育;② 培育国民道德之基;③ 授以生活所必需之知识技能。小学校分初等小学校与高等小学校为二种。初等小学校与高等小学校并置于一处者,名初等高等小学校。

改革以前,设立小学堂之责任,并不指归于何种机关。民国之教育法令,则为之载明,小学校由城镇、乡、县担任经费。乡之财力不能设立初等小学者,得以二乡以上之协议,组织乡学校联合。得划分若干区,以设立初等小学校。并得设学务委员,办理教育事宜。县行政长官,因特别情事,得指定私立初等小学校,为该城镇、乡代用初等小学校。高等小学校由县设立之,其校数及位置,由县行政长官规划,并得咨询县议事会之意见以定之。城镇、乡除设立初等小学校,足容本区域学龄儿童外,财力有余,得独设或数城镇、乡协议,组织学校联合,共设高等小学校,但须经县行政长官之许可。凡小学之设立、变更或废止时,须经县行政长官之许可。县立高等小学校之设立、变更、废止,应由县行政长官报告省行政长官。蒙养园、盲哑学校并其他类于小学校之各种学校之一切设置,得适用小学校令。

城镇总董、乡董及学校联合长承县行政长官之指挥,掌管属为本城镇、乡或学校联合之小学校。以县经费设立之高等小学校,由县行政长官掌管之。县行政长官得令城镇、乡或学校联合之区长,承城镇总董、乡董或学校联合长之指挥,辅理本区教育事务。城镇、乡立小学校及县立高等小学校校长、教员所执行之教育事务,由县行政长官监督之。私立小学校由县行政长官监督之。

(二) 中学校

中学校以完足普通教育、造成健全国民为宗旨,同时,又规定得设立为吾国历史所创见之专门女子中学校。中学校之设立,定为由省行政长官规划地点及校数,报告教育总长。教育总长认为必要时,得令各该省增设中学校。省立中学校经费,以省经费支给之。各县于设立法令所定应设学校外,尚有余力时,得依本令之规定,或一县或联合数县设立中学校,为县立中学校。私人或私法人得依本令之规定,设立中学校,为私立中学校。无论如何,中学校之设立、变更、废止须经教育总长认可。中学校教员以经检定委员会认为合格者充之,其俸给依部订规程之标准,由省行政长官定之。中学校征收学费额依部订规程之标准,由校长定之。其有因特别理由,免收或减收学费者,必经省行政长官许可。私立中学校征收学费额由设立人定之,报告于省行政长官。

(三) 大学

大学以教授高深学术、养成硕学闳材、应国家需要为宗旨。国民大学之组织与前清不同。前清大学设有八科,而国民大学则设七科也。所设之七科为文科、理科、法科、商科、医科、农科和工科。预科分为三部:第一部为志愿入文科、法科、商科者设之;第二部为志愿入理科、工科、农科并医科之药学门者设之;第三部为志愿入医科之医学门者设之。大学院不设年限,非若前清之通儒院,有五年之修业期限也。大学有三年预科,各科之科目如下:

第一部之科目:① 外语科;② 国文;③ 历史;④ 伦理;⑤ 论理及心理;⑥ 法学通论。得加习经济通论、数学及物理,视将来志愿入何科以为定。

第二部之科目:① 外国语;② 国文;③ 数学;④ 物理;⑤ 化学;⑥ 地质学;⑦ 矿物学;⑧ 图画。得加习动物学、植物学及测量学,视将来志愿入何科以为定。

第三部之科目:① 外国语;② 国文;③ 拉丁语;④ 数学;⑤ 物理;⑥ 化学;⑦ 动物学;⑧ 植物学。当选习二种外国语。其将来志愿入农科、工科或医科者应以德语为主。

(四) 大学各科之分门分类法

大学文科

1. 哲学门:分中国哲学类与西洋哲学类。

2. 文学门:分国文学类、梵文学类、英文学类、法文学类、德文学类、俄文学类、意大利文学类及言语学类。

3. 历史学门:分中国史学类与东洋史学类以及西洋史学类。

4. 地理学门

大学理科

① 数学门；② 星学门；③ 理论物理学门；④ 实验物理学门；⑤ 化学门；⑥ 动物学门；⑦ 植物学门；⑧ 地质学门；⑨ 矿物学门。

大学法科

① 法律学门；② 政治学门；③ 经济学门。

大学商科

① 银行学门；② 保险学门；③ 外国贸易学门；④ 领事学门；⑤ 税关仓库学门；⑥ 交通学门。

大学医科

① 医学门；② 药学门。

大学农科

① 农学门；② 农艺化学门；③ 林学门；④ 犬兽学门。

大学工科

① 土木工学门；② 机械工学门；③ 船用机关学门；④ 造船学门；⑤ 造兵学门；⑥ 电气工学门；⑦ 建筑学门；⑧ 应用化学门；⑨ 火药学门；⑩ 采矿学门；⑪ 冶金学门。

当时政府之计划，拟全国设立四大学：一在北京，一在南京，一在武昌，一在广东，最先着手者为北京大学。

(五) 专门学校

专门学校之宗旨为教授高等学术、养成专门人才而设。中央、各行省，或私人私法人，皆可设立专门学校。凡中学校之毕业生皆有入专门学校之资格。专门学校之种类如下：① 法政；② 医学；③ 药学；④ 农业；⑤ 商业；⑥ 工业；⑦ 美术；⑧ 音乐；⑨ 商船；⑩ 外国语。

（六）师范学校

师范学校分男子师范学校、女子师范学校、高等师范学校三种。师范学校以造就小学校教员为目的;高等师范学校以造就中学校、师范学校教员为目的。师范学校与中学校同定为省立,由省行政长官规定地点及校数,报告教育总长分别设立。凡县因特别情事,依本令之规定,由省行政长官报经教育总长许可,得设立师范学校,为县立师范学校。两县以上之联合,亦得设立师范学校。私人或私法人,依本令之规定,经省行政长官报告教育总长许可,得设立师范学校,为私立师范学校。高等师范学校定为国立,由中央政府设立之,归教育总长通计全国,规定地点及校数,然后分别设立之。

师范学校之经费以省经费支给之,高等师范学校经费以国库金支给之。师范学校校长、教员之俸给,依部订规程之标准,由省行政长官定之。高等师范学校校长、教员之俸给,别以规程定之。师范学校、高等师范学校之学生一律免纳学费,并由本学校酌给校内必要费用。依前项规定外,得收自费学生。

师范学校应设附属小学校,高等师范学校应设附属小学校、中学校。女子师范学校与女子高等师范学校,于应设附属小学及女子中学校外,并设蒙养园。师范学校得附设小学校教员讲习科。女子师范学校除依前项规定外,并得附设保姆讲习科。高等师范学校、女子高等师范学校得设选科、专修科及研究科。师范学校教员以经检定委员会认为合格者充之。其实行期另以部令宣布。

（七）实业学校

实业学校以教授农、工、商业必需之知识、技能为目的。实业学校分甲种、乙种。甲种实业学校施完全之普通实业教育。乙种实业学校施简易之普通实业教育，亦得应地方需要，授以特殊之技术。实业学校之种类为农业学校、工业学校、商业学校、实业补习学校等。艺徒学校视作乙种。工业学校亦得参照工业补习学校办理。女子职业学校得就地方情形与其性质所宜，参照各项实业学校规程办理。

省行政长官视地方需要分别设立甲种实业学校。县及城镇、乡或农工商会得设立乙种实业学校，亦得酌量情形，设立甲种实业学校。省及县设校地点由省行政长官及县行政长官定之。实业学校以经费所自出，定名曰省立实业学校或县立、城镇、乡立实业学校。省立实业学校之设立、变更或废止应呈报教育总长。各县之实业学校，其设立、变更或废止均须呈请行政长官认可，转报教育总长。惟实业补习学校只需呈报省行政长官。实业学校之学费得视地方情形酌量减免。

七　新学校课程

教育部既重立各种学校组织法，随又颁布各种学校课程之标准，较诸前清有数点为根本上之不同。兹将小学、中学、师范学校诸课程标准，为一种之考察，凡有变更之处则表而出之。

（一）小学校课程

初等小学之修业期限为四年。其教科目为修身、国文、算术、手工、图画、唱歌、体操。遇不得已时，可暂缺手工、图画、唱歌之一科目或数科目。女子加课缝纫。此次初等小学校之科目较旧时不同之处为：经学、地理与理科之不列入课程表中，特别注重手工一科目，非若前清之定为随意科也；第一年每星期之钟点自24减为22，第二年自24增至26，而第三年与第四年每星期之钟点，男子自30减为28，女子则减至29点钟。

高等小学之修业期，自四年减为三年，其教科目为：修身、国文、算术、本国历史、地理、理科、手工、图画、唱歌、体操。男子加课农业，女子加课缝纫；视地方情形，农业可以从缺，或改为商业，并可加设英语，或改英语为别种外国语；遇不得已时，手工、唱歌亦得暂缺。小学校得设补习科。小学校之某科目，遇有儿童身体所不能学习者，得免除之。小学校之科目报经县行政长官许可，得增减之，以期合乎地方之情形。此次高等小学新课程之不列入经学，乃极当注意之事。盖前清经学一科目 占去每星期钟点及1/3也，次则为每星期钟点之减少，改昔日之36点钟为第一年30点钟，第二年与第三年每星期规定男子30点钟、女子32点钟。

（二）中学校课程

中学校之修业期限为四年，以代旧制之五年。惟不分文、实二科，未免不合近世中等教育之趋势。盖中学若分文、实二科，易应人民之各种需要也。中学校之学科曰为修身、国文、外国语、历史、地理、数学、博物、物理、化学、法制、经济、图画、手工、乐歌、体操。若以此与前清之中学科目相比较，则为加入手工，废除经学，是足征实验科目之已战胜文学科目矣。每星期之钟点已改36点钟为第一年33点钟，第二年 34 点钟,第三年与第四年为 35 点钟。男子或女子中学校校长,遇不得已时,得通计各科历年教授时数,就各学年变通而增减之。每周至少须满 32 小时,至多不得过 36 小时。

（三）女子中学校课程

女子中学校,除习男子中学校之学科目外,当加课家事、园艺、缝纫,但园艺得缺之。每星期之钟点为第一年 32 点钟,第二年 33 点钟,第三年与第四年为 34 点钟。每学年每星期之钟点较诸男子中学校皆少 1 点钟。

（四）师范学校课程

男子师范学校之本科,分为第一部、第二部。第一部预科一年,本科三年,第二部修业年限为一年。本科第一部之学科目为:修身、教育、国文、习字、英语、历史、地理、数学、博物、物理、化学、法制、经济、图画、手工、农业、乐歌、体操。新师范学校之课程较清制所不同者,为无经学之列入,而增加英语、法制、经济、手工、农业与音乐诸科目;余则为每星期钟点之减少,自 36 点钟减成预科 32 点钟,正科第一年 33 点钟,以后之三年各为 35 点钟。本科第二部科目为修身、教育、国文、数学、博物、物理、化学、图画、手工、农业、乐歌、体操。授业时数为每星期 35 点钟。

（五）女子师范学校课程

女子师范学校与男子师范学校同。正科分第一部、第二部。第一部预科一年,正科四年。第二部仅有正科一年。第一部之科目与男子师范学校所不同者,为缺农业,加家事、园艺与缝纫;每星期钟点较男子师范稍多,预科 33 点钟,正科第一年 35 点钟,其第二年、第三年与第四年,每星期皆 36 点钟;英语每星期占 3 点钟,但可视地方情形,将英语一科目,付诸缺如。若减去英语,则每星期之钟点,较男子师范为少:预科 30 点钟;正科第一年 32 点钟,余三年皆为 33 点钟。女子师范学校本科第二部学科目,与男子师范同,所异者惟以缝纫代农业,与夫每星期钟点之减少为 34 点钟也。

(六)高等师范学校课程

高等师范学校分预科、本科、研究科。其修业年限预科一年,本科三年,研究科二年或三年。高等师范学校得设专修科、选科。专修科之修业年限为二年或三年。选科则二年以上、三年以下。预科之科目为伦理学、国文、英语、数学、论理学、图画、乐歌、体操。本科分国文部、英语部、历史部、数学物理部、物理化学部、博物部六部。本科各部各有分习之科目,但各部亦有通习之科目,为伦理学、心理学、教育学、英语、体操。研究科就本科各部择二、三科目研究之。预科、本科及他种特殊科之科目授业时,由校长订定,呈报教育总长,民国高等师范学校课程之特点,为废除昔时视为重要之经学科,而加入数种科目,乃前日所无者也。

吾人对于民国高等师范学校课程之考察,得三大变更之点,不可不知焉。若总述之,为经学之废除,输入关于社会、工业重要之新科目,与夫减轻繁重之科目或钟点也。分言之,第一,为减少暗诵中国古文学之时间,易以重实验之致用西学;第二,为订正学校之科目,假青年以机会养成技术与觉官之能力,应社会与工业趋势之需要,若手工、图画、家事与农业等皆是也;第三,为减轻繁重科目,即所以免耗费学子之体力。总以上之三种变革而观,甚合于近世教育之进步趋势，当维持之而俾勿坠者也。

八　新规程之公布

民国之新教育制度，其性质可谓渐趋于圆满之域。最初之一二年，教育部所公布之规程甚多，以统辖全国各方面之教育事业。若学校制服、学校仪式、学生转学、学年学期休业日期、学校征收学费、学生操行、学业成绩考查诸规程，以及关于学校行政诸办法皆是。兹将是中之重要者举而述之。俾完成民国时代之新教育制度。

（一）学校行政

学校行政之精神即国家政治性质之反映也。在君主时代，学部所定之管辖学堂与学生诸章程条规，纤微毕举，而对于学校行政者，富含强制实施之权。民国肇兴，情形不同，崇信活动精神与放任政策。凡学校之章程以及学生管理法皆由校长参酌本地情形而定。仅国立学校须报告教育总长，地方立各学校报告地方行政长官而已。教育部所公布之规程，不过略举其纲要，为各学校作一标准而已。学生不得干预学校行政规定于法令中，但对于学校教授管理，如确有所见，得上书或面陈于学校行政者；又于课余之暇，得设游艺、体育、音乐等有益身心之会，但须得校长之允许，并由职员督率之。学生有因犯校规退学者，非实已悔改，有正确之保证，不得再入他校，是为立法者儆戒学生，不轻易干犯校规之微意。

（二）学校学年学期及休业日期

民国既采用阳历，于是学校历亦不得不有所变更，以免进行上之窒碍。教育精心筹划，不久新学校历即发表于世。学年以8月1日为始，翌年7月31日为终。一学年分为三学期,1月1日起至3月31日为一学期;4月1日起至7月31日为一学期;8月1日起至12月31日为一学期。暑假休业期定为30日以上、50日以下。但高等专门及大学校不在此限,其起止日期视地方气候,由各校自定之。年假休业定为7日以上、14日以下。春假休业定为7日,自4月1日起至7日止。乡立小学校得依旧惯,放麦假秋假而缩短年假、暑假、春假之日期,惟在暑假期内仍应减少授课时间。在气候严寒地方之各种学校,得酌放寒假,而缩短年假、暑假、春假之日期。纪念日、日曜日均休业1日。

（三）学校征收学费

照教育部公布学校征收学费规程,初等小学校应免征收学费,但因特别情形,每月得收学费银元3角以下;高等小学校征收学费,每月至多不得过银元1元;补习科至多不得过银元6角;乙种实业学校征收学费,每月至多不得过银元6角;中学校征收学费,每月1元至2元;甲种实业学校征收学费,每月银元自8角至1元5角;高等专门学校征收学费,每月银元自2元至2元5角;大学征收学费,每月银元3元;但于入学时征收保证金一次,银元10元为限。除中途自请退学外,毕业日仍照原数发还。初等小学校、高等小学校以及乙种实业学校,征收学费每月一次,而中学校、甲种实业学校、高等专门学校以及大学校则每学期一次。学校校长有权酌核,轻减或竟免除学费;惟得享此权力者,以贫苦或成绩最优者为限。凡学校遇有特别情形,须变通征收规程者,应由省行政长官声明理由,报经教育总长认可。

（四）学生操行学业成绩考查

各学校至少须备学生两种考查表。一曰操行成绩考查表，二曰学业成绩考查表。学生操行之成绩以甲乙丙丁四等评定之。学生每学年之操行成绩，列丙等以上者为及格，列甲等者校长得给以褒奖状。于升级毕业时，应以操行成绩与学业成绩参酌定之。凡学业成绩未及格，其分数相差不及1/10，而操行成绩列乙等以上者升级或毕业。学业成绩仅能及格而操行成绩列丁等者，得停止其升级或毕业，但须经教员会之评议，由校长决定之。专门以上学校，其考查操行规程得由校长酌察本校情形，特别规定之。

学生学业之成绩分为平时成绩与试验成绩。平时成绩由教员考查学生勤惰与其学业之优劣，随时判定。试验分学期试验、学年试验、毕业试验三种。前项三种试验外，又有入学及编级试验，于招募学生及收受转学学生时行之。评定成绩分甲乙丙丁四等：甲80分以上，乙70分以上，丙60分以上，丁不满60分。前项丙等以上为及格，丁为不及格。及格者毕业或升级，不及格者留级。留级两次仍不及格者令其退学。教育部公布之学生学业成绩规程令中，又列有计算或评定学期、学年以及毕业时学生成绩办法各条。

（五）审定教育用图书

因教育制度之变更，凡编纂与发印教科用书或教授用书，皆取放任主义。与前清所同者，当以编辑之各种学校所用教科图书，呈请教育部审定后方可付印。各省组织图书审查会，就教育部审定图书内择定适宜之本，通告各校采用。未几，有各省图书审查会、组织法及审查规程公布于世。

第七编 现今国民教育之重要问题

吾国教育之发轫、进化与复兴之事，实已略举而言之矣。外此，尚有与教育关系极显之问题，为前此所未言而不得不言者。此类问题甚多而其互相关系又甚复杂，故欲与以充分之解决，为事殊非易易，然岂果不足以言耶？正惟以彼供吾文之资料者颇富，当择一二重要问题言之，未始非解决之方也。

一 教会教育与公共教育制度之关系

泰西教会在中国之教育事业迄今已成为一重要问题。所谓教会者，包括天主教与耶稣教而言也。初意不过为传道之一助，事事从简。至近数年间，始达若是之范围与性质，而其影响及于吾国之新教育又甚巨也。民国元年（1912），耶稣教会在吾国设立之学校，统计初等小学 3 708 所，学生 86 241 人；高等小学 5 537 所，学生 3 384 人；授高等学问者有 30 校，中有 9 校命名为大学者。天主教会之学校统计表未见于世，然其学校总数不能多于耶稣教会所设者无疑。信天主教之儿童，则有祈祷学校以教育之。宣教者与女尼之教育则有特殊之学校，又另设缙绅信徒学校。高等学校受主教会之监督。沪上之震旦学院与徐汇公学即为天主教会所设者，规模颇具。全国天主教会与耶稣教会所办教育事业，虽无详确之统计，而约计之，学生必在十万人以上也。

国人对于近世学问之需要度颇强，而政府教育之进行亦以国民标准为主，故对于教会教育之状况不惮研求。因是各教会与其本国董事会,思有以观察己之教育政策,与夫如何坚固其教育事业之根基。数年间纷纷组织教育考察团、委员会等,于宗教会议时亦累次讨论教会之教育问题,实行厘定教会教育之宗旨,其成绩与缺点,或其所以失败之由,标而出之,而改良之条陈尤所欢迎焉。基督教各宗派联合一教,以成一各级学校办法之标准,免除无谓之冲突、竞争,而选择优良教员与主持教育之人,实为急务也。

中国政府之对于教会教育有发生之问题焉,即取如何之对付态度是也。前清时,毕业教会学校者无享受学位与实官之权利,且并无立案之例。一取放任主义,各省咨议局规定官立学堂之毕业生有选举与被选权,而教会学校则否,非有排外与排教会之意也,不过当时政府欲保新教育之国民性耳。若现今政府,则全返其情形,虽对于教会教育无甚积极之政策,闻已派委员往日本考察一切,固非漠不关心者也。

教会教育问题之当研究者有三:① 政府应取何种承认与管理制度;② 所取之制度是否为教会所欢迎;③ 与政府之本身有若何之利益。此三者中,其第一节则日本与印度所行之制度,可备参考焉。就日本教会学校与政府生关系之道有三:① 政府只承认一部分之教育事业,无视学规程之厘定,是以亦不干涉其宗教之教授。② 承认其学校之从一种政府教育格式者,予以宗教上之自由,得延展兵役年限,准升入政府设立之高等学校;中学许其转学,毕业后充义务兵役一年;第二种承认之限定,以政府学校课程为标准者,每年授课占 220 日,除去考试与休业日不计,各种表簿及试验卷当保存以待视学之查验,又每年须造成报告书,且教员中必百分之若干须经检定者,校舍与场地必合官定章程;学校之事务,随时当从政府视学之指导。③此种之承认学校,为完全遵政府制度者,享受各种权利与政府设立之学校等,公众之对于此种学校信任较切,因其组织纯然为一政府学校,校中无宗教课,并无宗教仪式故也;其教授禁制之宽严,视地方之情形而异其程度,有数种学校可于课余或校外设立宗教随意班。

印度教育制度,有政府得承认私立学校一条,教会学校即包括于私立学校之中。若教授合法,即可得政府之承认,而宗教讲演之有无,不予以限制也。1854 年,印度教育公报载明,凡政府扶助之若何,与时间之长短,一以视学按期报告为准。当视学来校时,对于宗教讲演无所顾问,故印度教会学校皆可授宗教课,而视学惟一之责任,即稽考所授之教育是否应享所给扶助金之数是也。

吾国所当取之方针而最适宜者惟何? 曰须采用承认之制度而不干预其宗教教授,惟限以实行一种教育标准而已。尝闻教会之希望,谓予所主张之政策乃极公平正直者,几全体赞成之。讲言之,虽日本对于教会学校之第三种制度,有数种教会亦颇欲予以承认。因如是,则上流社会之子弟多愿来教会学校肆业,且彼等之来也,出于本心,其领悟宗教之道必较切。虽直接之成效较少:无害也。行日本第三种制度仍可输入宗教感化;惟不以教室而以随时演讲,岂不甚便! 若以学校之活动、公众之信任以及施耶教教育机会之广诸利益,与受干涉之害相较,其得益奚啻信蓰。

吾国既得日本与印度之经验，并观己国之现状，因知一种承认与管理教会教育制度之不可缓，而其利益又非可以一概论也。政府若欲创行管理与监督教会教育之法，参以试诸私塾者，庶几近之。政府因经费竭蹶，教育不克扩充，既管理教会而利用之，适可以补其不足，且同时政府得以观教会教育之如何，而知受其教育者并非一不知国情，昧于己国生活之人，乃一富于国家思想与完全中国精神之国民也。

二　教育与道德之养成

如何能使学校为养成适于国民道德之机关，乃吾国今日教育问题中之最重要者也。昔日教育制度以经学为课程之中心。经学者，为吾人高尚思想与言论之宝库。凡个人家庭与人民责任皆不能脱此藩篱。受其陶镕者，能养成一种高尚之道德及优美稳定之性质。而吾国之文明，即持此种道德性质维系而不坠者也。旧教育制度既废，新教育制度代兴。旧经学与旧道德之教授法虽不能尽弃而不顾，而其影响必不能若昔时之重大，则无疑义。富于旧道德观念者曰将来之道德何如乎？以现今之情况，不独保守旧道德所固有，且当合于近世之需要，与西方文明融会而广大之，为事之能乎？否乎？在保守心过重之徒，以复古为志，思复置经学于小学校中占重要之位置。幸有识见高超者知已废者之不可以复也。而新教育制度之能力，若善用之，则其成效必出乎吾人之所料。

当新旧教育过渡时代，道德教授已视为学校课程中之重要科目。编为普通用之道德教科书甚富。不独改良旧道德之教授法，且足以助年幼之学生记诵经学。而孔子所乐称君子之观念，以学生程度之高低，施用各种摹绘情状法与譬喻开发法,俾其了悟于心,虽选辑之材料或不无可以批驳之处,而大体则甚妥适。

我国人在今日,几无不知道德之重要,皆以全力赴之。部中所公布诸法令,所谓教育第一之宗旨者,启发学生之道德也。学校课程中仍注重道德教授,以道德为教授特种科目,则教育惟一之宗旨自必以道德为归,是以吾国前途之幸福希望,胥赖乎是矣。

虽然养成道德之道亦多矣,岂限于学校课程中之道德一科目已哉!而他种科目未尝不可变更其意思感情,使之趋于正确之途。中国之文学资料有意撰,有稗官,有传记与诗赋,于养成人民道德之生活均占极高之价值。不独关于智慧一方面而已也,且所以振触其感觉,导引其动力和其理想行为与志气之力甚巨。他若历史,则古人之理想功业跃现于纸上,读其书之想见其丰功伟烈,有动于心,遂能铸成高贵品格。由是观之,历史为启发道德之重要分子,亦何减于文学哉?故历史教员与国文教员,若以有价值参考之所得,灌输种种模范于学生之心目中,庶几其动作行为有一正确之主张焉。抑更有进者,道德影响之推进,不仅以历史文学为限也,苟拟以道德观念渐积于全校,则学校课程中,无论何种科目皆足以分奖劝学生道德之影响者也。

夫人既知仅仅教授正当行为之理论,不足以养成儿童之品行,然又确信有一种助力,则无疑义。盖道德教训非具体而抽象者,若离真正生活而独持此注入学生之脑筋,必无甚价值可言。是以不得不利用他种有效之法而加意焉。所谓最重要之原因惟何?曰:教员之品格。从经验上而知学生之气质,由聪明豁达之教员默示感化,渐觉其向慕而变化者,则其效必较教员之口讲为真切。其他之原因,则由于学生之天性与感觉,凡善于训育之教员,必深悉己之行善风采与优美习惯影响及于儿童甚大。要之,道德演讲、英雄故事、感神寓言,虽能感人之情,若非儿童本性优良者,其效必浅。故理想与感觉,非有真实行为之表现,仍不能成儿童能力与习惯之一部分。故吾人之于道德也,非独知之且宜行之,是谓知行合一。今日中国之教育家有知以上所述二原因之重要也,故于学校表现天性与感情之机会、设备甚为周至。学校之奖励运动以及游艺会等,皆养成社交之关系,法非不善也,但当稍变其道,而于养成好习惯与品行,尤当三令五申而实践之。

三 学校训练与行政

吾国教育制度之最为人所訾议者,莫学校训练与行政若也。新教育制度既行后数年,学生未免过趋于自由。各种学校暴动冲突之事,时有所闻。其故由于一部分之学生,颠倒于自由平等之想象,不受约束而肇祸,间或有性情怪僻之学生,亦为致乱之分子;此等学生大抵年事已长,智识早开,当入学校时,久蓄成见于心,且自视甚高,故视无论何事物,若皆有害其自由,愤嫉之心,不期而生,其结果则学生急欲发张其权势,逾越范围之举时作矣。有时被动于爱国之心,见政象危殆,聚众开会,讨论补救之方法,去电政府,解决国家特种问题,甚而拒驳政府之行动。此种过举,为学校行政者所不欲有,乃事理所不可逃者;苟试遏制之,彼等过敏之神经,扰乱即随之而起。

所以成如是之情状者,一部分归于训练之不当。学校行政者缺乏治事之才，无权宜以济艰难，斯管理之道失矣。学校风潮之起，其咎非学生所独任，间有学校行政者因个人或他种关系，小欲使有效之法以维持学校之秩序，其结果亦易致扰乱也。次则教员团体，亦为酿成学校骚扰之一原因。新教育始兴，担任教务者多来自旧制学校，懵于接待学生之法，仍持其强压与骄慢之精神，滥使其权力以驾驭学生，反对力之发生，岂偶然哉？亦有放弃己之责任，或无能为力促守其校规。一言以蔽之，多数之教员，其素养与本能皆不合于教育之责任，故易激起扰乱也。

今日学校之训练问题，无昔日之严厉，而新旧教育之扰乱已整顿就绪。新师生关系已生解决之标准。最近数年之情形，遂一变学生之态度，大胜于前五年。不独学校之训练大体斐然，且自由平等之误解亦骤然消灭，而学生之电争政府亦为绝无仅有之事。盖已知学生者处求学之地位也，所为之事，学生之事也。非羽翼丰满之国民，于国家之政治当无容喙之地。抑知今日学校所以臻较优之域者，其故有二焉：一信学校管理为急务，故不时增大其权力；二教职员之模范，大有进步，不独于教育研究有素，且蓄较真确、较高尚之观念。故学生训练之难问题，想不久即可迎刃而解矣。

同时有一救昔日弊害之根本问题，不可不研究者，即学校校长之当慎选是也。人之有行政才与优美道德者方可充校长之任，付之以统辖一切校务之权，以免掣肘。而教员之所素养亦为切要之图。余则养成学生自治与守秩序习惯诸美德之学校组织，尤当变今之道而提倡之。故今而后最当注意者，为学校全体共作之精神，非限于校长与教员之联络，而学生与教职员之情谊亦非疏通不可。若遇机缘,有几种自治团体使学生分任一部分关于整理学校秩序之事,所宜输入者也。但含试办性质则可。若骤改常度,则易滋流弊。以富于自治精神之美国人,因学校欲救训练管理之穷,而倡学生自治制度。据经验之结果,谓失败尚多。是以仓促废除严厉之管理与约束太驰,其利每不胜其弊。故自严厉管理时代而入学生自治时代,其过渡当以渐,庶无放纵扰乱之虞。欲自治制度之有成效,必赖一部分学校行政者之承认,且为各学生能力所及之事,夫教职员确知自己管理权之界限,而学生又能敬守学校行政者之法权,二者交相让,则学生自治之事进行,其庶几乎?

四 教育制度中之财政问题

新教育制度之最难问题,莫财政若也。旧日之教育制度言,所支给之费用不过为科举考试,与一二大城市中之书院而已。近世教育制度既兴,费用骤增,与旧制规定之比例,大相悬殊。校舍之建设,教具与教科书之筹备以及其他之所需,动辄不赀。昔日之教育,其利益仅及于少数,而今之计划则教育当推及全体。然教育财政之膨胀如何解决之问题,颇为当局者之困难。政府对于新制度之进行,深为一般有关教育行政者所喜。维持教育之费,列于中央与各省之预算表,其来源不一。据宣统二年(1910)学部之统计报告,以教育之入款分为以下之各类:(一) 公产之入款;(二) 储蓄之利息;(三) 政府之款;(四) 公款;(五) 膳宿费与学费;(六) 强迫捐款;(七) 愿输捐款;(八) 杂种收入。举以上各种教育入款之搜集法,有极饶趣味与悲戚者。譬若以书院改为学堂,迎神赛会敬祖之资变为学校用款,寺院道观设为学校,其产业入款,充作教育经费。此皆极饶兴趣者也。

政府之奖励私人兴学不遗余力。然而,私人未经请求之以资产捐入学校为经费,毫无希冀奖励之心者比比皆是。人民对于教育之热诚,牺牲一切,能不为世俗所钦敬耶!是亦吾国人理想程度颇高之明征也。各省有增加地方税以应教育之需者,然为数无几。惟河南一省行政者办理得法,盈余颇多。惜乎征税无统系之制度,不可为训。

夫欲离国家赋税制度而言新教育之财政,不可也。故欲解决教育问题,必先知国家赋税之状况。前次之财政掌于不肖官吏之手,商市亦时遭经济折阅,故大中小学堂因连带而露恐慌之象。后又以屡经改革:财政所受之影响甚大。非数年之后,政府之税源与用度不克入于稳健之域。即以第一次辛亥革命损失之约计,除无赋税进款之数月外,合公费之增加与私人之损失,约占二万万三千万两。近数年来国库之匮乏,内外债之举行,故无足怪者也。而其间以地方税与中央税制度之不分,中央与地方财政之冲突,以及地方官吏解款之玩忽,各行省协济中央之迟延,皆为财政竭蹶之大原因。幸未几,中央与各省行政制度之基础已固,然而教育之财政问题尚未解决也。兹有两种政府于此颇有研究之价值:一减少尸位素餐之职员,或全免之。学校之仪器,必待教员、学生有使用之能力,方始购买,免添置不急之校具,与校舍暂缓建设。次则为奖励私立学校。以奖励之策或他种计划,改良私塾,并求泰西私立学校备案之法,皆当斟酌情形仿效之。庶几弥补财政之缺乏,以待赋税之改良,财源之启发。然则前途之希望若何？以吾国富源之大，决非在泰西诸国下，他日之富强不难也。盖中国譬若一富人，藏金于窖，而日诉贫于众，其故由于工业不兴。工业之所以不兴，则（一）全国教育之幼稚；（二）资本之匮乏。苟能发达近世教育与科学知识，且利用外资以辟地利，则不出数稔，财政之情形必有进步，而教育之扩充亦较有把握矣。

五　普及教育

泰西教育家与政治家有言曰：教育者人人所当受者也，此义其谁不知？惟吾国旧教育时代，则知者寥寥。新教育制度既成立，普及教育之问题遂盛唱于一时。顾教育之效，群众中只一部分受其利耳。以教育发达较著各省之统计而论，虽不完备，未尝不可得其梗概。直隶一省200人中就学者1人，或已达学龄之儿童，就学者为1/14也。若四川省，则就学者仅275人中之1人，或学龄儿童中1/15。

吾国人民有数百兆，教育之普及问题，若欲解决，颇费踌躇。其最大之难题为文字之关系。因文字之构造复杂，苟无善良之教授法，非废极久之时间不能读一书，较之西文难易悬绝，加以文字语言之不同，且各处方言又不能统一，故普及教育其难实甚。吾国发表思想既若是其繁重，一士子欲受完全教育，较诸他国非延长三五年不为功。近数年亦有倡议解除此种困难者，以下为各种有意义之试行法：（一）废除机械记诵法，而代以逐字解义之教授；（二）发印通俗教科书、报纸，以日用易晓为主；（三）创造简字与使用法；（四）吾国各种语言中以官话最通行，拟加入学校之课程；（五）改良国文教科书；（六）拟造表音文字，若罗马字。然除文字外，普及教育之第二难题乃为教员之养成与养成之款项。由估计而知，吾国若行普及教育，当有 100 万学校，较今之 5 万余学校数约 2 000 倍弱。换言之，即当增加 95 万学校也。学校职员需 150 万，教员需 200 万，此皆属于先事之预备，与经济之筹划，有志普及教育者不可不早为之所。

自改建政体以后，普及教育之一念，时萦绕于政治家、教育家之胸中。教育部且拟实行强迫教育之令，凡儿童自 7 岁至 14 岁不入学者，罪其父兄，极力注重初等教育，并兼整顿并合高等教育，以剩余之款多设高初小学，一洗前此渴慕大中高等学堂倒行逆施之弊。若果能循此旨而行，则不独前此之弊可免，而初等小学应当注重之道亦得矣。

六　教员之养成

合格教员选择之难，为吾国近世教育进行之一大障碍。当新教育之发轫，政府、人民于教育实质上之建设，若校舍、器具、地图等，规模务求其备，然惟聘请正式养成之教员则终觉不足。非政府懵于教育之大计，而不欲进近世教育于光明也。盖设立学校易，养成教员难。教员非若学校可以短时间成就者也，生长发育以待成熟，为时颇久。况学校愈多，需用教员愈繁。西哲有曰：炮制就已驾设，惜无施放之人。旨哉言乎。学校之骤然增加，如何供给多数合格教员，实为颇费解索之一问题也。

吾国人数占全球 1/4。若施教育而无充分之预备，是大不可也。教员最要预备为教员之养成。若吾国新教育之教员，能取材于旧式学校，则学校之增加虽多，亦无难问题之发生。所惜吾国之旧教员之其素养不合于近世学校之需要，其故由于科举时代,只知争得一矜之荣,即终身恃此以为衣食。设馆授童无教员检定书、教科书、课程表等,惟知笃守遗规,借执教鞭而已;或被聘为西席,或受徒于己家,学生之数鲜过二十以上者;教授重记忆而轻推理力。自新教育之制度行,教员之地位与前不同,所知者不仅经学与古文,所教者非个人乃全班,教员不独启发学生记忆力,并注重推理力,此皆非旧式教员所能为也。旧式教员富于保守性,不肯轻弃其夙习之旧式教授法,然有时亦不得不承认一部分新学问、新教授法之灵便,而露其惊愕之意。因无适从之道,一旦改入新学校为教员,对于教科书谨守其范围,少有变化,且仍偏重记忆力,若助学生思想之法则非彼所习或非彼所喜也。于近世教育学在彼视为一种新科学,彼或无所取,或能重视之,然而不能善用之以尽其效。

是故吾国政府人民当速求得教员之法,以济急需。为中国近世教育之先导者,教会学校也。而得新教员最先之源,亦为教会学校。盖教会之大中学校多授新教育,其毕业生较宜充新学校之教员。吾国官私学校之聘请教会学校毕业生为教员者甚多,不独需要之大,且学校增加颇速,故往往有求过于供之虞。

新学校教员第二之来源为素著声誉之学士。彼等知社会之情形已变,非改志趣难以图存。遂由间接而学新知识,急切从事,欲速则不达,幸而有得亦残缺浮薄者耳。推彼等多数之意,以为教育可由捷径而得。各种科学之特点仍付学生自习之,不必深究其原理。此类之人可名曰教育事业家。受各种被动力而养成,或为受人一念而然,或为经济关系而出。然论其大体，较之旧式学校教员，其思想之进步，奉职之热诚，所胜实多；但以己身过去之历史为标准，以儿童委托其手乃属危险之事。

当新教育制度之初开幕也，教员不得不借材于异国，惟以高等程度学校为限。自中学起至大学止，其数不多。其故由于高等程度学校之居少数也。据前清宣统三年(1911)之调查，京师及各省大中学校外国教员共545人，中21人充京师大学及法律学堂教员，清华一学校美国教员18人，其中半数为女教员；又外国教员来自日本者亦多，一则同文之故，二则薪金较小，路费较少。然此仅暂时之情形也。

外国教员之资格不一律，有寄居中国甚久、富于教育经验、有志助吾国发达新教育者；反之，有一部分人并不喜教务，又不知教育之原理，受人之聘，偶然为教员而已。新教育开始之数年，延请外国教员者皆归各学校自己之主张，无一律规程与宗旨之厘定。不过凭个人或机关之介绍而信任之，来去无常，随学校主持者为转移。当时学生之程度尚浅，故外国教员鲜有教专门或高深科目者，其结果则外国教员仅分其时以授外国语或浅层科目，而不能一尽其专门之长技。至清光绪三十四年(1907)，而情形始一变。学部奏准，立有聘请外国教员章程，事前必呈请学部承认。若军学教员则除学部之承认外，且必经陆军部之同意。

留学回国之学生亦为教员之一种。顾其比较数尚属寥寥(指欧美留学而言)，其何故耶？曰：外国之留学生多投身于政界或实业界，以希丰优之酬庸，间有已为教员者，亦不过视其职务为一升迁利益之阶梯，非有所乐于为此也。数年前,在外洋习教育回国之学生仍担任政府他部分之事务,弃数年之预备养成如敝屣。欲救此弊,故有清光绪三十四年(1908)学部之通饬,凡学部派往外洋学习教育回国之学生,非满五年义务期限,各部各省不得调用,惟薪金加优,并有位置之保证,免其举棋不定,庶使教职员与教育行政官之选得不患无学识经验兼优之人。

师范学校与师范养成所皆为产出教员之地。新旧法令对于此等毕业生义务年限,皆斤斤致意焉,其年限皆有规定,时间之长短,则视所受教育之久暂为比例。若抗违此律,则追还其教育费之全部或一部。

历来教员养成之数,不能与各种学校之需要相应合,是亦立法有未尽善也。前清学部谓:欲知每年教员之需要,必先制人口之统计,而教育行政官于每年既达学龄之儿童,当有调查以支配教员数之养成。清宣统三年(1911),学部通咨各省师范学生之增加当以小学之增加为标准,是为预计师范生养成数之第一步。自各省设立师范学校后,毕业者颇众,其中以速成与专修科较正科为多。暗于事实者,以为今之师范毕业生似嫌过多,殊不知一观以下之统计,教员数之不敷甚巨,知其为鳏鳏过虑矣。

清宣统二年(1910)之调查,除教会学校及私立学校未经政府之承认不计外,师范学校与师范养成所共 415 处,学生共 28 572 人。下列为师范学校与学生数之分布表。第一类以学校之种类而分,第二类以行省而分。

学校类别 数量名称	优级师范			初级师范		教员 讲习所	总计
	正科	选科	专修科	正科	简易科		
学校数	8	14	8	91	112	182	415
学生数	1 504	3 154	691	8 358	7 195	7 670	28 572

第二类

省份	学校数	学生数
直隶	28	2 040
奉天	33	1 894
吉林	7	470
黑龙江	4	236
山东	16	1 283
山西	17	812
陕西	10	580
河南	62	3 818
江宁	19	2 000
江苏	5	493
安徽	19	1 093
浙江	13	1 219
江西	17	887
湖北	17	1 702
湖南	16	1 961

省份	学校数	学生数
四川	38	2 173
广东	9	1 003
广西	13	1 467
云南	18	1 140
贵州	9	726
福建	8	641
甘肃	36	791
新疆	1	143
总计	415	18 572

自清光绪二十九年(1903)至宣统二年(1910)七月之间，师范学校与师范讲习所各年所有之学生数列表如下：

年份	优级师范	初级师范	师范讲习所
光绪二十九年 (1903)		80	
光绪三十年 (1904)		1 500	90
光绪三十一年 (1905)	974	2 234	2 113
光绪三十二年 (1906)	1 069	5 031	2 808
光绪三十三年 (1907)	2 389	18 253	10 041

年份	优级师范	初级师范	师范讲习所
光绪三十四年 （1908）	3 890	27 474	13 583
宣统元年 （1909）	5 817	19 383	12 819
宣统二年 （1910）	5 349	15 553	7 670

由上列之表而观，初级师范与师范讲习所学生数，达最高点之时为光绪三十四年（1908），以后则逐年递减。而优级师范学生数之最高点则为宣统元年（1909），以后递减之速度不若他种师范学生之甚。上述之现象，其原因有二：其一，仅恃一时之热诚而未备持久之常年经费，故设立学校屡起屡仆，中有能独存之学校，则不为经济所困者也。第二原因，则后之数年毕业师范者甚多，尤以选科、简易科为多，足敷已设立小学堂教职员之数。故教员之需要不若前此之亟亟也，且有多数之学生希毕业于正科，不屑以选科、简易科自满。其结果则自宣统二年（1910）起，学部通令，各省嗣后不准招考优级选科与初级简易科二种。师范生因照当时情形，小学堂已无缺乏教员之虞故也。

吾国教员之品格不同，而来处亦不一，故限定不合格人入教员一阶级之法令，为不可缓也。宣统元年（1909），学部定有小学校教员检定章程，明年又有初级学堂、中学堂教员之检定章程发表。以上二种检定教员之权，京师在督学局，各省归提学使，州县之离省较远者，可由提学使委派专员代

279

行其权。其章程规定，凡委派专员以学问优长、声望素著、淹通教育原理与教授法者为合格；当检定小学教员举行时，其考试员限以专门科目之教员，优级师范正科毕业生或有高等程度学堂之毕业生；检定初级师范与中学堂教员之考试员，必为优级师范及高等实业学堂有名之教员，或国内外大学堂之毕业且教育有经验之人。

现今建立检定教员之新规程已编制竣事，惜尚未实行也。照新规程所载明，凡小学教员必持有检定书，方可充任。有得检定员资格者，非师范学校或教育部立案学校之毕业生，即各省教育检定委员会承认能充教员之人。再师范学校之教员亦必持有检定书，且经教员检定会称为适宜，方得为师范学校之教员。

观以上所述，吾国教育之社会乃杂凑而成者，有教会学校之毕业生，有官立、公立、私立各学校之毕业生，外洋回国之留学生，私塾之教员、事业教员、外国教员，以及师范学校、师范讲习所之毕业生。宣统二年(1910)学部之统计报告，当时全国教员之数已达 89 766 人，较之元年之 73 703 人，光绪三十四年(1908)之 63 566 人所增甚多。其中 84 755 人为普通教员，2 712 人为专门与职业教员，其余 2 299 人为师范与师范讲习所之教员。

教员性质之分类，观以下之统计表可知也。

1. 普通教育

甲. 中学堂

性质	人数	百分比
师范学校之毕业生	848	25.82
他种学校之毕业生	1 260	38.35
外国教员	91	2.79
非毕业生以及未进新学校人员	1 087	33.04
总计	3 286	100.00

乙. 高等小学

师范毕业生	6 867	40.20
他种学校之毕业生	3 172	18.57
非毕业生以及未进新学校人员	7 005	41.01
外国教员	36	0.22
总计	17 080	100.00

丙. 初等小学、幼稚园以及他种学校

师范学校之毕业生	33 348	51.90
非师范学校之毕业生	30 978	48.10
总计	64 326	100.00

2. 师范学校

甲. 优级师范

性质	人数	百分比
近世学校之毕业生	152	32.55

甲. 优级师范

外国留学毕业生	144	30.84
非毕业生以及未进新学校人员	80	17.13
外国教员	91	19.48
总计	467	100.00

乙. 初级师范

师范毕业生	523	41.80
他种学校之毕业生	353	28.10
非毕业生以及未进新学校人员	349	27.90
外国教员	27	2.20
总计	1 252	100.00

丙. 师范讲习所

师范毕业生	334	57.58
他种学校之毕业生	126	21.73
非毕业生以及未进新学校人员	116	20.00
外国教员	4	0.69
总计	580	100.00

3. 专门教育

性质	人数	百分比
近世学校之毕业生	397	32.30
外国留学毕业生	370	31.70

性质	人数	百分比
非毕业生以及未进新学校人员	297	25.50
外国教员	122	10.50
总计	1 168	100.00

4. 职业教育

性质	人数	百分比
近世学校之毕业生	748	48.20
外国留学毕业生	243	15.50
非毕业生以及未进新学校人员	445	28.96
外国教员	108	7.35
总计	1 544	100.00

　　读以上所列诸表,有不可不注意之数点焉。(一)高等程度学堂之外国教员较多,而中等以下之学堂则否;(二)近世学校之毕业生比较止少职务之养成;(三)未进新学校或未毕业之教员反占多数。其故由于读书而无职业之人,以为教员职务事简而金多,故趋之若鹜。由是而言,吾国新学校之教员尚不能谓之曰尽职或胜任愉快也,间有若干学校之教授荒谬,背乎教育原理者。然师范学校之毕业生,吾国教育家对之尚多不足之辞,若其然也,何怪之有?盖青年学子之肄业师范学堂,多数非初高等小学毕业者,基本学问已不完备,而师范学堂科目繁多,时间短少,以致教授学习大概多属皮毛,每星期之钟点自 34 小时至 36 小时,不仅所习之科目有囫囵

吞枣之弊，且于卫生大有妨碍。欲矫正斯失，师范学生必习正科，而入学资格限以曾受小学教育者。如是知师范毕业生程度较优，而教育事业亦有改良之望。

七　教育之关系生活

吾国今日教育最后之一重要问题不可不特别注意者，曰教育有关系于受者之生活问题是也。泰西各国文字教育与实验教育之相讼久矣。其结果则实验教育能使儿童得应社会与工业之所需，卒归胜利。若在吾国，以上二者之新旧教育法尚未脱离争论之范围。数年以来，各学校渐知整理学校作业，期应乎社会之变迁以及适于工业之需要。学校之课程为学生将来解决日常生活问题之一物，是一进步也。吾国学校之课程，如近世科目若地理、法制等，皆已列入，但不能参合学生与社会生活之所需以为教材。故多数热心实验教育家惑焉。而一部分教员之意见，以为学校所授之科目以及教授法，若无害于儿童，必有少许之利益。此论受极高之反对声调，盖学生之抛弃社会而求学于学校，毕业后既不能为农又不能为工商，教育之本质安在哉？

此等严厉指摘之言，虽不能包括全体之学校，然未尝不持之有故。所以致此之由，当归于根本之谬误。彼不顾学生就学之目的，轻视处境生活之需要，甚非教育之本能也。欲医斯病，必慎选教材，与夫改进各种科目教授之法。幸而今之教育新进者，渐知急所先务，幡然变计，注重实用教育，不出十稔，必有成效可观已。

第八编　撮要与结论

吾国公共教育制度之发展,屡经变更,始成今日之现象,已可由观察而得其大概。而于今日教育之重要问题,亦当贡献一二,且加以评论。请得于是书之事实,撮其有关吾国将来者而言之,想亦教育家所乐闻欤。

一　教育与国民之进步

学校教育关系于国民进步之重要,吾国教育史,实一明证也。数千年之教育性质皆偏于文学、哲学与道德诸方面,而近世所谓实验教育则百不得一焉。其教育之法颇似欧洲希腊文学复兴时代以前所盛行者。如是之特别教育,其性质影响于国民之过去颇大。以现在而较过去,吾国近世艺术、科学进步所以迟延者,其故可以恍然矣。自海禁开通与欧美人相接近,教育制度根本上为之一变。大抵为新科学之输入,与留学生赞助力为多,不独国民生活为之一新,置国家于进步改革之途。凡政治、工业、社会等,同时皆显改革。教育之改良为一轴纽,牵动各种事业皆随之而变。新教育造成人才,为国家之栋梁,措国家于磐石之安。故曰:与国民进步最有关系者,乃教育也。教育必裨实用。他国所风行而收功之实际教育,当加意提倡之。

二　教育与政治生涯

欧洲昔时之教育视为宗教、医学、法律之预备。吾国亦然。教育不为实际与日常生活而设,乃为官吏之养成。故父兄对其子弟之最高理想，即希其得入仕途以为荣。此种见解深入吾国之人心，往往轻视工业，以为有损于士子之价值。虽至今日学校之毕业生仍以政府位置为报酬之具。法政学校招考则人数拥挤，而工业学校则应者寥寥。求学为做官之谬见，于新教育制度之下不当生存也。印度之经历，大足为国人之借鉴。盖印度之少年学子多数皆应文官考试，以致供过于求，间或为政治煽惑者，多求官不得，而他种职业又不相宜之人也。现今吾国对于教育为预备官吏之观念已渐消灭。然非急速全行，废除此念，代以远大之观念，不以政治生涯为教育之终鹄，而以农业、工业及其他生活之预备为其目的，则教育为益于吾国之前途，所斯尚远也。

三　中央集权与地方分权

吾国今日当采何种教育制度乎？各问题中无有若此重要者也。以普通政情而言，当破除省界地方观念，而代以国民自觉心，提倡国语以救各地方言之不统一，又以养成国家观念之重要与遵守法律之习惯，是教育当行中央集权制之为是。反之，谓国家土地之辽阔，教育须合地方之需要，所以预谋本土之利益，教育行政必参合社会需要而定，故地方分权之教育制度尚矣。夫一种制度，有宜于此而不宜于彼者，然亦未尝不可取二者之长而融合之，成为一种教育制度，庶免牺牲二者各有之利益。今日吾国之教育制度，似趋此方向而行者也。教育部公布教育大纲，各地方可斟酌情形而损益之。私人所编之讲义与教科书，虽必经教育部之审定，然各省设立之审查图书会，亦有权选择合于本省所用之教科书。各种制度，一方面为求统一起见，一方面又为各地方谋自己利益之余地甚多也。如是则中央集权与地方分权两种制度之极端危险可免,所希执政者当尽力以赴之。

现教育部所公布之法令,规定中央政府负高等教育之责任,各行省政府则负中等教育之责任,各地方政府则负初等教育之责任。如是之教育行政制度,以一定之官府,负专指之责任,免无谓之竞争,取巧之规避,反使教育进行有所窒碍,是谓吾国教育之一大特色。

四 学校课程

最新教育制度中,经学一科之废除,过重课程之减少,以及最新科目之输入,皆为编制学校课程之正理。若欲再改良而进益之,则以下诸点,颇有研究之价值也。课程小部分时间,用于记忆科目,若国文等是,大部分则为科学、家政、音乐与画图。简言之,俾多求得技能之途径而已。官话当与国文并重,期促进吾国语言之统一。

因求西学之热诚,有一相伴之危险,不可不先事预防者。盖恐致力西方教育太过,而忽吾国人民生活之动机;若欲免此危险,当知教育之宜于西人者,未必皆宜于吾国民。以西方之所长,与吾国数千年行之而宜者融合之,成为一种教育,庶几无枘凿之患。昔孟禄博士演说于江苏省教育会,曰:中国教育家之所当保持者,古代文化之所长与其精英,而非其糟粕也;所当取法者,西方文化之所长与其精英,而非其糟粕也;采西方文化时,融会而非变置,以渐进而非以骤几。孟禄博士之言,吾人盖可深长思者也。

学校课程之如何编制?第一,应加手工与练习觉官之科目。无论何如,借学生以机会,熟认具体与实用之理,或实验法与归纳法之知识。譬诸近世纪艺术科学之发明、道德、制造、交通、商务、贸易之进步，何一非以正确之观察，精密之统计，以及有制度之推测而然。故欲吾国之发达，非以实用科学灌输于青年，且奖励其练习切实之观察，与信确之统计，难以有功吾国。学校盛倡假期旅行，实为实习功课之好现象。师生群赴郊野，俾学生与天然界接近，练习观察之正确，不仅以学校之图画、标本或记载品为满足也。

五　教育法

自古重记忆之教育法，吾人已知其不合于教育，而渐废除之。顾重记忆力之教育法，已非一朝一夕之故，岂能一旦而尽去之！是无怪吾国之学校，仍有以记忆力为重，而以教材之活用为轻者。新学校与旧学校之不同，为记忆科目之变行，而非教授法之有异。若长此不变，则西方语言、文字、算术或博物诸学问，必无甚进步之可言。欲救斯弊，记忆力之注重，切勿胜于观察之练习，以及技能之养成。吾国学校师生，须知教育之偏于记忆力者，仅属一时之效，既久遂归乌有。兹又列孟禄博士言曰，习语言之真意，为能用以达意，习算术为能解日常之问题，研究科学则为将来以人事治天然之现象。观博士之言，于教育所当取法者，思过半矣。

此外又有一通病之当医者，则以吾国之教育过重形式与文字之学，学校之师生富于抽象之理想，于科学方法之价值，未遑多求。若能灌进博物、物理诸实用科学，以养成观察及统计之能力，再精心推度其所得而比较之。爱莲博士曾曰，扫除东方人心中之文学理想与连类之推想哲学，而代以科学、农业、商业、经济诸学，所有近五十年西人行而有效之实验法,以及试验室法,皆当提倡于东方之学校,于是改良教育之道,或有进步之一日。凡吾国今日之教育家,希望商业、工业、社会之改良,必自输入诸实验科学始。据爱莲博士之意,为苟行此五十年,必能变化西方与东方思想之不同点也。

六　女子之教育

吾国自古于女子之德育,用力甚专,而于智育则少措意。后以新教育制度兴,女子之教育,大为世人所注目。女子小学、女子师范与女子中学,纷纷成立。政府又有设女高等师范二所之议。今日全国女子师范学校,设置甚多,是足征吾人对于女子教育之热心,而渐成一女子之新状态。或者女子高等学校不久能出现,以应女子之高等教育。则他日吾国女子之于公共生活,得占重要位置,为期当不远耳。

七　教员之养成

师范学校之免除学费,以及供给其一切之用费,为吾国新教育制度之一伟举。如是,庶可期多数师范生之投身教育事业。不独此也,闻教育当局,有采教员赡养金制与薪金标准制之议。果能实行,则不独可奖励人之为教员,且可间接以求学问高深者之入教育界。

中国今日之所需者,为高等师范学校之改良,以养成中学教员。综计全国之高等师范学校,为数无几,大抵程度远逊于期望之标准。在政府之计划,设男子高等师范学校六所,女子高等师范学校二所。此虽足征国人已知中等教育之重要,然而养成有力之教员,必待教育政策之成功。

国人对于女子教育之热诚,知女子于将来公共之生活,当占重要之位置,前既言之矣。所云较重位置者,谓小学校之教员,最合于女子之职业。故女子师范学校当加扩充。新学校之女教员数,占全教员数百分之几,尚无调查。然其为数必不多,可无疑义。其故有二:(一) 吾国社会之情形,除女子学校外,不甚赞成公共学校之聘请女教员;(二) 男子之教育,已渐有规模,而女子教育方始萌芽,是故女子之合宜为教员者,必较男子为少;且女子教员尚不足以供女子学校之所需,必无余力以充男子学校之教员。然聘教刺绣或中文之女教员非难,若他种近世科学之女教员则不易。故不得不改延男教员,或延外国女教员,或师范速成科之女教员,亦一变通之道。

改良教员之知识能力,殊无进步之可言。凡教员研究会、夏季学校补习科、函授读书、地方教育会、参考书籍以及欧美盛行之循环读书法,于教员之养成,裨益匪浅。惜皆缺焉而不备。据清宣统二年(1910)各省之报告,只有四省设教员研究会,以改良教育为宗旨,而各省之于上述之他种教育机关,几如凤毛麟角。所以无各种组织机关,以助教员之养成,不得不归于教育监督机关之无能。然则如何而后可,必也政府给补助费,或其他之奖励,以期教员团体之更善。

八 教育之概观

考吾国教育之状况,其缺点在所不免,然上下尽心教育之改造,颇为人所称道。全国国民之教育问题,规模大而性质复杂,非但需最高之教育技能,且必以热诚博爱与公心以赴之,方得有成效之解决。将今日之教育制度与欧美相较,其幼稚而待改良之处甚多。然欧美之教育制度,屡经变革,殆数百年,时至今日,未尝无不满人意者。吾国之忽改新教育制度,而所改者较旧制所差极远。则学校之瑕疵非出乎意料者。此外尤有一事,不可不注意。搜集前清至今日兴新教育之经验,再参用欧美制度之所长,以及保存吾国自古教育之所宜是也。简言之,当求四境之新状况,以改革教育制度,于国家之前途,庶有豸乎。

附　录

附录一　初等小学课程表

学科 学年	修身	国文	算术	手工	图画	唱歌	体操	缝纫 （女子）	总计
第一学年	2	10	5	1	／	／	4	／	22
第二学年	2	12	6	1	1	／	4	／	26
第三学年	2	14	6	1	1	1	3	1	（男子）28 （女子）29
第四学年	2	14	5	1	（男子）2 （女子）1	1	3	2	（男子）28 （女子）29

附录二　高等小学课程表

学科\学年	修身	国文	算术	历史	地理	理科	手工	图画	唱歌	体操	农业	缝纫（女子）	英文	总计
第一学年	2	10	4	3	2	(男子)2 (女子)1	(男子)2 (女子)1	2	／	3	／	2	／	30
第二学年	2	8	4	3	2	(男子)2 (女子)1	(男子)2 (女子)1	2	／	3	2	4	／	(男子)30 (女子)31
第三学年	2	8	4	3	2	(男子)2 (女子)1	(男子)2 (女子)1	2	3	2	4	3	／	(男子)30 (女子)32

293

附录三 中学课程表（男子）

学科 学年	修身	国文	外国语	历史	地理	数学	博物	物理 化学	经济 法制	图画	手工	乐歌	体操	总计
第一学年	1	7	7	2	2	5	3			1	1	1	3	33
第二学年	1	7	8	2	2	5	3			1	1	1	3	34
第三学年	1	5	8	2	2	5	2	4		1	1	1	3	35
第四学年	1	5	8	2	2	4		4	2	2	1	1	3	35

附录四 中学课程表（女子）

学科\学年	修身	国文	外国语	历史	地理	数学	博物	物理化学	经济法制	图画	手工家事	园艺家事	缝纫	乐歌	体操	总计
第一学年	1	7	7	2	2	5	3			1	1	1	3	33	2	32
第二学年	1	7	8	2	2	5	3			1	1	1	3	34	2	33
第三学年	1	5	8	2	2	5	2	4		1	1	1	3	35	2	34
第四学年	1	5	8	2	2	4		4	2	2	1	1	3	35	2	34

附录五 师范学校课程第一部（男子）

学年＼学科目	修身	教育	国文	习字	英语	历史	地理	数学	博物	物理化学	经济法制	图画手工	农业	乐歌	体操	总计
预科	2		10	2	4	2	2	6				2		2	4	32
本科第一部 第一学年	1		5	2	5	2	2	4	3			3		2	4	33
第二学年	1	4	4	1	5	2	2	3	2	3		3		1	4	35
第三学年	1	4	3		4	2	2	2	2	2		美术史 1 / 4	3	1	4	35
第四学年	1	实习 9 / 2（11）	2		3			2		2	2	美术史 1 / 4	3	1	4	35

附录六　师范学校课程第二部 （男子）

学科目＼学年	修身	教育		国文	数学	博物	物理化学	图画	手工	农业	乐歌	体操	总计
第一学年	1	实习 8　7		2	2		3		3	4	2	3	35
		15											

附录七　师范学校课程第二部（男子）

学年＼学科目	修身	教育	国文	习字	历史	地理	数学	博物	物理化学	经济法制	图画	手工	家事园艺	缝纫	乐歌	体操	英语	总计
预科	2		10	2			5				2			4	2	3	(3)	30(33)
本科第一部　第一学年	1		6	2	2	2	3	3			2	2		4	2	3	(3)	32(35)
本科第一部　第二学年	1	4	3	1	2	2	3	2	2		2	2		4	2	3	(3)	33(36)
本科第一部　第三学年	1	4	3		2	2	2	2	3		美术史 1	3	3	4	1	3	(3)	33(36)
本科第一部　第四学年	1	2〔实习9〕计11	2				2		3	2	美术史 1	4	3	3	1	2	(3)	33(36)

附录八 女子师范学校课程第二部

学科目 \ 学年	修身	教育		国文	数学	博物	物理 化学	图画	手工	缝纫	乐歌	体操	总计
第一学年	1	实习 8 | 7		3	3		3	3		2	2	3	34
		15											

各省学校数和学生数比较表

〔中华民国二年（1913）八月至三年（1914）七月〕

	各省学校数比较表				各省学生数比较表		
1	四川	14 122		1	四川	429 858
2	直隶	12 219		2	直隶	325 377
3	山东	10 122		3	浙江	298 071
4	湖北	9 704		4	湖北	264 346
5	山西	7 816		5	山东	247 196
6	浙江	6 675		6	江苏	241 384
7	河南	6 162		7	湖南	222 787
8	湖南	5 572		8	山西	217 514
9	江苏	5 564		9	奉天	212 748
10	奉天	5 295		10	云南	204 126
11	云南	4 758		11	广东	198 203
12	江西	4 313		12	河南	167 006
13	广东	3 391		13	江西	154 736
14	陕西	3 105		14	广西	85 305
15	广西	2 036		15	陕西	84 033
16	贵州	1 340		16	福建	65 264
17	京兆	1 211		17	贵州	52 295
18	甘肃	1 163		18	京兆	49 044
19	福建	1 156		19	甘肃	29 425
20	安徽	1 011		20	吉林	26 252
21	吉林	540		21	安徽	25 419
22	热河	494		22	黑龙江	14 841
23	黑龙江	385		23	热河	11 729
24	绥远	151		24	绥远	4 042
25	新疆	72		25	新疆	2 205

教育部最近所颁各省学务统计总表

〔中华民国二年（1913）八月至三年（1914）七月〕

学校类别		学事	学生数					
			国			公		
			男	女	总	男	女	总
初等教育	小学	初 等				2 068 744	117 345	2 176 119
		高 等				310 650	141 21	324 771
	乙种实业	农业				10 379	70	10 449
		工业				2 884	1 190	4 074
		商业				2 292		2 292
	其他					19 639	468	20 107
中等教育	中学					51 381	286	51 667
	师范		110	158	268	22 540	8 433	30 973
	甲种实业	农业				4 146	141	4 287
		工业				2 763	75	2 838
		商业				1 740		1 740
	其他		160		160	11 099	560	11 659
高等教育	高等师范		378		378	1 738	182	1 920
	专门学校	法政	630		630	15 060		15 060
		医学	72		72	281		281
		农业	42		42	1 512		1 512
		工业	864		864	1 530		1 530
		商业				1 034		1 034
		商船						
		外国语				559		559

学校类别 / 学事			学生数					
			国			公		
			男	女	总	男	女	总
高等教育	大学校	预科	497		497	895		895
		本科 文	30		30			
		理	22		22			
		法	139		139	143		143
		商						
		医						
		农	52		52			
		工	41		41	134		134
	其他		333		333	201		201
总			3 370	158	3 528	2 531 374	132 871	2 664 245

学校类别 / 学事			学生数					
			私			总		
			男	女	总	男	女	总
初等教育	小学	初　等	838 495	26 164	864 659	2 907 269	133 509	3 040 778
		高　等	74 949	3 707	78 656	385 599	17 828	403 427
	乙种实业	农业	431	72	503	10 810	142	10 932
		工业	69	1 312	1 381	2 953	2 502	5 455
		商业	835		835	3 127		3 127
	其他		1 246	715	1 961	20 885	1 183	22 068

学校类别 / 学事			学生数					
			私			总		
			男	女	总	男	女	总
中等教育	中学		6 129	184	6 313	57 510	470	57 980
	师范		2 341	1 244	3 585	24 991	9 835	34 826
	甲种实业	农业	411		411	4 557	141	4 698
		工业	365	239	604	3 128	314	3 442
		商业	348	28	376	2 088	8	2 116
	其他		2 162	270	2 432	12 421	850	14 251
高等教育	高等师范					2 116	182	2 298
	专门学校	法政	12 158		12 158	27 848		27 848
		医学				353		353
		农业				1 554		1 554
		工业				2 394		2 394
		商业				1 034		1 034
		商船						
	大学校	外国语	82		82	641		641
		预科	321		321	1 713		1 713
		本科 文				30		30
		本科 理				22		22
		本科 法	777		777	1 059		1 059
		本科 商	33		33	33		33
		本科 医						
		本科 农				52		52
		本科 工				175		175
	其他		346		346	880		880
总			941 498	33 935	975 433	3 476 242	166 964	3 643 206

学校类别		学事	学生数					
			国			公		
			男	女	总	男	女	总
初等教育	小学	初 等				67 353	2 004	69 357
		高 等				5 125	334	5 459
	乙种实业	农业				233	1	234
		工业				52	24	76
		商业				37		37
	其他					710	3	713
中等教育	中学					353	7	360
	师范		1	1	2	183	85	268
	甲种实业	农业				36	1	37
		工业				16	1	17
		商业				16		16
	其他		1		1	200	9	209
高等教育	高等师范		2		2	9	1	10
	专门学校	法政	1		1	27		27
		医学	1		1	4		4
		农业	1		1	6		6
		工业	3		3	7		7
		商业				6		6
		商船						
		外国语				3		3

学校类别			学事 \ 学生数					
			国			公		
			男	女	总	男	女	总
高等教育	大学校	预科	1		1	5		5
		文						
		理						
		法				2		2
	本科	商						
		医						
		农						
		工				1		1
	其他		3		3	2		2
总			14	1	15	74 386	2 470	76 856

学校类别			学事 \ 学生数					
			私			总		
			男	女	总	男	女	总
初等教育	小学	初等	28 947	478	29 425	96 300	2 482	98 782
		高等	1 792	112	1 904	6 917	446	7 362
	乙种实业	农业	9	1	10	242	2	244
		工业	3	26	29	55	50	105
		商业	13		13	50		50
	其他		22	8	30	732	11	743

学校类别			学生数 私			学生数 总		
			男	女	总	男	女	总
中等教育	中学		42	4	46	395	11	406
	师范		29	15	44	213	101	314
	甲种实业	农业	5		5	41	1	42
		工业	1	2	3	17	3	20
		商业	4		4	20		20
	其他		21	6	27	222	15	237
高等教育	高等师范					11	1	12
	专门学校	法政	28		28	56		56
		医学				5		5
		农业				7		7
		工业				10		10
		商业				6		6
		商船						
	外国语		2		2	5		5
	预科		4		4	10		10
	大学校 本科	文						
		理						
		法				2		2
		商						
		医						
		农						
		工				1		1
	其他		3		3	8		8
总			30 925	652	31 577	105 325	3 123	108 448

306

2. 南京高等师范学校校长郭秉文报告

（20 世纪 20 年代初期）

南京高师在民国四年开办，不与两江师范有连续之关系，一中断于二次兵火，二性格各异，校舍仍之书籍、仪器已荡然无存。校舍已久驻兵队，故修理颇费经营。民国元年以来，江苏教育注重小学后，乃注意及于中等教育，故当时教育界请求设立，而部命省长代办经费，则由国库仍之，此成立异于他校者也。

学校行政之组织与他校相同，而分布较强，校务会议限时本停。资次与小学、中学有关系者，主任亦出席而全校大会议，年但二三次耳，学生亦有服务生制度，如武昌高师办法服务之责任甚大。

校友会分二部，议事部、总务部。总务部又分四部：学艺、体育、交际、编辑等部是也。汇刊、杂刊等物皆由学艺部行之。去年，有周刊，今暂停。俟改良印刷机构后，继续办之。又有研究会十六种，体育会则人人入会，其分部游戏则任其自由选择，亦提倡体育之主义也。专科以两江师范毕业生甚多，故以东南几省所急需者为准，依调查之结果，以国文、理化为最大，故先设国文、理化二班，次立体育专修班、农工商三科、英文科等，而尤重国文。今尚有国文二班，理化则重实习，以向重理论不切于实用。今日工业未展汲待此科之改良。体育专修科学生均中学毕业生，本科注重体育，所以重国民体格之增强也。农、工、商三科重职业教育也，毕业后以备实业教育之用。三科与专门学校性质不同，彼养成企业家，而此养成职业的教员也。英文专修班，东南各省英文教育以教会教育造成者多，而中学生英文程度甚低，以教员少，教授法也是班不用翻译法而用直接教法，以期速成，且初学时候多者，多读而后教以文法，此拟改良英文教授法也。

课程　本校多专修科，故一切公共之功课较略，以后拟加国文与史地等功课。体育专修本二年毕业，后须改为三年。

教授法　养成学生自动之能力，令学生笔记先生之讲义，初行一学期，学生颇苦，又因言语不甚明了，故多困难。嗣后，注重国语，仍少效果。以向无笔记之能力也，故仍用讲义，后当改良之。

研究会　向亲人演说，后改为多日行研究体育，亦使学生作报告书，如大学之研究部办法所困难者，书籍甚少。图书馆内书尚不多，又上课时间过多，故少研究之时间，拟以后减少教授时间。有一学生发明抽水机，经工科教员审查之结果，知比较普通之抽水机效力盛大，现正制造试用。

学生皆能自行实验，如理、化、农、工、商皆然。务令适用于社会如农科之有乡田实习，其一也；工、商也实行于工厂、商店，须俟明年为之实地教授，亦嫌一学期为不足。先教授，而后教以教授法为欧美之新法。本校试之于体育专修科，采取两种方法试验，行之尚见实效，教员除二人兼任外，余皆专任。

管理　介乎宽严之间,以时、以人、以地而异。

宗旨　以诚为知、仁、勇之根本。

使学生为笔记,命学监抽查各班,以观其道德之进步与否,成绩尚善情。各教员分任考查学生品性,而令生徒有接见之时间,命教员报告而学监汇齐之。

体格检查,入学一次,毕业一次。用美国未勒氏呼吸,体操使一般学生皆用之,又用进步之方法,以期无害于身体之发达,教员体操每星期班二次,教员亦与学生同打庭球,利多害少。

本校经费最困难临时费,预定二十一万,只收到七万,而经常费亦有时延宕至二三月后始收到者,日内节省为主义。

教员之养成有派往各地游历者,有派教员至美国留学英文教授法者。学界皆谓缺乏教育学专家,县视学之眼光过旧,则以进步之学校为不善,其害甚大。故教育厅拟令高师开视学讲习会,又拟立理化研究会以招校外会员,又拟立国语研究会,暑假时可利用校舍已开种种讲习会。附属中学开办不及一年,不甚完备、校舍新行建筑,尚俟经费,即在本校舍内移用若干校舍。须俟改良招普通科二班后,须招实业班。今中学有教授要目,有童子军,有商店。

附属小学为前年开办国民一、二、三年级,合班高等一、二级,拟试办职业补习学校,亦有童子军周介藩先生特别注意之点为感化主义。今周先生为省视学,恐未必能贯彻其宗旨,此南京高师之情形也。

（见东南大学档案馆档案,"校长郭秉文关于南高师简况的报告2",时间约为20世纪20年代中期前）

3. 关于本校概况报告书（节选）

（1918 年 10 月）

南京高等师范学校概况

············

四、教育概况

本校教育概况，分训育、智育、体育三项说明之[①]。

一、训育

本校训育取训练与管理兼重主义。训练注意启发，使知其所以然，管理注意实践，使行其所当然，二者交相互用，以期知行合一。其训育标准、方法、程序、实施，分述如下：

（一）标准　以养成对于国家负责任之国民为意想中人格。此人格之要素，必具有坚强之体魄，充实之精神，而于道德、学术、才识三者又有适当之培养，盖必如此，然后对于应负之责任能知能行，而人亦能信愿以责任付之也。兹分言培养道德、学术、才识之要点，及其所向与其所本如下：（甲）属于道德者，一品性，如知力，如感情，如意志，要皆趋于中正；二行为，如容仪，如言语，如动作，要皆趋于和平。（乙）属于

---

① 　编者注：另附的《训育大纲》省略。

学术者,一知识,如普通,如专门,要皆使之明确;二技能,如应用,如美感,要皆使之精熟。(丙)属于才识者,一计划,如全局,如分部,要皆期乎悠久;二执行,如作业,如游戏,要皆期乎宽厚。而所谓中正、和平、明确、精熟、悠久、宽厚者,则要皆本于至诚。此本校训育标准之大概也。

(二)方法 依上定标准而欲使学生之体魄、精神、道德、学术、才识各方面有相当之发达,固不可以抑制,亦不可以助长,惟宜启学生之自动之机,使自向所定之标准,进行以至于能自立而止,所当依据之原则分列如下:① 利用天性之原则;② 触发统觉之原则;③ 引起兴味之原则;④ 应用暗示之原则;⑤ 选择思想之原则;⑥ 养成习惯之原则。此本校训育方法之大概也。

(三)程序 依上定标准方法,而欲求达目的,亦非一蹴能几必也,为定程序使循序渐进,庶几无蹴之苦,而积久亦自可深造。本校训育程序先由一己以及他人,次由学校以及社会,盖以成为始,而以成为终也。兹分别言之如下:① 对于自己之品性行为负修养之责任;② 对于同学之品性行为负规劝之责任;③ 对于本校校风负巩固发扬之责任;④ 对于本校附属学校之训育负协助之责任;⑤ 对于本校附近社会之风俗负改良之责任。此本校巡游程序之大概也。

(四)实施 本校实施训育之大别有二:一曰修养,二曰服务。修养方面,于学生则重躬行与省察;于职员,则重感化与考查。有学生省察表,每周由学生记载,学监调阅一二级,因以审知学生之性行而诱导之。有职员考察册,每学期由各职员记载汇交学监处,因以品评学生之性行而劝勉之。

服务方面,于学生则重实践与研究,于职员则重示范与检查。校内各处与学生有关系者,均载明于服务生服务规程,由服务生分期轮流以实践其职务,有需要时则开服务生会以资研究。如有新生之事项,职员先行示之以范,迨既成为习惯,则由学生任之。每日由学监周行各处,检查一切,即记载于检查簿。

于修养、服务两方面有应行劝告勉励之处,其关于个人者,则为个人训话;关于团体者,则为团体训话。训话后又必考察其是否履行,如有不履行者,则必复加训话,至于履行而后已。此本校训育实施之大概也。

二、智育

本校以诚为训育之本,亦以诚为智育之本。盖诚合成己成物而言,故格物所以致知,即所以至诚。《中庸》曰:自明诚谓之教。又曰:诚之者择善而固执之者也。曰明、曰择皆智育所有事而皆所以致其诚也。故本校智育以诚为本,兹将本校智育标准、方法、实施之概况略述如下:

(一)标准 本校依据诚训,以养成思想及应用能力为智育标准。必使学者能思想以探智识之本源,能应用以求智识之归宿。盖明智识之本源,然后能取之无尽;明智识之归宿,然后能用之无穷。至于所思想应用之事物,则以适合于社会需要为本,总期所思所用,皆与社会生活有密切之关系。

(二)方法 方法者,用以贯彻前定之标准,自明以至于诚者也。本校为贯彻智育之标准,注重两种方法:① 养成思想能力,则注重兴疑与试验,盖必先使学者有所愤悱,然后乃能启发其思想,又恐其凭空构想也,故为设种种机会,俾能试验,使所思者皆有所据。② 养成应用能力,各注重理想与实际之联络,必使所学者皆有所用,所用者皆本所学。试行以来,此种方法,对于透达智育标准颇有成效。

(三) 实施　本校智育均本所采之智育标准与方法为实施之方针,就其实施言之,可分六种:(甲) 设科,(乙) 教授,(丙) 实验,(丁) 研究,(戊) 实习,(巳) 参观。试分别述其进行概括:

(甲) 设科:本校依据智育标准,以适应社会需要,为设科主旨。但社会需要随时变更,是所设之科亦因之而异。故本校开办以来,鉴于国文、理化教法之宜改良,首设国文、理化两部,并设国文专修科,期速改良之效。鉴于社会体育不振,而任体操教师者又多不明体育之原理,故于五年春季设体育专修科,以养成中等学校与地方公共体育之体育主任、教员以及管理员。鉴于人民生产力薄弱,而一般毕业学子又多乏职业之智识技能,解决之法惟有提倡职业教育。本校为预养师资起见,因于五年秋季除续招国文、理化两部外,增设工艺专修科,六年秋季又续招工艺专修科,并增设农业商业专修科,以应中等职业学校之需求。鉴于中等学校英文教师之缺乏,同时又设英文专修科,以改良英文教授法为宗旨。鉴于教育一科之缺乏专才,因于今年续招农商体育三专修科外,添设教育专修科,志在养成教育学教员及学校行政教育行政人才。近世因生理学、心理学、社会学、哲学之进步,教育已成一种专门科学,非造就此种专门人才,不足以促教育之进步,增设教育专修科之微意也。

此外,各科授业初期皆授国语,应语言统一之需要也。

又拟将国文部改为国文史地部,其理化部改为数学理化部,俟现在只国文部、理化部各班毕业后行之,以期适合中等学校教科之情形。此本校适应社会需要设科之大概也。

(乙)教授:教授依据智育方法,以养成思想独立之能力为目的,故重启发不重注入,重自修不重听讲。各科之利用参考书日有增加,而图书室亦渐次扩充,以应学生之需要。并拟于本年秋季,设教务研究会,求教法之统一及改进也。

(内)实验:思想有待征之事实而后信者,则教室教授有时乎穷而实验尚矣,故本校物理化学、解剖学、土壤学、植物学、作物学,皆重实验,一意为学理之佐证,一以养成发明之习惯。今年理化部诸生,搜集中国药材,用化学分析法考察其成分,工科学生尝创制抽水机,此皆由实验之兴味得来也。

(丁)研究:研究亦为锻炼思想独立之一法。除校友会所设各种研究会外,本校各部各专修科,于末一学年均定有研究一项。凡关于该科之各种重要问题,令学生各认一题或两题,详细研究,各撰报告书留校,以养成独立思想,并以是征其心得。此次体育专修科毕业生所撰体育研究报告,共分四门:一体育史、二体育原理、三体育组织、四体育教授法,各门又分细目共 36 篇,尚有心得之作。

(戊)实习:实习为养成应用能力之方法,与实验不同。本校实习有两种:(一)□□科之实习。所以养成各科之技能,如工有工场实习,农有农场实习,商有商社实习,平日则在校中实习,暑假则派往相当之处所实习。今年暑假期内,农科学生则派往苏、浙、皖各省农场实习;工科学生则派往沪上著名各工场实习;商科学生则派往各商店实习,总览各科报告颇多事实之谈。（二）为实地教授。为养成应用教育原理之方法。按原有章程，实地教授，统在末年第三学期举行，但一学期之实习时日究嫌短少，且所习与所教时间距离过远，学理应用联络较难，故本校略加变通，于来年之第一学期，即举行分组实地教授，教员及同级生在旁观察，课毕加以讨论，曾于体育专修科试之，颇见实效，嗣后各班均拟酌量仿行。

（巳）参观：参观亦为增长知识之一途。本校每班学生毕业前，均派往有关系之机关参观一切。本届体育专修科学生，于毕业前参观上海各国体育机关凡 30 余所，以比较得失，借资借镜。

三、体育

中庸言诚，包智、仁、勇三达德。希腊人恒言健全之心寓健之全身，盖体育为德智二育基本。欲求德智高尚，苟使身体孱弱不徙，任重道远，难以负担，且不足以表示优秀国民之完全人格，故本校对于体育极力注重。兹将本校体育标准、方法、实施概况分述如下：

（一）标准　本校体育，以养成坚强之体魄，充实之精神为标准。对于全校，则重体育之普及，对于个人，则重全局之发育，务使人人能得健康之幸福，各部皆得平均操练，此本校所立体育之标准也。

（二）方法　本校体育方法有三：一曰养护所，以培养元气，使御邪感于未然；二曰锻炼所，以操练筋骨，使作耐劳之标准；三曰医治所，以矫正体格，使偏害者复其健全，已罹病者复其强壮。此本校对于体育所施之方法也。

三、实施　本校体育实施,关于修护方面,有学校卫生,由卫生部主持其事。又为预防时症传染起见,劝令学生补种牛痘。至膳事则用分食之法,人各用一食器,内间为二,分贮荤素菜品,比数人共用一器为洁净,而合于卫生。关于锻炼方面,有体操正课、兵操、棒术、课外运动等,并有早操一门,每日晨起学生各于室外举行 15 分钟早操,以养成终身早起运动之习惯。关于医治方面,有中西医校诊治疾病,并设调养室,以资调摄。每学年举行体格检查一次,体格有偏害者,由体育教员为选适宜之矫正体操,恢复其健全,其有疾病者,则由校医诊视。此本校体育实施之大概也。

············

五、 职工教员概况

············

四、服务时间　教员授课,每周最多者 28 小时,最少者 2 小时,中数 14 小时,但专任教员授课外,皆兼负训育责任,并每星期内规定接见学生若干时,为质疑问难之机会或兼校友会内各研究会指导员,为课外研究之赞助。

············

本校校友会概况

本校校友会,于民国六年九月成立,由本校前任职员、现任职员、毕业学生、在校学生共同组织,以崇尚本校校友之情谊,砥砺道德,研究学艺,修炼才识,培养坚强之体魄,活泼之精神,贯彻诚字校训,借使发展教育事业为宗旨。

本会设总务处，主持一切会务，所有各分部，如职员部、毕业学生部、修养部、学艺部、体育部、交际部、编辑部等，均归统摄其重要事项。另设议事会，公决施行。本会所设之各分部，现已组织者为职员部、学艺部、体育部、编辑部，正在组织者为毕业学生部、修养部、实际部，预计下学年内当可一律组织完备。各部所属之各属会及各属科，其已成立者，如职员部之职员交谊会，如学艺部之哲学、教育、国文、英文、数学、理化、农业、工业、商业、体育等研究会及演说、摄影、国乐、西乐、图画等会，如体育部之运动会，内分足球、篮球、网球、技击等队，如编辑部之杂志科等是也；其将成立者，如毕业学生部之第一级会、第二级会。如修养部、学生自治会、社会服务会，如交际部之乐群会，如编辑部之译书科等是也。

校友会与总务处及分部职员，均由职员任之，各分部之所设各属会及各属科之职员，除职员交谊会外，均由学生任之，另有指导员为之指导，则职员任之，所以使学生自由活动于职员规定范围之内也，然会议校友会与总务处及分部之简章、规程、细则以及会务计划、经费预算、成绩报告及决算报告等事，亦有学生代表参与其间，而各分部设之各属会与各属科之简章、规程、细则以及会务计划、经费预算、成绩报告、决算报告等，由学生通过后又经有关系之职员核夺，则欲使职员学生之意思共同一致也。

以上成立之各会，哲学、教育、国文、英文、数学、理化、农业、商业等研究会及演说会，每年各出会刊两册，工艺、体育两研究会，每年各出会刊一册，又杂志科于今年暑假期后出校友会杂志一册，均由学生主持，由职员指导之。

本会自去年成立后,将届一载。此一载中会务颇觉发达,各职员均能热心从事,愿负责任,各会员亦多兴致奋发,重视会务,如能循此进行,则本会前途有无穷之希望也。

············

(见《南大百年实录》编辑组编《南大百年实录》(上卷·中央大学史料选),南京大学出版社2002年版,第52～60页)

4. 太平洋国家的大学如何促进
国际间了解与友谊[①]

（1923 年 7 月 2 日）

在利用教育机构促进国际间了解与友谊方面，大学自然应该起重要作用。事实上，大学已经，正在或仍将发挥很大作用。我仅提及几个行之有效或值得认真思考的做法。

促进国际间了解与友谊的一个做法是交换教授。除一些有学术倾向的交换，国际间两所大学一两位教授或讲师的交换似乎不能带来什么利益，然而却直接促进了国际友谊。因为教授之交换意味着国际间思想之交流，借此一国文明之精华得以传播至他国。通过那些品格高尚、受过严谨推理训练和坚定捍卫理想信念的学者之间的相互访问而建立起来的个人联系同样弥足珍贵。这些不仅会自然导致相互钦佩，而且会造成相互了解与尊重。因此，这意味着向国际间的和睦迈出重要一步，尽管似乎微不足道。

事实上，众所周知，交换教授和讲师的做法已经实施了数十年，先在美国与欧洲国家之间，进来扩展到远东的国家之间。国际教育协会 (The International Institute of Educa-

---

① 本文为作者在加利福尼亚旧金山市举行的世界教育大会泛太平洋小组会上的发言，原文为英文，由王丽莉翻译，王晓群审校，摘自《郭秉文与上海商科大学》。

tion)对此举起了促进作用。因此,当政客们就国际政策与安全高谈阔论,银行家门为国际义务与权宜之计斤斤计较,经济头领运用他们的哲学思想,社会学家发出警告和呼吁,大部分出版社都在炒作更多更大规模的战争威胁之际,许多国家聪明、讲究实际的教育群体正默默而坚定地携起手来,其合作规模逐渐在扩大。

然而,虽然交换教授的做法已经实施了很长时间,但仍未得以广泛提倡,在某些情况下还是单方面的。只有相互间的交换才有效果。再者,交换有时与宣传工作联系在一起,这是危险的,因此应当避免。

将一国的学生送往他国是促进国际间了解与友谊的另一种做法。在外国学习的学生有机会近距离了解其逗留国。在教室里、运动场上、实验室里,在社会和校园生活中,他与其他国家的学生接触,了解他们的追求、理想和想法,也有机会让其他国家的学生知道他的思维方式和生活中的问题。一旦有了相互间的了解和欣赏,友谊的纽带才更加牢固。不仅个人受益,更重要的是具有国家和国际意义。以中国为例。自1868年以来,中国开始向国外派遣学生,汲取西方的知识与灵感。虽然高等学府的数量已经大大增加,但是中国仍仅有2 000名学生留在日本,1 500人在欧洲,至少有2 000人在美国。近十几年来,数以千计的学生在国外学成归国。他们中大部分人现在政府任职,或担任工业和教育部门领导。作为一个阶层,他们的贡献在于引进西方的思想和方法、制定重要改革措施和推动国家社会和经济秩序的逐渐转变等。作为西方文明的学生和中国知识与文化对西方的阐释者,他们对于建立在国家间相互充分了解基础上的亲密友谊做出了巨大贡献。对于中国是这样,对于其他国家亦然。既然事实如此,那么就应该通过传播有关其他国家教育体系、课程、学位、学费和其他方面的信息,通过给学生,特别是高年级和思想成熟的学生设立奖学金、研究金和资助,尽最大努力鼓励和促进将一国学生派往另一国。

相互交换教育代表团和考察团,了解不同国家的教育状况也能促进国家间更好地理解,因此应该大力提倡。1918 年和 1919 年,英国派教育代表团访问美国,与此同时法国学者代表团对美国的访问,以及,据我们了解,欧洲和美国之间的许多其他代表团的互访都硕果累累。说到太平洋国家,还以中国为例,经验更证实了这一点。近几年来,中国不断派教育代表团访问日本、菲律宾和美国,亲身了解那里的教育状况和问题。这些代表团的访问不仅让中国从兄弟国家教育发展经验中受益,也使考察团的成员了解被访问国家的生活情况。其他国家的教育考察团对中国的访问也让中国受益匪浅。基督教教育考察团 1922 年对中国的访问,以及其调查结果和建议,证明对中国基督教教育改革起到了重要的促进作用。哥伦比亚大学和国际教育协会的门罗博士 1922 年的访问促进了中国教育体制的重构和全国教育进步协会的建立。门罗博士还促成哥伦比亚大学的威廉·麦科考尔博士和俄亥俄州立大学的特维斯教授两位专家个人来华访问。前者帮助中国建立了一系列智力和教育的测评与评价标准;后者为改善中国自然科学的教学方法,对其自然科学的教学进行了调查研究。国外这样著名教育家的访问所取得的有益成果必然会对相关国家间的关系产生良好的影响。除教育考察团,还应鼓励辩论队、运动队、学生旅行和其他形式的互访,如果安排适当,也能获得理想的接触机会,因此也有助于国际间的相互了解。

应该将相互交换大学的出版物作为相互交换教授和讲师、相互交换教育代表团的补充。泛太平洋国家,以及世界多数国家著名大学在图书馆里都有大量出版物,如论文、目录、报告、期刊和书籍的剧本。它们不仅含有大学工作的信息,还有艺术、历史、文学和科学发展的大量信息。如果能做出安排,系统地交换这类出版物,不同国家的学生和教授就能够熟悉世界各个知识中心所发生的事情,给予他们一个了解和关注的群体,为促进未来世界和平奠定基础。

高等院校增进国际友好情谊的另一个做法就是在联合办学上开展实质性合作。由中国和法国大学人士共同经营管理的法国里昂大学中国部,以及美国的两个名牌大学与国立南方大学拟合建立的一所一流工程学院,都是各国教育家共同努力促进国际合作,增进国际友谊的典型例子。因此应该在太平洋国家的高等院校推广。

从课程设置角度看,通过学习外国文明、语言、文学、历史、地理和艺术,以及政府制度、金融体系和社会生活,大学能够增进国际间的了解和友谊。为了真正欣赏不同种族的民族的价值,我们不仅要知道他们的现在,还要知道他们的过去和他们的种族经历。我们还必须了解他们的心理、智性、宗教和感情生活。因此学习外国的语言、历史和艺术十分重要。认识到这一点还远远不够,在多数情况下人们对这种学习并非十分认真,而且仅仅局限于少数人,与学习中国语言、文学和历史的情况差不多。事实上除少数著名的终身从事汉学研究的专家外,中国文明对一般受过教育的西方人来说仍然是一部尘封的书。然而,据我们所知,某些国家已经认识到中国文明的真正价值,所以一些重要的大学中心开始认真学习中国文明。我们会毫不迟疑地说,他们的努力会得到加倍的回报。必须承认,中国语言难学确实是研究中国文明和中国人民的障碍,但是通过设立中国文学和历史的教授席位,通过图书翻译和其他有效手段,不管这个障碍有多大,也一定会被克服。

在大学里研究国际问题是另一个增进国际间了解的有效途径。一个令人感到惊讶的事实是不同国家的普通公民都不熟悉国际事务,甚至有文化的公民亦是如此。人们常认为研究国际问题是政治家和外交家以及政客们的事情,而忘记了参加国际政治事务是每个公民的权利和神圣的责任,或在这些问题上对公众舆论施加明智的影响。既然如此,普通公民往往缺乏正确判断其国家可能卷入的国际争端的标准也就不足为怪了。为了改善这种局面,我们希望强调第一届泛太平洋教育大会所提出的建议,即所有太平洋国家人民的政府作出适当的规定,在大学体制内研究太平洋地区问题,并在各自的社区传播这方面知识。我们也希望力劝不要从狭隘的民族主义观点,或通过某些固定政策的棱镜,而是要从一个公平的观察员和政治学学生的观点来研究国际问题。我们也力劝美国高校本科生建立的从事非党派国际问题研究的国际关系俱乐部也应该在其他太平洋国家的大学里组织起来。

转到精神方面，高等院校可以通过培养世界大同主义精神，提高对国际间的相互理解和友好情谊重要性的认识。大学的一个作用是追求真理，而真理不分地域和时空，也不受种族和民族的限制。大学这个词的意思就是思想、兴趣和同情感的普遍性。所以大学的责任是造就具有国际头脑、贤明、无私、能够抛弃自己民族偏见与偏爱的世界主义者，其影响在国家之间交流中会显现出来。大学的责任是培养四海之内皆兄弟，宽容、和谐与平等的精神。为了这一目标，应鼓励思想自由、言论自由，尽量避免过度的政治和资本的干涉。

在国际关系中，一个国家的大学应该站在国际主义和平等的立场上，无论是否与其国家有关。如果国家的国际行为与最高的道德理想一致，那很好。另一方面如果国家的行为与最高的道德理想不一致，大学应该维护正义，敢讲真话，这样才不辱其最高使命。

我冒昧在这里再提一个想法。为了实施我在此建议的各种方法，为了进一步发展国际合作，让我们组成一个国际大学联盟，从太平洋国家的大学开始，逐渐扩大到世界其他地区的大学，届时人们将发现其必要性和吸引力。这会把大家联系在一起，并通过这些大学把它们所在的国家联系在一起。

这些就是高等院校促进国际间了解和友谊的一些方法：交换教授和学生、互相访问、交换出版物、建立联合教育企业、大家引进外国文明和国际问题研究的课程、培养世界大同主义精神和组织国际大学联盟,这些并非无一遗漏,但足以作为进一步讨论的基础,或作为此次大会之前的其他建议的补充。

（见东南大学高等教育研究所编《郭秉文与东南大学》,东南大学出版社 2011 年版,第 65～67 页）

陆　刘伯明

刘伯明(1885—1923)，原名经庶，以字行，祖籍山东章丘，后迁江宁，1885 年出生于南京。早年就读于南京汇文书院（金陵大学前身），精通中西文，为该校高才生，得文学学士学位。后赴日本留学，曾受业于章太炎先生门下。在日本参加了孙中山领导的同盟会，致力于民主共和运动。英国侵占我云南片马时，他用英文写了讨英檄文，传颂一时。辛亥革命成功后，先生又赴美国留学，进入西北大学研究院，攻读哲学和教育学。1913 年获硕士学位，1914 年又获哲学博士学位。1915 年回国，任金陵大学国文部主任，授哲学、哲学史、文学及教育学。1919 年受南京高等师范学校校长江谦之聘，授伦理学、哲学、语言学。嗣后郭秉文继任南高校长，先生辞去金陵大学教席，专任南高训育部主任、文史地部主任、校行政委员会副主任（主任由郭秉文校长兼）。1920 年 12 月 9 日成立了国立东南大学筹备处。1921 年先生出任校长办公处副主任(主任由郭秉文校长兼),当时郭"规恢校事,奔走不遑",校事倚畀于刘。郭出国时,刘代行郭的校长职权,成为副校长。他当时除主持校务外,还兼文理科主任、行政委员会主任、介绍部主任、哲学教授。郭说,刘"庶务填委而讲学不倦,东南大师奉为魁宿"。

1921年9月东南大学成立,教育部任命郭秉文兼东南大学校长,刘伯明作为郭秉文的副手,主持校务,日夜操劳,郭秉文誉之为"高标硕望,领袖群伦的栋梁"。先生积劳成疾,不幸于1923年11月24日与世长辞。一代大师,英年早逝,天地哀怒,人神同悲。著名学者吴宓,在刘伯明先生逝世的次日,写了一副挽刘伯明先生联,长达112×2共224字,可说是空前绝后最长的挽联,特抄录于此,作为对刘伯明先生的最佳总结。

上联:以道德入政治,先目的后定方法,不违吾素,允称端人。几载绾学校中枢,苦矣当遗大投艰之任。开诚心,布公道,纳忠谏,务远图。处内外怨毒谤毁所集聚,致抱郁沉沉入骨之疾。世路多崎岖,何至厄才若是。固知成仁者必无憾。君获安乐。搔首叩天道茫茫。痛当前,只留得老母孤孀凄凉对泣。

下联:合学问与事功,有理想并期实行。强为所难,斯真苦志。平居念天下安危,毅然效东林复社之规。辟瞽说,放淫词,正名彝,固邦本。撷中西礼教学术之精华,以立氓蚩蚩成德之基。大业初发轫,遽尔撒手独归。虽云后死者皆有责。我愧竦庸。忍泪对钟山兀兀。问今后,更何人高标硕望领袖群贤。

1. 我所望于学生者

自欧化东来，五四运动之后，凡为学生者，多趋于求新。然极其弊，徒存解放改造之名词，而少真正锻炼之精神。吾不禁为中国前途悲，更不能不为我青年告。爰举三纲于下：

（一）基本学问之重要　中等学校课程为研究专门学术之基础。近年来之中等学校学生，对于重要科目，多不能彻底研究。而惟罗素之社会学，杜威之哲学是求，于是养成一种印象之脑筋，置根本学术于不顾。中等学校之重要科目，莫若英文、国文、数学。乃现在之中等学生，大都对此漠视。即以此次东南大学与高师投考学生程度之统计而论，三门能平均及格者，十人中难占一人。国文一科为本国之文字，中国人而不能通澈中国文，吾敢责之为非中国人。今日之学生，日惟点、圈、钩、直等亲符号是求，而对于文理之组织，不能悉心研究，岂不可痛？其他考卷，英文得三分者有之，算学得零分者有之。物理化学，更不必论。夫中学四年之锻炼，而所得结果乃如此，安得不为中国教育前途悲？至于罗素等之学术，非有精密之算理，不能得奥妙。今日之中等学生，对于根本学术，且不能会通，而日搜中外名家之新名词，为卖才之用。今日得一好名词，明日即思出售，以学术为买卖之物品，而欲学术之精深，乌乎可得？且研究学术，当具因学术而研究学术之眼光，并非因求售而研究学术。学因求售而研究,则所学已微,而学之价值亦随之低减。如此而欲望中国学术之独立更不易得。

(二)良心之改革 心不违理,是谓良心。论者以学生在学校期内,无社会之接触,无利害之趋避,心之良否,殊难推测。殊不知学校为公共聚合之地,何尝非一社会?师生同学相处多年,何尝无利害关系?学生在校,言语动作,日违天良,则他日服务社会,卖国卖身,无往而不可做。断定心之品格当甚严,虽自违其本意,而并不加害于人,其心亦不得谓之良。宋人过肉市而欲买肉者,既前行,复过一市,意忽变。既而思之,吾之心似允许前市,此因便利而违心,是良心上已失信于前一市也。心而失信,是为不良,遂不为。古人之重心理如此,殊可为范。今日之谈改造中国者,莫不曰联省制度。然而联省之根本,在地方自治。地方自治之精神,在多有良心之地方人士。余每见一种学生,除自善而外,对于学校之公共事务绝不肯出一分力量。国家多此人才,与卖国卖身者,事反而理同。

(三)情爱之轨范 今日之谈情爱者,莫不曰自由自由。吾敢驳责之曰:情爱断无自由之理。万事有因然后有果,种因愈深,则结果愈固。情爱而自由,则如天空薄云,可以聚而为雨,亦可化而为气。真正之情爱,而现此种现象,殊为危险。古人谓爱博则不专。人孰无情?今之青年,每不善用其情。余当谓情爱当具有自由之眼光,而束缚于专制之意志。意志不专,而日言情爱,是情之下焉者也。吾不敢与之同趣。

2. 教师之人生哲学

教师之人生哲学与一般之人生哲学，没有什么大的差别，只在应用上略有不同罢了。

人生哲学旧称伦理学。这两个名词的差别，可以说人生哲学的范围比伦理学的要广大些。因为伦理学所研究的，偏于狭义的道德；人生哲学（Philosophy of life）所研究的，是包括与人生有关系的全体。

自古以来，对于人生的观念，有种种不同的解释；有的偏于形骸方面，有的偏于精神方面。所以形成这种情形的，实因为个人得其一偏，没有从全部着想的缘故。【主义】的发生，也就在这里。但诸位须注意这【主义】两个字。欲以物质概括世界和人生的全体的，便成为物质主义，欲以精神概括世界和人生的全体的，便成为精神主义。然实际上物质固不能忽略，精神也未可轻视。若必欲以物质或以精神来概括全体，就不免成为偏颇的片面的残缺不完的人生观和世界观。所以【主义】不外是一种偏的主张。就像杜威的实验主义也是偏的。但是读各人对于人生哲学的意见时，都是觉得不错。这个因为就他所讲的范围以内立说的缘故。譬如快乐主义，就快乐来讲，一个人应得快乐，他的说法，当时是对的；但他把快乐成为主义，那就变成偏颇的了。所以诸位要注意：人生哲学不是哪一种的主义。没有一种主义可以做人生的标准的。我们要得个适当的人生哲学,必须包含诸种主义而后可。

现在限于时间,对于人生哲学的贡献,不能详详细细地讲出。只好举几种与小学教师有密切关系的摘要来说,请诸位注意。

(一)形骸方面——通常在伦理学及修身教科书里,是不提到身体两个字的。其实我们要经营完全的圆满的生活,应当看重身体是个重要的部分。英国的斯宾塞(Spencer)主张教育是预备人做完全的生活。所以我们要知道:无论一个人的道德怎样高,学问怎样深,如果他的身体不好,便是残缺的生活。西洋古来有个民族,注重身体但并不是偏重身体的,就是希腊。他们相信身体与灵魂是要一致的,要平均发达的。所以说:"美的灵魂寄在美的身体当中。"有的人以为灵魂是高尚的,可以超脱身体的;希腊人便不是这样想,他们是主张表里一致的。所以在竞技的时候,他们要把身体赤裸裸地露出来,意思是要人看运动者的圣体有没有残缺不完的地方,若在中国的读书人,便不好把他的身体给人看。这可见希腊人重视身体的一斑了。但西洋到了中世纪,理想大变。那时候基督教的人生观,非常得势。看精神是和肉体分离的,是寄托在精神世界的。为要重视精神,便不惜残贼身体。修道院里的教士,当情欲发动时,就用皮鞭打身体,竟至皮破血流,你看这岂不是大反人性的举动吗?到了十四、十五、十六世纪,就有对于中世纪人生观的反动起来,趋向到肉体方面去。如义大利画家拉飞耳(Raphael)的新亚当(New Adam)图,便是代表文艺复兴与时代的精神,诸位当知亚当在基督教说来是人类之祖,如今这个新亚当便是新人,他是裸体的,手足伸向外面,意思就是向着光明。由这可见文艺复兴时代的精神,是要复希腊之旧,反对中世纪藐视身体的思想,求从基督教的束缚里得解放。这种精神一直传到现在,在欧美各国都占个重要的位置。欧美的文化可说直从希腊传来。现在我们常听人说:西洋是基督教国,便以为西洋文化是从基督教产生,实则他的影响,只不过十之二三罢了。

从人生上看,一个人的身体若是不能完美,便是残缺的人生。故教育界中人应该要注意身体。希腊人(美)的说法,到了罗马人手里便称为(健康)。这因罗马人要比希腊人偏于实际些。罗马人说:健康的灵魂寄于健康的身体。我也敢说:身体不健康,灵魂也不健康。但健康究竟是什么?这个诸位可以自知。譬如今日在座几百人中,若有人觉得有头在上面,有足在下面,他就是不健康的。为什么呢?只因患头痛的人,才会时时刻刻觉到他的头;有脚痛的人,才会时时刻刻觉到他的脚。但在健康的人,五官百骸都是完好的,便不知觉他的五官百骸。这样才算快乐,才算能生存于世上,以营美满的生活。

我们更考究西洋倡快乐说的伊毕鸠鲁斯(Epicurus)为什么要提倡快乐。乃知他是患过三十年的胃病的,又是患便血的。他觉得疾病的苦,所以便要主张快乐。由此可知身体健全的,是自己不觉得有身体的。而身体的应该重视,也便显而易见。

在形态生活上,我还有几句话。西洋成语:我们为生活而吃饭,不是为吃饭而生活。也有不对的地方。我以为有时确实要为吃饭而生活的。这不是说提倡吃饭主义，乃是说当吃饭的时候，我们应得以吃饭为目的；好比当游戏的时候，应得以游戏为目的。简单说来，就是要看重吃饭本身上的价值。倘使以吃饭为附属物，便要轻视吃饭，应该用一点钟功夫去吃饭的，会减至半点钟，也再会减至十分钟。如果事情忙了，也竟会不吃。我以为这样的枵腹从公，是不值得羡慕的，因为这是不正确的人生观，也不是人人所能做得到的。而且这种做法，危险甚大。譬如到了五六十岁的时候，自己还以为可以不吃饭，不睡觉，岂知到了伸缩的极度，便不能挽回转来，那就要生懊悔了。我以为万事终要出于中道。所以饭前饭后，终要有些从容不迫的态度。毕竟道德，单讲服务，而不看重吃饭或游戏的本体的价值，我终认为不正当的人生观。

（二）美术——普通伦理学上也是不讲美术的。因为他专讲道德，趋于严肃；若讲美术，怕要减少严肃。其实这是错的。我今且就美术的形式和内容的两方面，来讨论他和人生的关系。

美术形式上最要紧的，是统一，比例，调节，及侔称四项。譬如雕刻音乐，没有不具备这四项条件的。就是我们人生，也是美术品，这不是说穿好的衣服，供人家赏玩；乃是说人生应当有统一、比例、调节、牟称等美术的形式。假使一个人做事，激于一时感情，过于热心，便会偾事。因为他失了比例和侔称，是偏颇的不中正的行为，自然要有害了。又如读书贪多，没有统系，弄得（博而寡要），也是不对。所以我们做人，要具备美术形式上的要素，才有个圆满的人生。希腊民族的人生观,便是这样。他们的性质是有比例的,有调节的。如讲到情欲,既不是放纵,也不是禁绝,而主张用理性来制裁。这样便是美术的行为了。

讲到美术的内容,学说很多:有的主张引起快乐,有的主张高尚思想,还有的主张超脱实利。最近西人的学说,却主张传达人类的情感,丰富生活的内容。托尔斯泰的艺术论,是最初提倡这说的,现在已加修正。大意是说,一个人的思想情感,用文字语言或别种方法表现出来,使人家看了,听了,无论在同时代或在几千百年以后,都可发生同样的情感和思想。故最高的艺术,是为人类的,不是为个人的。能欣赏美术,便能丰富情感,发生同情。要不是这样,将觉得寂寞非常了。但平时与人往来,因为偏于实利,便不能发生同情。譬如买卖的时候,买的想便宜,卖的想赚钱,这样只在表面上互相接触,甚至互相侵略,自然没有同情可言了。坐人力车时,只见车夫走得快,不从车夫本人功用上着想,也不发生同情。木匠看见树,只问能不能做桌,不问树的本体的价值,更不会有同情了。美术的作用,能使人超脱实利,所以能发生同情。看戏听音乐读诗歌的时候,能以他人的思想情感变为自己的思想情感,故生活的内容,便会丰富起来。若不是这样,便会流于枯槁、狭隘的境地,这就是刻薄寡恩的人生,是最悲惨最无意最无价值的了。

(三) 服务精神——在人生哲学上,教师的本身,也有一个最重要的观念,便是个(忠)字,这个字虽是旧名词,却也是最新的。美国的罗依司(Royce)著了一册《忠之哲学》(*Philosophy of Loyalty*),他便以忠于职务,为人生最后的目的。

335

忠的人是以自己的全副精神贯注在职务里头的，是对于职务有信仰的，认为有价值的。有些中学教师或大学教师以教师当作传舍当作阶梯，而不以为职务，这便是不忠，便是不专心致志。我以为自己不相信的事，可以不要去做；若是相信的，便当专诚去做，虽有困难，也所不怕。这就是所谓职业的精神；一个人若没有这种精神，就不是生存之道。还有一层，我们做事，不必定要做官。只要是于人类幸福世界进化有关系的，都是可以发展人格，实现自我的。那本书里便举两个例：一个是清道夫。他的职业看来虽小，但除去污垢，免生疾病，便足有益于人生。一个是看守灯塔者。这种人生活上虽是寂寞非常，但他勤于看守，不使轮船触礁，便是救人的事业。总之职业不必问大小，只问从事业的人忠不忠，就可看出人生的价值了。至于小学教师的关系，实在非常重大。因为儿童是继往开来的人，不但继承一姓的产业，实在还要继承人类的产业。将来世界的运命，就在儿童手里，也可以说握在小学教师手里。所以做教师的人，负有对于将来世界的大责任；要将来有何种社会，便当在今日养成何种儿童。现在一般人讲地方自治，但是没有自治能力的人，这话还是空的。今日小学教师的物质上的报酬虽微，可是他的价值真是无限。诸位当知历史不是英雄造成的。一切幸福进化，都靠一般平民来做。从哲学的眼光看去，在当世轰轰烈烈的，不就是不朽的。小学教师不是为名利的，但他的责任，实比帝王还要大些。欧洲在十八世纪时教育不好，后来有卢梭倡道改革。配司泰洛齐传他的思想，在瑞士日内瓦地方办乡村小学，实为改造小学教育的第一个实行者。他的思想后来传到福洛伯,便有幼稚园发生。福洛伯说:人生在世,是为儿童而生的。以我看来,我们还当为儿童而死,而把教育事业看作上上等的事业。这里我可再说一段故事:配司泰洛齐是和拿破仑同时的,有一次配司泰洛齐到巴黎去见拿破仑,拿破仑看不起小学教员,就拒接他。但他并不见气,他以为我固没有见拿破仑,可是拿破仑也没有见我配司泰洛齐呢!诸位请看,他的精神是何等的伟大啊!我以为只要小学教师肯尽力培养良好的儿童,便是从根本上推翻恶势力。所以我对于前途很抱乐观,愿小学教师超脱(名利恭敬),尊重自己伟大的责任。

3. 公民的精神

(公民)这个名词中国向来所没有的。中国向来所欲培养的人,不是(穷则独善其身),便是(达则兼善天下),以为这种人是很高尚的,为人不可企及的。其实(独善其身),如竹林七贤之流,只顾自己,不顾他人,与社会脱离关系,是(超公民)。(兼善天下)则含糊笼统,言大而无声,试问天下哪有这种机关可以做得出来呢? 所以现在潮流所趋,社会国家所要培养的人,即是(公民)。而(公民学)很是要紧的,将来可以代替实践伦理;因为实践伦理里面所讲,对于国家社会家庭……各方面之义务,陈陈相因,没有多大的意味。

朋友往来,及父母子女兄弟间亲切观念,中国人向来都有。现在最要紧的,补偏救弊的,即是要培养(公民的精神)。近来为生计所迫,大家提倡职业教育,不遗余力,新学制草案则采取(六三三)制。但吾人在社会上,没有一种职业,游手好闲,固属是个寄生虫;然偏狭的谋生的职业,不过职业之一部分,若所有思想精力,悉囿于此,则殊不可,因为社会上还有(人)的职业,譬如选举的事情,无论为农为工,为士为商,都要关心。中国人需要的并非(公民的知识),乃是(公民的精神),(公民的态度);平常所谓(教育即知识),这句话是大错特错的。

现在我将公民思想的历史略为谈谈:西洋公民思想,始于希腊。(希腊与现在虽相隔两千余年,但其思想和精神,尚发生效力)希腊雅典原为城市国家(City States),纪元前四世纪时(波斯战后),雅典国民和市民,没有分别,这个精神,实公民之模范。他们对于雅典的事业,个个人都热心,个个人都欲有所(贡献),贡献是公民的真精神,你看南京的市民,哪里有什么贡献? 多半是侵略他人,吸收他人的脂膏,以图自己的发财;所以不但是日本人侵略中国人,更是中国人自己侵略中国人。自己不要钱,以为雅典富,即是我自己富。美术家雕刻许多很美致的石像,装饰雅典城,使她(雅而典),现在跑到那里去,还可以看见其遗迹。文学家戏曲家,则极力提高雅典人的文化程度,和道德程度。政治家则极力改良雅典的政治。概而言之,即雅典人有(社会的宗旨)(Social Purpose),(集合的意志),全副精神集中于雅典,忘却自己,而将自己聪明才力贡献出来。但后来因内部发生问题,而个人方面太发达,侵略胜过贡献,占有的冲动胜过创造的冲动,逐呈瓦解的现象。马其顿灭之,造成马其顿帝国,与雅典从前城市国家,完全相反。帝王操纵一切,上下相隔太远,国民不能直接参与政治;于是有小团体的集合,或与朋友亲戚往来,或偕同志遁隐林泉,自在逍遥,社会国家的事,不闻不问,而(公民的精神)遂逐渐消灭了。马其顿帝国分裂后,罗马帝国代之而起。但地方思想仍旧没有。(中国人无地方思想,只有部落思想)。世界观念(Casmo Polis)起自城市国家灭亡之后,希腊人则没有这回事。你看柏拉图的理想国家,至多5 000人,有时且3 000人,盖其所需要者,乃是(精华),乃是都有(贡献)的人。自世界主义起来后,公民思想逐渐淡薄。

中世纪重天国的生活,现实世界的生活,完全轻视,既非(公民),又非国民,乃是天国国民,其精神为(出世)的。十三、十四世纪时,欧洲渐启光明的现象。至文艺复兴时,则以(入世)的精神,代替(出世)的精神。十六世纪,城市国家复兴,如意大利之威尼斯(Venice)佛洛伦(Florence)等市,非常发达,都是独立国家,市民精神有好多和希腊相同的地方;但不久亦消灭。后(国家)(National States)主义起,(英法起于十六、十七世纪,德意十七世纪已有统一国家的动机,但至十九世纪才实现出来)。一方面提倡统一,一方面抵制教皇,故政治势力逐渐替代宗教势力。(十三、十四世纪,政治宗教列于平等地位,十五、十六世纪,教皇势力大于政治势力)。十七世纪为专制成立时代,路易十四至有(朕即国家)(I am the state)之语。英帝王(天赋王权)之观念,至 1688 年(最后一次革命)后,始打破;法专制政礼,至 1789 年(迟一百年)后始推翻。十八世纪的空气弥漫(自由)(平等),美国宪法大纲第一句便说,(人生而平等);真正的(德谟克拉西)之精神,即从此起十八世纪主张培养(人)(Man),不要培养(某国人),受(人)的教育,不是受(某国人)的教育,但其流弊所至,个性过于发展,国家忽略不顾。试问没有国家,个人何所凭借?

十九世纪因拿破仑穷兵黩武,侵略四邻,于是(国家思想)又起。国家思想最发达的,就是德意志。有许多哲学家出来提倡,昌言调和个人与制度(Individual and Institution)。海羯尔(Hegel 1770—1831)说:先有社会国家,后有个人,个人有社会国家,才能发展,孤立的个人,等于数学上之零,没有什么价值的,盖以人是具体的东西,不是抽象的东西,比如为东南大学的教授,同时又为南京的市民,又为中国的国民。但后来结果,德国人看(国家)是超过(个人)的,人生在世界上,附属于国家,要为国家而牺牲;因为有国家,个人才有价值。职是之由,国家压迫个人,社会国家的组织,有一层一层的阶级,不能逾越。小学教员都把做官长看待;学校训练则为军队的训练,教员上班时,学生要叫(立正)。但其流弊,固属很多,而其好处,则在国民有(训练)(Discipline),肯服从肯为国家牺牲。

欧战后,政治界鉴于德之专制,出了许多政治学说的书,都是提倡多元的政府,如联省自治地方自治,等等。杜威罗素也是这样的主张。杜威说:政府如同音乐队里的指挥者(Conductor),不过指挥一切而已,做事还要靠那班奏乐员。中国将来的政治社会,最要紧的就是参考欧美各国之先例,研究其组织之方法。欧美政治无不承认(中央政府不能压迫各省);不过完全平等,完全自由,也非真正的(德谟克拉西)罢了。

我们生在(德谟克拉西)的社会里面,即应该如何适应(德谟克拉西)的社会的需要,即应该如何做(公民)如江苏实行地方自治,即在目前,我们应该怎样造出(公民的精神)来呢?这是亟待考虑的大问题。据我看来,最要紧的最切实的(公民的精神)不外两种,较次一点的,很多很多,此地不谈。

1 负责任 (负责任)这句话,是老生常谈,很普通的,但其实是很要紧的。假使不能负责任,则教书者只顾自己教书,读书者只顾自己读书,工人商人只顾自己作工,自己赚钱,必不能自治。地方自治最大的障碍,即是少数人把持,多数人不负责任。美国纽约省，百年前，亦是这样少数人组织政党，包办一切，瓜分权利，其余的人，则不相闻问。所以多数人不自觉，只见及方寸之内，而无远大的眼光，是不得了的现象。现在美国人自觉起来，有议案送至市议会省议会，不通过，则国民有自己建议之权利，不但有动议权，并有决议权。还有召回（Recall）代议士的权，如代议士选至议会里面，不尽责务者，立刻召回，不稍宽假，故国民大家（负责任）警醒觉察没有一刻的松懈。以督促地方自治。

2 自动 专制国家的国民是被动的，听政府指挥的；德谟克拉西国家的国民，是自动的，发动的，帮助政府的。专制国家所以有阶级者，因大家抱（不在其位不谋其政）之思想，以为所有国家之事，乃高高在上者之责，非小民所宜过问。德谟克拉西的国家，止有流动的阶级，没有固定的阶级，如果自己有才能，今日是平民，明日便是大总统。所以地方上有利当兴，有弊当革，均是公民的责任。有机会可以做的事情，便可去做，能力可以做得到的事情，便可去做。做不是束手旁观，徒叫（呜呼哀哉）的。若有机会有能力而不做事情者，不配做德谟克拉西国家的平民。附属小学设计教学法，先设计后找材料，自己去做，这即是自动的精神。

以上两种精神，如果能够做得到，则地方自治，可有希望。（公民的精神），于国家前途，有密切之关系，诸位应当详加考虑，应当时时惕励，冀于实践，不宜当作普通的演讲看待。

十一，三，十，寄自南高。

4. 论学风

比年以来,吾国学风日趋败坏。学潮之起,时有所闻。考其原因。(一)由于前之办学者滥用权威,事事专断,继之者则放弃权威,仅知迎合学子心理,冀扩张个人之势力,巩固一己之地位,而年少无知之学子,日受其蛊惑而不知,其用心之可诛。品行之卑劣,以视滥用权威者,不可同日而语。其为人也,酷肖煽动群众之奸雄,苟能博民众之欢心。虽背弃天良,亦所不惜,此原因之由于学校内部者也。(一)缘于政治未入正轨,致舆情时甚激昂。欧洲大学,自十三世纪以来,因宗教政治之压迫,内部亦时发生变动。停课之举,亦偶有之。吾国东汉之党锢,明之东林,考其性质,殆亦类是。顾欧洲大学在发达之初期,虽亦偶因细故,发生风潮。其后则致力于学理之阐明,及政治宗教之改进。从无以一党一系之争牵入其中,其在吾国,则守正不阿,崇尚节义之精神。皎如日月,历久不渝,方之今之学潮。往往判若霄壤,此原因之缘于政治、社会状况者也。有是二因则学潮之起,无有已时,而学风缘以败坏。今欲改良学风,导入轨范,必于上述两因详加考察,然后辅以其他要素。庶几吾国学潮得以消弭,而学风亦缘以稍有改进之望焉。

夫办学者之滥用权威及放弃权威,其失维均,吾已言之。今欲折中于二者之间,舍协商以外,殆无他道。吾所谓协商者,即所谓共和之精神之表现也。二人遇事协商,则惟理是从。一取一予,滥用权威者,予而不取,近于专制。放弃权威者,取而不予,近于谄谀阿匼。吾常谓有理性者相处,无事不可解决。所恃者,即协商也。特协商一事,非不学而能,必经长期之训练,而后能为之。苟办学者,秉大公至正之精神。与学子相周旋,其意之可采者采之。力求融洽,其不可采者,告以不可采之理由。其真固执己见而不可以理喻者,则虽驱逐之,不与共学可也。惟于此彼办学者,须具有坚决之意志守正不阿,与其迁就苟安,不生不死,宁可决然引去,反不失为有主义之办学人也。审如是,则因循敷衍,漫无标准之学风,或能为之一振。特为人师者,又必具有相当之道德学识,而后可耳。

至缘政局之不靖,而发生学潮一节,鄙意政治一日不入正轨,学子之心一日不能安审,此殆势所使然,不可避免。昔海羯尔在耶那讲学,适值拿破仑亲率士卒,蹂躏该邑,常人于此,皆必为之震惊。海羯尔则喻诸生勿躁,此或仅超绝如海羯尔者能为之。以此责诸常人,非人情也。夫学校固为研究学术之地,大学尤甚,顾环境不宁,则精神不专,而潜思渺虑,势所弗能,然吾国政局,如漫漫长夜不知须俟诸何时,方能睹一线曙光。一波未平,一波又起。为学者如随之而转移,则求学如读日报,零星琐碎,漫无律贯,此虽有教育之形式。言其实际,则已无存,谓之教育破产可也。无已,则又惟有折衷于二者之间,一方求学,一方关怀,政治、社会情况,但于此则中等学校及专门大学,似应有区别。中等学校学生,年龄稍幼,学识经验亦较浅薄。急宜致力于学。不宜骛外,惟政治社会状况,则宜留意及之,此皆公民之所应知,而凡自治及共和之训练。又当于学生自治三致意焉,若专门大学学生,则其责任较重,凡政治、社会问题之关系较大者,宜本学理之研究发为言论。其心廓然大公,不瞻徇任何党系之私意,惟以高贵之精神、崇伟之。心理与国人相见,斯真高尚之学风也,若夫罢课一事,鄙意非绝对不能为,惟须慎重考虑,且仅能偶一为之。不可视为常经。其目标又至正大,而系夫全国之安危。而于其结果又应稍有把握,若仅激于一时之意气。而率尔为之,外部偶有刺激,则学校内部以罢课应之,刺激无已时,罢课亦继续无已时,长处于扰攘纷纭之中,其思想亦被其影响,散漫无规则,以如是之学生,继前人未竟之业。而望其致国家于富强之域,吾恐如缘木求鱼不可得也。

学生智识,较为发达,国家有事反应较速。以视常人,可称先觉,夫先觉者,感人之所同感而较深切,其表见也又较著明,不若常人所感之暧昧含混。惟其如是,故应本所感者发为文辞。播诸民间,为诗歌可也,为报章言论可也,如布种然,使之潜滋暗长,历时既久,动机自生。历观中外大改革,其发动之机,胥在是也。若罢课则仅限于学校,国人或视之若无睹,未几而灭,五四之举,幸有工商界为之声援,否则其结果必不美也。吾举此例意谓救国之事,全国之人应共负其责,特教育界可为之先导,而又必有充分之准备循序为之。持之以恒,不凭一时含混之热诚,此救国之代价而吾人所应偿者也。

吾于以上所述,凡涉及教职员者,皆未道及。非以其无关紧要而阙略之,正以其关系重大,将欲分论之也。今之学生，愤国事之日非，常有越轨之举。虽常为意气所驱使，然亦教职员多所顾忌而不负责，有以致之。故愚意欲消弭学潮，教职员方面，亦应深自反省，而憬然觉悟政治社会方面责任之须共同担负。以此责诸学生，致令牺牲学业，而己则坐观成败，谓之不仁，瞻徇顾忌，裹足不前，谓之不勇，不仁、不勇，岂能为学子之楷模乎。或谓为教员者，各有专业，彼方致力于学，自无暇关心政治社会事也。愚谓教员中其专心致志于学问之研究者，洵不乏人。其忘情于政治，虽不可为表率，但情尚有可原。其他之以无暇相推却者，试一观其日常所为，则赌博者有之，冶游者有之，凡此有暇而独于注意国事无暇，谁其信之。不知政治社会之事，教员分内事也。教员不问，故受教育之学生出而问之，是教员放弃其职责也。

教员之责以中等学校以上者为尤重，欧洲古来大学，其有贡献于当时之政治社会者，以德国大学为最。十六世纪之宗教改革，集中于伟登堡大学，而为之原动力者，即该大学教授马丁路德也。十九世纪初叶之德意志，为数百诸侯所割据，互争雄长。迨拿破仑占据柏林，国民因处于积威之下，为日已久，相安无事，耶那大学教授菲希脱愤国人之不知发愤。起而忠告国民，示以德国民族之历史及其责任，当时国民精神为之一振，一洗顽懦苟且之风，而德国民族之统一。亦因之促进，未几 1810 年，柏林大学成立，专以培养爱国精神为宗旨，菲氏即往充教授，迨 1813 年，战事发生。除 20 余人外，全校学生，俱往参战，此又菲氏讲学之效果也。

以上所述，不能尽学风所涵之义，尚有其他要素，姑就其荦荦大者，而略论之。

吾国古来学风最重节操,大师宿儒,其立身行己,靡不措意于斯,虽经贫窭,守志弥坚。汉申屠蟠所谓安贫乐潜,味道守真,不为燥湿轻重,不为穷达易节,最能形容其精神也。洎夫叔世,士习日偷,益以欧美物质文明自外输入,旧有质朴之风渐已消灭。其留学归来者,又率皆染其侈靡之习,昔之所重者曰清苦自立,今则重兴趣与安乐矣,前之自尊其人格者,深自韬晦,耻于奔竞,而今则不以奔竞为耻、其愈工于此者,往往愈为社会所推重。于是政客式之教育者,出现于世,其所重者曰办事之效率,曰可见之事功。凡涉及精神修养,高洁操行者,皆其所弗能欣赏,或且斥之为无用,不知其害之中于学子之意识者至深且巨,盖其估定价值,品第高下,即将据以为准,易言之,其人生观即于是养成也。今之学子,好高骛远,尊重名流,以为校长非名流不可为。主任非名流不可为,未始非上述之人生观有以致之,夫学校既为研究学术、培养人格之所,一切权威应基于学问道德,事功虽为人格之表现,然亦应辨其动机之是否高洁,以定其价值之高下,若通俗所重之名利尊荣,则应摈之学者思想之外。老子曰,虽有荣观,燕处超然。此从事教育者应持之态度,而亦应提倡之学风也。

　　学校中有两种最难调和之精神,一曰自由,一曰训练,或称负责,不惟管理方面有此困难。即学业上亦有之。兹就学业方面而申论之。旧有小学,偏重训练,所用教本,基于成人心理。儿童需要概置不问,今则反是,偏重自由活动,而思想如何使之细密,精神如何使之集中,则不暇顾及,此重自由而轻训练之教育也,由此而至中学,以及中等以上之专门大学,昔之用年级制者，今则纷纷采用选课制学分制，前者邻于训练，后者毗于自由，受年级制之裁制者，对于所学索然无兴趣，其个性不易发展，而在选课制学分制之下者，则能选性之所近者以习之，但人性避难趋易益以所选范围漫无限制，则任性之弊随在可见，其所谓性之所近，或即一时之好恶，故又偏于自由。愚意偏重自由其害或较偏重训练为深且巨，以其使人任性而行，漫无规则，而真正受教育者即其心之曾经训练者也。

即有时选课之际，加以指导，或规定范围，俾其遵循，冀于自由之中，参以限制，然考之实际，亦往往失之选专。专门大学之中，科中分系，中学之采用三三制，皆取其有伸缩之余地，而使学生任选一种以修习之，以为如是则免浮泛空洞之弊，而人人可有专业，不知此仅养成有职业之人，其所修学仅能发展局部之我，其他方面概未顾及，其与真正之自由人性全体之解放相差甚远。此弊不惟见于专门大学，自六三三制风行以来，亦且见于中小学矣。

吾人苟欲致负责之自由，愚意不惟年级之观念应行打破，即计算学分之机械方法，最好亦能废除，此皆图行政上之便利，不可据以估计学业上之深浅也，惟于此中学及专门大学，似应分别论之，中等学校，无问其为升学，或为培养职业人才，一切教育俱应从人性之全部着想，教育目的在学为人，凡学为人必使人性中所具之本能，俱有发展之机会，而学谋生，不过发展人性中之一部分，以一部分而概全体，非人的教育也。是故新学制之中学，虽可施以职业教育，但同时须顾及全部之人性，凡涉及人文及自然两方面之科目，皆应明白规定,使选习之,即有伸缩,亦应限于确定范围以内,修习之际,则与以自动机会,勿使仅读讲义,使之自由参考书籍,躬自试验观察,如能不限以学分,或悬固定之格,则尤为近于理想,但此事吾恐不易实行于中学校也。至于专门大学,则其事较易实行,愚意大学课程,前二年可使学普通科目,第二年终,各生须认定一门以专治之,惟其有无专治一科之资格,须经各学系审定,其经审定及格者,则使之自由研究,不使受学分制之制裁,其上课与否,悉听其便,迨二年终了,苟欲得学位,则仿德国大学制,予以极严之考试,或用其他方法,审核其学业上之成绩,如两年内确有心得,则迳授予学位可也,如是,则一方与以自由不使受机械之束缚,而一方又使之负责研究,其法如善用之,当较现行之制为妥善也。

二十世纪商业最盛,其影响所及,至广且巨,最不幸者,即今之学校,亦且受其支配,前所述之学分计算,即其一例,其他若管理上之重阶级,教员之按时计薪,展览成绩,以相矜夸,登载广告,冀增声誉,凡此皆商业原理,应用于教育之明证也,然此犹可视为不得已之办法,若其视智识为出卖品,一仿希腊第四世纪之哲人之所为,或视学校为出卖知识之交易所,则最足令人痛心。试观今之学校,其能免此弊者,究有几所,而最近之种种私立学校,其发生之速,有如地蕈,试一察其内容,则鲜不以营业为目的,学生愈多,则营业愈发达,苟纳学费,靡不收受,入校以后,仅授知识,其性行如何,不暇过问。呜呼,此岂学校之本旨哉!美国社会学家华尔德有言,社会事业,其不基于商业上供求原理者,只教育一种而已,而美国学者菲伯伦,数年前著《美国高等教育》一书,于商业原理施诸教育之为害，又慨乎言之，不意吾国学校，适犯此病，也愚意学校精神存乎教师学生间个人之接触，无论修学息游。为人师者应随时加以指导，于以改造其思想而陶冶其品性，不仅以授与智能为尽教者之职责，准是以观，则设备建筑仅必须之附属物也。即推广事业，亦仅此精神之表现也，诚以根底深固，枝叶自茂，不此之务，而以旁骛横驰为得意，吾恐范围愈扩大，其距爆烈之时期亦愈近也，反是而致意于个人之感化，精力之涵养，弥于中而彪于外，君子之道暗然而日章，小人之道的然而日亡，此之谓也。

以上所述，不佞以为乃真正学风应涵之义，而又自信可以救吾国学风之弊，如当代教育同人以为尚有脱漏之处而弥补之，则亦不佞所欢迎者也。

5. 学者之精神

吾国近今学术界,其最显著之表征,曰渴慕新知,所求者多,所供者亦多,此就今日出版界可以见之。此种现象,以与西洋文艺复兴相较,颇有相似之处,实改造吾国文化之权舆也,然其趋向新奇,或于新知之来,不加别择,贸然信之,又或剽窃新知,未经同化,即以问世,冀获名利,其他弊端,时有所闻,凡此种种衡以治学程准,其相悬不可以道里计,窃目击此状况,怵焉忧之,爰不揣僸陋,就管见所及,草拟是篇窃愿与吾国学者共商榷之。

学者之精神,究其实际,实为一体,但若不得已而强分之,其中所涵,可分五端。

一曰学者应具自信之精神也,美国学者哀美苏数十年前,对一学会讲演,题曰美国之学者,略谓学者为百世之师,其思想感情超然于一时之好尚,故能亟深研几,毅然自持,而不求同乎流俗,世人虽蔑视,或非难之,而中心泰然,不为所动,盖其精神已有所寄托也。

二曰学者应注重自得也,吾国古代哲人,论求学之语,愚以为最重要者,则谓吾人求学,不可急迫,而应优游浸渍于其间,所谓资深逢源,殆即此意,自得者为己,超然于名利之外,不自得者为人,而以学问为炫耀流俗之具,其汲然唯恐不售,直贩夫而已,前者王道之学者,而后者霸道之学者也。荀卿有言："君子之学也，入乎耳，著乎心，布乎四体，形乎动静；小人之学也，入乎耳，出乎口，口耳之间，则四寸耳，曷足以美七尺之躯哉？古之学者为己，今之学者为人。君子之学也，以美其身，小人之学也，以为禽犊。"故真正学者，其求学也，注意潜修，深自韬晦，以待学问之成，而无暇计及无根之荣誉，东西学者，方其于冥冥之中，潜研深究，莫不如是，此读其传记而可知者也。

三曰学者应具知识的贞操也，夫死而女不嫁者，通常谓之守贞，然坚强不变，亦谓之贞，所谓贞木贞石，皆涵此义，而道德上守正不阿，亦谓之贞。《抱朴子》云："不改操于得失，不倾志于可欲者，贞人也。"张衡赋曰："伊中情之信修兮，慕古人之贞节。"皆此意也，然尚有所谓知识的贞操者，此谓主持真理，不趋众好，犹女子之贞洁者，不轻易以身许人。顾亭林自读刘忠肃"士当以器识为先"一语，即谢绝应酬文字，凡文之无关于经术政理之大者，概不妄作，此其所为，虽近于矫枉过正，而其视文学，或亦失之过狭，然其谨敕不滥，不求取悦于人，亦今人之漫无标准汲汲于名者之所宜则效者也。

四曰学者应具求真之精神也，常人于事理，往往仅得其形似，或仅知其概略，苟相差不多，则忽略过，以为无关紧要，方其穷理论事，亦往往囿于成见，或为古义所羁，而不能自拔，此皆缺乏科学精神之所致也，吾人生于科学昌明之时，苟冀为学者，必于科学有适当之训练而后可，所谓科学之精神，其首要者，曰唯真是求，凡搜集事实，考核证据皆是也，科学之家，方其观察事实，研究真理，务求得其真相，而不附以主观之见解。明辨之，慎思之，其所用种种仪器，皆所以致精确而祛成见之工具也。科学之家,不惟置重于精确辨析,其惟事实真理之是求,若出于自然,动乎其所不知。昔柏鲁罗王主世界无限之说,与当时教会所信者僢驰,当谓其趋向真理,不得不尔,犹灯蛾之赴火然,此即求真之热诚,也惟其求真心切,故其心最自由,不主故常,哥伯尼之弟子罗梯克斯回忆其师对于往古畴人之关系,因有所感,乃曰:“凡研究者,必具有自由之心。”盖所谓自由之心,实古今新理发现必要之条件也。

五曰学者必持审慎之态度也,吾人求真,固应力求精确,不主故常,然方其有所断定,必以审慎出之。杜威谓真正反省,即使吾心中悬,而不遽下断语,即使有所断定,亦仅视为臆说,姑且信之,以为推论之所资,其与武断,迥不相同。吾人稍知天演论者,咸知达尔文《物种由来》一书,出版于1859年,但据达尔文所自述,其创此说实在20年前,其言曰:1838年10月间,予偶读麦氏人口论,因前已知动植物中,生存竞争,至为剧烈,即自忖曰,物即争存,则适者当存,不适者当灭,此即新种之所由来也。吾在当时惟恐为成见所羁,不敢自信,故即其大纲,亦不写出以示人,至1842年4月,予始以铅笔将吾说之概要写出,所占篇幅,计35页。至1844年始,取此稿扩而充之,成230页。但其发表日期,则在10余年后也,即此观之。真正学者,不敢自欺欺人,必俟确有把握,而后敢以问世。此种精神,吾无以名之,名之曰知识的良知,此亦吾人当以自勉者也。

以上所述,皆学者精神中之荦荦大者。其他诸德,如谦虚等,愚意皆可概括其中,或可连类及之,故不赘述。

6. 再论学者之精神

吾于本志前期,论学者应具之精神。其中所述,皆偏于知识一方面,此篇付印后,复细思之,恐读者误会其旨,以为苟能闭门暗修,专心学问,则社会方面之事业,可不过问,其意以为此皆渺不相涉,而无劳关怀者也。夫学者研究学问与参与社会事业,二者性质不同,固当有别。顾若以为其间有截然之界线,则为妄见。吾人之心,不可划为数部,或司思想或主实行。间以墙壁,不使通气,狭隘专家其致力于精深之研究,非于学术毫无贡献,第如以此为目的,而于所研究者,不问价值之高下,视为等同一齐。其汇集事实,一如收藏家之征集古董,其所得虽多,吾恐于人生无大裨益也,岂惟于人生无大裨益,即其所汇集之事实,在学术上恐亦无大价值,其所征引,纵极详博,然失之繁琐,令人生厌。所谓德国式之学者,其流弊即在是也。德人研究学问,专家攻一门,不厌精详,而学理与生活,往往析为两事,故其头脑囿于一曲不通空气,其结果则究学理者,仅凭冥想而不负责,而偏于应用者,则唯机械效率是求,而与理想背驰。所谓德国之 Kultur 即其弊也(见杜威之《德国哲学与政治》),若夫英国式之学者,则异于是。英人富于常识重实验,而漠视系统及逻辑的伴称,英国诗所以发达,亦以其喜用具体的意象也,英国学者,大抵关怀当时之政治社会问题,非可以狭隘专家目之,其所产生之哲学家,自培根洛克以降,率皆躬亲当时之政事。而著名政治家之兼学者资格者,为数亦不少也。

愚意专门研究,虽甚紧要,然社会生活方面之事同时亦不妨注意及之:盖如是而后其所研究者之社会的意义,始能明了。因世无离人生而孤立之学问,又非供人赏玩之美术品也,吾人研究学问,固不宜希望收效于目前,然其与人生之关系不可不知。某君专究昆虫学,尝谓予曰,人所最蔑视而以为无关重要者,莫过一虫身上所生之毛,然其形状长短等,所系甚巨,不明乎此,因致虫害,农民损失不胜计焉。故吾人治学,宜有社会的动机也,又学校卒业生,因求学心切,卒业后,仍思继续求学,常以此就商于予,予恒语之曰,求学与服务社会,非截然两事,学校中之所学者,经应用后,其意益真切而益坚。且可由之得新经验、新智识也。

或谓人类进化,趋重分业。学者治学,亦其职业所在,何必强其预闻社会之事耶,吾谓此狭隘职业主义之为害也。愚意人生于社会,除专门职业外,尚有人之职业。为父、为母、为友、为市民、为国民、为人类之一分子,皆不可列入狭隘职业之内,故吾以为与其称为职业主义,毋宁谓之曰作人主义,盖人而为人必有适当之职业也,社会中专门学者,固甚重要,然亦有学者非人,其无人情,唯分析的理智之是从,徒具人之形耳。曩者吾草一文刊于《新教育》,其中论及此项狭隘职业之害,并举一事以证之,其言曰:某甲与某乙夙同学于某校,在校时交甚挚,某乙卒业后,即赴英留学,肄习法律,学成返国,在沪当律师,所入甚丰。某甲一日因事赴沪,忆及某乙,乃往访之,寒暄未毕,某乙即现时计视之,谓其友曰:吾之时间甚贵重,每小时值洋五圆,君有事,请速言之,勿作无谓之周旋也。就其职业言之,某君诚大律师也,然其毫无人性、人情,不得称之为人也,他如学化学者,毫厘之差,亦必计较。迨他日与人往来,亦必较量锱铢,一如试验室中之精确,此可谓之化学化矣。

故吾以为真正学者,一面潜心渺虑,致力于专门之研究,而一面又宜了解其所研究之社会的意义,其心不囿于一曲,而能感觉人生之价值及意义,或具有社会之精神及意识,如是而后始为真正之学者也。

7. 共和国民之精神

国民品性,非自始已然,盖基于制度,犹植之受范于埏,虽其间不无主动受动之殊,然二者之能受变化则同,此社会心理学家之言也,顾制度易变,而品性则以历时过久,不易猝,更此由狃于习惯。通常谓之惰性,故以改造社会自任者,于此应特别致意,否则操之过急。期成于旦暮之间,未有不失败者也。余非谓世事可任其自进自退,不须智力之制驭。此委心任运之陋习,非余之意也,余谓既知品性,原于积习。则取而矫正之,亦须历长时期之训练,而此则须有系统之计划,非有所望于卤莽灭裂之方法也。

吾国自改建共和以来,仅历十稔,以视昔之专制时期,不过一与三百之比,十年之间又因战祸相寻,教育事业,未遑顾及,于此而望真正共和之产生,犹持豚蹄而祝满篝。虽三尺童子,亦知其不可也,夫今之所谓德谟克拉西,非仅一种制度之称号,实表示一种精神也,德谟克拉西之形式,在吾国已略具矣,然求其精神,则渺不可得。兹篇之作,所以示国人以共和精神之所在,于今之注意社会改造者,或不无裨益乎。

吾国政治,自古以来,崇尚专制。虽其间有王纲解纽,制裁稍弛之时,然就其大体言之,则恒为专制也,生息于斯制之下者,乏直接参与政事之机会,即有此机会者,亦限于极少数之人。若辈又抱兼善天下之笼统思想,而彼最大多数,则不舆焉,此最大多数。其中不乏聪明智慧之士,既不能于社会方面发展其才,则退而暗修。而主观之道德,缘之以起,曰正心诚意,曰惩忿窒欲,皆此主观之道德也。虽此外尚有治国平天下,推己及人之语,然治国平天下既嫌空泛,而推己及人,又往往限于五伦之间,以视今之社会精神。其范围固有广狭之殊也,又有所谓山谷之士,肥遁鸣高,日处闲旷,而以野鹤闲云自况,此其为人,超然于公民之外。就政治言,谓之非人可也,夫正心诚意之事。诚吾国人生哲学之特色,其价值无论社会进至如何程度,必不因之稍减,今人之虞诈无诚,谲而不正,大可以此药之,惟余谓正心诚意必有所附丽,非可凭虚为之,而从事社会事业,正即正心诚意实施之法,此古代精神有待挺于近今思想之弥补者也,至所谓山谷之士,离世异俗就其自身言之,非不高尚,东西贤哲自觉不囿于时,不拘于墟,而以己身属诸万世,其崇伟之精神,令人起敬。但此则限于极少数之人,非所望于人人,更非可视为教育之目的也。

以上所述,所以示国人缺乏共和精神,盖共和精神非他,即自动的对于政治及社会生活负责任之谓也。数年以来,国人怵于外患之频仍及内政之日趋腐败。一方激于世界之民治新潮,精神为之舒展,自古相传之习惯,缘之根本动摇。所谓五四运动,即其爆发之表现,自是以还,新潮漫溢,解放自由之声,日益喧聒,此项运动,无论其缺点如何,其在历史上必为可纪念之事。则可断言,盖积习过深之古国,必经激烈之振荡,而后始能焕然一新,此为必经之阶级,而不可超越者也。在昔法德两国,亦经同类之变动,今日吾国主新文化者,即法之百科全书派也。今之浪漫思潮,郎德之理想主义运动也,其要求自由,而致意于文化之普及,藉促国民之自觉,而推翻压迫自由之制度,则三者之所共同,惟今日之世界,民治潮流,较为发达,其影响之及于吾国者,亦较深且巨,斯则同中之不同也。

由是观之,新文化之运动,确有不可磨灭之价值,第前之所谓自由,足以尽德谟克拉西之义蕴欤,抑仅为其初步,此外尚须有所附益欤,自余观之,自由必与负责任合,而后有真正之民治,仅有自由,谓之放肆任意。任情而行无中心以相维相系,则分崩离析而群体迸裂,仅负责任而无自由,谓之屈服,此军国民之训练,非民治也。世界军国民之教育。当以德意志为最著,欧战以前,德国组织,甚称完密,全国如有机体,然身之使臂背之使指,或如机械,其中诸部,钩联衔接,各尽厥职,无一虚设,若论效率,至矣尽矣,蔑以加矣,然其国民乏自动应变之能力,仅能唯唯听命而已。欧战以后,论者以为曩昔训练,或将消灭,然此项训练,由来已久,德国民族,渐渍于康德等之学说,历百余年之久,加以多年之教育,虽欲一旦弃之,势所不能,且亦不应尔也。盖民治政治,虽重自由,然其自由必附以负责之精神,故前之价值,不应任其消减。特必于旧有者之外,加以自由之新精神耳。

真正之自由与负责,审而观之,实同物而异名,惟负责而后有真正之自由,亦惟自由而后可为真正之负责。今用两名特从通常之释诂耳,邃古以来,或尚自由或尚裁制。此即似是而非之负责。其能兼具之者,当推纪元前五世纪之雅典,尔时雅典市民,约计五万人,而参与国家事业者,有二万人之多,其余或劳力,或劳心,或慷慨输金,或发抒技艺,凡个人所具之心思才力,靡不贡献于国家,而其贡献又出于自动,当时雅典文化,灿然美备,未始非此自由贡献之所致也,然此仅得历数十年之久,其所以泯灭者,则由个人主义日渐曼衍,驯至各任己意,而群体涣散矣,自是而后,雅典国家,不复存在,虽亚里士多德犹谓人为政治之动物。Politeal 一语源于希腊语 Polis,译云城市,所谓人为政治之动物者,实即人为市民也。盖雅典国家乃城市之国家包举社会与国家两义,此其与今人言政治不同之处也。然亚氏视政治及社会之生活,仅为常人生活,哲学家则超然于公民之外,此其所言,实反映当时社会情形,而主观及超绝之人生哲学,即由是而日盛也。

是故欲求真正共和之实现,必自恢复前所谓自由贡献之客观精神始,此项精神,一日阙乏,则共和一日不能实现,专制时代,一国政治,属之最少数之人,此少数之人,苟为贤能,则其国治,其余则漠不关心。所谓不在其位,不谋其政是已,共和政治,则为多数之治,人人利害与共,故不应漠然视之,其盛衰隆污,权自,我操,前所谓负责之自由,亦惟于此有实施之余地,其生存于斯制之下者,本互助之精神,共谋进步,一方治人,一方受治于人,不相倾轧,惟理是从,斯乃共和国民之精神也。试先就互助而申论之,夫所谓互助者,与侵略对侵略之人,日思逞其私意,其视他人仅有工具之价值,以为增高自己声势之阶梯而已,而具有互助之精神者,则自处于隐微。或至多从旁指导,俾他人各尽所能,而发挥其异禀,又富于社会同情,关怀地方事业,凡己力之所及者,无不为之,且各有自身之职业,而此即其对于社会之最大贡献,否则寄生于社会,非有效率之公民也,顾其一方虽有职业,而一方于职业之外,尽其为公民之职责,不敢稍懈,盖凡求共和之实现者,不惟须牺牲金钱,且须贡献时间,及聪明才力,此皆共和之代价也。由是观之,共和者人格之问题,非仅制度之问题,也有自由贡献之共和人格,则共和制度有所附丽,否则仅凭一二人之倡导于前,而多数漠不关心,必无以善其后也。余前至某地,该处道尹愿以植树为重。一时城墙四周,遍植树木,既而解职他往,居民则荷斧而争斫之,此所谓人存政举,人亡政息。而世事所以一进一退,必赖有不世出之人才,而后始有一时之进步者,其故即在是也。

共和国民,不惟负责而具有自由贡献之精神,亦须能屏除私见,而惟理性之是从,此二者固有密切之关系,然亦可分论之,夫所谓理性者,非仅凭空思考,不顾事实,此抽象之理性,非余之所谓理性也,真正理性,见于协商,一方虽有一己之好恶,而一方能参酌其他方面之意见,其心廓然大公,如衡之平,能取各种不同之意见,而折衷之,使归平允,如是则面面顾到,无党派之私见,以蔽其心,共和国家之有议会。其精神即应如是,否则党派倾轧,各逞野心,谓之暴民政治则可,非共和之政治也,斯二者,就形式观之,其间不可以寸,而自精神言之,则判若霄壤矣,间尝论之,专制时期,苟有贤者在上,一切设施,出自少数人之裁夺则事易举,即须协商,亦不困难。若集数百人于一处,此数百人又各怀党见,此以为是者,彼或以为非。而所谓是非,又非有共同之标准。于是意志倾轧,是非殽乱。求其屏除私见,共商国家大事,必不可能也。

由上所述,共和之实现,有待于共和之精神。其理灼然易见。然无共同之制度，则共和之精神，亦无由产生。斯二者相须如是。几将陷于名学所谓循环之谬论矣。自余观之，吾国共和，虽不能谓已实现，而教育亦去普及尚远。然教育中所涵储能，其足以培养共和精神者，尚未尽量利用。苟充其量而利用之，使今之学校，自小学以迄高等大学，凡其为教师者，俱有彻底之自觉。了然于教育之以造人为目的，非仅授予智识技能则人性中之储能，可以变更，俾适应共和之制。近者科学发达，渐知择种留良之术。养猪养牛者，皆冀择其良者，使之生殖。吾人似亦可仿此而行。苟取此法而施之于人，则人之种，似亦可日渐改良。特吾之所谓种者，指其精神心理方面而言，非谓其形质也。在昔专制时代，常以民为无知之代名词，故孔子曰：民可使由之，不可使知之。此所谓不可。盖不能之义。意谓即欲使知之，亦以限于禀赋。不能使知之，证以民者瞑也之说。其义益为可信。此其等第人性，虽不无生理上之基础，然教育未施以前，妄分等级，是以事实上人为上之差别为自然之差别。而维持专制于不敝，非共和教育之本旨也。

362

8. 人生观

相传古埃及有一怪物,狮身女面,常坐于道旁,逼行人解谜;不能解者,即吞而食之。窃谓人生观亦一谜也。世间虽无怪物,逼吾人解之;顾能解与否,与其解之之法,其关系吾人一生者,至深且巨,不可忽视之也。

吾国先哲论人生真义者甚多,而以道家为最著。道家谓人之生死,等于幻化;方其生也,不过气之偶聚,初非实有,特假名耳。列子至谓动物植物,辗转相生,偶然发现,如地菌然,初无大经大法存乎其间。其论人之由来,曰,久竹生青宁,青宁生程,程生马,马生人。其后王充本之而创所谓无意志之宇宙论;其言曰,天地不故生人,天地合气,人偶自生耳。斯说也,谛以审之,实与西洋哲学中之元子论相近。持此论者,谓世间所有,为无数元子结合而成;而是无数元子,初无亲密关系存乎其间;乍离乍合,一聚一散,其会合也,如浮萍然,泛然相逢,漠不相涉。

缘此种人生观而起数种之谬误,略述于后。

一人生无目的,气既偶聚,必无意志;而伦理学中所谓趋向正鹄一说,似无根据。顾就进化论言之,一切众生,悉有一种目的寓乎其间;最微生物,蠢然而动,其官觉浑而不晝,顾能辨别明暗,有顺应外缘之具,较之石子落水,为所冲激,不啻有霄壤之别。至于人,则有所谓是非之心。其始所谓是非,原于习俗,迨文化渐进,则有个人道德。所谓犯天下之不韪,行吾心之所安,皆此种道德之表现也。

人生无价值 人生既为气之渐聚,则必无自性,与泡影等;而所谓个性之发展,必不成问题。列子曰,汝身非汝有,是天地之委形也;孙子非汝有,是天地之委蜕也,据是则人亦自然界之附属品耳。

缘是复生三种结果:一曰从欲。人之一生,既如幻泡,转瞬消灭,则刻意修行,或孳孳焉冀有所建树于世,其事必属至愚。杨朱曰,太古之人知生之渐来,死之暂往,故从心而动,不违自然所好。其后晋世刘伶之徒,饮酒以自戕。举凡一切"今日醉饱,明日且毙"之思想,皆不知人生之可贵阶之厉也。二曰任运。人生若无价值,人之目视,亦必甚轻;自视其轻者,率信命运。庄子以大炉譬天地,以大冶譬造化,而以金譬人。其意以为人生斯世,其存亡之机,不由自主,宇宙中有司之者;是司之者,即命运也。晋阮籍谓人生天地间,如群虱之处裈中,穷蹙无聊,不能自奋,惟有瞑目萦足,受命于自然冥命耳。夫人诚薄弱;然薄弱者其形体,非其精神;形体可捣之使碎,而精神不可磨灭。伯斯克曰,人固如苇,弱不胜风,然能与神明相通。其卓然自异者即在此也。三曰厌世。庄子曰,夫大块载我以形,劳我以生,佚我以者,息我以死;故善吾生者,所以善吾死也。又以生为附赘悬疣,死为决疣溃痈。其厌生欣死,可谓至矣尽矣。

儒家人生观,较为健全。孟荀诸子,皆尊重人格。然气之一说,终不能免。故自称绍述孔孟之宋元诸儒,鲜不言气。其论气视道家为胜;道家不言气有种类,故人畜之分不明;而儒家谓气有全偏纯驳之分,得其全者为圣贤,得其偏者为凡夫,人得其纯,畜生得其偏。然以近今科学衡之,此说亦不可持。何则? 气者物质也;物质有分量之别,——所谓偏全纯驳;亦皆分量之别(Quantitative Difference),工艺品之差(Qualitative Difference),而人与畜生有品性之别。吾故曰,此说亦不可持也。

生既气之偶聚,死亦必气之偶散。所谓散者,荡为太虚之谓也,化为元素之谓也。列子曰,精神者,天之分,骨骸者,地之分;属天清而散,属地浊而聚(按此说不确,骨骸亦化为原素,散入太空),精神离形,各归其根。又引黄帝之言曰,精神入其门,骨骸反其根,我尚何存? 由是言之,生如浮沤,沤灭归海,了无自性,即为死也。

论者率谓归根归道之说,即脱离贪著,由小我易为大我之意。顾细心考之,则所谓大我者,亦不过形骸之我,化为原素耳,其理与不灭之说相同。然如是之我,一犬一马有之,一草一木亦有之,固不必刻意修行以致之也。

以上所说,其谬误所在,一言以蔽之曰,气之说也,亦即西洋唯物论也。窃以为健全之人生观,必基本于精神之我。有精神之我,而后者个性有人格之可言。欲发展个性,必以一己之精神,贯注于人群,而后其精神,滔滔汩汩,长流于人间,永不止息,随社会之进化而俱长。此之谓自我实现,此之谓化小我为大我,此之谓灵魂不灭。

或曰,人之自营,根于天性;子主献生,亦有说乎? 曰有之。执于生者,适以自丧其生。一粒麦种,方其瑰然,依然一粒;迨已腐烂,甲拆萌生;久之成熟,结实累累。且我之为我,本属群我;我与大群,息息相关。我之生命非我有,社会之委形也;我之人格非我有,社会之委蜕也。我既与社会无分,为我即所以自然,为人即所以扩充自我。由是言之,献身之义,非谓激于感情,作骇人之事——此为发狂,非吾人所谓献身也。献身者,日用常行之事,即忠于所事之谓也。

柒　罗家伦

罗家伦(1897—1969),字志希,1897年12月21日出身于浙江绍兴书香门第之家,旧学颇有根底。

1914年他负笈上海,就读于复旦大学。1917年考入北京大学文科,由于好学能文,热情爱国,极获校长蔡元培和往后的文学院院长胡适的爱重。1918年任《新潮月刊》编辑,致力于文学革命。1919年的五四运动,他是学生领袖之一,是到东交民巷向各国使节陈情的四位学生代表之一。一百八十八个字的五四运动宣言是他执笔起草的。1920年出国留学,先后在美国普林斯顿大学和哥伦比亚大学两校研究院及伦敦、柏林、巴黎三所大学研究院攻读历史及哲学,历时七年。

1926年夏学成回国,到南京任东南大学教授,创办中国近代史课程。随后投笔从戎,参加二期北伐,任国民革命军总司令部参议、编辑委员会委员长、战地政务委员会委员兼教育处长。国民政府奠都南京后,任中央法制委员会委员、宣传委员会副主任委员、中央政治会议委员、外交委员会及教育委员会委员,为时均甚短暂。随后即转移到他兴趣所在的教育界,并参与筹办中央政治学校,任教务主任兼代教育长。1928年8月清华学校改制为国立清华大学,三十一岁的罗氏任校长。八个月后,因校董事会核减预算等种种原因,辞职离校。尔后曾任北京大学及武汉大学教授。

1932年8月继朱家骅之后出长中央大学,历时整整九年,于1941年因移用建校经费于迁校,被迫辞职。

离开中大后,转入政界,任滇黔党政考察团及西北建设考察团团长、新疆监察使等职。

抗战胜利后,罗又转入外交界,曾任联合国教科文组织筹备会议中国代表,印度独立后出任驻印大使,并被各国驻印使节推举为各国驻印外交使节团团长。1950年印度与台湾断交后回台湾,改任"总统府国策顾问"、"国民党中央评议委员"、"党史"编纂委员会主任委员、"中国笔会"(即作家协会)会长。1952年任考试院副院长,1958年4月任"国史馆"馆长。1969年因病辞职,同年12月25日逝世,享年七十三岁。

1. 学术独立与新清华

——民国十七年九月于国立清华大学校长
就职典礼时演讲

在中国近代史上,革命的潮流常是发源于珠江流域,再澎湃到长江流域。但是辛亥革命的时候,革命的力量到长江流域就停顿了,黄河以北不曾经他涤荡过,以致北平仍为旧日帝制官僚军阀的力量所盘据,障碍了统一的局面十几年。这回国民革命军收复北平,是国民革命力量彻底达到黄河流域的第一次,这是中国历史上一个新的纪元。国民政府于收复旧京以后,首先把清华学校改为国立清华大学,正是要在北方为国家添树一个新的文化力量!

国民革命的目的是要为中国在国际间求独立自由平等。要国家在国际间有独立自由平等的地位,必须中国的学术在国际间也有独立自由平等的地位。把美国庚款兴办的清华学校正式改为国立清华大学,正有这个深意。我今天在就职宣誓的誓词中,特别提出"学术独立"四个字,也正是认清这个深意。

我今天在这庄严的礼堂上,正式代表政府宣布国立清华大学在这明丽的清华园中成立。从今天起,清华已往留美预备学校的生命,转变而为国家完整大学的生命。

我们停止旧制全部毕业生派遣留美的办法,而且要以纯粹学术的标准,重行选聘外籍教授,这不是我们对于友邦的好意不重视,反过来说,我们倒是特别重视。我们既是国立大学,自然要研究发扬我国优美的文化,但是我们同时也以充分的热忱,接受西洋的科学文化。不过我们接受的办法不同。不是站在美国的方面,教中国的学生"来学",虽然我还要以公开考试的办法,选拔少数成绩优良的学生到美国去深造;乃是站在中国方面,请西方著名的,第一流不是第四五流的学者"来教"。请一班真正有造就的学者,尤其是科学家,来扶助我们科学教育的独立,把科学的根苗,移植在清华园里,不,在整个的中国的土壤上,使他开花结果,枝干扶疏。

我动身来以前,便和大学院院长蔡先生商量好如何调整和组织清华的院系。我们决定先成立文、理、法三个学院。文学院分中国文学、外国文学、哲学、历史、社会人类五系。理学院分数学、物理、化学、生物、心理五系。我到了北平以后,又深深地觉得以中国土地之广,地理知识之缺乏,拟添设地理系,为科学的地理学树一基础。我们不要从文史上谈论地理,我们要在科学上把握地理。把我们这片庞大的疆域,用科学的方法,作有系统的整理,不是从书本作纸上谈兵,而是从地形学、地文学、测量学、制图学乃至航空测量学,以得到精密可靠的地理知识。至于工程方面,则以现在的人才设备论,先成立土木工程系,而注重在水利。因为华北的水利问题太忽视了;在我们附近的永定河,还依然是无定河。等到将来人才设备够了,再行扩充成院。法学院则仅设政治、经济两系,法律系不拟添设,因为北平的法律学校太多了,我们不必叠床架屋。我们的发展,应先以文理为中心,再把文理的成就,滋长其他的部门。文理两学院,本应当是大学的中心。文哲是人类心灵,能发挥得最机动最弥漫的部分,社会科学都受他们的影响。纯粹科学是一切应用科学的基础,也是源泉。断没有一个大学里,理学院办不好而工学院能单独办得好的道理。况且清华优美的环境,对于文哲的修养,纯粹科学的研究,也最为相宜。

要大学好,必先要师资好。为青年择师,必须破除一切情面,一切顾虑,以至公至正之心,凭着学术的标准去执行。经改组以后,留下的十八位教授,都是学问与教学经验很丰富而很有成绩的。新聘的各位教授,也都是积学之士。科学是从西洋来的,科学是进步的,所以我希望能吸收大量青年而最有前途的学者,加入我们的教学集团来工作。只要各位能从"尽心教学,努力研究"八个字上做,一切设备,我当尽力添置。我想只要大家很尽心努力,又有设备,则在这比较生活安定的环境之中,经过相当年限,一定能为中国学术界放一光彩。若是本国人才不够,我们还当不分国籍的借才异地。一面请他们教学,一方面帮助我们研究。我认为罗致良好教师,是大学校长第一个责任!

至于学生,我们今年应当添招。我希望此后要做到没有一个不经过严格考试而进清华的学生;也没有一个不经过充分训练,不经过严格考试,而在清华毕业的学生。各位现在做了大学生,便应当有大学生的风度。体魄健强,精神活泼,举止端庄,人格健全,便是大学生的风度。不倦的寻求真理,热烈的爱护国家,积极的造福人类,才是大学生的职志。有学问的人,要有"振衣千仞冈,濯足万里流"的心胸;要有"珠藏川自媚,玉蕴山含辉"的仪容,处人接物,才能受人尊敬。

关于学生,我今天还有一句话要说。就是从今年起,决定招收女生。男女教育是要平等的。我想不出理由,清华的师资设备,不能嘉惠于女生。我更不愿意看见清华的大门,劈面对女生关了!

研究是大学的灵魂,专教书而不研究,那所教的必定毫无进步。不但无进步,而且会退步。清华以前的国学研究院,经过几位大师的启迪,已经很有成绩。但是我以为单是国学还不够,应该把他扩大起来,先后成立各研究院,让各系毕业生都有在国内深造的机会。尤其在科学研究方面,应当积极的提倡。这种研究院,是外国大学里毕业院的性质。我说先后成立,因为我不敢好高骛远,大事铺张。这必须先视师资和设备而后定;二者不全,那研究便是空话。我上面指出来要借才异地,主要的还是指着研究院方面而言。老实说,像我们在国外多读过几年书的人,回国以后,不见得都有单独研究的能力。交一个研究实验室给他,不见得主持得好;不见得他的学问,都能追踪本科在世界学术上最近的进步;不见得他的经验和眼光,能把握得住本科的核心问题。所以借才异地是必要的。不过借才异地的方法,不能和前几年请几位外国最享盛名的学者,来讲学一年或几个月一样。龚定庵说:"但开风气不为师。"那种办法,只是请人家来"开风气",而不是来"为师"。现在风气已开,那个时期已过。我心目中的办法,不是请外国最享盛名的人来一短期,而是请几位造诣已深,还在继续工作,日进未已,而又有热忱的学者,多来"为师"几年。在这期间,我们应予以充分设备上和生活上的便利，使他们安心留着，不但训练我们的学生，而且辅导我们的教员。三五年后，再让他们回国；他们经营的研究室和实验室，我们便可顺利地接过来。我认为这是把科学移植到中国来的最好的办法。但是这需要不断的接洽，适当的机会，不是一下可以成功的。假以时日，我一定在这方面努力进行。

一切近代的研究工作，需要设备。清华现在的弱点是房子太华丽，设备太稀少。设备最重要的是两方面：一方面是仪器；一方面是图书。我以后的政策是极力减少行政的费用，每年在大学总预算里规定一个比例数，我想至少百分之二十，为购置图书仪器之用。呈准大学院，垂为定法，做清华设备上永久的基础。我想有若干年下去，清华的设备，一定颇有可观。积极设备，是我的职责；但是我希望各院系动用设备费的时候，要格外小心，我们不能学美国大学阔绰的模样。我们的设备当然不是买来当陈设的；我们也不能把任何设备准备到"得心应手"以后，才来动手做研究。我们要看英国剑桥大学克文的煦物理实验室的典型。这个实验室在1896年方得到一次4 000镑的英金，扩充他狭小的房屋及设备；1908年才另得一项较大的数目，7 135镑英金，来做设备的用途。当1919年大物理家卢斯佛德教授（Rutherford）主持该实验室的时候，每个部门的研究费每年不过50镑，而好几位教授还要争这一点小小的款子，来做研究。但是这个实验室对于世界科学的贡献太大了！

我站在这华丽的礼堂里，觉得有点不安；但是我到美丽的图书馆里，并不觉得不安。我只嫌他如此讲究的地方，何以阅书的位置如此之少；所以非积极扩充不可。西文专门的书籍太少，中文书籍尤其少得可怜；这更非积极增加不可。我以为图书馆不厌舒适，不厌便利，不厌书籍丰富，才可以维系读者，我希望图书馆和实验室成为教员学生的家庭。我希望学生不在运动场就在实验室和图书馆。我只希望学生除晚上睡觉外不在宿舍！

至于行政方面人员的紧缩，费用的裁减，我已定有办法。行政效率不一定是和人员之多寡成正比例的。我们要做到廉洁化的地步。我们要把奢侈浪费的习惯，赶出清华园去！

还有一件事我不能不提一下，就是清华基金问题。几个月前我担任战地政务委员主管教育处来到北平的时候，知道一点内幕，我现在不便详说。其中400多万元的存款，已化为200多万元。有第一天把基金存进某一银行去，第二天这某一银行就倒闭的事实，这不是爱护清华的人所忍见的。我当沉着进行，务必使他达到安全的地步，这才使清华经济得到稳定。各位暂且不问，这是我的责任所在。我更希望清华改为国立大学以后，将来行政隶属上，更能纳入大学的正轨系统，使清华能有蒸蒸日上的机会。

总之，我既然来担任清华大学的校长，我自当以充分的勇气和热忱，来把清华办好。我职权所在的地方，决不推诿。我们既然从事国民革命，就不应该有所顾忌。我们要共同努力，为国家民族，树立一个学术独立的基础，在这优美的"水木清华"环境里面，我们要造成一个新学风以建设新清华！

（原载于《文化教育与青年》）

2. 中央大学之使命[*]

当此国难严重期间,本大学经停顿以后,能够以最短的时间,由积极筹备至于全部开学上课,以及今天第一次全体的集会,实在使我们感觉得这是很有重大意义的一回事。

这次承各位教职员先生的好意,旧的愿意继续惠教,新的就聘来教,集中在我们这个首都的学府积极努力于文化建设的事业,这是我代表中央大学要向各位表示诚恳谢意的。

本人此次来长中大,起初原感责任重大,不敢冒昧担任,现在既已担负这个大的责任,个人很愿意和诸位对于中大的使命,共同树立一个新的认识。因为我认为办理大学不仅是来办理大学普通的行政事务而已,一定要把一个大学的使命认清,从而创造一种新的精神,养成一种新的风气,以达到一个大学对于民族的使命。现在,中国的国难严重到如此,中华民族已临到生死关头,我们设在首都的国立大学,当然对于民族和国家,应尽到特殊的责任,就是负担起特殊的使命,然后办这个大学才有意义。这种使命,我觉得就是为中国建立有机体的民族文化。我认为个人的去留的期间虽有长短,但是这种使命应当是中央大学永久的负担。

本来,一个民族要能自立图存,必须具备自己的民族文

---

[*] 此文是罗家伦1932年10月11日就任中央大学校长时的演说。

化。这种文化,乃是民族精神的结晶,民族团结图存的基础。如果缺乏这种文化,其国家必定缺少生命的质素,其民族必然要被淘汰。一个国家形式上的灭亡,不过是最后的结局,必定是由于民族文化和民族精神先告衰亡。所以今日中国的危机,不仅是政治社会的腐败,而最要者却在于没有一种整个的民族文化,足以振起整个的民族精神。

我们知道:民族文化乃民族精神的表现;而民族文化之寄托,当然以国立大学为最重要。英国近代的哲学家荷尔丹(Lord Haldane)曾说:"在大学里一个民族的灵魂,才反照出自己的真相。"可见创立民族文化的使命,大学若不能负起来,便根本失掉大学存在的意义;更无法可以领导一个民族在文化上的活动。一个民族要是不能在文化上努力创造,一定要趋于灭亡,被人取而代之的。正所谓"子有廷内,勿洒勿扫,子有钟鼓,勿鼓勿考,宛其死矣,他人是保"。其影响所及,不仅使民族的现身因此而自取灭亡,并且使这民族的后代,要继续创造其民族文化,也一定不为其他民族所允许的。从另一方面看,若是一个民族能努力建设其本身的文化,则虽经重大的危险,非常的残破,也终究可以复兴。积极的成例,就是拿破仑战争以后,普法战争以前的德意志民族。我常想今日中国的国情,正和当日德意志的情形相似。德国当时分为许多小邦,其内部的不统一,比我们恐怕还有加无已;同时法军压境,莱茵河一带俱分离而受外国的统治。这点也和我们今日的情形,不相上下。当时德意志民族历此浩劫还能复兴,据研究历史的人考察,乃由于三种伟大的力量:第一种便是政治的改革,当时有斯坦(Stein)、哈登堡

(Hardenberg)一般人出来把德国的政治改革,确立公务员制度,增进行政效能,使过去政治上种种分歧割裂散漫无能的缺点,都能改善过来。第二种是军事的改革,有夏因何斯弟(Scharnhorst)和格莱斯劳(Gneisnau)一般人出来将德国的军政整理,特别是将征兵制度确立,并使军事方面各种准备充实,以为后来抵御外侮得到成功的张本。第三种便是民族文化的创立,这种力量最伟大,其影响最普遍而深宏,其具体的表现便靠冯波德(Wilhelm von Humboldt)创立的柏林大学,和柏林大学哲学教授菲希特(Fichte)一般人对于德国民族精神再造的工作。所以现代英国著名的历史家古趣(G. P. Gooch)认定创立柏林大学的工作,不仅是德国历史上重要的事,并且是全欧洲历史上重要的事。尤能使我们佩服的便是当年柏林大学的精神。在当时法军压境,内部散乱的情况之下,德国学者居然能够在危城之中讲学,以创立德意志民族文化自任。菲希特于1807年至1808年间在他对德意志民族讲演里说:"我今天乃以一个德意志人的资格向全德意志民族讲话,将这个单一的民族中数百年来因种种不幸的事实所造成的万般差异,一扫而空。我对于你们在座的人说的话是为全体德意志民族而说的。"现在我们也需要如此,我们也要把历史上种种不幸事实所造成的所有差异,在这个民族存亡危迫的关头,一扫而空,从此开始新的努力。德意志民族的统一,就是由于这种整个的民族精神先打下了一个基础。最后俾士麦不过是收获他时代的成功。柏林大学却代表当时德意志民族的灵魂,使全德意志民族在柏林大学所创造的一个民族文化之下潜移默化而成为一个有机体的整个的组织。一个民族如果没有这种有机体的民族文化,决不能确立一个中心而凝结起来;所以我特别提出创造有机体的民族文化为本大学的使命,而热烈诚恳的希望大家为民族生存前途而努力!

讲到有机体的民族文化,我们不可不特别提到其最重要的两种含义:第一,必须大家具有复兴中华民族的共同意识。我们今日已临着生死的歧路口头,若是甘于从此灭亡,自然无话可说。不然,则惟有努力奋斗,死里求生,复兴我们的民族。我们每个人都应当在这个共同意识之下来努力。第二,必须使各部分文化的努力在这个共同的意识之下,成为互相协调的。若是各部分不能协调,则必至散漫无系统,弄到各部分互相冲突,将所有力量抵消。所以无论学文的、学理的、学工的、学农的、学法的、学教育的,都应当配合得当,精神一贯,步骤整齐,向着建立民族文化的共同目标迈进。中国办学校已若干年,结果因配置失宜,以致散漫杂乱,尤其是因为没有一个共同民族意识从中主宰,以致种种努力各不相谋。结果不仅不能收合作协进之功效,反至彼此相消,一无所成。现在全国大学教授及学生,本已为数有限,若是不能同在一个建设民族文化的目标之下努力,这是民族多大的一件损失?长此以往,必至减少,甚至消灭民族的生机。人家骂我们为无组织的国家,我们应当痛心。但是我们所感觉的不仅是政治的无组织,乃是整个的社会无组织,尤其是文化也无组织。今后我们要使中国成为有组织的国家,便要赶快创立起有组织的民族文化,就是有机体的民族文化。

我上面就德意志的史实来说明我们使命的重要,并不是要大家学所谓"普鲁士主义"，而是要大家效法他们那种从文化上创造独立民族精神的努力！

我们若要负得起上面所说的使命，必定先要养成新的学风。无论校长教职员学生都要努力于移转风气。由一校的风气，转移到全国的风气。事务行政固不可废，但是我们办学校，不是专为事务行政而来的，不是无目的去做事的。若是专讲事务，那最好请洋行买办来办大学，何必需要我们？我们要认识，我们必须有高尚理想做我们的努力的目标，认定理想的成功比任何个人的成功还大。个人任何牺牲，若是为了理想，总还值得。必须能够养成新的学风，我们的使命乃能达到。

我们要养成新的学风，尤须先从矫正时弊着手。本人诚恳地提出"诚朴雄伟"四字，来和大家互相勉励。所谓诚，即谓对学问要有诚意，不以它为升官发财的途径，不以它为取得文凭资格的工具。对于我们的使命更要有诚意，不作无目的的散漫动作，坚定地守着认定的目标走去。要知道从来成大功业、成大学问的人莫不由于备尝艰苦、锲而不舍地做出来的。我们对学问如无诚意，结果必至学问自学问，个人自个人。现在一般研究学术的都很少诚于学问。看书也好，写文章也好，都缺少对于学问的负责的态度。试问学术界习气如此，文化焉得而不堕落？做事有此习气，事业焉得而不败坏？所以我们以后对于学问事业应当一本诚心去做，至于人与人之间应当以诚相见，那更用不着说了。

其次讲到朴。朴就是质朴和朴实的意思。现在一般人皆以学问作门面，作装饰，尚纤巧，重浮华；很难看到埋头用

379

功,不计功利,而在实际学问上作远大而艰苦的努力者。在出版界,我们只看到一些时髦的小册子,短文章,使青年的光阴虚耗在这里,青年的志气也消磨在这里,多可痛心。从前讲朴学的人,每著一书,往往费数十年;每学一理,往往参证数十次。今日做学问的和著书的,便不同了。偶有所得,便惟恐他人不知;即无所得,亦欲强饰为知。很少肯从笃实笨重上用功的,这正是《庄子》所谓"道隐于小成,言隐于荣华"的弊病。我们以后要体念"几何学中无王者之路"这句话。须知一切学问之中皆无"王者之路"。崇实而用笨功,才能树立起朴厚的学术气象。

第三讲到雄。今日中国民族的柔弱萎靡,非以雄字不能挽救。雄就是"大雄无畏"的雄。但是雄厚的气魄,非经相当时间的培养蕴蓄不能形成。我们看到好战者必无大勇,便可觉悟到若是我们要雄,便非从"善养吾浩然之气"着手不可。现在中国一般青年,每每流于单薄脆弱,这种趋势在体质上更是明白地表现出来。中国古代对于民族体质的赞美很可以表现当时一般的趋向。譬如《诗经》恭维男子的美便说他能"袒裼暴虎,献于公所",或是"赳赳武夫,公侯干城"。恭维女子的美便说她是"硕人欣欣"。到汉朝还找得出这种审美的标准。唐朝龙门的造像,也还可以表现这种风尚。不知如何从宋朝南渡以后,受了一个重大的军事打击,便萎靡不振起来。陆放翁"老子犹堪绝大汉,诸君何至泣新亭"的诗句,虽强作豪气,却已早成强弩之末。此后讲到男子的标准,便是"有情芍药含春泪,无力蔷薇卧晓枝"一流的人。讲到女子的标准,便是"帘卷西风,人比黄花瘦"一流的人。试问时尚风习至此，民族焉得而不堕落衰微？今后吾人总要以"大雄无畏"相尚，挽转一切纤细娇弱的颓风。男子要有丈夫气，女子要无病态。不作雄健的民族，便是衰亡的民族。

第四讲到伟。说到伟便有伟大崇高的意思。今日中国人作事，往往缺乏一种伟大的意境，喜欢习于小巧。即论文学的作风，也从没有看见谁敢尝试大的作品，如但丁的《神曲》，歌德的《浮士德》；只是以短诗小品文字相尚。我们今后总要集中精力，放开眼光，努力做出几件伟大的事业，或是完成几件伟大的作品。至于一般所谓门户之见，尤不应当。到现在民族危亡的时候，大家岂可不放开眼光，看到整个民族文化的命运，而还是故步自封，怡然自满？我们只要看到整个民族存亡的前途，一切狭小的偏见都可消灭。我们切不可偏狭纤巧，凡事总须从伟大的方向做去，民族方有成功。

我们理想的学风，大致如此。虽然一时不能做到，也当存"高山仰止，景行行止"的心愿。若要大学办好，学校行政自然不能偏废，因为大学本身也是有机体的。讲到学校行政，不外教务行政和事务行政两方面。关于前者，有四项可以提出：第一要准备学术环境，多延学者讲学。原在本校有学问的教授，自当请其继续指教，外面好的学者也当设法增聘。学校方面，应当准备一个很好的精神和物质环境，使一般良好的教授都愿意聚集木校讲学，倡导一种新的学风，共同努力民族文化的建设。在学生方面，总希望大家对于教授有很好的礼貌。尊师重道，学者方能来归。

第二是注重基本课程，让学生集中精力去研究。我们看到国内大学的通病，都是好高骛远，所开课程比外国各大学更要繁杂,更要专门,但是结果适得其反。我们以后总要集中精力,贯注在几门基本的课程上,务求研究能够透彻,参考书能看得多。研究的工具自然也要先准备充足,果能如此,则比开上名目繁多的课程,反使学者只能得到东鳞西爪的知识的那般现象,岂不更为实在,更有益处?

第三是要提高程度。这当然是必要的,但我们如果能做到上面两头,则程度也自然提高了。我们准备先充实主要的课程,循序渐进,以达到从事高深研究的目标。

第四是增加设备。中大此前行政费漫无限度,不免许多浪费,所以设备方面,自难扩充。我们以后必须在这点上极力改革,节省行政费来增加设备费。这是本人从办清华大学以来一贯的政策。

情景不宽已得已不
句必为籍鸟人颖裁
蔷似半调 清时帆内
释南怀写

382

讲到学校事务行政，自然同属重要。现在可以提出三点来说：

第一是厉行节约，特别是注重在行政费的缩减。要拿公家的钱来浪费，来为自己做人情，是很容易的事。现在要节约起来，一定会引起多方面不快之感。这点我是不暇多愿的，要向大家预先说明。

第二是要力持廉洁。我现在预备确立全校的会计制度，使任何人无从作弊，并且要使任何主管者也无从作弊。本校的经费，行政院允许极力维持，将来无论如何，我个人总始终愿与全校教职员同甘苦。大家都养成廉俭的风气，以为全国倡。

第三要增加效能。过去人员过多，办事效能并不见高。我们以后预备少用人，多做事，总希望从合理化的事务管理中，获得最大的行政效能。使每一个人员能尽最大的努力，每一文经费获得最经济的使用。

本人自9月5日方才视事，不及一月，而10月3日即已开学，11日已全校上课，在此仓促时间自然遇着种种事实上的困难，使许多事未能尽如外人和本人的愿望。这种受时间限制的缺陷，希望大家能够有同情的谅解，不过今天居然能全部整齐开学上课，也是一件不容易而可以欣幸的事。希望以全校的努力把中大这个重要的学术机关，一天一天的引上发展的轨道，以从事于有机体的中国民族文化的创造。我们正当着民族生死的关头，开始我们的工作，所以更要认清我们的使命，时刻把民族的存亡一个念头存在胸中，成为一种内心的推动力；只有这种内心的推动力才能继续不断的创造有机体的民族文化，以完成复兴中国民族的伟大事业。愿中央大学担负复兴民族的参谋本部的责任。这是本人一种热烈而诚恳的希望。

3. 炸弹下长大的中央大学
——从迁校到发展

武力占据一个国家的领土是可能的,武力征服一个民族的精神是不可能的。

当年旷代军事天才的拿破仑还不能在西班牙达到他的目的,何况满坑满谷自命为小拿破仑的日本小军阀,要来征服一个历史最悠久,文化最优越的伟大中华民族!

九一八事变和淞沪战争以后,中国学术界,尤其是大学,毫不挫气,而且加倍迈进。从一·二八到七七这一段期间,可以说是中国高等教育进步最迅速而最沉着的时候。中央大学也是和他的学术伴侣,在这迈进轨道上奔着前程的一分子。可是主持大学像我这样的一个人,处境却是困难极了。因为我是略略知道国防政策的一个人,知道中枢是如何积极的准备抗日;同时又是天天和热血青年接近的一个人,他们天天在要求抗日。我在这方面知道的不能和那方面说,精神上的痛苦,可想而知了!所以也只有做做军歌,跑跑大青山边的战壕,以略抒胸中的抑郁罢!

可是这种抑郁,被卢沟桥边敌人的炮火轰开了。二十六年七月八日上午八时,我在牯岭知道这消息,心里明白最后关头已到。下午一时我在庐山训练团有一个演讲,那时候我兴奋极了,但是这消息未经负责当局发表,我是不能随便宣布的。所以我只能在最后结束演讲的时候对听众说，尤其是向着一千四百多位全国中学校长和教务训育主任说："我现在讲话的时候，恐怕猛烈的炮火，已经震动了我们的故都，最后关头已经来临，我们全国一致武装起来，保卫我们神圣的祖国罢！"讲完以后，在休息室里，孙连仲、胡宗南两将军来向我谈问这消息，大家都热血高涨。到那天下午八时，我知道孙连仲将军也经奉到下山出发的命令了。

那时候，委员长蒋先生一面调兵遣将，一面还是沉着地进行大规模的训练工作。五天以后，我在仙霞饭店的大树下看见胡适之先生，他方才从蒋先生处归来。他很紧张地说是蒋先生告诉他已经调了六师军队北上增援，现在已经到了最后关头，只有为祖国自卫而战。蒋先生又说，你们从前总说北方军事受《何梅协定》的拘束，现在看事实的表现罢。抗战军事的发动，至此是具体化了！

七月十四日我因为武大、浙大、中大三大学联合招考出题事，乘飞机回南京；十五日从何应钦将军处知道昨夜平汉路上有一千三百辆火车已经开始大量运兵。当天，我就开始作迁校的布置。十六日，我回到庐山，那天正当蒋先生在庐山谈话会席上，宣布他有历史上重要性的谈话，坚决表示抗战。七月十八日庐山训练团在海会寺举行毕业典礼。在巍巍的五老峰下，俯瞰浩浩千顷，一望无际的鄱阳湖，日光反射，现出青碧紫金的水光云影；司令台下，整齐地站着五千个受训人员，军队长官、公务人员、教育人员；草绿色的制服，把他们溶成文武合一的景象：这是何等壮伟的奇观！这时候夏季的骄阳，渐渐当空，蒋先生在烈日下岸然站了二个半钟头，演讲"建国在作战的时候"的道理。"抗战建国"的口号,后来就是从这篇演讲里结晶出来的。蒋先生的汗,从头顶流到脚跟,在场人的血,也就从心房喷到面颊,显露出无限的感动。七月二十日蒋先生下山回京,我们也就继续下来。回京以后,我就嘱总务处将一年以前冀东事变时,预备好的大木箱,里面钉了铅皮预备长途旅行用的,先取出五百五十只,将重要的图书仪器装箱。(当时我教人打这大批的箱子,大家不知道有何用途,其实当时我即看定中日之间,是迟早不免一战的。我并不想做陶德曼[Trautmann,系当时德国驻华大使,我们开玩笑叫他逃得慢]大使的哥哥"陶德快",但为保全国家文化事业元气计,平时也不能不作有备无患的打算。若是没有这批箱子,当时军事倥偬,是无法可以临时做就的。)同时我又请几位教授,分两路出发。一路是法学院长马洗繁先生和经济系主任吴翰先生向重庆出发,一路是心理系教授王书林先生向两湖出发,寻觅适当校址。后来又另请医学院教授蔡翘先生为一路,向成都出发,专为向华西大学接洽容纳中大医学院事。他们都抛开了家庭不管,为迁校而奔波,吃了许多辛苦。王书林先生曾一度赴湖南醴陵觅校址,被县长当作汉奸捉起来了,经朱经农先生去电方才释放。原因是这位县太爷不知道南京有中央大学!后来王先生回到武汉,我请他设了一个办事处,做一个中途的腰站。我接到各路调查的报告以后,详细考虑,决定将校本部迁往重庆,医学院因为医学设备上合作的便利,放在成都。但是这个决定,却受了校内校外不少的反对,以为何必迁得这么远。许多同情而有力量的校外朋友,有主张即在南京城外掘防空壕上课的,有主张迁至上海的,有主张迁至安徽九华山的,有主张迁至牯岭新图书馆馆址内的;校内的朋友,有主张迁至武昌珞珈山的,有主张迁至沙市的,迁至宜昌的,议论纷纭,阻力甚多。后来我亲往陵园见蒋先生,详陈我下这判断的理由,经他允准,我才自由地放手去做。常常有人问我,为什么当时看定了重庆,一搬就搬来此地呢? 我的见解是:第一,我断定这次抗战是长期的,文化机关与军事机关不同,不便一搬再搬。第二,所迁地点,以水道能直达者为宜,搬过小家的应当知道搬这样一个大家的困难。第三,重庆不但军事上为险要,而且山陵起伏,宜于防空。最后一点意见,是因为七七事变前两年我为察哈尔问题,因公赴成都谒见蒋先生一次,来回在重庆勾留约三天,曾经相度地形,脑筋里有这点观念。

最重要的图书仪器已经装好箱,而且有几百箱运到江边怡和、太古趸船上了,敌人对于南京的大轰炸,也就开始。第一次是八月十五日,一批敌机向中大扫射,弹中图书馆及附属实验学校大门;那时我还教大家不要张扬,恐怕校内人心摇动,有碍装箱及招考工作。第二次是八月十九日下午六时许。那天我们正在开三大学联合招生委员会,决定录取学生名单。因为天气热,所以从早上六点钟开起;因为手续繁,所以到下午六时尚未开完。中午有过两次空袭,都是炸光华门外飞机场,所以我们仍然照常工作,没有理会。下午六时会尚未完,大家开始吃晚饭;正在图书馆二层楼吃饭的时候,本校警卫队长来报告,说敌机在屋顶盘旋,大家到地下室去避一下罢。南京地底,掘下去二三尺即见水,所以校内仅有防空壕的设备,上面不过盖土二三尺。而图书馆的地下室,也是很普通的，窗子还在地平上面。我们下去了；我正按着扶手椅的两柄，要坐下去，请大家继续开会；忽听砰然一声，屋顶上的水泥，如急雨般的打下，房子向两边摇摆。以后继续的几十声，有如天崩地塌。我们知道本校受炸了。炸后又有五分钟不断的清脆爆炸声。那时候校警来报告科学馆后面的房屋起火了。我们不能等敌机离开上空，一齐出来救火。燃烧的是一年级普通化学实验室，当即将其扑灭。统计那次大学围墙内落了二百五十公斤（五百五十磅）的炸弹七枚，墙外还有许多。这炸弹的重量不是随便估计的，因为我们所在的图书馆墙外，就中两弹；我们拾到的炸弹片有一块很完整的，上面有八个汉文楷字“二五〇瓩陆用爆弹”。（此片当保存，为传校之宝。）这种重磅炸弹，有一个就落在我们所在地的墙外三公尺爆炸。不是一重钢骨水泥的墙，我们二百多人，一齐毁了。这是敌人对付我们文化机关的狰狞面目！但是这种狰狞的面目，吓我们不了。我们于救火完毕以后，还继续开会约十分钟，将招生事件结束，各校代表将新生成绩名单，分带回校。

这次严重的轰炸，损毁房屋七八处，死了校工七人。大礼堂的讲台被炸了，但是讲台上笨重的椅子，却安然飞在第三层看台上摆着！牙医专科学校的房子炸平了，里面二十八箱贵重的仪器，刚巧于那天早上八点钟搬到下关！还有一件很巧的事：自八月十五日轰炸以后，来访我的客人较少。十七日的早晨，我独自在大礼堂办公室里走来走去，忽然想起校内女生宿舍和校外男生宿舍均不妥当，于是坐下来写了两个条子：一个给男生宿舍管理员，限男生从二三层楼迁至一层楼;女生宿舍是一层的木架平房,所以另一个条子给女生指导员,请其限女生有家者归家,无家者迁至三牌楼农学院。两处都限于十九日上午八时以前迁妥。当时两处的负责人都感觉困难,原因是男生爱二三楼风凉,女生是贪图校内宿舍便利。我坚持要办到,男生是上午迁妥的,而下午轰炸时,适有一辆运高射炮弹上北极阁去的汽车,临时来不及,停在男生宿舍墙外不远,中了碎片着火炸了,男生宿舍二三楼的楼窗全碎,炸片很多,但是迁到一层楼的男生无恙。我们在图书馆听见的清脆爆炸声,就是这车高射炮弹爆炸的声音!至于女生宿舍呢?十九日下午四时半女生指导员卫生教育科教授陈美愉女士到图书馆会场里来对我说,女生现在迁移完毕,她想请假回家两星期,我欣然答应了。她回到女生宿舍内整理自己的行装。哪知道正当这时候全部女生宿舍被炸毁!我最初得到的报告是陈女士被炸在里面,我赶快教人去发掘救护。这批发掘救护的人正要去的时候,陈女士已狂奔而来。她和一个女工友当炸中该舍的一刹那,睡倒在女生的一排水门汀洗脸架底下,后来循着未倒的墙根爬出。女生宿舍竟无一人死伤!这是何等的幸事!第二天有四个女生来谢谢我,我笑着对她们说:"你们当时还不肯搬呢!"难道这是一件灵异吗?还是我当时真有柏格森的直觉?都不是的。这理由很简单,只是一个负责任的人,若是他有责任心而头脑稍微有点冷静时候的话,应当把他分内的事,尤其是感觉不妥之处,费心思打量一番罢了。

受了大轰炸以后,迁校的工作,自然更当积极。我的办公室炸得不像样子了,第二天一早,我站在校门内一行法国梧桐底下办公。因为暑期内人手分散,所以我看见每一位教职员进来,就分配他一件工作,大都是在整理和装箱方面的。敌机来了,我们仍在图书馆内一躲。谢谢他们的热诚和勇敢,最大部分的东西,都已有了归宿。我请一位航空工程教授罗荣安先生拆卸风洞,对他说,风洞不运走,请你不要离开南京。果然,等到风洞最重的一部七吨半的机器上船以后,他才离开。

敌机第三度的光顾,是八月二十六日晚上,把实验学校炸了。第二天一早我到实验学校视察,站在炸弹坑边,一个老校工跑来,一夜的恐怖,使他的神色已变。他不知所措地跪在我前面,我扶起他,对着几位实校教职员,指着炸弹坑说:"寇能覆之,我必能兴之。"我也不必再说下去了。以后我将实校迁至安徽屯溪开学(因为初高中学生不能离家太远),后来迁至长沙岳麓山,最后迁至贵阳,始终不肯因大学本身经费困难而停办,就是要争这一口气,因为这不是我个人的闲气。

我原来的办公室既不能办公,于是迁至图书馆的小阅览室内;总办公处迁至旁边的文学院内。因为敌机多次空袭,常在大学上面盘旋,所以总务长对我建议将总办公处迁至城内三牌楼农学院内,因为该处防空壕较好。我已同意了,但是迁移的日期,尚未决定。九月二十五日上午我到图书馆时,知道总办公处已搬,我深怪这搬移的举动太快;本部恐怕还有小部分事要料理,想把它搬回来。总务长告我,说是他允许他们搬去的,我自然也就尊重了负责同人的意见。哪知道他这意见很好,就是二十五日下午的四时,文学院被炸了!

这是敌机第四次的光顾。这一搬也真是巧合。

现在回到重庆方面来讲罢。马、吴二先生在重庆承各方面，尤其是重庆大学的帮助，得到较为适宜，"自成小小格局的地址"(马先生函中语)。但是还有工程上、设备上、运输上、人事上许多问题，需要不断地和我商量，才能决定。而下游军电甚多，普通电报迟缓太甚，实在是我们迁校进行上的障碍。于是我们想了一个有效的转信办法，就是由马先生用急电由重庆致汉口腰站的王先生(这段电报畅通)，由王先生每晚用长途电话给我；我在电话里将我的决定告王先生，由他立刻用电报给马先生。所以每天晚上十二时以后，是我等长途电话的时候，如晚间空袭，有时等到三四点钟，但是天天晚上总有长途电话来的。重庆方面一切材料大致预备好了，只等房子动工。什么时候动工呢？这点有一个法令上的手续问题，就是我要等教育部的覆令。九月十八日南京外交团接到敌人通告，说是二十日要不分皂白的滥炸南京，请各国外交人员避开。二十二日敌机一百架炸南京，二十三日我奉到准迁重庆的部令；于是立刻告知汉口转达重庆，嘱其迅速动工。十月初南京的东西大致迁移就绪；为这次迁移最出力的事务主任李声轩先生也可以稍微抽身；于是就请他和水利系主任原素欣先生、工程师徐敬直先生前往重庆，办理校舍建筑事宜。一方面通知全体教职员、学生于十月十日集中汉口，转船西上。关于这一部分复杂的交通事宜，都是归王书林先生主办的。大家都先后上路了，我于十月五日离开南京，经芜湖到屯溪，赶往主持十月十日实验学校的开学典礼。事后即赴汉口，于二十五日乘飞机抵重庆。那时候教职员、学生已经有一部分先我而到了。

到重庆以后，知道校舍大致均已就绪。经各位先生不分昼夜地劳苦，分十八个包工，集合了一千七百多工人日夜工作——谢谢他们——容一千余人的校舍，竟于四十二天完成。大家开始搬进去，于十一月初已经开始上课。这个速度，不能不算是一个纪录！

虽然正当猛烈的战事，经过长途的跋涉，我们的功课，开得还是很整齐的。我们的图书仪器，都已搬出，而且展开使用。不但重庆本部开学，并且医学院和牙医专科学校已先本校在成都开学了。我们教学的标准，从那时候起到现在止，还没有比在南京时降低。

我们这次搬家，或者可以算是较有计划有组织的；几千个人，几千大箱东西，浩浩荡荡的西上，于不知不觉之中，竟做了国府为主持长期抗战而奠定陪都的前驱。这次搬来的东西，有极笨重的，有很精微的；还有拆卸的飞机三架（航空工程教学之用），泡制好的死尸二十四具（医学院解剖之用），两翼四足之流，亦复不少。若是不说到牧场牲畜的迁移，似乎觉得这个西迁的故事不甚完备。中大牧场中有许多国内外很好的牲畜品种，应当保留。我们最初和民生公司商量，改造了轮船的一层；将好的品种，每样选一对，成了基督教《旧约》中的罗哀宝筏（Noah's Arc），随着别的东西西上。这真是实现唐人"鸡犬图书共一船"的诗句了。可是还有余下来在南京的呢？我以为管不得了。所以我临离开的时候，告诉一位留下管理牧场的同人说，万一敌人逼近首都，这些余下的牲畜，你可迁则迁，不可迁则放弃了，我们也不能怪你。

可是他决不放弃。敌人是十一月十三日攻陷首都的,他于九日见军事情形不佳,就把这些牲畜用木船过江,由浦口、浦镇,过安徽,经河南边境,转入湖北,到宜昌再用水运。这一段游牧的生活,经过了大约一年的时间。这些美国牛、荷兰牛、澳洲牛、英国猪、美国猪和用笼子骑在它们背上的美国鸡、北京鸭,可怜也受日寇的压迫,和沙漠中的骆驼队一样,踏上了它们几千里长征的路线,每天只能走十几里,而且走一两天要歇三五天。居然于第二年的十一月中到了重庆。我于一天傍晚的时候,由校进城,在路上遇见它们到了,仿佛如乱后骨肉重逢一样,真是有悲喜交集的情绪。领导这个牲畜长征的,是一位管牧场的王酉亭先生;他平时的月薪不过八十元!

到了重庆的第二年,学生人数激增,到了二千以上,沙坪坝的校址容不下了;而且为疏散关系,也当另辟新址。于是又选择了一个风景清幽的地方——柏溪——建筑了一个分校。该处逐渐增加房屋,现在可容一千多人,所以现在中央大学的校址分为四处:(一)沙坪坝,(二)柏溪,(三)成都,(四)贵阳。四处有四处的好处,可是四处的开支也不容易呀!

西迁以后,添了一个师范学院,将以前教育学院原有的系维持和改隶以外,还添了七系一科。工学院添了航空工程、水利工程两系,电机工程系和土木工程系从单班加到双班,机械工程系从单班加到三班,又加了一个低级的技工训练班。医学院添了四个年级(从三年级到六年级),去年添了一个牙科门诊部,今年还添办一个较大规模的医院。农学院添了一班畜牧兽医专修科。研究院则加设有七个研究部（政治经济、物理、化学、土木工程、机械工程、电机工程、教育心理），连今年授过两次的硕士学位。今年秋季还要加添五六个研究部。

现在中大所包的部门，除总办公部分，分（一）教务处（包括注册组、图书馆），（二）总务处（包括文书组、事务组、出纳室，此外还有一个独立的会计室），（三）训导处（包括生活指导组、体育卫生组、军事训练组、卫生室），和（四）分校主任室（包括教务室、总务室、训导分处）而外，直接教学的部门，分别如下：

（一）文学院　分中国文学系、外国语文系、历史学系、哲学系。

（二）理学院　分数学系、物理学系、化学系、生物学系、地质学系、地理学系、心理学系。

（三）法学院　分法律学系、政治学系、经济学系。

（四）工学院　分土木工程系、电机工程系、机械工程系、航空工程系、水利工程系、化学工程系、建筑工程系、航空工程专修班、附属技工训练班及各工厂。

（五）农学院　分农艺系（包括农业经济与病虫害两组）、园艺系、农业化学系、森林学系、畜牧兽医系、畜牧兽医专修科、附属农场三、牧场一。

（六）师范学院　分国文系、英语系、教育学系、公民训练系、数学系、理化系、博物系、史地系、艺术系、体育系、童子军专修科。

（七）医学院　分医前期与医后期两大段落：医前期分生

理学科、人体解剖科、病理学科、组织学科、药理学科、神经学科、生物化学科；医后期分内科、外科、牙科、耳鼻喉科、妇产科、骨科、放射科、公共卫生科、附属医院。（本年医院全部完成后，医后期各科尚须增设。）

（八）牙医专科学校　此系独立单位，由中央大学主办，即由我委托医学院院长主持，三年毕业，其更进一步深造者六年毕业，为医学院牙科。一切课程，均与医学院密切合作，实属"合之两利"。国家办理之牙医教育机关，仅此一所，很值得社会注意。附设牙医门诊部。

（九）实验学校　分高中、初中两部。

（十）研究院　法科研究所设政治经济部。

理科研究所设数学部、物理学部、化学部。

工科研究所设土木工程部（包括水利）、电机工程部、机械工程部（包括航空）。

农科研究所设农艺部。

师范科研究所设教育心理部。

就上表看来，综计十四个大单位，其中关于直接教学的有七个学院，一个研究院，一个专科学校，一个中等学校。再进一步地分析，则仅教学方面，就有五十六个系科，九个研究部，共计六十五个单位。至教育行政部门和附属医院、农场、牧场、工厂和技工训练班，尚未计入。所以在大学之中，中大内容不能不算是当今最繁复的了。

说到学生人数，在南京最后一学年不过一千零七十二人；到今年则大学和研究院部分共计三千一百五十三人（随时略有增减），较南京时约加三倍。外加实验学校六百五十一人,技工训练班五十人,共计三千八百五十四人。本年大学本科毕业约四百人,所招新生,当然视合格成绩而定人数,但无论如何,必较毕业生人数为多;若是多一倍,则总人数一定是四千多人了。

至于所开课程,在南京最后一学年全年共为五百二十四种,本学年则上学期为七百三十七种,下学期为八百二十九种。从本学年起,都是按照教育部所颁部定课程标准开的。

至于每周各班上课时数的总和,则本学年每周讲授时间上学期为二〇〇二小时,下学期为一九八〇小时,实验钟点上学期为一四八一小时,下学期为一五五二小时。至于实验时数,绝对不只此数,可以增到一倍,因为实验地位不敷,有上课在一班而分作几组做实验的。这种分组的时数也就不及统计了。

因为学生人数的增加,院系的增加,课程的增加,所以教员人数,不能不比在南京时要增加。现在计教授、副教授一八三人,讲师三九人,助教一七九人。

战区学生经济困难的,和一般学生伙食困难的,由政府给予各种贷金。这是一笔很大的数目。国民政府这种宽大的培养青年政策,是每个青年应当感奋的。此外还有中正奖学金和公费、免费种种名额。师范学院学生是全部公费待遇的。医学院学生从本学年一年级起,指定为公医生,也是全部公费待遇的。

这几年以来,政府不断的以专门问题,教我们的教员来帮同研究,这学年内并且有时征调我们高年级的学生去参加某种工作,大家都是欣然参加,从未推却。这是我个人心中常引为欣幸的事。

当我们初来的时候,学生受外间不成熟舆论的影响,常有要求改变课程,受所谓战时教育的声浪。那时候他们心目中以为有一种短期速成的教育,像"万应灵丹"一样,一吞下去就可以抗日的。我很恳切的告诉他们,说是教育,尤其是近代科学教育里面,决无"王者之路"(捷径),何况大家不是王者。学问是谨严的,是有步骤的。一种学问学好了,平时可用,战时也可用。到那境界,只看你们能不能"一隅三反"。战时教育,只须把平时教育加紧,更须加重军事体育的训练,加强国家民族的意识,就可以了。当时他们表示接受,但是我知道他们心里还是不免有点怀疑的。到后来看见一班一班的毕业生出了校门,都有积极的工作,而且供不应求。再到后来他们被征调去工作的时候,知道在学校里学好的,出去可以用;没有学好的,出去了有机会也不能用,于是恍然大悟。

我们在重庆四年了,这四年的日子,不是好过的。我们的学校穷,同人也穷,但是国家在抗战的时候,谁说穷是不应该的? 我们只能以大义相劝勉,以感情相维系。四年以内,我们不知道历尽了几多困难。我们只有一点可以勉强告慰于国人的,就是在这四年之中,中央大学没有停顿,而且照常进行,还有一点小小的发展。

但是敌人还是不放过我们的。像去年(二十九年)就被炸三次。第一次是六月二十七日,第二次是二十九日,第三次是七月四日。房子被炸毁和炸坏的,不下二十几所。我的办公室瓦没有了,墙也没有了;在夏天的烈日之下,我照常的和同人在"室徒一壁"的房子里面办公;修好以后,照常开学上课。我们和顽皮的小孩子一样,敌机来了,我们躲进洞去;敌机走了,立刻出来工作。幸赖师生防护服务团里各位同人的努力,到现在为止,在我们大学的范围以内,没有死伤过一个教职员和学生。

民国二十一年我到中大就职的时候,常以十九世纪初叶柏林大学所负的责任来互相砥砺;至今回想,去这理想还不知有多远。我当时并且以找着对手方来抗日的理论,勉励学生。我认为敌人的称强,不是一方面,而是多方面促成的。我们抗日不只是我国的兵找着敌人的兵来抗,而且,要我国的农找着敌人的农来抗,工找着敌人的工来抗,商找着敌人的商来抗,学校找着敌人的学校来抗。所以中央大学抗日的对象,就是敌人的东京帝国大学。我们现在不应该问我们忠勇的将士,抵抗得过敌人残暴的军队与否,我们现在应该问我们的科学和一般学术,抵抗得过敌人的科学和一般学术与否。我们希望我们以科学与一般学术,压倒敌人,就是我们的空军强大到轰炸东京的时候,我也不希望他轰炸东京帝国大学,像他们对付我们一样。

我认清敌人可以炸毁的是我们的物质,炸不毁的是我们的意志! 炸得毁的是我们建设的结果,炸不毁的是我们建设的经验!

中华民国三十年六月十六日,于重庆警报声中。

(原载于《文化教育与青年》)

4. 伟大与崇高

——纪念先师蔡孑民先生

当着国家动荡的时候，全民族失了文化的导师，人格的典型，这种损失，哪里是当代的人所能测度。

伟大的蔡先生居然在这时候离开我们了！悲伤的岂只是他的门生、他的故旧。他门生、故旧的悲伤，又岂只是他们的私恸。

凝结中国固有文化的精英，采撷西洋文化的优美，联合哲学、美学、科学于一生，使先生的事业，不特继往，而且开来。

先生永远是站在时代前面的伟大人物。

先生不但是伟大人物，而且是伟大人格！

如大海容纳众流，不厌涓滴，是先生的包含。

汪汪若万顷之波，一片清光，远接天际，是先生的风度。

慈祥恺悌，谦光中流露至诚，是先生对人的感化。

"柔亦不茹，刚亦不吐"，是先生的风骨。

常见先生书房中挂了一幅自己的画像，上面题着"其为人也，发愤忘食，乐以忘忧，亦不知老之将至"，这是先生持身处世的精神。

又常见先生的书桌边有自己写的"学不厌，教不倦"六个字的横帧，这是先生治学教人的态度。

更有一次我求先生写几个字,先生写了"货恶其弃于地也,不必藏诸己;力恶其不出于身也,不必为己",这是先生的人类社会观。

先生感召的力量是无形的,因其无形,所以格外伟大。

对于这一代大师的言行,何从记起;在悲哀情绪之中,更从何处想记。大家只看见先生谦冲和蔼的方面,而少知道先生坚毅不拔、风骨峻峭的方面,所以我写下几段短的故事。

在五四运动以后,北洋军阀横施压迫的时候,先生处于危难艰苦之中,突然发表一篇不过二百字左右、却是光芒万丈的短文,叫作《洪水与猛兽》,主张疏导新思潮的洪水,而驯伏北洋军阀的猛兽。

民国十年,先生游历美国,到绮色佳,我和几位同学接先生到一个寓所休息;忽然听见一位美国新放的驻华公使要招待先生,想请先生介绍于北方权贵;先生坐犹未定,坚决的立刻要离开。我们劝先生多休息一会也不可得;结果立刻去游览附近几十里的一个瀑布。

在七七抗战前两年,先生到南京,那时候汪精卫还是行政院长兼外交部长;这后来变作汉奸的汪精卫请先生晚餐,进的是西膳。先生苦劝他改变亲日的行为,立定严正态度,以推进抗战的国策。在座的都看见先生的眼泪,滴在汤盘里,和汤一道咽下去。

先生有不为而后有为的精神,哪里是一般人所可想象。

先生太崇高了!

"高山仰止,景行行止";千百年后,先生的人格修养,还是人类想望的境界。

不才的门生像我,每逢艰难挫折的时候,一闭眼睛,就有一幅先生的音容笑貌的影子,悬在胸际。想到先生临危受困时的雍容肃穆,七十几年的努力不懈,什么暴躁不平之气,都该平下去了。

　　先生给后辈的德化,有如长江之流,永远不会枯竭!

　　先生的躯壳死了,先生的精神,无穷的广则弥漫在文化的宇宙间,深则憩息在人们的内心深处!

　　(原载于民国二十九年三月二十四日重庆《中央日报》)

5. 送给适之先生

十七岁年纪的铁儿，
我发现了！
从《杨斯盛传》写到《真如岛》，
他早知道，表现现代人的思想和感情，
要数白话好。

那时候，到现在还是，
无党籍的革命志士，
正掀动爱国的狂潮，
喉咙带着
民主和科学的呼声，
热烈的在叫。

革命的文献磨灭不了。
我给你瞧，
你说："这是当年幼稚的作品。"
你忘记了！
乡下人推断人生有话道：
"三岁看大，七岁看老。"
难道十七岁还不能看到老？

现在,六十二岁的婴儿,
先生,请你饶恕我这样叫!
你,六十二岁的斗士,
到现在不只有斗士的精神,
还有孩子的天真,
不但腔子里有哲人的心,
口角上还露出婴儿的笑。

你永远说你心上要说的话,
可是你永不给人家困恼,
因为你任何的批评,
里面带着无限的同情。
人家说你"和易近人",
可是在正义和主张上
你却能和人争。
请你不要骂我用古文的滥调,
真是:和而不同强哉矫。

有人说尝试什么稀奇,
可是在陈旧的束缚里,
最初尝试的胆儿真个不小。
有人说你谈吐里
常识的味儿太强,
可是"常识并不平常":

这道理几人能晓？

吹不尽的春风，
带生气给无边的青草。
智慧的泉水永不干枯，
要说的话也永远说不了。
去罢！先生！去罢！
这去还是祖国的需要！

1953 年 1 月 10 日、台北

（原载于 1953 年 1 月 12 日"《中央日报》"）

6.《新人生观》一书自序

浩荡成江的鲜血,滂沱如雨的炸片,时代掀起的亘古未有之洪涛,能否使我们——站在存亡绝续关口的我们——对于整个的人生问题,有一度新的审察和领悟?

我们要生存,我们更要有意义的生存,所以我们那能不追求生存的意义,和达到这有意义的生存的方式?

在这真实时空构成的创造的宇宙里,我们的生命是动的、真实的,更是创造的。我们的思想不能开倒车。我们不能背着时代后退,我们也不能随着时代前滚,我们要把握住时代的巨轮,有意识的推动他进向我们光辉的理想。

我们要挥着慧剑,割去陈腐。我们要廓清因循、颓废、软弱、倚赖、卑怯,和一切时代错误的思想——生命的毒菌。不但是打扫地方为了培养新的肌肉,而且是期待长成新的骨干。

这伟大的时代需要我们有力的思想,有力的行为,有力的生命。

自从神圣抗战发动以来,我就开始想做一点积极的思想工作。我写这部《新人生观》的时候,不想照传统的写法,分门别类的论列人生哲学的各部分。我只想把中国民族思想和生命中,我认为缺少或贫乏的部分,特别提出来探讨、来发挥。但是写成以后,也自成一个系统。

讲人生哲学，要是使它理论的基础稳固的话，不能不有它在玄学——形而上学——上的根据。这一点我哪里敢忽视。

这部书里的十六讲。本是我于中央大学西迁以后，对全校的一套系统演讲。也曾在刊物上登载过几篇。现在重新写定，成为专书。我断不敢希冀前哲在围城中讲学的高风，但是这十六讲却章章都是讲完和写完在敌机威胁的期间，有时还在四周围火光熊熊之中。

我断不敢说这部书是表现一种有力的思想，我只敢说这是我个人用过气力去思想的一点结果。我是根据自己知道的深信，以充分的热忱写出来的，自然我也希望国人能得到同样的深信。

这一件不是泛泛的礼物，敬以献给有肩膊、有脊骨、有心胸、有眼光而有热忱的中华儿女，尤其是青年。

罗家伦

中华民国三十一年元旦·陪都重庆

7. 建立新人生观

建立新人生观,就是建立新的人生哲学。它是对于人生意义的观察,生命价值的探讨,要深入地透视人生的内涵,遥远地笼罩人生的全景。

——我们生命的意义是什么?

——生在世上有什么价值?

——我们如何能得到富有意义和价值的生命?

——我们的前途又是怎样?

这些不断的和类似的问题,我们今天不想到,明天不定会想到;一个月不想到一次,一年不定会想到一次;在红尘滚滚,头昏脑涨的时候纵然不想到,但正值晓风残月,清明在躬的时候,不定也会想到。想到而不能作合理的解答,便是面临人生极大的危机。若果有永远不想到的人,那真不愧为醉生梦死、虚度一生的糊涂虫了。想到而又能运用智慧,以求解答,那他已踏进了人生哲学的范围。

我们本来先有人生后有人生哲学,正如先有饮食而后有营养学。但是既有了人生哲学来帮我们探讨,和解答这些与生命不可分离的问题,我们为什么不研究?何况这种探讨和解答,曾经透过了多少先哲的脑汁与心灵,是他们智慧的结晶,我们更为什么不研究?

"牧童呵! 你有没有哲学?"

这是西洋自古流传的一句问话。是的,牧童何曾不可有哲学,更可能有他的人生哲学,若是我们采取詹姆士(William James)宽大的胸襟,认为哲学乃是一种人生的态度。可是态度有正的、有偏的、有健全的、有不健全的,有经得起理智和经验考验的,有经不起理智和经验考验的。不但人生的苦乐,在此分路,即人生的有价值和无价值,也在此分路。所以人生哲学的研究,愈加不可忽略。

乡间的老农老圃常常要寻求,而且常常能把握住一两句先民的遗训、父老的名言,以为一生做人处世的准则,安身立命的基础:这正是他生命合理的要求。何况知识与理智发展到相当高度,而又急切要追究人生意义的人们,尤其是青年?

在现时代,人生哲学更有他重要的意义和使命。因为在这时代,旧道德标准都已动摇,而新的道德标准尚未确立,一般青年都觉得徬徨,都觉得迷惑,往往进退失据,而陷于烦闷和苦恼的深渊。在中国有此情形,在西洋也是一样。

西方国家从前靠宗教以给人们内心的安宁,以维社会善良的秩序,到现在则旧的宗教信仰已经动摇,而新的信仰中心还未树立,在这青黄不接的时代,更出现许多迷路的羔羊。读李普曼(Walter Lippmann)《道德序言》(*Preface to Morals*)一书,便知中外都有同感。因此在这个时代,更有重新估定生命的价值表,以建立新的人生哲学之必要:否则长久在烦闷苦恼之中,情绪日渐萎缩,意志日渐颓唐,生活自然也日渐低落。结果青年们的心理中第一步是动摇,第二步是追求,第三步便是幻灭:这是何等悲惨的状态!有知识责任的人,对于这种"为生民立命"的工作,能够袖手旁观吗?

要建立新的人生哲学，首先要明白他与旧的人生哲学，在态度上至少有三种不同。以这不同的态度，才能重行估定新的生命价值表。

首先，要认定的是新的人生哲学不是专讲"应该"（ought），而是要讲"不行"（cannot）。

旧的人生哲学常以为一切道德的标准，都是先天的范畴，人生只应该填塞进去。新的人生哲学则不持先天范畴之说，而只认为这是事实的需要，经验的结晶，经过思考后的判断。应该不应该的问题较空，成不成、要得要不得的问题更切。拿文法的定律来做譬喻，本不是先有文法而后有文字，文法只是从文字归纳出来的。文法的定律并不要逼人去遵守它，但是你如果不遵守它，你就不能表白意思，使人了解。你自己用文字来达意表情的目的，竟由你自己因此而打消。所以这是不成的，就是要不得的，也就是所谓"不行"的。

其次，新的人生哲学不专恃权威（authority）或传统（tradition），乃要以理智来审察现代的要求和生存的条件。

权威和传统并不是都要不得，只是不必盲目地全部接受。我们要以理智和经验去审察它，看它合于现代生命的愿望、目的，以及求生的动机与否。这不是抹杀旧的，而是要重新审定旧的、解释旧的。旧的是历史，历史是潜伏在每人的生命意识之内，不但不能抹杀，而且想丢也是丢不掉的；但是生命之流前进了，每个时间阶段都有它的特质。镕铸过去，使它成为活动的过去，为新生命中的一部分，才能适合并提高现在生存的要求。

还有一层，新的人生哲学不讲"明心见性"之学，更不涉性善性恶之论。它是主张整个人生及其性格与风度的养成，从知识中探讨生命的奥秘，并从经验与习惯中培养理想的生活。它否认先天原始的罪恶，它也不凭借直觉来判断是非，它不知什么叫"身是菩提树，心如明镜台"，自然它更不懂得什么是"菩提本无树，明镜亦非台"的禅理。它不把行为的标准建立在冥思幻想上面，同时也不把它建立在冲动欲望上面。它要从民族和人类的历史和文化里，寻出人与人相处，人与自然相与的关系，以决定个人所应该养成的性格和风度。它是要从个人高尚生命的现实中，去增进整个的社会生活与人类幸福。觉得如此，方不落空。

新的人生哲学，只是根据这三种态度以重定生命的价值表，以建立新的人生观。它并不否认旧的一切价值，有时不过加以必要的改变与修正。它把旧的价值，重新估计以后，仍然编入新的价值标准表内，以求其更有意义的实现，更丰富和美满的实现。这才是真正"价值的转格"（die Umwertung aller Werte）。

我们不只是求人生更丰富更美满的实现，我们还要把人生提高。平庸的生活，是不值得活的。我们要运用我们的生力（vitality），朝着我们的理想，不但使我们的生命格外的崇高伟大，庄严壮丽，而且要以我们的生命来领导，带起一般的人，使他们的生命也格外的崇高伟大，庄严壮丽。因此我们要根据新的人生哲学态度，建立三种新的人生观。

第一，是动的人生观。宇宙是动的，是进行不息的：人在宇宙之间，自然也是在动的，进行不息的。希腊哲学家海瑞克莱图斯（Heracetus）说："你不能两次站在同一条河里。"孔子在川上说:"逝者如斯夫,不舍昼夜。"都是解释这个道理。何况近代物理学家更告诉我们,不特天空星球在运行,即在原子的内部,每个电子都绕着原子核不断地在转呢!中国传统的人生哲学里,把人生的动的方面,束缚太多了。尤其是宋儒偏重"主静主敬"的学说,把活泼泼的一个人,弄得动弹不得。颜习斋把真正孔子主持的礼、乐、射、御、书、数的教育,和宋儒峨冠博带对谈静、敬的教育,形容成为一幅怵目惊心,绝对相反的图画。他慨然道:

　　……宋,前之居汴也,生三四尧、孔:六七禹、颜;后之南渡也,又生三四尧,孔,六七禹、颜。而乃前有数十圣贤,上不见一扶危济难之功,下不见一可相可将之材,两手以二帝畀金,以汴京与豫矣!后有数十圣贤,上不见一扶危济难之功,下不见一可相可将之材,两手以少帝付海,玉玺与元矣!多圣多贤之世,而乃如乎?噫!
(颜习斋《存学编性理评》)

　　这番话真是力行的精义!在今天的时势,尤其可以发人深省。其实若干宋儒的学说,已经被渗入某种印度哲学的的成分,和孔、墨力行的主旨,早已违背了。

　　我们要提倡动的人生观,可是同时得充分注意到动之中有两种不同的动:一是有意识的动,一是无意识的动。有意识的动是主动、自动。无意识的动是"机械的动",也是被动、盲动。自然界许多动的现象,都是属于后者,如行星绕日,循着轨道,千百年不差分毫,就是一例。若干动物的行动,何独不然？你不见灯蛾扑火，鸵鸟钻沙吗？其实有些"人"的行动，也不曾幸免。譬如冲动，往往由于来了某种刺激，使神经或血液循环系统起了某种反应和变化，来不及考虑思索，骤然发出某种急剧的行动：这还不是生理上的机械的动吗？这种的动，在本质上不但无意识而且无意义。幸而人的行动，决不都是如此；这一隅并不能以喻全局。否则全部的历史，都是机械的、盲目的、无意义的了。

人是有意识的、有灵感的、有智慧的，所以他有思想的自由，有选择的自由，他可以凭他的判断来指挥他的动态。人生值得一活，世事值得努力，历史值得创造，正是为此。（详细的理论，见下面《悲观与乐观》及《扭开命定论与机械论的锁练》两种）那把人生和历史硬看作机器上的轮齿一样，按照他们假想的公式，认为只是不能不动而动的说法，不但是妄自菲薄，而且是诬蔑人类。

第二，是创造的人生观。我们要动，而我们的动并不是机械的，乃是有意识的，也就是可以凭意识来指挥的，那我们就应当把我们的动力，发挥到创造性的事业方面去。我们不只是凭自力创造，而且要运用自力，以发动和征服自然的能力来创造。我们不仅仅要驱使无限的电力为人类服务，我想不久的将来，更能解放宇宙间无限的原子能，成为被管制的动力，以为人类的幸福，另辟一个新纪元。这就要靠创造的智力（creative intelligence）了。

人类之有今日，是历代先哲创造的智力所积成的。我们不能发挥创造的智力，不但对不起自己的人生，而且对不起先哲心血积成的遗留。

保守会成功吗？保守就是消耗、衰落、停滞、腐烂与毁灭。

举例来说，前代的文化创造品，是有伟大的、特出的。设如你不把他吸收孕育，再来努力创造，而专门保存旧的，那不仅旧的不能成为新人生的一部分（我们至多不过是享受而已），而且新的伟大的文化作品永远不会出来。何况那伟大的创作，永久是前人的创作，前时代的创作，有限的创作；而不是本人的创作，现时代的创作，无限的创作。我们不但要"继往"，更加要"开来"！

第三，是大我的人生观。我们不要看得人生太小了、太窄了。太小太窄的人生是发挥不出来的。它一定像没有雨露的花苞，不但开不出来，而且一定萎落，一定僵死。我们所以有现在，是多少人的汗血心血培成的。就物质而言，我们吃的、穿的、走的、住的，哪一件不是农夫、工人、商人、工程师、发明家这一般广大的人群所贡献？就精神的粮食而言，哪一项伟大崇高的哲学思想，美丽谐和的音乐美术，心动神移的文学作品，透辟忠诚的历史记载：凡是涵煦覆育着我们心灵生活的，不是哲人杰士的遗留？我们负于大社会的债务太多了。只有凭着他们方能充实形成小我。反过来也只有极力发挥小我，扩充小我，才能实现大我。为小我而生存，这生存太无光辉、太无兴趣、太无意义。必须小我与大我合而为一，才能领会到生存的意义。必须将小我来提高大我，推进大我，人群才能向上；不然小我也不过是洪流巨浸中的一个小小水泡，还有什么价值？这就是大我人生观的真义！

人生观不是空虚，是要借生活来实现的。不是身体力行,断不能领会到这种人生观的意味,维持它的崇高。所以要实现这三个基本的人生观,必要靠以下三种的生活方式。

第一,是生力饱满的生活。生命的存在,固然要靠生力,生命的发展尤其要靠生力。生力是生命里面蕴藏着的无限生机,把它生命不断向上向外推进和扩大的动力。它虽是一粒小小的种子,却可以长成参天拂云的大树:它虽是一架壁炉里的炉火,却可以吸收很高很远的空气中的氧气,使其发光发热,满室生春。它使人生不停顿、不板滞、不腐蚀,能活泼、能进取、能发扬。有生力的人生是朝气勃勃的,无生力的人生是气息奄奄的。在这两种人生的十字路口,你愿意选择哪种? 生力固常因愈发挥而愈增加;但有定向的人生却也应当将其培养和储蓄,不让它随意发泄,以备它积成雄厚的力量,写出更有意义的人生。

第二,是意志的生活。在这沉迷沦陷于物质生活的人群中,有几人能实行意志的生活? 能领会这种生活的乐趣? 不说超人,恐怕要等那特立独行的人罢! 非是坚苦卓绝的人,怎配过意的生活? 因为这生活不是肉感的、享受的。生命的扩大,哪能不受障碍? 障碍就是意志的试验。意志薄弱的见了困难就逃了。只有意志坚强的人才能运用生力征服过去。经过痛苦是常事。只有痛苦以后的甜蜜,才是真有兴趣的甜蜜。

但是平庸的人能了解吗?

意志坚强的人,绝对不怕毁灭,而且自己能够毁灭,毁灭以后,自己更能有伟大的创造,所以战争是意志的试金石。

我常论战争说:开战以前计较的是利害的轻重,开战以后计较的是意志的强弱。这就是胜负的关键！不但是有形的军队战争如此，一切生存的战争也是如此。平庸的、退却的、失败的锁链，只有坚强的意志才能扭开。

第三，是强者的生活。能凭借意志去运用生力以征服困难的生活，非强者的生活而何？我所谓强，是"强而不暴"的强，是"天行健，君子以自强不息"的强。

强的对面是弱。摇尾乞怜，自己认为不行，便是弱者的象征。强者的象征，就是能在危险中过生活。他不但不怕危险，而且乐于接受危险。他知道战争是不能躲避的，所以欢乐地高歌而上战场。他的道德信条是强健、勇猛、无畏、正直、威严、心胸广大、精神奋发。他最鄙视的是软弱、柔靡、恐惧、倚赖、狭小、欺骗、无耻。他因为乐于危险的生活，所以他不求安全。古人说"磐石之安"，但是磐石不是有生命的。无生命的生活，过一万年有什么意思？况且求安全是不可能的事。安全由于平衡，生命哪有固定的平衡？因为你发展，人家也发展，只有以你自己的发展，来均衡人家的发展，才能得比较的安全。若能如此，才能操之在我。所以他永远是主人，不是奴隶。

以上三种生活方式，乃是真正有意义的人生的基础。但是这三种生活方式，必须要连贯起来，好好的调剂和运用，方能达到完善理想的人生。说到此地，我们不能不更进一步，去认识三个晶莹而又伟大的力量了。

（一）理想。理想（ideal）是人类对于宇宙和人生所能想象得到的完善的意境。它尤其是人生的启示，也就是悬在人生前面的灯火，照耀在人生努力的过程上的光明。它不是空想,更不是幻想,因为它的产生是由精辟的思维和伟大的智慧磨荡孕育而来,并且是曾经严格的理智的考验,和丰富的经验的体会过的。人生最容易困顿在现实的溷濋中间,不能振拔,是很危险的事。权审所谓"今朝有酒今朝醉,明日愁来明日愁",就是沉沦在现实里面可怕的心理。我们要恢复人性,提高人生,不能不有理想。我们要建设国家,重定世界秩序,更不能不有理想。理想是我们的远景,也就是使我们兴奋而努力的目标。理想是随着时代的进步而舒展的。所以最后的理想总是不能达到;可是正是因为如此,人生的继续,才更有意味。

(二)智慧。智慧(wisdom)是人生的透视,是一种微妙的颖悟,同时也是这颖悟的结晶。它能笼罩和体会着理性和经验,而从这中间悟到某项的真理。智慧与智力很难严格地划分。智慧常常凭借智力做基础,可是到某一阶段,或某种关系上,它能别有会心。它的效能的发挥,往往在人与人间的关系上,所以历代哲人遗留下来的智珠,也常常是人生哲学里的珍藏。拿当前的问题来作譬喻,制造原子弹是要靠高度的智力,而如何运用原子弹,则需要很大的智慧。在两军相战的时候,可充分运用智力以取得胜利;但是胜利以后,如何可以运用战利的成果,来调整各种国家民族间的关系,以建立世界新的秩序,长期的和平,却更需要很大的智慧。在人事的,尤其是有历史性的重大决定中,有无智慧的成分,关系极为重大,因为许多后果,只有历史才能证明。智慧在历史上发生的影响尚且如此,在个人生命过程中的重要抉择上,何独不然?

（三）人格。人格是衡量个人一生生命价值的标准，是某一个人之所以异于他人的特征，也就是某一个人生命连续的维持力，尤其是他道德的生命。人类社会之所以能够形成，全靠人与人间的信任。信任的基础，在于彼此间最低限度的人格的认识。飘忽无定，变化莫测的生活形态，只见之于小说里的鬼狐，而不当以此衡量人类。摇身一变，朝秦暮楚的人，决不能说是有人格。人之所以为人，就只靠肉体，仅认躯壳吗？那么，生理学家和化学家可以坦白地告诉你，你的全身只不过是若干氢、氧、碳、钙等等原子所组成；他们更化身为无数的细胞，这细胞每天的新陈代谢，又以千百万的单位来计算；一死之后，则整个躯体，又大大的解放，还到氢、氧、碳、钙等原子的原形。这样说来，人固不成人，我也不成我，那还要讲什么做人，更何需什么人的努力？这是唯物史观必有的结论，这也是十九世纪后期许多人只看见物质科学发达，而受震眩后所得到的感觉。就是梁任公初闻此说，也受震眩，遂有"不惜今日之我与昨日之我宣战"的言论。哪知道人生并不是这样片面的、残酷的、无意义的。人的组合不是片面的，所以肉体之外，还有心灵；形貌之外，还有做人的典型；他整个的生命固然在宇宙的时空系统中有他的真实性，而他生命留下来的事功，更可以长期流传下去，不断地发生辐射性的作用，波动和蕴积成为绝大的影响。而人格对于整个生命发生的联系和连续作用，尤为巨大。生命的价值也靠它衡量。说到人格维持生命的连续，使我不能不提到一个不可磨灭的故事，来作说明。当明末松山之役败后，洪承畴也经过一个不屈时期而后降清，嗣受清廷的重用，任为经略。

后来黄道周在安徽兵败被俘,绝食七天不死,解到江宁。洪与黄为同乡,想保全他的生命。

使人来言曰:

"公毋自苦,吾将保公不死。"

公骂曰:

"承畴之死也久矣! 松山之败,先帝痛其死,躬亲祭之,焉得尚存?"

至今黄道周虽死,而他的人格尚放光芒,洪承畴降后虽然偷生,但当时他有价值的生命已经中断,因为他早把自己的人格毁了!

当然人格是道德的名词。须知价值也是道德的名词。哲学里全部的价值论,就带着道德的含义。尽管有人不喜欢他,要否定他,可是毁灭了他,则整个的人类也随之毁灭,人类的生命也同归于尽。这世界只有让禽兽和昆虫来住,自不必再有人生哲学了!

要发挥新人生观以创造新生命、新秩序,必须要先创造一种新的空气,这就要靠开风气之先,和转移一世风气的人。社会的演进,本不是靠多数沉溺于现在的涸辙的人去振拔的,而是靠少数特立独行出类拔萃的人去超度的。后一种的人对于这种遗大投艰的工作,不只是要用思想去领导,而且要以实行的榜样去领导。看遍历史,都是这样:所尊孔、墨乃是力行的先哲。明季的颜习斋、李恕谷一般人更主张极端的力行。就拿近代的曾国藩来说,他帮清廷来平太平天国。我们并不赞成:但是当吏偷民惰,政治社会腐败达于极点的时候,他能移一时风气,化乱世而致小康,也颇有人所难能的地方。

他批评当时的吏治是:"大率以畏葸为慎,以萎靡为恭。京官之办事通病有二,曰畏缩,曰琐屑;外官之办事通病有二,曰敷衍,曰颟顸。"所以当时到了"外面完全而中已溃烂"的局面。他论当时的军事,引郑公子突的话,说是"胜不相让,败不相救,轻而不整,会而不亲"。

他感慨当时的世道人心是:"无兵不足深忧,无饷不足痛哭,唯求一攘利不先,赴义恐后,忠愤耿耿者,不可呱得……殊堪浩叹。"他并不如一般人所想象,以为是一个很谨愿的人,反之他是一个很聪明而很有才气的人:不过他硬把他的聪明才气内敛,成为一种坚韧的毅力,而表面看过去像是一个忠厚长者。他凭借罗泽南在湖南讲学的一个底子,又凭自己躬行实践号召的力量,结合一班湖南的书生,居然能转移风气,克定大难,为清延长了几十年生命。(他转移军队风气的一个例子,很值得注意。他不是说当时军队"败不相救"吗? 他以"千里相救"为湘军"家法",所以常常打胜仗。)

一个曾国藩在专制政体的旧观念之下,还能以躬行实践,号召一时,何况我们具有新的哲学深信,当着这国家民族生存战争的重大关头?

在这伟大的时代,也是颠簸最剧烈的时代,确定新的人生观,实现新的生活方式,是最迫切而重要的事。方东美先生说:

"中国先哲遭遇民族的大难,总是要发挥伟大深厚的思想,培养溥博沉雄的情绪,促我们振作精神,努力提高品德。他们抵死推敲生命意义,确定生命价值,使我们脚跟站得住。"

当拿破仑战争时代，德国的哲学家菲希特（Fichte）讲学，发表《告德意志民族》一书，也是这个意思。现在有如孤舟在大海一样，虽然黑云四布，风浪掀天，船身摇动，船上的人衣服透湿，痛苦不堪；只要我们在舵楼上脚跟站稳，望着前面灯塔的光明，沉着的英勇的鼓着时代的巨轮前进，终能平安的扁舟稳渡。

这一点小小的恶作剧，不过是大海航程中应有的风波！

8. 道德的勇气

要建立新人生观，第一必须养成"道德的勇气"（moral courage）。

"道德的勇气"是和通常所谓"勇"（bravery）有区别的。

通常所谓"勇"，不免偏重体力的勇，或是血气的勇；而道德的勇气，乃是人生精神力量最好的表现，"匹夫之勇"与"好勇斗狠"的勇，那能相提并论？

什么是道德的勇气？

要知道什么是道德的勇气，就要先知道什么不是道德的勇气。第一，冲动不属于道德的勇气。冲动的行为是感情的，不是理智的；是一时的，不是持久的。他不曾经过周密的考虑，审慎的计划，所以不免"一鼓作气，再而衰，三而竭"。他的表现是暴烈（violence），暴烈是与坚毅（tencity）成反比例的。暴烈愈甚，坚毅愈差。细察社会运动的现象，历历不爽。第二、虚矫也不属于道德的勇气。虚矫的人，决不能成大事。所谓"举趾高，心不固矣"。我们所要的不是这一套，我们所要的是"临事而惧，好谋而成"。对事非经实在考虑以后，决不轻易接受，而一经接受，就要咬紧牙根，以全力干到底。他所有的勇气，都是经内心锻炼过的力量，以有程序的方式表现出来的。

举一例来说明罢，我有一次在美国费城（Philadelphia）看一出英国文学家约翰·德林瓦待尔(John Drinkwater)的历史名剧,叫作《林肯》(*Abraham Lincoln*)。当林肯被共和党推为候选大总统的时候,该党代表团来见他,并且说明因为民主党内部的分裂,共和党的候选人是一定当选的。他听到这个消息,沉默半晌,方才答应。等代表团走了以后,他又一声不响地凝视壁上挂的一幅美国地图。看了许久,他严肃地独自跪在地图前面祈祷。我看完以后,非常感动,回到寄住的人家来,半夜不能睡觉。心里想假如一般中国人听到自己能当选为大总统的消息,岂不要眉飞色舞,立刻去请客开跳舞会吗?

中国名剧《牡丹亭》中,写一位教书先生陈最良科举中了,口里念道:"先师孔夫子,犹末见周王,老夫陈最良,得见圣天子,岂偶然哉! 岂偶然哉!"于是高兴得满地打滚。但是林肯知道可以当选为大总统的时候,就感觉到国家重大的责任落在他双肩上了,这不是一件容易的事,不是一件可快乐的事。凝视国家的地图,继之以跪下来祈祷。这是何等相反的写照!

道德的勇气是要经过长期锻炼才会养成的。但是要养成道德的勇气,必定要有两个先决条件:第一是天性的敦厚,第二是体魄的雄健。

就第一个条件说,一个人有无作为,先要看他的天性是否敦厚。不要说看人能否担当国家大事,就是我们结交朋友,也要先认定他天性是敦厚还是凉薄,才可以判断他能不能共患难。凡对自己的亲属都刻薄寡恩的人,是决不会对于朋友笃厚忠诚的。自然这样的人,也决不会对于国家特别维护,特别爱戴的;所以古来许多大政治家用人的标准,是宁取笨重,而不取小巧。倒是乡间的农夫,看来虽似愚笨,却很淳朴诚恳,到患难的时候讲朋友义气。只有那戴尖顶小帽,口齿伶俐,举动漂亮的人,虽然一时讨人欢喜,却除了做"小官僚",做"洋行小鬼"而外,别无可靠之处。

就第二个条件说,则体力与胆量关系,实在密切极了。二者之间,系数极大。体力好的人不一定胆子大;体力差的人,却常常易于胆子小。一遇危难,仓皇失措,往往是体力虚弱,不能支持的结果。《左传》形容郑国的小驷上阵,是"张脉奋兴,阴血周作,进退不可,周旋不能",所以把战事弄糟了;用他们驾战车上阵的国王,也就误在这些马的身上。马犹如此,人岂不然。我相信胆子是可以练得大的,但是体魄是胆子的基本。担当大事的人,可以少得了他吗?

具备这两个先决条件,然后才可以谈到如何修养道德的勇气。修养就是把原来的质素加以有意识的锻炼。孟子所谓"天将降大任于斯人也,必先苦其心志,劳其筋骨,饿其体肤,空乏其身,行拂乱其所为,所以动心忍性,增益其所不能"正是对于修养工作最好的说明。从这种修养锻炼之中,才可以养成一种至大至刚的"浩然之气",一种"泰山崩于前而色不沮,黄河决于侧而神不惊"的从容态度;修养到了这个地步,道德的勇气才可以说是完成。但是有什么具体的办法,来从事于这种修养呢?

(一)知识的陶镕。真正道德的勇气,是从知识里面产生出来的,因为经过知识的磨炼而产生的道德的勇气,才是有意识的,而不是专恃直觉的。固然"是非之心,人皆有之",但这还是指本性的、直觉的方面而言。在现代人事复杂的社会里，一定要经过知识的陶镕，才能真正辨别是非，才能树立"知识的深信"(intellectual conviction)。知识的深信，是一切勇气的来源，唯有经过严格的知识训练的人，才能发为有系统、有计划、有远见的行动。他不是不知道打算盘，只是他把算盘看透了！

（二）生活的素养。仅有知识的陶镕还不够，必须更有生活的素养。西洋哲学家把简单的生活高超的思想(simple living and high thinking)联在一起说，实在很有道理。没有简单的生活，高超的思想是不能充分发挥的。社会上有些坏人，并不是他们自己甘心要坏的，乃是他的生活享受的标准，一时降不下来，以致心有所蔽而行有所亏。那占有欲(possessive instinct)的作祟，更是一个重大原因。

明末李自成破北京的时候，有两个大臣相约殉国，两个人说好了，一个正要辞别回家，这位主人送客出门，客还没有走，就问自己的佣人喂了猪没有。那位客人听了，就长叹一声，断定他这位朋友不会殉国。他的理由是世间岂有猪都舍不得而肯自己殉国之理，后来果然如此。

中国还有一个故事，说一个贪官死去，阎王审问他的时候说：

"你太贪了，来生罚你变狗。"

他求阎王道："求阎王罚我变母狗，不要变成公狗。"

阎王说："你这人真没有出息，罚你变狗你还要变母狗，这是什么道理？"

他说："我是读过《礼记》的。《礼记》上说：'临财母狗得，

425

临难母狗免。'所以我要变母狗。"

原来他把原文的"毋苟"二字读"母狗",以为既可得财,又可免难。这虽是一个笑话,却是对于"心有所蔽"而不能抑制占有欲者一个最好形容。须知一个人的行动,必须心无所蔽,然后在最后关头,方可发挥他的伟大。这种伟大就是得之于平日生活修养之中的。

(三)意志的锻炼。普通的生活是感觉的生活(life of senses),是属于声色香味的生活,而不是意志的生活(life of will)。意志的生活,是另一种境界,只有特立独行的人,才过得了的。他有百折不回的意志,坚韧不拔的操行,所以"举世誉之而不加劝,举世毁之而不加沮"。他有"虽千万人吾往矣"的气概,所以悠悠之口,不足以动摇他的信念。他能以最大的决心,去贯彻他的主张。他是"富贵不能淫,贫贱不能移,威武不能屈"的;他不但"不挟长,不挟贵",而在这个年头,更能不挟群众,而且也不为群众所挟。他是坚强的,不是脆弱的。所以他的遭境愈困难,而他的精神愈奋发,意志愈坚强,体力愈充盈,生活愈紧张。凡是脆弱的人,最后都是要失败的。

辛亥革命的时候,《民立报》的一位编辑徐血儿,以二十岁左右的青年,做了《七血篇》,慷慨激昂,风动一时。等到二次革命失败,他便以为天下事不可为了,终日花天酒地,吐血而死,成了真正的"血儿"。这就是意志薄弱、缺乏修养的结果。

至于曾国藩一生,却是一个坚强意志的表现。他辛辛苦苦,接连干了十几年。虽然最初因军事败衄要自杀两次,但是他后来知道困难是不可避免的,唯有以坚强的意志去征服困难,才有办法,所以决不灰心,继续干下去。等到他做到了"坚韧"的功夫,他才有成就。

(四)临危的训练。一个伟大的领袖和他的伟大的人格,只有到临危的时候,才容易表现出来。世界上哪一个伟大的人物,不是经过多少的危险困难,不为所屈,而后能够产生的?

俗语说:"老和尚成佛,要千修百炼。"修炼的时候,是很苦的。时而水火,时而刀兵,时而美女,一件一件的来逼迫他、引诱他,要他不为所屈,不为所动,而后可以成佛。这种传说,很可以形容一个伟大人物的产生。从前全国人对于委员长蒋先生还不能有深刻的认识,等到西安事变发生,他在极度危险的环境当中,依然保持他的尊严与气度,然后大家才都能真正认识他、信仰他、崇拜他。甚至连反对他的人也都受了感动,不得不对他肃然起敬了。因为在这样九死一生的危险时机,他的伟大的人格和精神,都充分地表现出来。

中国人常说:"慷慨成仁易,从容就义难。"

张睢阳,临刑前说:"南八,男儿死耳,不为不义屈。"

这种临危的精神,是不因为他死而毁灭的。

黄梨洲先生在他的《补历代灾表序》上有一段文章说:"元之亡也,危素趋报恩寺,将入井中。僧大梓云:'国史非公莫知,公死是死国之史也。'素是以不死。后修元史,不闻素有一词之赞。及明之亡,朝之任史事者众矣,顾独藉一万季野以留之,下亦可慨也夫!"

这段沉痛的文字,岂仅指危素而言,也同时是为钱谦益辈而发。

要知不能临危不变的人，必定是怯者、是懦夫。只有强者才不怕危险，不但不怕危险，而且爱危险，因为在危险当中，才能完成他人格充分的发挥。

中国历史上，有不少伟大的人物，如文天祥、史可法等，是可以积极表现道德的勇气的。

十年以前，我和蒋先生闲谈。我说，我们在开国的时候，何必多提倡亡国成仁的人物，如文天祥、史可法诸位呢？蒋先生沉默了一会，他说："文天祥不可以成败论，其百折不回、从容就义的精神，真是伟大！"

我想文天祥的人格、行为，及其留下的教训，现在很有重新认识的必要。他最初不见用于乱世，等到大局不可收拾的时候，才带新兵二万入卫。元朝伯颜丞相兵薄临安，宋朝又逼他做使臣去"讲解"，他以抗争不屈而被拘留。他的随从义士杜浒等设计使他逃出，准备在真州起两淮之兵，又遭心怀疑贰的骄兵悍将所扼，几乎性命不保，逃至扬州，旋逃通州。路遇伏兵，饥饿得不能走了；杜浒等募两个樵夫，把他装在挑土的竹篮中抬出。航海到温州起兵；转到汀州、漳州，经广东梅州而进兵规复江西。汉奸吴浚来说降，他把吴浚杀了。江西会昌、雩都、兴国、抚州、吉安，和庐陵的东固镇都有他的战绩。他的势，一度振于赣北和鄂南。兵败了，妻子都失陷了，他又重新逃回到汀州，再在闽粤之间起兵；又由海丰、南嵚打出来，在五坡岭被执。自杀不死，路过庐陵家乡绝食不死；解到燕京，元人起初待以上宾之礼说降他，以丞相的地位引诱他，他总不屈，要求元朝杀他；若是不杀他，他逃出来，还是要起兵的。元朝也为这个理由,把他杀了。

他在狱中除作了《正气歌》之外,还集杜诗二百首,这是何等的镇静!何等的从容!他就刑时候的"孔曰成仁,孟曰取义,惟其义尽,所以仁至。读圣贤书,所学何事?而今而后,庶几无愧!"几句话,不独留下千秋万世的光芒,也是他一生修养成功的"道德勇气"的充分表现。他本来生活是很豪华的。经国难举兵以后,一变其生活的故态。

他的行为,有两件特别可注意的事。

第一是他常是打败仗而决不灰心。当然他是文人,兵又是乌合之众的义兵,打败仗是意想得到的。但是常打胜仗,间有失败而不灰心还容易;常打败仗而还不灰心,实在更困难。这是"知其不可而为之"的精神。第二是他常逃,他逃了好几次;但是他逃了不是去偷生苟活,他逃了还是去举兵抗战的。这种百折不回的精神,是表现什么一种勇气?做事只要是对的,成败有什么关系?"若夫成功则天也",也是他最后引以自慰的一句话。文天祥出来太晚了!文天祥太少了!若是当时人人都能如此,元朝岂能亡宋?所以文天祥不但是志士仁人,而且是民族对外抗战的模范人物!

必须有准备殉国成仁的精神,才能做建国开基的事业。进一步说,若是真有准备殉国成仁的精神,一定能完成建国开基的事业!

"时穷节乃见,

——垂丹青!"

9. 知识的责任

　　要建立新人生观,除了养成道德的勇气而外,还要能负起知识的责任(intellectual responsibility)。本来责任是人人都有的,无论是耕田的、做工的、从军的,或者是任政府官吏的,都各有各的责任。为什么我要特别提出"知识的责任"来讲? 知识是人类最高智力发展的结晶,是人类经验中最可珍贵的宝藏,不是人人都能取得、都能具备的;因此凡有求得知识机会的人,都可说是得天独厚,享受人间特惠的人,所以都应该负一种特殊的责任。而且知识是精神生活的要素,是指挥物质生活的原动力,是我们一切行为的最高标准。倘使有知识的人不能负起他特殊的责任,那他的知识就是无用的,不但无用,并且受了糟蹋。糟蹋知识是人间的罪恶,因为这是阻碍或停滞人类文化的发达和进步。所以知识的责任问题,值得我们加以严重的注意。我们忝属于所谓知识分子,尤其觉得这是一个切身问题。

　　所谓知识的责任,包含三层意义:

　　第一,是要有负责的思想。思想不是空想、不是幻想、不是梦想,而是搜集各种事实的根据,加以严格逻辑的审核,而后构成的一种有周密系统精神结晶,所以一知半解,不足以称为成熟的思想;强不知以为知,更不能称为成熟的思想。思想是不容易成立的;必须要经过逻辑的陶镕,科学的锻炼。

凡是思想家,都是不断的劳苦工作者。"焚膏油以继晷,恒兀兀以穷年。"他们的求知的活动,是一刻不停的,所以他们才能孕育出伟大成熟的思想,以领导一世的思想。思想家都是从艰难困苦中奋斗出来的。他们为求真理而蒙受的牺牲,决不亚于在战场上鏖战的牺牲。

拿科学的实验来说,譬如在实验室里试验炸药的人,被炸伤或炸死者,不知多少;又如到荒僻的地方调查地质、生物、人种的人,或遇天灾而死,或染疾病而死,或遭盗匪蛮族杀害而死的,也不知多少。他们从这种艰苦危难之中得来的思想,自然更觉得亲切而可以负责。西洋学者发表一篇学术报告或论文,都要自己签字,这正是负责的表现。

其次,是除有负责的思想而外,还要能对负责的思想去负责。思想既是不易得到的真理,则一旦得到以后,就应负一种推进和扩充的责任。真理是不应埋没的,是要发表的。在发表以前,固应首先考虑它是不是真理,可不可以发表;但是既已考虑发表以后,苟无新事实新理论的发现和修正,或是为他人更精辟的学说所折服,那就应当本着大无畏的精神把它更尖锐地推进,更广大地扩充。

我们读西洋科学史,都知道科学家为真理的推进和扩充而奋斗牺牲的事,真是"史不绝书"。譬如哥白尼(Copernicus)最先发现地动学说,说太阳是不动的,地球及其他行星都在他的周围运行,他就因此受了教会多少的阻碍。后来白兰罗(Bruno)出来,继续研究,承认了这个真理,极力传播,弄到触犯了教会的大怒,不仅是被捕入狱,而且被"点天灯"而死。伽利略(Calileo)继起,更加以物理学的证明,去阐扬这种学说,到老年还铁锁银铛,饱受铁窗的风味。他们虽受压迫和困辱,但始终都坚持原来的信仰,有"鼎镬甘如饴,求之不可得"的态度。他们虽因此而牺牲,但是科学上的真理,却因为他们的牺牲而确定。像这种对于思想负责的精神,才正是推动人类文化的伟大动力。

再进一层说,知识分子既然得天独厚,受了人间的特惠,就应该对于国家民族社会人群负起更重大的责任来。世间亦唯有知识分子才有机会去发掘人类文化的宝藏,才有特权去承受过去时代留下最好的精神遗产。知识分子是民族最优秀的分子,同时也是国家最幸运的宠儿。如果不比常人负更重更大的责任,如何对得起自己天然的禀赋?如何对得起国家民族的赐予?又如何对得起历代先哲的伟大遗留?

知识分子在中国向称为"士"。曾子说:"士不可以不弘毅,任重而道远。仁以为己任,不亦重乎?死而后已,不亦远乎?"身为知识分子,就应该抱一种舍我其谁至死无悔的态度,去担当领导群伦继往开来的责任。当民族生死存亡的紧急关头,知识分子的责任尤为重大。范仲淹主张"先天下之忧而忧,后天下之乐而乐",必须有这种抱负,才配做知识分子。他的"胸中十万甲兵",也是由此而来的。

提起中国的知识分子,我们很觉痛心。

中国社会一般的通病,就是不负责任,而以行政的部分为尤甚(这当然是指行政的一部分而言)。从前的公文程式,是不用引号的;办稿的时候,引到来文不必照抄,只写"云云"二字,让书吏照原文补写进去。传说沈葆桢做某省巡抚,发现某县的来文上,书吏照钞云云二字,不曾将原引来文补入,该县各级负责人员,也不曾觉察。于是他很幽默地批道:"吏云云,幕云云,官亦云云,想该县所办之事,不过云云而已。"

这是一个笑话,但是很足以形容中国官僚政治的精神。

中国老官僚办公事的秘诀,是不负责任,推诿责任。所以上级官厅对下的公事,是把责任推到下面去;下级官厅对上的公事,是把责任推到上面去。责任是一个皮球,上下交踢。踢来踢去的结果,竟和火线中间,有一段"无人之境"(no man's land)一样。这是行政界的通病,难道知识界就没有互相推诿不负责任的情形吗?有几多人挺身而出,本着自己的深信,拿出自己的担当来说,这是我研究的真理,这是我服务的责任,我不退缩,我不推诿?

这种不负责任的病根,诊断起来,由于下列各点:

第一,是缺少思想的训练。他的思想不曾经过严格的纪律,因此已有的思想固不能发挥,新鲜的思想也无从产生。外国的思想家常提倡一种严正而有纪律的思想(rigorous thinking)就是一种用逻辑的烈火来锻炼过的思想。正确的思想是不容易获得的,必须经过长期的痛苦,严格的训练,然后才能为我所有。

思想的训练,是教育上的重大问题。历次世界教育会议,对于这个问题,都曾加以讨论。有人主张研究社会科学的人,他得学高深的数学,不是因为他用得着这些数学,乃是因为这种数学是他思想的训练。思想是要有纪律的。思想的纪律,决不是去束缚思想,而是去引申思想、发展思想。中国知识界现在就正缺少这种思想上的锻炼。

第二,是容易接受思想。中国人向来很少人坚持他特有的思想,所以最容易接受他人的思想。有人说中国人在思想上最为宽大,最能容忍,这是美德,不是毛病。但是思想这件事,是就是是,非就是非,谈不到什么宽大和容忍。不是东风压倒西风,便是西风压倒东风。哥白尼主张地动说,固然自己深信是对的;就是白兰罗和伽利略研究这个学说认为他是对的以后,也就坚决地相信他、拥护他,至死终不改变。试看西洋科学与宗教战争史中,为这学说奋斗不懈,牺牲生命的人,曾有多少。这才是对真理应有的态度。

中国人向来本相信天圆地方,"气之轻清,上浮者为天,气之重浊,下凝者为地"。但是西洋"地动学说"一传到中国,中国人立刻就说地是圆的,马上接受,从未发生过流血的惨剧。又如达尔文的"生物进化论",也是经过多少年宗教的反对,从苦斗中才挣扎出来的。直至1911年,德国还有一位大学教授,因讲"进化论"而被辞退;甚至到了1921年,美国田纳西(Tennessee)州,还有一位中学教员因讲"进化论"而遭诉讼。这虽然可以说是他们守旧势力的顽固,但是也可表现西洋人对于新思想接受不是轻易的。

可是,在中国却不然。中国人本来相信盘古用金斧头开天辟地。"自从盘古开天地,三皇五帝定乾坤,"不是多少小说书上都有的吗?但是后来"进化论"一传进,也就立刻说起天演,物竞天择,和人类是猴子变来的(其实人类是猴子的"老表")。人家是经过生物的实验而后相信的,我们呢?我们只是因为严复译了赫胥黎的《天演论》,文章做得极好,吴挚甫恭维他"骎骎乎周秦诸子矣"一来,于是全国风从了。像这样容易接受思想,只足以表示我们的不认真、不考虑,哪里是我们的美德？容易得，也就容易失；容易接受思想，也就容易把他丢掉。这正是中国知识界最显著的病态。现在中国愈是中学生，愈是一知半解的人，愈好谈主义，就是这个道理。

第三，是混沌的思想。既没有思想的训练，又容易接受外来的思想，其当然的结果，就是思想的混沌。混沌云者，就是混合不清。况且这种混合是物理上的混合，而不是化学上的化合。

上下古今，不分皂白，搅在一起，这就是中国思想混合的方式。我不是深闭固拒，不赞成采取他人好的思想，只是采取他人的思想，必须加以自己的锻炼，才能构成自己思想的系统。这才真是化学的化合呢！

西洋人也有主张调和的，但是调和要融合（harmony）才对，不然只是迁就（compromise），真理是不能迁就的。

我常怪中国的思想中，"杂家"最有势力。如春秋战国时代，百家争鸣，极端力行的"墨"，虚寂无为的"老"，都是各树一帜，思想上的分野是很清楚。等到战国收场的时候，却有《吕氏春秋》出现，混合各派，成为一个"杂家"。汉朝斥百家而尊儒孔，实际上却尚黄老，结果淮南子得势，混合儒道，又是一个杂家。这种混杂的情形，直至今日，仍相沿未改。

二十年前我造了一个"古今中外派"的名词，就是形容这种思想混杂的人。丈夫信仰基督教，妻子不妨念佛，儿子病了还要请道士"解太岁"。这是何等的容忍！容忍到北平大出丧，一班和尚、一班道士、一班喇嘛、一班军乐队，同时并列，真是蔚为奇观！这真是中国人思想的缩影！

第四，是散漫的思想。这是指片段的、琐碎的、无组织的思想。散漫的思想固然由于思想无严格的训练，但主要的原因还是由于懒。这思想的方式常靠触机，只是灵机一来，思想就在这万"机"来的一刹那停止了，不追求下去了。这如何能发生系统的思想，精密的思想？于是成了"万物皆出于几，万物皆入于几"的现象。他只是让他的思想，像电光石火一样的一阵阵的过去。有时候他的思想未始不聪明，不过他的聪明就止于此。六朝人的隽语，是由此而来的。

《世说新语》代代风行也是为此。中国人的善于"玩字"，没有其他的理由。因此系统的精密的专门哲学，在中国很难产生。因此中国文学里很少有西洋式如密尔顿的《失乐园》、歌德的《浮士德》那般成本的长诗。因此笔记小说为文人学士消闲的无上神品。现在还有人提倡沈三白《浮生六记》，和小品文艺，正是这种思想的斜晖落照！不把思想的懒根性去掉，系统的伟大思想是不会产生的。

第五，是颓废的思想。颓废的思想是思想界的鸦片烟，是民族的催眠术——并且由催眠术而进为催命符。颓废的思想就是没有气力的思想，没有生力的思想。什么东西一经过他思想的沙滤缸，都是懒洋洋的。颓废的思想所发生的影响，就是颓废的行为。

以现在的文艺作品来说罢，有许多是供闺秀们消闲的，是供老年人娱晚景的。有钱的人消闲可以，这是一格；但是我们全民族是在没有饭吃的时候，没有生存余地的时候呀！老年人消闲可以，因为他的日子是屈指可算的，但是给青年人读可为害不浅了。而现在喜欢读这些刊物的反而是青年人！文人喜欢诗酒怡情，而以李太白为护符。是的，李太白是喜欢喝酒。"李白斗酒诗百篇"。你酒是喝了，但是像李太白那样的一百篇诗呢？我们学李太白更不要忘记他是"十五学剑术，遍干诸侯，三十成文章，历抵卿相，虽长不满七尺，而心雄万夫"的人呀！你呢？颓废的思想不除，民族的生力不能恢复。

第六，不能从力行中体会思想。更以思想证诸力行，中国的文人，中国的"士"，是最长于清谈的，最长于享受的。在魏晋六朝是"清谈"，在以后蜕化而为"清议"。清谈、清议是最不负责任的思想表现。南宋是清议最盛的时代，所以弄到"议未定而金兵已渡河"。明末也是清议最盛的时代，所以弄到忠臣义士，凡事不能作有计划的进行，逼得除了一死以外，无以报国。

"清议可畏"，真是可畏极了！横竖自己不干，人家干总是可以说风凉话了。自己叹叹气，享享乐罢。"且以喜乐，且以永日，我躬不阅，遑恤我后。"老实说，现在我们国内的知识分子，也不免宋明的清议风气，只是把享乐换了一套近代的方式。

我九年前到北平去，看见几位知识界的朋友们，自己都有精致的客厅，优美的庭园，莳着名卉异草；认为不足的时候，还可到北海公园去散散步，我当时带笑说道，现在大家是"花萼夹城通御气"，恐怕不久要"芙蓉小院入边愁"。现在回想起来，字字是伤心之泪。这不仅是北平如此，他处又何独不然？我们还知道近年来通都大邑有"沙龙"的风气吗？"我们太太的沙龙"是见诸时人小说的。很好，有空闲的下午，在精致的客厅里找位时髦的女士在一道,谈谈文艺,谈谈不负责任的政治。是的,这是法国的风气,巴黎有不少的沙龙,但是法国当年还靠着莱茵河那边绵延几百里的马奇诺防线呀!哪知道纸醉金迷的结果,铜墙铁壁的马奇诺竟全不可靠。色当一役,使堂堂不可一世的头等强国,重蹈拿破仑第三时代的覆辙,夷为奴隶牛马,这是历史上何等的悲剧?

我不否认享乐是人生应有的一部分,只是要看环境和时代。我们的苦还没有动头呢!我们不愿意苦,敌人也还是要逼得我们苦的。"来日大难",现在就是,何待来日?我们现在都应忏悔。我们且从坚苦卓绝的力行里体会我们的思想,同时把我们坚强而有深信的思想,放射到力行里面去。

以上的话,是我们互责的话,也是我们互勉的话。因为如果我脑筋里还有一格兰姆知识的话,我或者也可以忝附于知识分子之列。我所犯的毛病,同样的也太多了,不过我们要改造民族的思想的话,必定先要自己负起知识的责任。尤其是在现在。知识分子对于青年的暗示太大了。我们对于青年现在最不可使他们失望,使他们丧失民族的自信心。我们稍见挫折,便对青年表示无办法,是最不可以的事。领导青年的知识分子尚且如此,试问青年心理的反应何如?

我们要告诉他们,世界上没有没有办法的事,民族断无绝路,只要我们自己的脑筋不糊涂!

知识是要解决问题的。知识不怕困难,知识就是力量。而且这种力量如此之大,凡是物质的力量透不进去的地方,知识的力量可以先透进去。知识的力量透过去之后,物质的力量就会跟着透过去。全部的人类文化史,可以说明我这句话。我们只要忠诚地负起知识的责任,什么困难危险都可以征服!

顾亭林说道:"天下兴亡,匹夫有责。"

——何况知识分子?

他又说:"有亡国者,有亡天下者。"

——他所谓"亡国"是指朝代的更换,他所谓"亡天下"是指民族的灭亡。现在我们的问题,是要挽回亡天下、亡民族的大劫。

在这时候,知识分子如不负起这特别重大的责任来,还有谁负?我觉得我们知识分子今后在学术方面要有创作,有贡献;在事业方面要有改革,有建树。我们不但要研究真理,并且要对真理负责,我们尤其要先努力把国家民族渡过这难关。不然,我们知识分子一定要先受淘汰,连我也要诅咒我们知识分子的灭亡!

10. 弱是罪恶，强而不暴是美

近百年来中国成为一个弱国，这是事实。以往还有人把我们自称为"弱小民族"，我极不赞同，我以为中国"弱"是真的，佴不是"弱小"，而是"弱大"。"大"而"弱"是矛盾的现象，是最大的羞耻，但事实如此，不必讳言。

为什么会弱？为什么会大而弱？弱就根本不应该。我们要把甘心做弱者的观念改变过来，要真正认识弱是羞耻、是罪恶，只有强而不暴才是美。

让我们来歌颂强和美罢！

怎么叫作强？

我所谓强，不是指比武角力，好勇斗狠的强，乃是指一个人全部的机能、品性，以及其他一切的天赋，在每一个自然的阶段，都能尽善尽美地发展，而达到笃实光辉的地步，才算是强。多少哲学家常讲生命的完美发展与活动（the perfect development and exercise of life）。生命是要发展的，是要向最善最美的理想发展的；生命是要活动的，是要不断地活动的。亚里士多德说橡树的种子虽小，可是他一点一点不断地发展起来，就可成为伟大葱茏的橡树。这才可以说是尽了橡树之性。这也就是生命的象征。达尔文研究生物，认为最适于生存的生物，乃是健康充实而一切机能都完备的个体；这种个体，在它生长的某一个阶段，必须把它所有的天赋，都发展到

440

尽善尽美的地步,生命才能维持。这就是强的效果。所以强者是一定能生存的,一定能站得住的。

弱,就是强的反面。

弱是贼天之性,就是不能把固有的天赋充分发展,反而戕害它、斲伤它,使它萎谢凋零,停滞腐朽。所以弱者的结果一定是自趋崩溃,自取灭亡。

你看一朵花,是长得充分饱满的美呢,还是萎谢不堪的美呢? 孟子说:"充实之为美,充实而有光辉之为大。"惟有充实、饱满、雄健,才是伟大!

西洋哲学家如莱伯尼兹(Leibnitz)和斯宾诺沙(Spinoza)都曾说过:"天赋各部分机能和力量的和谐发展,是人生的定律,也是宇宙的定律。"(The harmonious development of capacilies and powers is the law of man as of the universe.)和谐的发展,都是美的。音乐是和谐的,有最高的音,有最低的音,各有他适当的地位,最好的节奏,所以音乐是美的。"强"正是和谐的发展,所以"强"也是美的。

然而强要不暴,强而暴就失去强的意义,就不美了。

强是人人欢喜的。假定你是女子,你愿意和生肺痨病到第三期的人一道在街上走呢? 还是喜欢和精神饱满雄赳赳的青年一道在街上走呢? 英勇豪迈为国家干城的军人,是美的;但如日本军人的奸淫掳掠,无恶不作,那只是兽性的暴露,就谈不上美了。一条酒醉大汉,在街上横冲直撞,逢人便打,算是美吗? 曹孟德是杰出的人才,而中国人骂他,正是因为他"欺人孤儿寡妇"。这正是中国优美民族性的表现。我从前在上海读书的时候,在电车上常常让座位给日本女子,有些同学不以我为然。我说我们有本领,可以和她们的男子在战场上比较,又何必欺人家的"孤儿寡妇",即非孤儿寡妇,也是此时无抵抗的人。

我说强是美,弱是罪恶。或者有人要说我这话是很危险的。如果说弱是罪恶,小孩子是弱者,难道小孩子有罪恶吗?我可以答复他说:小孩子并不是弱者。如果在他小孩子的阶段,能充分发展他的生机,发挥他所有的天赋,他正是最强的强者。当然,小孩子生下来,也有残疾不健全的,这多半是先天的罪恶,只是这个罪恶必是他的父母负的,不是他自己的责任。

何以弱是罪恶?我以为弱的罪恶有三:第一就是贼天之性,对不起天赋的一切。第二就是连累他人。弱者要人照顾他、当心他,把许多向上有为的强者都拉下来。他不但自己不能创造,而且阻止别人的创造;不但自己不能生产,而且消耗别人的生产。第三就是纵容强者作恶。假使大家都是强者,罪恶就可减少。世界上多少罪恶,都是弱者纵容强者的结果。打了你的左颊,你再敬以右颊,使人家养成骄横作恶的习惯,不是罪恶还是什么?中国自己不争气,不但害了自己,而且害了人家。日本今天如此凶横残暴,毋宁说是我们把他惯出来的。这次中日大战结束以后。我们首先要痛哭自己——哭我们自己不争气、不振作,害死了许多英勇有为的民族壮士,民族精华!其次就要痛哭日本——哭他,因为我们的不争气、不振作,而骄纵到走上自取灭亡的道路!

我们现在应该建立一种强者的哲学。但是我的强者的哲学,和尼采所谓"超人哲学"有两点不同:第一,尼采的"超人"观念,是主张天地不仁,以万物为刍狗的,所以要自摒于常人之外。我所谓强者的哲学,乃是要覆育人类、提高人类的。第二,尼采所谓"超人",是生物学上所产生的一种人类,而我所谓强者,乃是能够发挥他所有的天赋的人,是人人都有资格做的,不是什么特殊的新人类。

怎样才能称为强者?

强者有三个基本的条件:第一要有最野蛮的身体。我们的体力生力,断不可使其退化,而且要充分的发扬。我们现在太享受了、太安逸了,因为劳力减少,抵抗力也薄弱了。想起我们的祖先,在森林原野,高山大谷中生活,披荆斩棘,征服自然,多么值得羡慕、值得崇拜! 我们要恢复我们祖先一样最野蛮的身体。我宁愿看见青年男女,不穿衣服,拿着亮晃晃的刀枪,在深山里驰骋打猎,而不愿看见他们在纸醉金迷的红绿灯下唱歌跳舞!

其次,只有野蛮的身体还不够,还要有最文明的头脑。身体尽管最野蛮,头脑却要最文明。我们要利用自然、征服自然,就非靠文明的头脑不可。荀子讲"大天而思之,孰与物畜而制之;从天而颂之,孰若制天命而用之",培根(Francis Bacon)讲"戡天主义"。试问没有最高的智力,那里能"制天命"与"戡天",运用自然的能力,而创造人类的文明?

再次,还要有不可征服的精神。强者一定要有坚决的意志,能过意志的生活。他不求享受,不求安逸,但是他的生力却要求解放、要求发表。所以他不顾利害,在生命的发展过程中,不断奋斗,以求得他精神上最大的快乐。他把他整个的生命放在大众里面,来提高大众,而不是压倒大众。他要自己向上，同时也带大家上去，而不把别人拉下来。他以个人的生命，放射于整个的历史里面，使历史更为丰富、更有光辉。

弱者和强者恰恰相反。弱者是衰颓、屈服、自欺、欺人；他不能想，更不能有力地想。所以弱者的哲学是"永远的否定"（everlasting no），决不能产生"永远的肯定"（everlasting yes）。他认为人生和宇宙都是否定的，因为他没有勇气去肯定一切。他也许和佛家一样，有"悲天悯人"的胸怀，但他看见恒河的水泛滥起来，溺死了多少人，却不能像荷兰人一样筑堤防堵。他虽然看见毒蛇猛兽嚼死了多少人，但也不能像"益烈山泽而焚之"，使"禽兽逃匿"，人人得有乐土安居。

印度人常喜欢表示没有办法，他表示没办法的时候，就把两手一伸。有一位在印度多年的外国朋友曾对我说："若是我能做印度狄克推多的话，我首先要把这伸出来表示没办法的手砍下！"

这种否定的态度，结果必归于"涅槃"，以为自己解脱了就可以解脱一切；这是消极的态度，不是积极的态度。

强者的哲学，第一，是接受生命、接受现实。生命是前进的、有生机的。保守无从保守，否定除非自杀——但自杀是最懦弱的行为。强者接受生命，把天赋的生命发展到最完美的地步，无所谓乐观，也无所谓悲观。

徒然乐观而不努力，乐观是不可靠的；徒然悲观，除非毁灭生命，否则就想悲观也悲观不了。所以，强者对于人生是不断的改进，对于宇宙是不断的创造。

现实里面自然有许多困苦艰难的事，但他接受现实；不但接受，而且更能不为现实所限制。他不只看见"现在"，而且看见"未来"，用英文来说吧，他不只看见"is"，而且更看见"to be"。他要能根据现实的材料，去不断创造将来无限的光荣。

第二，是不倚赖。他不但不倚赖人，而且也不倚赖神。他受人爱，但不受人怜。他有特立独行的精神，所谓"饥不食嗟来之食，渴不饮盗泉之水"。他先从自己磨炼起、检讨起、奋发起。有了这种精神，他才有资格向上帝祷告——如果他信仰上帝的话。不然上帝要用脚尖把他踢着，微笑地对他说道："孩子，你还是起来罢，先做个像样的人再说！"

第三，是接受痛苦，而且欢乐地接受痛苦。痛苦是生命的一部分。真正的快乐，不是天上掉下来的，而是从挣扎中产生的。在挣扎的过程中，自然有痛苦，却也有快乐，等到成功以后，则甜蜜的回忆，更是最大的快乐。好比爬山，山坡陡险，山路崎岖，喘气流汗，费尽气力，但等爬到山顶，放眼四顾，那时的快乐，决非从飞机上用降落伞下来的人所能领略的。女子生产的时候，是极痛苦的，但是婴儿的生命，母爱的寄托，民族的前途，都是从这痛苦中得来的。强者接受生命，生命自然伴着痛苦，但痛苦乃是快乐的母亲，是黎明以前的黑暗。生命的奇葩，民族的光明，都从这痛苦中产生。所以强者不求现成的享乐，而是承认痛苦，接受痛苦，欢乐地接受痛苦，要从痛苦中去寻求快乐，产生快乐。人生固然要快乐，但安稳的快乐，不但没有，而且是不值得享受的。

第四，是勇敢地在危险中过生活。在危险中生活才能得到真正的乐趣。困难的挫折和危险的震荡，正是磨炼伟大人格的最好机会。狮子在非洲撒哈拉大沙漠里,虽然不容易找到水喝,找到东西吃,但这种最困难的境地,却使它能完成狮子的本性。假如把它养在动物园的笼子里,天天给它几磅牛肉,让它舒服地生活着,它安稳的生活是解决了,但是它狮子的本性也就丧失了。我常说要讲彻底的唯物主义,最好是做军阀的姨太太,有洋房可住,汽车可坐,一切摩登的设备,件件都有。但这是人生最高的生活理想吗?如果说是,那我当然无话可说。讲快乐可以量计的英国哲学家穆勒(J. S. Mill),也曾说过:"做一个不满足的人,好过做一只满足的猪。"(It is better to be a human being disatisfied than a pig satisfied.)。世界上没有没有阻力的成功,恐怖的袭击是常有的。惟有强者才不怕恐怖的袭击,能勇敢地在危险中生活,以危险的生活去达到生活的理想。

第五,是威严的、正义的怒。做人要有一种威严;在这种威严的标准之下的事,是不干的。"生、人之所欲也,所欲有甚于生者;死、人之所恶也,所恶有甚于死者。"只有能威严的生,才能被人看得起。从前英国人往往欺负印度人,现在好多了,至少在英国本部看不出来了。过去英国人上火车没有座位的时候,印度人是要起来让座位的。

有个故事,说有次一个英国人上火车,没有座位了,要求一个印度人让座位:这个印度人不但不让,而且上前去打了他一个耳光。但是奇怪的是,这个英国人却并不发怒,且对他说:"你的行为倒像一个人。"(You behave like a man.)让他打了算了。可见只有保持这种威严的态度,人家才会尊重。嘻嘻哈哈鬼混胡调的人,是不值得生存的。强者不但要有威

446

严的生,还要有正义的怒。所谓正义的怒,不是今天骂人,明天打人;这只是匹夫之勇而已。正义的怒,是含蓄在内,要在适当的时机,正义受厄的关头,才作郑重的表现的。所以可以"一怒而安天下"。

第六,是殉道的精神。强者能为理想而牺牲,为正义而牺牲,把自己的生命当作历史。只有这样的人愈多,历史才更丰富、更有意义。这种人只知价值(value),而不知价格(price),所以能牺牲自己去超度别人。他不是压迫别人,而是提高别人。像这样的人,才可称为时代的命运之儿。

综合起来说,强者的生活,是完整的生活。不但他自己的生命是丰富的,他还从丰富自己的生命去丰富民族的生命。他是整个民族历史生命的继承者,也是创造者。

他能爱,也能被爱;他能令,也能受命;他能胜利,也能失败。

他能想,更能有力地想;他能做梦,更能实现他的梦。他不但能创制乐谱,他还能以热烈的感情,奏出他的乐谱。

他能顺着自然的程序,充分发展一切自然的赋予,到最善、最美的境地。

他的发展是整个的、和谐的,也是美的。他能保持这种美的本质,才能以强制暴,而不会有"以暴易暴兮,不知其非兮"的流弊。

所以,强者乃是完整的人(The strong man is the complete man.),强者的哲学,也就是美的哲学。

11. 悲观与乐观

我们对宇宙,对于人生,应都有一整个的认识,根本的态度。这种认识和态度,就是我们一切行为的标准和指南。否则今天一件事可以使你悲伤失望到自杀,明天一件事可以使你快乐得意到发狂,天天生活都在震荡不定之中。何况我们现在正处于一个悲喜交集的时代,如果对于人生无正确的认识,而又不幸带上颜色眼镜,则更易酿成生命的大危机。德国哲学家常在讲宇宙观之后,就接着讲人生观,实在很有道理。

悲观与乐观,都是个人的感觉,是随时可以发生的。尤其一个人在困苦艰难的时候,更容易引起这种疑问:我活在世上,究竟有什么意义? 仰望天空,天空是布满了无数的星辰;据天文学家猜测,在某些行星上,也许还有生物存在。这一个小星球中的一种生物的一分子,真是"渺乎小矣"。这生命值得活吗? 况且人生一世,不过数十寒暑,生老病死,无非痛苦烦恼。生命太无常了,何必奋斗,自讨苦吃? 这种情绪不见得会天天有,但如假定有了,而无法解决这生命之谜,危险也随着发生了。

悲观和乐观,本来都起于个人的感觉,而且常是偏重主观的感觉;可是他对于发生这感觉的人,却具有支配的力量。若是再把他演化为一种学理,那就更不限于感觉的范围,而成为一个理智上的问题了。我现在就想从理智上来讨论悲观主义和乐观主义两派学说。

在西洋思想史上，悲观主义有三大派别。

第一，是享乐派。希腊德谟克利图斯（Democritus）倡原子论（atomism），谓宇宙是由无数的原子组合而成。稍后伊壁鸠鲁（Epicurus）即根据这种原子的唯物论，否认宇宙有所谓目的和道德：认为快乐就是善，痛苦就是恶。人生应该充分享受，充分求乐，不必奋斗，不必劳苦。"且以喜乐，且以永日，我躬不阅，遑恤我后！"这正是为享乐派说法。而中国魏晋六朝的清谈派，对于人生也有同样的态度。

这一派理论的错误，在认为苦乐可以比较。要求得苦乐多寡的比较，还须求之于计算；但是苦乐的计算，是不可能的。我们能不能模仿商店，开一个资产负债表，把快乐和痛苦分项记入，作一平衡？

第一个困难是快乐和痛苦，用什么单位来比较？假如我昨晚睡得好，是快乐，应作几个单位？假如失眠，便是痛苦，又应作几个单位？这种单位固不能定，而这种单位计算法更不适于人生。

第二个困难，是快乐和痛苦，常系于个人态度。有人以受恭维为得意，有人则安贫乐道，以不为流俗所称许自豪；寂寞中的骄傲，自有高人领略其滋味。这两种人何从比起？（黄仲则"千家笑语漏迟迟，忧患潜从物外知，悄立市桥人不识，一星如月看多时"一诗，颇足表示寂寞中骄傲的情绪。）还有，这派学说，往往以为快乐是消极的、是负号的，快乐就是"脱离痛苦"（freedom from pain）；那痛苦便是积极的，是正号

449

的。如此则快乐项下，更无账可记了。快乐和痛苦，既然都是感觉，为什么一种是假的，而另一种是真的？可见这一派理论经不起批评的地方太多了。

第二，是意志派。十九世纪的德国哲学家叔本华（Schopenhauer），就是此派的主要人物。叔本华认为宇宙和人生的一切行动，背后都有个意志在支配。他逼迫人无目的地活动，无目的地前进。人不是自己要生活，而是意志逼你不得不生活。但意志无满足之时；纵然满足，也只是一时的，转瞬即归消灭。生命全体是盲目的、空虚的，是为不可挽回的失败而奋斗。所以人生是充满了失望、无聊和苦恼。要解脱人生的苦恼，只有两种方法：一是从艺术中来求消散、来求寄托；一是他认为最根本的方法，就是为逃脱意志的逼迫而入于"涅槃"。

这种学说的错误，在以生命为另一目的（意志）的机能，而不知意志乃是生命的机能：他是附丽生命而共存共荣的，不是藏在生命后面来盲目鞭策的。（这是我主张的意志说，与叔本华的意志说根本不同之点。）他认为生命是意志的手段，不是目的，殊不知生命本身就是目的。生命看来似永久为一过程，然而他的目的就不断地在这过程中实现。

譬如游山，不必说一定到了某个寺庙、某个古迹，才算游山；善于游山的人，走一段，就可欣赏一段的风景。他游山的目的，就在这个旅程之中。他随时有亲切的乐趣，充分的满足，这些对他何曾不真，又何所用其悲观失望？

叔本华的学说，颇受他自己生活的影响。他一生很不得意，常发牢骚。他认为社会对人的待遇，太不公道。他不结婚，所以老年孤独，无人照顾，以至于恨女人。他只看到人生的一部分，而没有看到人生的全部分。他只看到影子的方面，而没有看到灯光的方面。所以发出那样失望悲观的论调。须知天地间固然有冰雹霜雪，但也有雨露春阳。

第三，是历史派。此派以为社会的进化，是善恶并长，而恶过于善。最初犹太人就有这种观念，以为文明愈进步，道德愈沦丧，人类是逐渐堕落的，所以原始的快乐也逐渐丧失。卢骚主张"回到自然"（return to nature），以为古代才是黄金时代，从古代演化到现代，是从黄金时代堕入黑暗时代。人是从"爱登花园"里掉下来的，所以日日翘首企足，祷告要求回去。

考察这派的悲观思想，由以下四个论点出发：

（一）他以为进化愈趋复杂，则人性对于痛苦的感觉愈灵敏。因为欲望愈多，则愁苦也愈多，失望也愈多。所以生命愈发展，痛苦愈增加。但不知生命发展的结果，欲望固愈增，同时满足欲望的方法和能力也愈增，因此快乐也愈增。快乐是随工作及其结果而俱来的。尤其痛苦以后的快乐，更是莫大的快乐。英国诗人德莱敦（Dryden）说："甜蜜是痛苦以后的快乐。"（Sweet is pleasure after pain.）这句诗很有深长的意味。许多艰苦出身的名人欢喜写自传，有一种心理是因为他们经过奋斗的痛苦，以后痛苦忘了，痛苦后的快乐仍然存在。在生命的历程中，即使不能证明快乐多于痛苦，但谁能证明痛苦多于快乐？

（二）以为智慧愈发展，则对于将来的认识愈透彻。人和一般动物不同，一般动物的痛苦，是一时的，而人的痛苦却是永久的。人是有远见的,一到中年时代,更常常想到生老病死,而对于将来起一种恐惧。"前不见古人,后不见来者,念天地之悠悠,独怆然而涕下!"这种身世飘零之感,是会不期然而然发生的。不过智慧发展的结果,虽然因想望将来而恐惧愈多,但希望也同时愈增。希望给人以一种预期的快乐。人对于恐惧感觉的灵敏,远不如对于希望感觉的灵敏,所以快乐仍然是有的。况且纵有痛苦,也能以文学艺术种种方式表现出来,因此减去不少。

(三)以为人除现实的生命之外,还有理想的生命;除现实生命的痛苦以外,还有理想生命的痛苦。而且追求理想生命的痛苦,尤较现实生命的痛苦为大。理想愈高,挫折愈多。事业的打击,爱情的失望,能不使人痛苦?但不知理想之中,也有很大的乐趣存在。人类最高的发展,哪件不是从对于理想的追求而来?只有不随俗浮沉,追求理想实现的人,才能完成伟大的事业,也才能感到别人所感不到的乐趣。理想实现时,倘能得到别人的承认,固可增加自己的快乐,即使别人忽略或竟认为不值一顾,然而我自己的自尊之心,也足以医治自己的痛苦。

(四)以为生命愈扩大,则受创痕的机会也愈多。同时因同情心的发展,使别人的痛苦,成为自己的痛苦。因此自己所感受的痛苦也愈增加。但是同情虽能予人以痛苦,却也予人以快乐。自己的痛苦可因别人的分担而减,自己的快乐也可因别人的分担而增。所以德国有句话:"分担的痛苦是一半的痛苦,分担的快乐却是双倍的快乐。"(Geteilter Schmerz ist halber Schmerz, geteilte Freude doppelte Freude.)随着社会文明的增进,痛苦虽可以加强,但快乐也可以加强。由此可见,以上四个论点,虽似言之成理,但皆见一体而未见全身。

总而言之,社会的文明愈进步,苦乐的强度也愈增加。悲观主义者不能证明痛苦一定多。他至少也曾尝过橄榄的滋味罢! 况以常识判断,有许多痛苦,确是文明可以征服的。譬如近代的医药科学及生产技能,都能减少人生的痛苦,而增加人生的幸福。文明的痛苦,需要更进步的文明去治疗。而且进一步说,悲观是表现生活的疲乏、松弛和退却;悲观到最高的顶点,就是"涅槃"。

但"涅槃"能解脱痛苦么?

不能! "涅槃"仍旧是一种死境,他不过是死的别名。

再进一步说,我们有现成丰富的自然产物和人力创造,供我们享受;有美丽雄壮的诗歌音乐,供我们娱乐;有伟大生动的雕刻绘画,供我们欣赏;有无数哲人杰士用心血孕育出来的伟大思想,优美的文化,供我们"取之不尽,用之不竭";我们还有什么可以悲观? 我们自己如不努力发展生命,继续创造,配不配谈悲观?

乐观主义和悲观主义不同;他给人以和悦快乐向上的情绪,确比悲观主义好得多了。不过乐观主义也须有正确的信念做基础,才没有流弊。我虽然赞成乐观,但不赞成盲目的乐观。

在西洋思想史上,乐观主义也可以分为三派:

第一,是宗教的乐观派。西洋宗教是比较抱乐观态度的。其根本观念,是以为宇宙有一个全美全能的主宰。人生下来本有罪恶，但只要赎罪以后，就可达到最完善的境界。

"原始罪恶"(original sin)的观念，本始自希伯来人。赎罪的观念，对于软弱的灵魂，有愧的良心，是一种安慰，一种希望。但把理智来省察，却难自圆其说。

假定世界为全善全能的主宰所创造，他既为全善，又何为造恶？既然有恶，则全善之说，何能成立？既为全能，为何不能把恶去掉？如谓恶是安排好了来磨炼人的，意在使人去恶为善，但何不痛痛快快将恶去掉，又何必绕一大圈子，来和人开玩笑？

至于"原始罪恶"之说，尤使人生一种恐怖和抱怨祖宗的心理。我们很难了解小孩生下来有什么罪恶？如果说这罪恶是从亚当夏娃偷吃了一个苹果传下来的，那也太残酷了。难道父母是犯人，子子孙孙都是犯人？这真是一种可怕的罪恶遗传论。鼓励有罪的人忏悔，本是一种很好的意思。佛家"放下屠刀，立地成佛"之说，也是鼓励人家改过。但决不能把宗教的忏悔，看作一步登天的捷径。

欧洲中古时代僧侣借此敛钱的事很多。中国社会里一面念经，一面作恶的事，大家睁开眼睛就看得见。中国不少军阀在位时杀人放火，一下野就长斋礼佛，等到有机会上台还是照旧的杀人放火。这都是仗着宗教的忏悔，为恣意作恶的保证。为求人类沉着的进步，不必有事前的恐怖，也不必存容易的乐观。

第二，是理性主义的乐观派。这派以为世界是合理的，甚至于是理性的构成。因为恶是不合理的，所以不承认恶的存在，所以恶是不真的(not real)。

454

这种观念,推论下去,真是危险。恶如不真,何必还要和恶奋斗?"无的放矢",且非多事?把恶看得太轻,便是松懈自己。恶的真与不真,应依客观的情态来决定。自然界中善与恶都是实在有的。风调雨顺,国泰民安,固然是真,但是洪水猛兽,狂风暴雨,又何尝不真?我们不必否认恶的存在,我们应该将恶征服。人的努力,就在于此。

恶是完美人生的阻碍,但人类一切的工作,一切的文明,都由于征服这些阻碍。若是田中自有收成,树林自有果实,就用不着农艺园艺的工作;若是气候绝对宜人,风雨毫不为害,就用不着各种起居的设备;若是树上会长衣帽鞋袜用具,就用不着工商业。遍地都是鲜花,满溪流着牛奶,海水变为柠檬露,只不过是带诗意的幻想。因为恶的存在,使我们成就了许多事业。人类不但能将恶征服,而且能转恶为善。水可以泛滥,也可以灌溉,只看转变的力量如何。我们需要阻力,我们接受障碍;没有无阻力的成功,没有无障碍的快乐。我们不敢说整个的世界是理性的构造,我们却可以希望从我们的努力,可以把世界改造得更为接近理性。

第三,是生物进化论的乐观派。这派还是代表初期进化论的乐观论调,也可以说是幼稚观念。他以为算起总账来世界总是进化的,于是在逻辑上跳了一大跳,以为算起总账来世界总是进步的。他把进化与进步论两个观念混淆了。进化只是变,变好变坏是不一定的,所以进化决不等于进步。当黄金时代在远古的观念,盛行于西洋的时候,进步的观念自属薄弱。到了十七、十八世纪之间,意大利人魏柯(Vico)以历史哲学证明世界进步;十八世纪初叶法人圣比耶(Abbe de Saint-Pierre）认为进步是真实的：德国哲学家赫尔德（Herder）居然从历史和文学方面，规定了"进步的定律"。但是这些大都还是富于浪漫式热忱的期望。

到了达尔文的"进化论"成立以后，思想界为之震动，于是"进化论"的范围，扩大到生物科学以外，连天体星辰的进化，也讲起来了。从进化的迹象之中，发现了许多进步的事实；当时的人又震慑于自然科学和工业文明的进步，于是不知不觉之中，常把进化与进步混为一谈，成为维多利亚时代的乐观主义。这种乐观的进步观念，曾经给予近代文明以不少的鼓励：只是把他当作盲目接受的教条，把进步认为必然的现象，那就大大不妥。这不但不能使人奋发，而且可以使人懈惰。

须知世界上进步的现象固有，退步的现象也有。生物的种类有发展的，也有消灭的；人类的种族，有继续繁盛的，也有只余遗迹，供他人凭吊的；中道崩殂的文化与文明，不知道有多少。就是现在存在着的人类及其文化与文明，若是不用智慧去指导他的方向，而恣意摧毁，或是停滞不前，也终究免不了被时间卷去的劫运。况且按逻辑的道理来讲，进步是必须先假定一个目标，朝着他前进，那进步这个名词的意义，才能成立。否则譬如循着一个铁环在转圈子，从这方看是进步，从那方看是退步。又譬如养猪，将一个猪种改良，可以把三四百斤一头的猪养到七八百斤，在研究畜牧的人看来，肥猪可以多供给肉量，是进步了；若是猪而有知，能够说话的话，他能同意吗？

进步必先有定向（direction），这是逻辑的先假，这道理十分明显。还有进化论里的"适应"二字,也常被滥用而易起误会。适应不只是被动的,最高生物——人类——的适应,是自动的,是积极的,是带创造性的,"适应"绝不是将就。我们接受环境的现实,但是决不陷没在环境里面,最能适应的人是最能改造环境的人。"随遇而安",是缺少创造精神的生活。

根据以上对于悲观与乐观两大壁垒的讨论和批评,我们正确的人生态度,可以决定了。我们用不着悲观,因为除了毁灭自己的生命而外,悲观毫无是处。我们要乐观才能提得起我们做人的兴致,但是我们决不能存过分的、盲目的乐观,因为他可以造成人生的倚赖性和惰性。世界上同时有可悲可乐的事实,我们不必否认。

我们的"悲"要当作"慈悲"的悲。要以"悲天悯人"的情绪,去积极奋斗,拯救人类的痛苦。我们的"乐"要认为是"乐以忘忧"的乐,从乐里去解除工作的疲乏和苦闷,去求得精神的安慰和振作。"苦中作乐"不是一件坏事。要面带笑容上火线的战士,才能打胜仗。(三十一年一月六日中央社记者长沙来电,谓于长沙最危急之时,记者在街上见守城士卒,当休息的机会,还弄丝竹。他们有这种的精神,所以能奏第三次的湘北大捷。)不但前方应当如此,当长期抗战,生活困难的期间,后方更应当如此。

终日愁眉不展,怨天尤人的人,不但不能帮助国家打胜仗,反而颓废精神,沮丧士气。为了不做奴隶而牺牲,就是喝碗稀饭,也应当快快活活的喝下去。

我所主张的是不断的、积极的、原动的改造主义(创译一个英文名词是 dynamic reconstructionism）。我们不能抹杀历史、抹杀环境，这在宇宙的系统里都是真实的。人类生命的系统，在宇宙的系统里也是同样真实的。但是这个生命的系统，与其他宇宙间的系统，有一点不同的地方——这是生命的特性——就是他有智慧去指导他的命运，有意志去贯彻他的主张，有生力去推动他的工作。

他和炉火一样，就把他放在壁炉里，他也可以吸收满屋的氧气，以发挥他的火焰，增加他的热度，使四座生温。

他可以吸收宇宙的生机，增加自己的生机，吸收宇宙的生命，扩大自己的生命。所以他接受现实而不为现实所囿。他认识理想，但是他知道理想是不断推进的，所以他不断地动，不断地向前。他不失望，他不怨恨。他不但勇敢地接受生命，而且快乐地创造生命。他把古往今来，四方八面的原料，运用他的生力，沉着地来改造这生命更接近于他的理想。

十世纪波斯诗人莪玛开颜（Omar Khayyam）有一节名诗，我冠以"心愿"的题目，翻译在后面：

> 要是我能同你，
> 爱呵，秘密的，
> 和造化小儿定计；
> 抓住这苦恼的宇宙安排，
> 一把搦得粉碎！
> 可能依咱俩的铺排，
> 重造得更称我们的心意！

12. 学问与智慧

学问(learning)与智慧(wisdom)，有显然的区别。学问是知识的聚集(accumulation of knowledge)，是一种滋养人生的原料，而智慧却是陶冶这原料的熔炉。学问好比是铁，而智慧是炼钢的电火。学问是寸积铢累而来的，常是各有疆域、独自为政的。他可吸收人生的兴趣，但是他本身却是人生的工具。智慧是一种透视、一种反想、一种远瞻：他是人生含蕴的一种放射性；他是从人生深处发出来的，同时他可以烛照人生的前途。

有人以为学问就是智慧，其实有学问的人，何曾都有智慧？

世界上有不少学问渊博的人，而食古不化，食今亦不化，不知融会贯通，举一不能反三，终身都跳不出书本的圈子，实在说不上智慧二字。这种人西洋便叫作"有学问的笨伯"(a learned fool)，在中国便可称为"两脚书橱"或"多烘先生"。反过来说，有智慧的人，也不见得都有很好的学问。有一种人，读书虽然不多，但他对于人情事理，都很通达，凭借经验，运用心得，"官知止而神欲行，依乎天理，批大却，导大窾"。这样的人，你能说他没有智慧吗？

学问是不能离开智慧的：没有智慧的学问，便是死的学问。有许多人从事研究工作，搜集了很多材料，但往往兀兀穷年，找不到问题的中心，得不到任何的结果，纵有结果，亦复无关宏旨——这便是由于没有智慧。而有智慧的人则不然，他纵然研究一个极小的问题，但却能探骊得珠，找到核心所在；其问题虽小，而其映射的范围，却往往甚大。譬如门德尔（Mendel）研究豆子的交配，居然悟出遗传的定律，奠下了遗传学和优生学的基础，就是一个例子。

再说"进化论"的创立者达尔文。在达尔文以前，何曾没有富于学问的生物学家，看见过海边的蚌壳，山中的化石，类人的猩猿，初民的种族？何以不能发明"物竞天择，最适者存"的天演公例？等达尔文发明以后，于是赫胥黎慨然叹曰："这个道理，傻子都应该知道，为什么我以前不知道？"于是他奋身而为达尔文的"牛头狗"（bulldog），为他张目。

当代的物理学家爱因斯坦，有人称他为牛顿后第一人。他的"相对论"是科学里一个稀有的创获。但是他自己却对人说："我的发明其实很简单，只是你们不看见罢了！"

他能看见别人所看不见的，便是他的智慧过人之处。

世间不但有缺乏智慧的人，而且也有缺少智慧的书。

我们可以把书分成为两大类：一类是有智慧的，一类是无智慧的。有智慧的书，是每字每句，都和珠玉似的晶莹，斧凿般的犀锐，可以启发人的心灵，开关人的思想，有时可以引申成一篇论文，或成一本专书。这就是英文中所谓"灿烂的书"（brilliant book）。

无智慧的书，往往材料堆积得如蚁丘一样，议论虽多，见解毫无。纵然可以从他得报导，却不可以从他得启示，在著者是"博而寡约"，在读者是"劳而无功"。这就是英文中所谓

"晦塞的书"(dull book)。然而这类的书多极了,读者要不浪费时间,就不能不精为选择。

须知看书固要智慧,读书也要智慧。

"读书得间",就是智慧的表现。"鞭辟入里","豁然贯通",都不是容易的事。若是像讽诵高头讲章的读法,则虽"读破五车",有何用处?

学问固然不能离开智慧,同时智慧也不能离开学问。有学问的人,虽然不一定就有智慧,正和有智慧的人,不一定有很深的学问一样,但是智慧却必须以学问做基础,才靠得住。戴东原说:"且一以自然为宗而废学问,其心之知觉有止,不复日益,差谬之多,不求不思,终其身而自尊大,是以圣贤恶其害道也。"正是这个道理。

无学问的智能,只是浮光掠影,瞬起瞬灭的。好像肥皂泡一样,尽管可以五光十色,但是一触即破。唯有从学问中产生出来的智慧,才不是浮光,而是探照灯,可以透过云层,照射到青空的境地。唯有从学问中锻炼出来的智慧,才不是幻灭的肥皂泡;永远像珍珠泉的泉水一般,一串串不断地从水底上涌。也唯有这种有根底的智慧,才最靠得住,最为精彻,最可宝贵。

若把学问比作建筑材料,那智慧便是建筑师的匠心。有木、有石,甚至有水泥钢骨,决不能成为房子;就是懂得材料力学、结构原理,也只可以造成普通应用的房子,而决不能造成庄严壮丽的罗马圣彼得(St. Peter's)或巴黎圣母(Notre Dame)教堂。

这种绝代的美术作品,是要靠艺术家的匠心的。但是材料愈能应手,匠心愈能发挥;构造的原理愈进步,艺术家愈能推陈出新。材料与技术对于作风的影响,整个的美术史,尤其是建筑史,都可以证明。所以学问与智慧是相辅为用,缺一不可的。我们不但需要学问,而且更需要智慧——需要以智慧去笼罩学问、透视学问、运用学问。

学问应如何去寻求? 智慧又如何去浚瀹? 更应如何以智慧去笼罩、透视,并运用学问?

这是思想方法的问题。思想不是空想,不是幻想,而是有严格纪律的一种意识的训练。思想当然不是别人所教得来的:没有思想的人,别人不能强他有思想,正如西洋古语所说:"你能引马就水,但不能教马喝水(You can lead a horse to water, but you cannot make him drink)。"

然而思想是可以启发的。教育的最大功用,就是启发人的思想。

所谓"不愤不启,不悱不发",就是承认思想有启发的可能。思想应如何去启发呢? 当然非有训练思想的方法不可。

我现在先提出中西两大哲人关于训练思想的指示来。

中国的孔子讲学问,曾提"毋意、毋必、毋固、毋我"四个戒条。

无论经学家如何诠释,我们拿近代思想方法眼光来看,可以得到一种新的领悟。

"毋意"可以释作不可凡事以意为之。没有根据,先有论断是要不得的。这就是成见(prejudice),成见与科学探讨的精神不相容。

"毋必"是不可武断(dogmatic)。武断是虚心的反面,往往以不完备的知识,不合的见解,据为定论。

"毋固"是不可固执(obstinate),拘泥胶着,拒绝新的事物、新的假定。堕入樊笼而不自解,钻入牛角尖里而不自拔。

"毋我"是不可以自己为中心,以自我为出发点(egocentric predicament)。妄自尊大,正是所谓我执。

这种胸有所蔽的看法,在逻辑上不能允许,在认识论上也不能容。必须破除以上各蔽,乃能清明在躬,洞烛万象。必须如此,才能浚瀹智慧。必须如此,才能役万物而不为万物所役。为学求知应当如此,就是人生修养,也应当如此。

近代西洋的大思想家培根(Francis Bacon),在他所著的《学问的进展》(The Advancement of Learning)一书中,讨论思想错误的原因,可说精辟极了。康第拉(Condillac)曾说:"世人了解思想错误的原因者,莫过于培根。"培根以为人类思想的错误,乃是由于有四种偶像(idols)。这种偶像,佛家称为"执",我们称为"蔽"。

第一,"部落的偶像"(idols of the tribe),可称"观感之蔽"。就是说对于一个问题,先按照自己的意见决定好了,然后才去寻找经验,再把经验团捏揉搓得和自己的意思相合。这无异手提着一个蜡人再向他问路。这是一般人最易犯的错误。现在有些大学生做论文,往往先有了结论,然后去找材料,好像药店里打好了装药的抽屉,安放得整整齐齐,再待把药材分别填塞进去,就算完事。他不是从材料里去逐步寻求真理,乃是把他的所谓真理去配合材料。这种工作,是白费的。

第二,"山洞的偶像"(idols of the cave),可称"自我之蔽"。这与个人性格有关系。每个人因为他性之所近,常常在意识里形成他的一个所谓"洞"或"窠"。这种"洞"或"窠",常把自然的光线屈折或遮蔽了,于是一个人就像戴上颜色眼镜:戴了蓝色眼镜,便说一切是蓝;戴了黑色眼镜,便说一切是黑。结果是是非不明,黑白不分。这种"洞",人的思想一跌进去,便很不容易爬出来的。

第三,"市场的偶像"(idols of the market),可称"语书之蔽"。这是从人与人的接触之中而生的。人与人相接触时,不得不用语言来交换意思,但语言所用的字句,常以群众所了解者为准,所以字意常不确定,或不完备,而真理逐渐被湮没。人类思想的错误,很多是由此而来。逻辑最重要的目的,就是确定每个字的意义,而使其有一定的内容,以免"失之毫厘,谬以千里"。政治煽动家说的话,大都是极漂亮而动听的,但是仔细分析起来,有几句是确定可靠的? 庄子说:"言隐于荣华",其实这种语言是和无花果树一样,以他的叶子隐盖着他无花的羞辱。

第四,"戏院的偶像"(idols of the theatre),可称"学统之蔽"。人类有些思想上的错误,是由于传统的信条或对事实错误的证明而来。古今以来各种派别的哲学系统,往往不啻是戏台上一幕一幕的戏剧,各人凭其主观的想象而编成的。如果有人坠入壳中,深信不疑,便很容易固执偏见,抹杀其他。中国过去的学派之争,如所谓朱陆异同的聚讼,都于不知不觉中犯了这个毛病。

我们根据这两位哲人的指示,就可知道要训练思想,必须注意以下几点:

第一，是去蔽。去蔽是训练思想的第一先决条件。必须能够去蔽，然后才能透视一切，大彻大悟，达到智慧最高的境界。必须去掉孔子的所谓"意""必""固""我"，必须去掉培根的所谓四种偶像，然后才可有虚明豁达的心胸，接受一切的真理。否则荫翳在心，障碍在目，欲求真理，真理愈远。

荀子有《解蔽篇》，说得很痛快。他说：

> 墨子蔽于用而不知文，宋子蔽于欲而不知得，慎子蔽于法而不知贤，申子蔽于执而不知知，惠子蔽于辞而不知实，庄子蔽于天而不知人。此数具者，皆道之一隅也。夫道者体常而尽变，一隅不足以举之。然则虚也者，谓毋若数子之蔽于所已灭之一隅，而害所将受之道也。

我们要知道智慧所烛照的，决不仅是道之一隅！

第二，是分析。分析可分两部分讲：一是事物的分析。宇宙的万象，交互错综，复杂极了，要全部加以研究，自为事实所不许可。所以生物学家只抽出一部分有生命的现象来研究。地质学家只抽出一部分无生命的现象来研究。这便是以类别来分析的办法。二是观念的分析。譬如语言文字所包含的意义，若要论事穷理便非先弄清楚不可。不然，就生许多误解、许多枝节、许多争论。哲学争论之中，尤多文字涵意之争。

从前黄远生先生有一篇文章，叫《笼统为国民之公敌》。这"笼统"二字，是中国人思想上最大的病根，不知误了我们多少事。我们要国民有清晰的思想，非把许多语言文字里所包含的观念，先行"刮垢磨光"一番不可。

第三，是综合。综合就是将分析所得的结果，组织成一个完整的系统。综合的最大目的，就是在求思想的经济（economy of thought）。科学的公式，必须能以简驭繁，就是要把最简单的公式，解释和驾驭许多繁复的现象。无综合头脑的人，常觉得宇宙间的万事万物，不是各不相关，就是紊丝一团；而在有综合头脑的人看来，则觉得处处关联，头头是道，可以从中找出一个整齐的头绪，美丽的系统。

第四，是远瞻。讲艺术要注意远景，讲科学何独不然？从事科学工作的人，因为研究专门的东西，最容易囿于一个狭小的范围，而把大者、远者反而遗忘了。专家的定义是"一个人在最小的范围以内，知道最多的东西"。所以专靠专家来谋国，是可以误大事的。蒋百里先生在他的《日本人》中，形容日本见树木而不见森林的情形，有一段话最是发人深省。他说：

> 日本人很能研究外国情形，有许多秘密的知识，比外国人自己还要丰富，但正因为过于细密之故，倒把大的、普通的忘记了。譬如日本人研究印度，比任何国人都详细，他很羡慕英国的获得印度，但他忘记了英国人对印度的统治，是在大家没有注意时代用三百年的工夫才能完成。而日本人却想在列强之下三十年内要成功。日本人又研究中国个人人物。他们的传记与行动，他很有兴会地记得，但他忘记了中国地理的统一性与文字的

普遍性,而想用武力来改变五千年历史的力量,将中国分裂。他又羡慕新兴的意大利与德国,开口统制,闭口法西斯,但他忘记了他无从产生一个首领。

这一段话,我不厌求详地写下来,是因为他不但是给日本人一顿严厉的教训,也有可供我们深思之处。我们所理想的科学家与思想家,不应钻进牛角尖里,而应站在瞭望台上!

以上四点,都是值得每个研究社会或自然科学的人加以深切注意的。黄梨洲说"无速见之慧",智慧是要努力才能浚瀹的,我们要努力求学问,我们更要努力求智慧!

唐人高骈有一首诗道:

炼汞烧铅四十年,
至今犹在药炉前;
不知子晋缘何事,
只学吹箫便得仙!

这是一首很有哲学意味的诗。

哲学最早的定义,就是"爱智",也就是对于智慧的追求(pursuit of wisdom)。他对于宇宙和人生是要看整个的,不是看局部的;对于历史是要看全体的,不是看片段的。一时的便宜,可以酿成终久的吃亏。穷兵黩武的野心家可以造成无数战场的胜利,而最后得到的是整个战局的失败。这是缺少智慧的结果。

现在的世界,学问是进步了,专门的知识是丰富了,但是还有这种悲痛、残酷、黑暗、毁灭的伟大悲剧，表演出来，这正是因为人类智慧贫乏的缘故！想挽救人类出空前浩劫的人，在这阴翳重重的世界里面，只有运用慧剑，才能斩除卑狭私伪、骄妄怨毒、塞心蔽性的孽障，才能得到长久的和平。

希伯来古话说得好："快乐的是能寻着智慧的人，是能得着了解的人。"（Happy is the man that findeth wisdom，and the man that getteth understanding，Proverbs.）

13. 文化的修养

在现代机械文明工业社会里面,谁都容易感觉到生活的紧张、干枯和单调;因而更感觉到厌倦、烦闷和不安。有的是情感的刺激,无的是情感的安慰。刺激多了,不是神经麻木,就是情感的横溃,甚至于由厌倦而悲观。在平时如此,在战时为尤甚。

知识的训练要紧。生产的方式要紧,工作的效率要紧,但是情感的调剂,至少也同样的要紧。一张一弛的道理,不只是适用于调弓,而且适用于人生。人生的弛是必需的,但是这"弛"不是等于放纵,不是等于懒惰。要求"道德的假期"是无补而且有害于人类心灵的。让我们把眼光转移到文化的修养上去罢!

麻木横溃和悲观固然要不得,但是做人傲到粗俗、犷悍、鄙吝、儳野的境地,也是十分的可厌。若是只讲物质文明的享受,而无精神文化的修养,结果一定堕到粗俗、犷悍、鄙吝、儳野的境地。

有几位西洋的文化哲学家,常是给文化(culture)与文明(civilization)两个名词,以不同的含义,至少他们把这两个名词的着重点看得不同。

德国人所谓文化(Kultur)的含义,固带日耳曼文化特殊的色彩,但是他们看得"文化"与"文明"的分际,似乎格外明显。他们用这两个名词的时候，于不言而喻之中，总觉得文明是偏重物质的、外界的，而文化是精神的、内心的。一个民族尽管没有许多物质文明的发明和享用，但是他却有优美礼化的表现和享受。人们能在不知不觉里，流露他持身处世的德行、超凡脱俗的领会、美丽和谐的心灵，这一切都是民族文化和个人浸淫在自己民族文化里的结果。纵然他没有飞机旅行，没有电梯代步，没有抽水马桶使用，但是我们能不尊重他吗？能说他没有文化吗？

更具体一点说罢。找一个非洲的布什（Bushman）族的人来，把他放上飞机，他一样能旅行，拖上电梯，他一样有代步，拉到新式的厕所里，他一样能使用抽水马桶，若是教会他如何揿那简单机钮的话。但是把他请到欧洲的大美术馆里看拉斐尔（Raphael）的名画，他就要觉得反不如他们山洞里画的马面牛头；到著名的音乐院里听贝多芬（Beethoven）的音乐，他就要觉得反不如他们赛神跳舞时的木钲战鼓；到图书馆里看莎士比亚的名著，他更要觉得不如他们祭司的神符鬼篆。可见文明的结果是容易享受的，而文化的结果是难于领略的。

若是"文化"这个名词是译西文 culture 这个字的话，我认为不但非常满意，而且格外优越。中国先哲对于人生的教育和社会的文化，是认为要文质并重的。"质胜文则野"是孔子的名言。必须要"文质彬彬"，然后能成为"君子"。这个"文"字有很博大的意义，包括丰富的生活方式在内，绝不是"文绉绉"的"文章之士"所可窃为己有的。"化"字的意义尤妙。圣哲固须达到"大而化之"的境界，就是普通的人也可以受到"潜移默化"的影响。可见文化是弥漫浸淫在整个民族之内的,更非一个特殊阶级的人所可假借。文化是民族心灵的结晶,文化也是民族精神方面的慈母。要提高民族道德,非提高民族文化不可。道德虽然可以说是文化的一部分,但是他却是硬性的、直径的部分,文化的全部是含煦覆育,如春阳一般,温暖到每个人内心的。

我们要每个人都能注重到文化的修养,从而扩大到整个民族文化的修养。这是没有问题的。现在的问题是,如何能进行个人文化的修养?

当然学问是修养的要素。中国古话说:"学问深时意气平",正是学问能影响修养的一种表白。当然经验是修养必经的过程,不经过种种的磨炼和波折,哪能陶熔出人生真正的修养?然而,我现在着重的不是这显然的真理,只是大家常常忽略的部分——情感,也可以说是由情感影响到心灵的部分。

要陶冶情感,莫善于美的教育,所以我从这方面提出三件特别有关美育的文化来讲。

且让我先谈文学的修养。

文学不仅是说理的,而且是抒情的;不仅是知识的凝合,而且是愿望的表现;不仅是个性的暴露,而且是悲欢的同感;不仅是通情达意的语言,而且是珠圆玉润的美术。文学不仅可发扬情绪的烈焰,而且可作洗涤心灵的净水。

"诗可以兴,可以观,可以群,可以怨。"只不过是昔圣对于一部分文学的赞美。文学是要提高人生"趣味"(taste)的;真有修养的文学家,有些事决不肯干;他却不是持道学的态

度而不去干,乃是因其属于低级兴趣而不屑干。所以真正的
文学修养可以提高行为标准。最好的文学家是他人想说而
说不出的话,他能说得恰到好处;他人表现不出的情绪,他能
表现得尽情惬意,使人家难得到其他的方式表现。

没有经过退守南京,辗转入川的人,不能体会到杜少陵
"夔府孤城落日斜,每依南(北)斗望京华"两句诗的妙处。许
多受难同胞有过家破人亡痛苦的,读到白香山"田园寥落干
戈后,骨肉流离道路中"的句子,也一定感觉到这种痛苦的经
验,不只是我们现代的人才有的。战争时代的烦闷,若是得
到古人与我们心心相印,俱有同感,也就因此舒畅多了。只
是创造文学困难,欣赏文学也不容易。遇到好的文学作品,
必须口诵心维,到口中念念有词的境界,才能心领神会。

孔子说:"依于仁,游于艺。"这游字最妙。所以对于优美
的文艺作品,应当把自己的心灵深入进去,和鱼在水里一样,
优哉游哉,才能真有领悟。

现在的青年日日处于甚嚣尘上,苟能得到一点文学的修
养,一定可以消除烦闷的。学社会科学的人,应当以文学培
养心灵,学自然和应用科学的人,尤其应当如此。天天弄计
算、弄构造,而无优美文学作精神上的调剂,必致情感干枯,
脑筋迟钝,性情暴躁而不自觉。文学的甘泉,是能为你的心
灵,培养新的萌芽的。

进而讲到音乐的修养。

音乐不仅是娱耳的,音乐是心里发出来的一种特殊语
言,有节奏、有旋律的语言,和谐而美丽的语言。是它连贯许
多感觉、概念、意境,而以有波动的音节发出来的。雍门琴引

说:"须坐听吾琴之所言,"正是这个微妙的道理。

中国从前礼乐并称,因为礼与乐是联起来的。后来礼、乐分家,所以"礼"沦为枯燥的仪式。本来是活泼泼有节奏的动作规律,后来变为死板板无生命的赞礼单子。原来文学与音乐也是合在一起的,所以上古的人可以抚琴而歌。到宋朝饮井水处都可以歌柳屯田词;豪放的名士可用铜琶铁板唱《大江东去》。姜白石的"自作新词韵最娇,小红低唱我吹箫",是更柔性的了。

乃自南宋以后,诗词与音乐又分了家,这实在是文学上一大损失,也是民族的文化修养上一大损失。文学的流行不普遍,正在于此。譬如歌德在德国文学上和一般国民文化上的影响大极了;但是请问现在的德国人之中,有几个读过《歌德全集》或是他重要的作品?然而歌德的诗,山边海曲,田舍渔庄里有人唱,这正是因为他谱成了音乐的缘故。

中国音乐只有旋律(melody)而无和声(harmony),因此感觉单调。所以只有川戏中满台打锣鼓的人来"帮腔",而不能有男女高低音配合得很和谐的"四部合奏"。

前几十年西洋音乐,是经过日本转手——不高明的手——递过中国来的,所谱的大都是简单的靡靡之音。抗战以来,国人的音乐兴趣转浓,从事音乐的人也转多,是一件可欣慰的现象。但是一般还是粗糙简单,不免截头去尾的模仿。有意的高亢,时或闻之;而浑成曲的乐章,很少听见。其中还有以"小放牛"一类的小调之音,谱为抗战歌曲,听了令人神经麻痹。

现在中国的音乐教育,正可因为大家音乐兴趣转浓而提高,而普及,而改变作风,但是这不是短期内勉强可以做到的事,我们只是存这种希望,要向这条路上走。我希望将来从音乐的节奏与和谐,达到民族精神和行动上的节奏与和谐。

再进而讨论绘事艺术的修养。

雕塑和音乐一样,在中国并不发达,但是画却达到了非常之高的成就。这正是因为中国画与中国文学不曾分家。画家的修养与文学家的修养大致相同。中国的画家也大都是文学家。中国一向不重视匠画。这分别在苏东坡论吴道子、王维画诗,说得最清楚:"吴生虽妙绝,犹以画工论;摩诘得之于象外,有如仙翮谢樊笼。吾观二子俱神俊,又于维也敛衽无闲言。"

摩诘固然是诗中有画、画中有诗的作家,吴道子也是一位画中杰出的天才,东坡犹于其间有所轩轾,这种好尚的风气,也就可想而见了。

画不只是表现自然,而且表现心灵;不仅是表现现实,而且表现意境。若是画只是自然和现实的复写,那有照像就够了,何必要画。但是名画可以百看不厌,而照像则一望就了,正是因为画上的自然和现实,是透过心灵而从意境里流露出来的。东坡谓"论画以形似,见与儿童邻",正是此意。"此谓形之不足,而务肖其神明也。"所以这两句诗,断不是现在犷悍的时髦画家,那些画美人说不像于是改成钟馗,说钟馗也不像又可改成怪石的画家,所能假借的。

画家不但有精妙的技巧,而且要有高尚的修养。姜白石说:"人品不高,落墨无法。"同时读画的人,也要有这种修养,才真能心领神会,与画家的心灵融成一片。所以欧阳修说:

"萧条淡泊之难画之意,画者得之,览者未必识也。故飞走迟速意浅之物易见,而闲和严静之趣,简远之心难形。"中国名画之难于为一般人所了解,亦由于此。苟能深入,则在尘嚣溷热之中,未始不是一服清凉散。

恽南田论山水画说:"出入风雨,舒卷苍翠,模崖范壑,曲折中机。惟有成风之技,乃致冥通之奇。可以悦泽神风,陶铸性器。"真是很精辟独到的话。

当然文化的修养,不只这三方面,凡是可以使人"动心忍性,增益其所不能"的,都有关修养。如祭遵雅歌投壶,谢安石在临阵时还下围棋,都是他们增进修养的方式。只是这三方面的修养,最容易陶冶性灵,调剂情感。

中国文化是最注重修养的。读书的人固要有"书卷气":就是将官也以"儒将"最能使人敬服,否则只是勇将、战将,不过偏裨之才。在这扰攘偏狭、倾轧排挤的人群中,能有大雅君子,抱着恢旷的襟怀,"汪汪若千顷之波,澄之不清,挠之不浊",岂不可以赞佩? 在这争名夺利、庸俗鄙俚的场合里,能有人如仲长予昌所说,"清如水碧,洁如霜雪,轻世贱俗,独立高步"之人,岂不可以廉顽立懦?

现在中国文化方面,有一个绝大的危机,就是高尚的中国文化,渐渐的少人了解,而优美的西洋文化,同时又不能吸收。纵然学会了西洋一点应用的技术,或是享用物质文明的习惯,但是对于西洋文化在人性上表现的精微美丽之处,丝毫没有得到。中国文学的修养尚且没有,何况西洋文学的修养。向他奏舒伯特(Schubert)、肖邦(Chopin)或华格纳(Wagner)乐谱,自然无动于衷,若一闻黑人的"爵士"音乐

(Jazz music)，便两脚发痒。到外国美术馆去，古画中恐怕只有鲁宾斯(Rubens)所画的肥胖裸体女人或者能邀赏鉴，至于邓纳(Turner)的落照，戈罗(Corot)的深林，便觉无味了；何况倪云林的枯木竹石，沈石田的漠漠云山呢？纵然也有一部分在都市里的大腹贾和留学生冒充风雅，家里挂一两张吴昌硕或王一亭的画，以为是必要的陈设，以夸耀于同类的外国人，殊不知外国人之中，也有懂得比他更多的。于是趋时图利的画家，竟以犷悍为有力，以乱抹为传神，于是已达高峰的中国绘画美术，也就有江河日下之势了。这实在是很伤心的事！

我们不能不接受机械文明，我们更不能抹杀工业社会，只是我们的灵魂也要文化的慈母去抚摸他、安慰他。我们可以使物质供我们享用，我们的性灵却不可以像机械一般的轮转。至于粗俗、犷悍、鄙吝、僿野的恶影响，我们更应当涤荡无遗。

我们要倡导强者哲学和主人道德的话，更应当辅之以文化的修养。我们不要忘记，在夹谷会场里剑佩锵锵的圣人，同时也是"温良恭俭让"的君子！

14. 信仰・理想・热忱

我们生在怎样一个奇怪的世界!

一面有伟大的进步,一面是无情的摧毁;一面求精微的知识,一面做残暴的行动;一面听道德的名词,一面看欺诈的事实;一面是光明的大道,一面是黑暗的深渊。宗教的势力衰落,道德的藩篱颓毁,权威的影响降低。旧的信仰也已经式微,新的信仰尚未树立。在这青黄不接的时代,自有光怪陆离的现象。于是,一般人趋于彷徨,由彷徨而怀疑,由怀疑而否定,由否定而充分感觉到生命的空虚。

这个人生的严重的问题,不但中国有,而且西洋也有。一位现代西班牙的思想家奥特嘉(Ortega 见其所著 *The Revolt of Masses* 一书)以为这种提防溃决之后,西洋人也处于一种道德的假期。

他说:

> 但是这种假期是不能长久的。没有信条范围,我们在某种形态之下生活,我们的生存(existence)像是"失业似的"。这可怕的精神境地,世界上最优秀的青年也处在里面。由于感觉自由脱离拘束,生命反觉得本身的空虚。一种"失业似的"生存,对于生命的否定!比死亡还要不好。因为要生就是要有一件事做——要有一个使

命去完成(a mission to fulfill)。要避免将生命安置在这事业里面,就是把生命弄得空无所有。

我引奥特嘉这段话,因为他是带自由主义的思想家,并不拥护权威,也不袒护宗教,所以是比较客观的意见。这种的惶惑状态,在这第二次世界大战以前已有,恐怕在战后的西方还要厉害。人生丧失了信心,是最痛苦而最危险的事。

宗教本来就是要为人生解决安身立命的问题,要为人生求得归宿。宗教起于恐惧与希望(fear and hope)。恐惧是怕受末日的裁判,希望是欲求愿望的满足。宗教,"广义来说,是人对于超现实世界的信仰"。"一个民族的宗教,在超现实的世界里反映这民族本身的意志;在这超现实的世界里,实现他内心最深处的愿望。"这是德国哲学家包尔森(Friedrich Paulsen)的名言。

"宗教与道德有同一的起源——就是同出于意志对于尽善尽美(Perfection)的渴望。但是在道德里是要求,在宗教里就变为实体。"这也是同一哲学家的论断。

但是他还有一段论信仰最精辟的话:

> 有信仰和行动的人,总是相信将来是在他这边的。
> 没有信仰,这世界里就没有一件真正伟大的事业完成。一切的宗教都是以信仰为基础。从信仰里,这些宗教的祖师和门徒克服了世界。因为信仰主张,所以殉道者为这主张而生活、而奋斗、而受苦受难。他们死是因为他们相信最高的善,能有最后的胜利,所以肯为他而

牺牲。若是不相信他的主张，能有最后和永久成功的话，谁肯为这主张而死？若是把这些事实去掉的话，世界的历史还剩些什么？

这话深刻极了！

这不但是为宗教的成就说法；推而广之，是为世界一切伟大的成就说法。

是的，一切的宗教都是以信仰为基础，但是一切人类的伟迹，政治的、社会的、文化的，何曾不是以信仰为基础？若是一个人自己对于自己所学的、所做的都没有信心，那还说什么？对于自己所从事的还不相信，那不但这事业不会有成就，而且自己的生命也就没有意义。

就是读书的疑古，也不过是教你多设几个假定，多开几条思路而已，不是教你怀疑这工作的本身。

"我思故我在"这是笛卡儿对于做过种种怀疑工作后的结论。若是持绝对的怀疑论，那必至否定一切，毁灭一切而后已。

宗教不过是信仰的一种表现，虽然它常是强烈的表现。但是普通所谓宗教，乃是指有教条、有仪式、有组织的形式宗教(formal religion)而言。相信这种宗教的人，自有他的精神上的安慰；他人不必反对他，他也不能强人尽同。至于信仰(faith)是人人内心都有的，也可以说是一种宗教心，却不一定表现在宗教，而能寄托在任何事业方面。

信宗教的人固有以身殉道者，但是不信宗教的人也不少成仁取义者。如苏格拉底的临死不阿，是他信仰哲学的主张；文天祥的从容就义，是他信仰孔孟的伦理。这可见信仰力量的弥漫，决不限于宗教。

最纯洁的信仰，是对于高尚理想的信仰：它是超越个人祸福观念的。生前的利害，不足萦其心；生后的赏罚，也不在其念。至于借忏悔以图开脱，凭奉献以图报酬的低等意识，更不在他话下了！

最纯洁的信仰，是经知识锻炼过的，是经智慧的净水清洗过的；从哲学方面来讲，也是对于最高尚的理想之忠（loyally to the ideal）。人类进步了，若是他对他的理想，没有知识的深信（intellectual conviction），他决不能拼命地效忠。近代哲学家罗哀斯（J. Royce）说："你要效忠，就得决定哪一个是值得你效忠的主张去效忠。"（见其所著的 *The Philosophy of Loyalty*）

这里知识的判断就来了。若是你所相信的东西里面，知识的发现告诉你是有不可靠、不可信的成分在里面，那你的信仰就动摇了。若是知识的判断对你所相信的更加一种肯定（reaffirmation），那你的信仰更能加强。所以知识是不会摧毁信仰，而且是可以加强信仰的。

比如"原始罪恶"，"末日裁判"和一切"灵迹"涤除以后，不但可以使基督教徒解除许多恐惧，使他不存不可能的希望，而且可以使他的哲学，格外深刻化，笼罩住一部分西洋的哲学家和科学家的信心。这就是一个例子。

知识能为信仰涤瑕荡垢，那信仰便能皎洁光莹。

人固渴望尽善尽美的境界；然而渴望的人，对于这境界的认识，有多少阶段、若干浓度的不同。希腊人思想中以为奥林匹克山上的神的境界是尽善尽美的;希伯来人思想中以为天堂是尽善尽美的。最早的观念最幼稚、最模糊;知识愈进步,则这种认识愈高妙、愈深湛。所以我说理想是人生路程上的明灯,愈进一步,愈能把前途的一段照得明亮。世界上只有进展的理想没有停滞的理想,惟有这种进展的理想,最能引起我们向上的兴趣。

信仰是要求力量来表现的,理想不是供人清玩和赏鉴的。要实现信仰达到理想,不能不靠热忱(zeal)。热忱是人生有定向而专一(devotion)的内燃力。要他有效,就应当使他根据确切的认识而发,使他不是盲目的;若是没有智慧去引导他、调节他,他也容易横溃、容易过度。如所谓"宗教的疯狂者"(religious fanatic),正是过度热忱到了横溃的表现。这是热忱的病态,不是热忱的正常。

对于一件事、一个使命,他有这种知识的深信,认为值得干的,就专心致志,拼命地去干,危难不变其节,死生不易其操,必须干好而后已,这才是表现我所谓真正的热忱。

热忱常为宗教所启发,这固然是因为热忱与信仰有关,也因为宗教里面,本来带有感情的成分。感情是热忱的源泉;感情淡薄的人,决不会有热忱。但是感情易于泛滥,易于四面散失。必须锻炼过,使其专一而有定向,方能化为热忱。

我常觉得我们中国人热忱太少。现在许多事弄不好,正是因为许多做事的人,对于他所做的事的热忱太缺乏。他只觉得他所做的事只是一种应付,而不是一件使命。

这是什么缘故呢?

有人说是因为我们宗教心太缺乏。是的。我们宗教心——信仰——很缺乏，集体的宗教生活不够。我们对于宗教信仰的容忍态度，虽然说是我们的美德，但是也正是因为缺乏宗教热忱的缘故。有人说是我们感情的生活不丰富，也是的。我不能说我们中国人的感情淡薄，但是我们向不注重感情的陶镕和给予感情正常的刺激——如西洋宗教的音乐之类——并且专门想要压迫感情、摧残感情。

宋儒明天理人欲之辨，似乎认为感情是人欲方面的，要不得的。于是倡为"惩忿窒欲"之论，弄得人毫无生气。

王船山在《周易外传》论"损"的一段里，反对这种意见最为透辟。他说：

> 性主阳以用壮，大勇浩然，亢王侯而非忿。情宾阴而善感，好乐无荒，思辗转而非欲。而尽用其惩，益摧其壮，竟加以窒，终绝其感。一自以为马，一自以为牛，废才而处于锗。一以为寒岩，一以为枯木，灭情而息其生。彼佛老者皆托损以鸣修，而岂知所谓损者。

王船山所谓"大勇浩然，亢王侯而非忿"，正是正义感的发泄。他所谓"好乐无荒，思辗转而非欲"，正是优美情绪的流露。而他所谓"佛老"，乃是指掺杂佛老思想的宋儒。弄到大家都成为寒岩枯木，还有什么感情可言。况且感情不善培养与引导，终至于横溃。

中国人遇着小事，容易"起哄"（excitement），就是感情没有正当发泄的结果。

很爱中国的哲学家罗素，为我们说了许多好话：但是论中国人性格的时候,他说我们是一个容易起哄的(excitable)的民族,并且说这是一件危险的现象,容易闯大乱子。这是值得我们反省的诤言。

中国人热忱不发达的原因,还有一个,就是普通所谓"看得太透了"。讽刺地说,也可以说是"太聪明了"。把什么事都看得太透了,还有什么意思? 就是做人也可以说是没有什么意思,那还有什么勇气去做事?

这是享乐派的态度(Hedonistic attitude):这实在是很有害处而需纠正的。

罗哀斯说:"任何一个忠的人,无论他为的是什么主张,总是专一的,积极动作的,放弃私人的意志,约束自己,爱他的主张,信他的主张。"我们国家民族,正需要这样忠的人!

在这紊乱的世界,我们不能老是彷徨,长此犹豫,总持着怀疑的心理,享乐的态度;这必定会使生命空虚,由否定生命而至于毁灭生命。

我们虽然遇到过人之中有坏的,但是不能对于人类无信心;虽然目击强暴,不能对于公理无信心;虽然知道有恶,不能对于善无信心;虽然看见有丑,不能对美无信心;虽然认识有假,不能对于真无信心。

我们要相信人类是要向上的,是可以进步的,我们的理想是可以达到的,我们的努力是不会白费的,因为宇宙的人生的本体,是真实的。纯洁的信仰,高尚的理想,充分的热忱,是我们改造世界、建设笃实光辉的生命的无穷力量!

捌 吴有训

吴有训先生（1897—1977），江西高安人，1897年4月出生，幼年就读私塾。1912年以优异成绩考入高安瑞州中学，1914年转入江西省立第二中学，1916年毕业考入南京高等师范学校。1920年南高毕业，先后在江西二中和上海公学任教。1921年考取江西官费留美，入芝加哥大学理化科，随诺贝尔物理学奖获得者A. H. 康普顿从事康普顿效应的研究。1925年获博士学位，是年秋回国，到南昌筹办江西大学。1927年任南京第四中山大学（后即为国立中央大学）物理系副教授兼系主任。1928年赴清华大学，先后任物理系教授、系主任，理学院院长。1937年，清华、北大、南开迁往昆明，组成西南联大，吴有训先生任联大理学院院长并兼清华原职。1945年在重庆任中央大学校长，翌年主持学校迁返南京。1948年当选为中央研究院院士、评议员。1949年在上海，先后任交通大学校务委员会主任，兼任华东文教委员会副主任,华东教育部部长。1950年起任中国科学院近代物理研究所所长,中国科学院副院长。1955年当选为中国科学院学部委员,兼数理化学部主任。他历任中国物理学会理事长,全国政协委员、常务委员,全国人大代表、常委会委员,还曾任中国科联及中国科协副主席等职。1977年11月30日在北京寓所逝世,享年八十一岁。

1. 康普顿效应与三次辐射[①]

本研究是康普顿与吴有训[1]合作研究的继续，目的在于取得数据，以探讨当前正在讨论的重大问题，即由于散射引起波长改变的本质。

仪器装置的详细情况已在所引文献[2]中描述。水冷钼靶管在60千伏(峰值)和50毫安下运行。然而，本项工作不用覆盖铅皮的木箱，而是全部用1/16英寸铅皮衬里的箱子来装X射线管。这一设计是为了避免可能的杜安(Duane)[3]描述过的箱子效应。箱子效应是由于组成木质箱壁的碳和氧原子引起的二次辐射。

所用二次辐射物是岩盐、镁、铝和硫。它们的形状都是片状。从岩盐散射的射线可以看成是钠和氯的特征线。

实验结果如图1所示，从钠、镁和铝得到的光谱跟康普顿与吴有训用置于木箱中的X射线管所得结果性质等同。可见，本项工作中未检测到箱子效应。硅与硫的光谱表示各种情况都在与钼$K\alpha$荧光线的位置上出现不变线P，还有一变线，其峰值M在误差范围内出现在康普顿理论预言的位置

① 这是吴有训为确证康普顿效应的真实性所做的一项重要研究，原名"The Compton Effect and Tertiary X-radiation"，刊登在美国《国家科学院会刊》(*Proc. Nat. Acad. Sci.*)第11卷(1925年)第123～125页。——编者

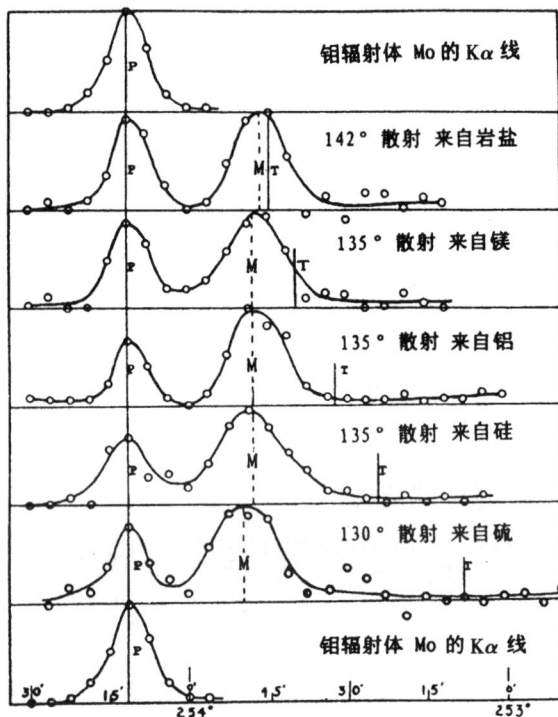

图1　从方解石反射得到的、由钼靶发出的X射线传送的、不同元素的二次辐射光谱

P标示原始$K\alpha$线位置,M标示由康普顿理论计算所得变线峰位置,T标示根据三次射线概念计算的短波长限位置。

上。康普顿教授和贝尔顿(Bearden)先生另有一文报告对箱子效应的详细检验并描述研究硫散射的照相方法,用这一方法证实了硫散射的情况下的波长位移。

近来克拉克(Clark)、杜安与斯提夫勒(Stifler)[4] 发表了经冰、岩盐、铝和硫散射的钼$K\alpha$射线的实验情况。他们的结果指出有三次辐射存在,其最小波长是$\lambda\lambda_k/(\lambda_k-\lambda)$,其中$\lambda$是入射波长;$\lambda_K$是散射元素的临界$K$吸收波长。

图1中,T表示每条曲线上的相应于散射元素的三次辐

射的短波长限。在本项实验的条件下,在所用 5 种辐射物的每种情况,笔者都没有观察到克拉克、杜安和斯提夫勒在他们实验[4] 中所观察到的那种三次射线峰值。笔者特地用硫当作二次辐射物做了 10 个实验,其中一个的结果如图 1 中的硫曲线。这些实验没有一个表明有三次峰的存在。

笔者向康普顿教授表示谢意,感谢他对这项工作的关心。

1　Compton and Y. H. Woo, *Proc. Nat. Acad. Sci.*, **10**, 271 (1924)[①]。

2　Allison, Clark and Duane, *Proc. Nat. Acad. Sci.*, **10**, 379 (1924)[②]

3　A. H. Compton, *Phys. Rev.*, **21**, 483 (1923).

4　Clark, Duane & Stifler, *Proc. Nat. Acad. Sci.*, **10**, 148 (1924).

[编者按] 这篇论文同时也在《物理评论》(*Phys. Rev.*)上登载,英国的《自然》杂志也曾摘要刊登。由于内容涉及公众关心的康普顿—杜安之争,故此文受到广泛重视。

(见郭奕玲、沈慧君编《吴有训文集》,江西出版集团、江西科学技术出版社 2007 年版,第 12～13 页)

---

① 原文的页码误排为 370 页。——编者
② 原文的页码和年代误排为 370(1914)。——编者

2. X射线受反冲电子散射的强度[①]

提　要

　　X射线受反冲电子散射强度的理论计算——(1) 根据康普顿运动电子的假设,电子沿入射射线的方向运动,速度等于 $c\alpha/(1+\alpha)$,其中 $\alpha = h/mc\lambda_0$,按照普通电动力学,加上康普顿已有的结果,计算出了与汤姆生(Thomson)所得一样的全散射。极短波长的实验与此项结果不符的事实说明,康普顿假设如果没有进一步的修正,是不能令人满意的。(2) 如果我们假设有虚动振子存在,就像玻尔(Bohr)、克拉默斯(Kramers)和斯莱特(Slater)提出的那样,考虑到其与运动电子的相似性,结果也一样。其与实验的不符,表明这些作者提出的对应原理的精确形式不能回答 X 辐射散射中的强度问题。

---

　　① 这是吴有训在芝加哥大学所作理论研究的一部分,原名"The Intensity of X-rays by Recoiling Electrons",发表在美国《物理评论》(*Phys. Rev.*)第 25 卷(1925 年)第 444～451 页。——编者

1. 引　言

在其 X 射线散射的量子理论中[1]，A. H. 康普顿强调射线被反冲电子散射后的波长改变与从运动源发出的辐射所具有的经典多普勒效应之间的类比。正如康普顿指出的，散射辐射的频率变化如同射线被正沿着传播方向以速度 $c\beta$ 运动的电子所散射一样大，其中 $\beta=\alpha/(1+\alpha)$，而 $\alpha=h\gamma_0/mc^2$，γ_0 是初始射束的频率，h 是普朗克常量，c 是光速，m 是散射电子的质量。他称 $c\beta$ 为散射电子的有效速度。

假设所有的散射电子都以有效速度 $c\beta$ 沿入射束方向运动，并对从这些电子发射光子作几率考虑，康普顿推出了沿入射线成 θ 角的方向散射强度 I_θ 的表达式，和全散射吸收系数 σ 的表达式，近来已有几位作者对此进行了实验检验[2]。

本文基于与康普顿相同的假设，根据普通电动力学，对散射进行了计算，因此本文可以看成是康普顿部分工作的补充。考虑到上述运动散射电子与玻尔、克拉默斯和斯莱特[3]建议的虚动振子有相似性，后者引起的散射也将讨论到。

2.　运动电子对 X 射线的散射

让我们来考虑两个互易的欧几里得坐标系 S 与 S'。S' 中所有的点相对于 S 都具有同样的速度 $c\beta$。令 S 中固定有一组右旋坐标轴 XYZ，并且 X 轴沿 S' 的速度方向。令 S' 中也固定有一组类似的坐标轴 $X'Y'Z'$，分别平行于 XYZ。相

对于 S',散射电子是静止的。

假想如图 1 在原点 O 有一电子被入射束加速,入射束沿 Y' 轴和 Z' 轴分别具有电矢 E_y' 和 E_z'。要想求得由于这一加速电荷在时间 r'/c,离 O 距离为 r' 的 P 点引起的散射电场 E_s' 和磁场 H_s',以及相应的同一时刻在 S 的电场 E_s 和磁场 H_s。由于两系统中光速是相同的,在 S 中 P 处的时间是 r/c,而在 S' 中时间是 r'/c。因此,变换的结果将会给出时间 r/c 的 E_s 与 H_s。

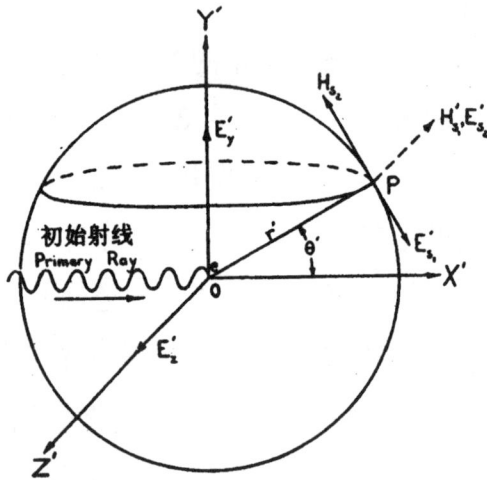

图 1 S' 中的电矢与磁矢

令 θ' 是 S' 中 OP 线与 X' 轴的夹角。如果假定此线位于 $X'Y'$ 平面,不会损失普遍性。令 E_{s1}' 和 E_{s2}' 分别是由于 E_y' 和 E_z' 的作用,散射辐射在 P 点的电矢,于是得

$$E_{s1}' = E_y' e^2 \cos\theta'/mc^2 r' \tag{1}$$

$$E_{s2}' = E_z' e^2/mc^2 r' \tag{2}$$

洛伦兹—爱因斯坦变换给出:

$$x' = r'\cos\theta' = kr(\cos\theta - \beta),$$

$$y' = r'\sin\theta' = r\sin\theta\,;$$

而
$$r' = kr(1-\beta\cos\theta),$$
$$\cos\theta' = (\cos\theta-\beta)/(1-\beta\cos\theta), \tag{3}$$
$$\sin\theta' = \sin\theta/k(1-\beta\cos S\theta),$$

其中
$$K = 1/\sqrt{1-\beta^2}$$

把大家都知道的变换方程用到 E_y' 和 E_z',考虑到 $E_y = H_z$ 和 $E_z = -H_y$ 的关系,得:

$$\begin{cases} E_y' = kE_y(1-\beta) \\ E_z' = kE_z(1-\beta). \end{cases} \tag{4}$$

把(3)式和(4)式给出的 E_y'、E_z'、r' 与 $\cos\theta'$ 值代入(1)式和(2)式,简化得:

$$E_{s1} = \frac{e^2 E_y(1-\beta)(\cos\theta-\beta)}{mc^2 r(1-\beta\cos\theta)^2} \tag{5}$$

$$E_{s2} = \frac{e^2 E_z(1-\beta)}{mc^2 r(1-\beta\cos\theta)^2} \tag{6}$$

参照图 1,我们看到矢量 E_{s1}'、H_{s1}'、E_{s2}' 和 H_{s2}' 的方向(H_{s1}' 和 H_{s2}' 分别是由于 E_y'、E_z' 的作用 P 处散射辐射的磁场);自然,对大小而言有 $E_{s1}' = H_{s1}'$,$E_{s2}' = H_{s2}'$。

由于 E_s' 和 H_s' 已假定是散射束在 P 点的总电矢和总磁矢,容易看到

$$\left.\begin{array}{l} E_{sx}' = E_{s1}' \cdot \sin\theta', \\ E_{sy}' = -E_{s1}' \cdot \cos\theta', \\ E_{sz}' = -E_{s2}', \\ H_{sx}' = -H_{s2}' \cdot \sin\theta' = -E_{s2}' \cdot \sin\theta', \\ H_{sy}' = -H_{s2}' \cdot \cos\theta' = E_{s2}' \cdot \cos\theta', \\ H_{sz}' = -H_{s1}' = -E_{s1}', \end{array}\right\} \tag{7}$$

其中 E'_{sx} 和 H'_{sx} 分别代表 E'_s 和 H'_s 的 x 分量,以下依此类推。

利用方程组(7),从 S' 变换到 S,得:

$$
\left.
\begin{aligned}
E_{sx} &= E'_{s1} \cdot \sin \theta', \\
E_{sy} &= -kE'_{s1} \cdot (\cos \theta' + \beta), \\
E_{sz} &= -kE'_{s2} \cdot (1 + \beta \cos \theta');
\end{aligned}
\right\}
\tag{8}
$$

$$
\left.
\begin{aligned}
H_{sx} &= -E'_{s2} \cdot \sin \theta', \\
H_{sy} &= kE'_{s2} \cdot (\cos \theta' + \beta), \\
H_{sz} &= -kE'_{s1} \cdot (1 + \beta \cos \theta');
\end{aligned}
\right\}
\tag{9}
$$

从方程组(8):

$$
E_{s2} = E_{sx}^2 + E_{sy}^2 + E_{sz}^2 = k^2 \cdot (1 + \beta \cos \theta')^2 \cdot (E_{s1}'^2 + E_{s2}'^2)
\tag{10}
$$

类似地,从方程组(9)得:

$$
H_s^2 = E_s^2, \text{或} H_s = E_s
\tag{11}
$$

正应如此,

代入(5)式和(6)式的 E'_{s2} 和 E'_{s2} 值,得:

$$
E_s^2 = H_s^2 = \frac{e^4(1-\beta^2)(1-\beta)^2}{m^2 c^4 r^2 (1-\beta\cos\theta)^6} \{ (\cos\ \theta - \beta)^2 E_y^2 +
$$

$$
(1-\beta\cos\theta)^2 E_z^2 \}
\tag{12}
$$

我们进一步计算从散射电子辐射的能量。沿原点作半径为 r 的球面。考虑这球面的面积元 $\mathrm{d}\sigma$,从原点作一半径矢量到面积元,此半径矢量与 X 轴成 θ 角。在时间 $\mathrm{d}t$ 中通过 O 的,并被由 O 出发的运动电子、沿此半径矢量的方向散射的初始束的能量将在时间 r/c 抵达球面,并要用时间

$$
(1-\beta\cos\theta)\mathrm{d}t/(1-\beta)
$$

才能通过此面,其中 $c\beta$ 等于散射电子沿 X 方向的速度。所以,当单位时间内通过单位截面的能流以波印亭矢量给出

$$S_s = c/4\pi[E_s H_s]$$

这里用方括弧表示矢量积。在时间 dt 通过 $d\sigma$ 的能量为

$$R\,dt = S_s\,d\sigma(1-\beta\cos\theta)dt/(1-\beta)$$

所以能量通量等于

$$\overline{S}_s = \frac{R\,dt}{d\sigma\,dt} = \frac{c}{4\pi}E_s^2\,\frac{(1-\beta\cos\theta)}{1-\beta} \tag{13}$$

将此式与(12)式合并,并考虑到平均后的事实:

$$E_y^2 = E_z^2 = \frac{1}{2}E^2,$$

我们得到

$$\overline{S}_s = \frac{c}{4\pi}\cdot\frac{e^4}{m^2 c^{r2}}\cdot\frac{1}{2}E^2\,\frac{(1-\beta^2)(1-\beta)}{(1-\beta\cos\theta)^5}\{(\cos\theta-\beta)^2 + (1-\beta\cos\theta)^2\} \tag{14}$$

入射辐射的能量通量为

$$S = (c/4\pi)[EH] = (c/4\pi)E^2.$$

如果强度定义为单位面积每秒的能量,则以角度 θ 散射到距离 r 的辐射强度 I_θ 与初始射线强度 I 之比必等于

$$I_\theta/I = \overline{S}_s/S = \frac{e^4}{2m^2 c^4\,r^2}\cdot\frac{(1-\beta^2)(1-\beta)}{(1-\beta\cos\theta)^5}\{(\cos\theta-\beta)^2 + (1-\beta\cos\theta)^2\} \tag{15}$$

令 N 为对散射角作用的自由电子数,则将 $\alpha/(1+\alpha)$ 代 β,化简之,得

$$I_\theta = I\frac{Ne^4(1+2\alpha)}{2m^2 c^4 r^2}\cdot\frac{\{1+\cos^2\theta+2\alpha(1+\alpha)(1-\cos\theta)^2\}}{\{1+\alpha(1-\cos\theta)\}^5} \tag{16}$$

在前进方向，$\theta=0$，散射束的强度为

$$I_\theta = I\frac{Ne^4(1+2\alpha)}{2m^2c^4r^2} \tag{17}$$

根据康普顿的计算[4]，射线沿 $\theta=0$ 散射的强度为：

$$I_\theta = \frac{3}{8\pi}\cdot\frac{nh\upsilon_0}{r^2}(1+2\alpha) \tag{18}$$

其中 n 是每秒散射的量子数。尽管对于直接向前散射的射线，反冲速度是零，根据运动散射电子的假设，我们可把(17)式和(18)式等同，于是

$$n = \frac{8}{3\pi}\cdot\frac{I\cdot Ne^4}{h\gamma_0 m^2c^4} \tag{19}$$

按照康普顿的论证，我们得到散射吸收系数为

$$\sigma = \frac{nh\gamma_0}{I} = \frac{8}{3\pi}\cdot\frac{Ne^4}{m^2c^4} = \sigma_0 \tag{20}$$

其中 N 是单位体积中散射电子数，σ_0 是 J.J.汤姆生计算的散射系数[5]。

真实散射的总能量可以从(16)式沿散射物质的球面积分求得，即

$$\varepsilon_s = \int_0^\pi I_\theta 2\pi r^2\sin\theta\mathrm{d}\theta = \frac{8}{3\pi}\cdot\frac{I\cdot Ne^4}{m^2c^4}\cdot\frac{1+\alpha}{1+2\alpha}$$

于是真正的散射系数为

$$\sigma_s = \frac{8}{3\pi}\cdot\frac{Ne^4}{m^2c^4}\cdot\frac{1+\alpha}{1+2\alpha} = \sigma_0\cdot\frac{1+\alpha}{1+2\alpha} \tag{21}$$

康普顿把 σ 与 σ_s 之差称为真正由于散射的吸收系数，其值为

$$\sigma_\alpha = \sigma - \sigma_s = \sigma_0 \cdot \frac{1+\alpha}{1+2\alpha} \qquad (22)$$

可见,根据本文计算,由康普顿的假设导致的散射吸收系数,其值正好等于汤姆生计算的值。它在解释硬 X 射线和 γ 射线时是不成功的,所以这就表明,康普顿的假说如果不作修正,就不能令人满意。然而,从以上结果看来,如果对散射电子的运动作不同的假设,很有可能得到不同的 σ 值。对康普顿的假说作轻微的改变也许可以给出与实验相符的结果。

3. 辐射受虚动振子散射

玻尔、克拉默斯和斯莱特[6] 最近对康普顿效应提出另外一种解释,根据这些作者的观点,辐射的散射被看成是一种与每个被照射的电子发射的相干二次子波有关的连续性现象。每个电子对入射辐射场的反作用,类似于按普通电动力学的要求,在辐照场的作用下正在做受迫振动,并以康普顿所假设的虚动源的速度运动的电子的反作用。然而,与此同时,这些作者假设被辐照的电子具有某种几率,在单位时间里沿任一给定的方向携走一定量的动量,因此动量的统计性守恒就可以保证,正如同他们在同一论文中讨论到光的吸收现象,在那种现象中,可以得到能量的统计守恒。[①]

---

① 吴有训在这里明确提道:"玻尔、克拉默斯和斯莱特最近对康普顿效应提出另外一种解释",并对玻尔等人的解释提出质疑。为了使读者了解当时科学争论的情况,有必要介绍一下玻尔等人的观点。玻尔、克拉默斯和斯莱特的论文题为《辐射的量子理论》,是一篇在量子理论发展史中极为重要的文献,其基本论点有三方面,即:(1) 引进"虚振子"概念;

(2) 能量与动量的统计守恒;(3) 发射和吸收过程的统计独立性。在论述了吸收光谱和武德(R. W. Wood)实验之后,他们对康普顿效应做了如下的解释,写道:

　　另一个有趣的事例是由涉及自由电子对光的散射的理论提供的。正如康普顿利用 X 射线经晶体的反射所证明了的那样,这种散射总伴随着频率的改变,不同的方向频率的改变是不同的,并且和经典理论由一假想的运动源所发射的那种辐射的组成是相对应的。如前所述,康普顿用光量子理论,即假设读者可以取得入射光的一个量子,并同时在另一方面重新发射一光量子,而对这一效应做出形式上的解释。通过这一过程,电子沿其他方向得到速度,这个速度可用能量和动量守恒定律来确定,每个光量子都具有能量 h 和动量 h/c。和这一图像相反,我们的观点是,辐射所受电子的散射,应看成是一种连续现象,每一个被照射的电子都应通过相干二次子波的发射,对这一现象做出贡献。如果是这样,入射的虚辐射就应引起每个电子的反作用,而这个反作用正如经典理论所期待的,与某一速度运动的电子所引起的反作用相似,这个电子是以与上述那个由假想源的速度一样的速度运动,并在辐射场的影响下做着受迫振动。在这一事例中,虚振子以不同于被照射的电子本身的速度运动,这实在是与经典概念格格不入的事例。考虑到虚振子这个概念与经典的空间——时间描述的根本背离,在科学的现状下,看来没有太多理由把这里考虑的这种形式的解释看成是不适宜的而抛弃掉。相反,要对这些观测到的现象做出解释似乎不可避免地要有这一说明,它从根本上包含了辐射的波动概念。然而,与此同时,我们将像在康普顿理论中一样地假设,被照射的电子在单位时间内在任一给定的方向上获得某一确定的动量的概率。这一效应在量子理论中取代了依照经典理论将和上述类型的辐射散射相伴随的对电子的动量连续的传递,通过这一效应,动量的统计守恒将得到保证,其方式完全类似于上面讨论过的、光的吸收现象中能量的统计守恒。

这正是吴有训在本文文献 6 中所要引用的玻尔等人对康普顿效应的解释。

虚振子理论对量子理论的发展有重要意义。关于虚振子理论,玻尔在 1962 年作题为《量子力学的创立》的演讲时讲道:

我曾经和克拉默斯与斯莱特合作,企图将单个的原子反作用纳入经典辐射理论的构架中。虽然我们起初在能量和动量的严格守恒方面遭遇到一些困难,但是,这些研究却导致了作为原子和辐射场之间联系纽带的虚振子这一概念的进一步发展。不久之后,克拉默斯沿对应原理的路线发展了色散理论,把问题向前推进了一大步……海森伯和克拉默斯很快进行了密切合作,结果得到了色散理论的一次扩充[引自玻尔《原子物理学与人类知识论文集,1958—1962 年》(N. Bohr, *Essays 1958—1962 on Atomic Physics and Human Knowledge*, Richard Clay,1963)]。

玻尔等人在能量和动量的严格守恒方面遭遇到的困难,主要来自康普顿效应。康普顿效应的研究使人们拒绝了玻尔等人提出的能量和动量的统计守恒观念,把量子理论引向正确的轨道,关于康普顿效应对量子理论的推动作用,请参看本书"附录一"。

我们在这里要着重指出的是,就在这一关键时刻,吴有训积极地参与了这场具有重大意义的科学讨论。他针对玻尔、克拉默斯和斯莱特的论点,把虚振子概念与散射电子做了类比,发表了自己的看法,认为"解答强度问题的失败肯定给玻尔、克拉默斯和斯莱特解释康普顿效应带来了困难"。

吴有训 1925 年发表的这篇论文受到了人们的注意。这篇论文后来在师徒埃尔的专著《康普顿效应:物理学的转折点》(Roger H. Stuewer, *The Compton Effect—Turning Point of Physics*, New York, Science History Publications,1975)中《康普顿效应的经典理论》一节里引用,见该书第 174 页。——编者众所周知,对于光谱问题,玻尔的对应原理导致把原子对辐射场的反作用与原子对服从经典电动力学的场的反作用进行比较,根据经典电动力学,场是由一组频率相当于定态间各个可能跃迁的虚谐振子产生的。类似地,对于散射的情况,玻尔、克拉默斯和斯莱特的图像很自然会导致如下的结论:散射的辐射强度应该和上述虚动振子产生的散射同样分布。鉴于这样的振子和第二节中讨论的散射电子之间的相似性,那里有关散射的计算显然也可用在这里。因此,(16)式和(21)式分别给出了虚动振子与原始束成 θ 角的散射强度和总散射系数。

　　关于运动振子的假说,除了被散射的能量,似乎还有必要考虑入射束的辐射压对散射电子所做的功。自然,此功代表了散射过程产生的某种真正的吸收。它取代了康普顿理论中反冲电子动能的地位。一种可能的途径就是采用第二节中试用过的方法。我们已经指出,这一计算得到的结果与实验不符。

　　还是让我们把注意力转向(21)式给出的真正散射系数。它肯定无法解释阿迈德(Ahmad)与斯通纳(Stoner)和欧文(Owen),弗莱明(Fleming)与费济(Fage)[2] 最近的 γ 射线散射实验。只有在 $\alpha \approx \infty$ 的极限情况,它的值才低至 $\sigma_0/2$,可是从硬 γ 射线得到的总原子吸收系数却小到 $\sigma_0/4$ 的数量级。这似乎使(21)式与观测事实不相容。

　　解答强度问题的失败肯定给玻尔、克拉默斯和斯莱特解释康普顿效应带来了困难。偶然地,这一点似乎又支持了如下的结论:被散射的辐射不是球面波,而更像有确定方向的量子,因为江赛(Jauncey)已经根据后一概念的讨论为散射推导出了满意的表达式[7]。

4. 结束语

对于康普顿假说,偏振 X 射线的散射只不过是第二节所考虑的问题的一个特殊情况。按该节继续进行,并且假设入射射线的电矢是在 $X'Y'$ 平面内,在 S 中的 P 点可得被散射的辐射的电矢为:

$$E_s = \frac{e^2}{mc^2} \cdot \frac{KE(1-\beta)(1-\beta^2)}{r(1-\beta\cos\alpha)^3} \cdot (\cos\theta - \beta)$$

沿角 θ 散射的射线在距离 r 处的强度为

$$I_\theta = I \frac{e^4}{m^2 c^4 r^2} \cdot \frac{(1+2\alpha)\{(1+\alpha)\cos\theta - \alpha\}^2}{\{1+\alpha(1-\cos\theta)\}^5} \quad (23)$$

取(23)式中 $\theta = \pi/2$,可得沿电矢方向的强度 $I_{\pi/2}$,如取 $\theta = 0$,则可得垂直于电矢方向的散射强度 I_0。$I_{\pi/2}/I_0$ 之比不等于 0,根据经典理论结果正应如此。

从(23)式可见,除非 $\theta = \theta_p$,I_θ 不会等于 0,而

$$\cos\theta_p = \beta = \alpha/(1+\alpha)$$

这一点与江赛根据微粒量子观点所得结果是一致的。

最后,笔者希望向 A.H.康普顿教授表示衷心谢意,感谢他提出问题,不断给予指导和有益的批评。

芝加哥大学,赖尔森(Ryerson)物理实验室

1924 年 12 月 10 日

1 A. H. Compton, *Bull. Nat. Res. Council*, No. 20, p. 19 (1922); and *Phys. Rev.* **21**, 207 and 483 (1923).

2 N. Ahmad and E. C. Stoner, *Proc. Roy. Soc.* A **106**, 8 (1924); E. A. Owen, N. Fleming and W. E. Fage, *Proc. Phys. Soc.* London **36**, 355 (1924).

3 N. Bohr, H. A. Kramers and J. C. Slater, *Phil. Mag.* **47**, 785 (1924).

4 Compton, loc. cit[1]. p. **493**, E9. (24).

5 J. J. Thomson, *Conduction of Electricity through Gases*, 2d ed., p. 325.

6 Bohr, Kramers and Slater, loc, cit. 3, p. 799.

7 G. E. M. Jauncey, *Phys. Rev.* **22**, 233 (1923).

8 G. E. M. Jauncey, *Phys. Rev.* **23**, 313 (1924).

[编者按]关于吴有训1925年对散射射线强度的分析，康普顿在其《X射线与电子》(1926年)一书中的一节做了详细介绍，标题是《提出的几种强度公式》，专门有一小节讨论康普顿—吴有训的工作，因为这是他和吴有训合作的。康普顿首先根据汤姆生的经典散射理论，假设被散射线的波长较长，散射电子所得反冲速度较小，于是就可以运用汤姆生的经典散射理论公式，设散射角为θ，初始射线强度为I，则一个电子散射的强度为

$$I_\theta = I \frac{e^4}{2m^2 r^2 c^4}(1+\cos^2\theta) \tag{9.23}$$

这里的公式编号均按原书。

对于更短的波长，散射电子的反冲速度较大，类比于经典的多普勒效应，实际上强度应小于(9.23)式中的I_e。当$\theta=0$时，反冲速度为0，强度应与此式相等。

然后，康普顿运用玻尔的对应原理思想，认为强度应在(9.23)式与以量子散射理论计算所得的反冲速度代入经典理论公式求出的值之间。

502

他从布雷特(Breit)根据泡利(Pauli)的"正则坐标"方法求得的强度最低限,推出:

$$I_{\theta\min} = I_e/\{1 + \alpha(1 - \cos\theta)\}^4 \qquad (9.26)$$

并认为 I_θ 的真实值应在(9.23)式与(9.26)式之间。

他又从对比出发,根据多普勒效应得

$$\upsilon'/\upsilon = I/\{1 + \alpha(1 - \cos\theta)\} \qquad (9.29)$$

其中 υ 与 υ' 分别是射线原来的和散射后的频率。

康普顿在书中写道:

这一问题的解答已由吴有训完成,他把洛伦兹变换应用到静止中的散射电子的电磁场。他发现速度为 $\alpha c/(1 + 2\alpha)$ 的电子沿前进方向散射的强度为

$$I_{\theta=0} = I \frac{e^4(1 + 2\alpha)}{m^2 r^2 c^4} = I_0(1 + 2\alpha) \quad (吴有训) \qquad (9.33)$$

由此得:

$$I_\theta = I_0 \frac{1}{2} \frac{1 + 2\alpha}{\left[(1 + \alpha)(1 - \cos\theta)\right]^5} \{1 + \cos^2\theta + 2\alpha(1 + \alpha)(1 - \cos\theta)^2\} \quad (吴有训) \qquad (9.34)$$

我们立刻可以看出,(9.33)式与(9.23)式及(9.26)式不符,据这两个式子,$I_{\theta=0}$ 应等于 I_0。所以(9.34)式不可能是正确的,除非用于推导这两个式子的对应原理的推广形式是不适用的。

计算散射吸收系数又一次得到了最有意义的实验检验。散射的量子数显然为

$$n_s = \int_0^\pi \frac{1}{h\gamma} I_\theta \cdot 2\pi r^2 \sin\theta d\theta.$$

但其中每个量子代表从初始束带走了能量 $h\upsilon$,所以,散射吸收系数或每个电子散射的入射能量的份额为

$$\sigma = \frac{n_s h\upsilon}{I} = \int_0^\pi \frac{I_\theta}{I} \frac{\gamma}{\gamma'} 2\pi r^2 \sin\theta \, d\theta \qquad (9.35)$$

把(9.34)式代替 I_θ,(9.29)式代替 γ/γ',并作积分,我们得

$$\sigma = \frac{8\pi}{3} \cdot \frac{e^2}{m^2 c^4} = \sigma_0 \quad \text{(吴有训)} \tag{9.36}$$

我们已经注意到了这一结果与实验事实是不符的,这个实验事实就是对于短波长 σ 远比 σ_0 小。在这个基础上,吴有训做出结论,这一计算强度的方法是不可靠的。

由此可见,吴有训在康普顿一系列用经典方法推算散射射线强度的试探性理论工作中,发挥了一定的作用,得到了康普顿的肯定。

(见《吴有训文集》,江西出版集团、江西科学技术出版社2007年版,第14~26页)

芝加哥大学

3. 康普顿效应

向 Ogden 理科研究生院递交的毕业论文

申请哲学博士学位

物理系
吴有训

伊州　芝加哥
1925 年 6 月

康普顿效应[①]

提　要

钼 $K\alpha$ 线的次级光谱——用电离光谱仪测量了钼 $K\alpha$ 线经原子序数从 1~17 的 11 种元素散射后的钼 $K\alpha$ 线的波长。均匀的钼 $K\alpha$ 线每次都分成两个明显的部分:不变线占据荧光钼 $K\alpha$ 线的同一位置;还有一根变线,其峰值在实验误差限度内处于康普顿理论所预计的位置。这就毫无疑问地证明了康普顿效应的真实性和量子散射理论的普遍性。然而,在目前的实验条件下,没有找到克拉克(Clark)、杜安(Duane)和斯提夫勒(Stifler)在他们新近光谱实验中所观察到的那种三次辐射存在的证据。

变线与不变线之间的能量分布——分析了木、石蜡和石墨在 $90°$、$105°$、$115°$、$125°$、$135°$、$150°$ 和 $165°$(对于石墨的情况,$145°$ 和 $155°$ 代替了 $150°$)散射的钼 $K\alpha$ 线谱。把表示谱线的曲线下的面积加以积分,就可以求得谱线能量。如以 R 表示变线与不变线之间的能量比,本结果表明,R 几乎是随散射角 θ 作线性增加。大散射角所得的变线比小散射角所得的

[①]　此项工作的年表见本文结束处的补遗。——编者

更宽些。

1. 引 言

大约三年以前,轻元素散射后的辐射波长会改变的著名现象被 A.H.康普顿教授在 X 射线散射的研究中得到揭示[1]。为了说明这一现象,康普顿提出了 X 射线受轻元素散射的量子理论[2]。同一理论也独立地由德拜(Debye)提出[3]。他们根据的是每个量子都按一确定的方向前进并被单个电子散射的假设,散射电子的反冲,引起 X 射线改变方向,其动量也发生变化,于是被散射的量子的能量从而其频率都要小于入射线。由此预计波长的改变量被证明为

$$\delta\lambda = \lambda_\varphi - \lambda_0 = \gamma(1 - \cos\varphi) \tag{1}$$

其中 λ_φ 为角度 φ 上的散射的波长,而原始射线的波长为 λ_0,并有

$$\gamma = h/mc = 0.024A$$

其中 h 为普朗克常数,m 为电子质量,c 为光速。

康普顿对石墨散射的钼 $K\alpha$ 射线的波长进行光谱测量[4],证明原来是一根的谱线经过散射后分裂成了两根:一根是不变线,波长保持不变;另一根是变线,波长比原始谱线大,所大之量由(1)式预计。康普顿的结论已完全被罗斯(Ross)[5]、戴维斯(Davis)[6] 和 M.德布罗意(M. de Broglie)[7] 的仔细测量所证实。这是一个有力的证据,证明 X 射线基本上是按照量子理论所描绘的方式散射的。

然而,近来克拉克和杜安[8],以及克拉克,杜安和斯提夫

勒[9] 在某些光谱测量中,用钨和钼的 K 射线以及轻元素的辐射体却没有检测到这类性质的波长变化。相反,他们发现有证据证明,存在杜安和克拉克[8] 三次射线理论所要求的波长变化的二次辐射。

此项工作是要(a) 仔细检验由于散射引起的波长变化;(b) 测量康普顿效应中变线与不变线之间的能量分配。

2. 仪器和方法

测量二次辐射的波长用的是光谱方法。鉴于散射辐射强度甚低,仪器必须设计成能够获得待测波长的射线的最大强度。仪器的安排在一般特性上类似于康普顿测碳散射的二次 X 射线谱所用的仪器[4]。其原理如图 1(A)。

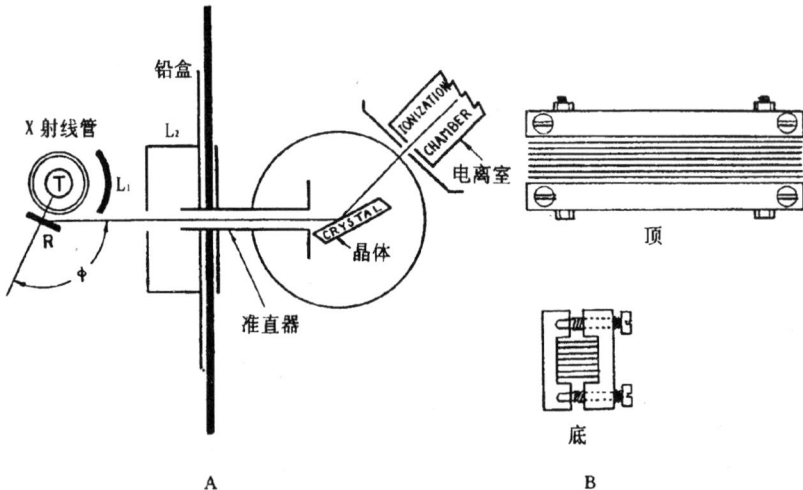

图 1

原始 X 射线由 X 射线管的靶子 T 发出,并落在与准直管共线的二次辐射体 R 上。铅屏 L_1 和 L_2 放在 X 射线管与准直器之间,以防从装有 X 射线管的铅盒发出的杂散辐射。二次散射体 R 发出的射线,经过准直器后,打到布拉格光谱仪的方解石晶体,一部分反射后进入电离室。灵敏的康普顿静电计按常规方法测量电离电流。

索勒(Soller)[10] 创制的准直管是由一叠用铅箔条隔开的铅箔片组成。本实验用了好几只准直管,每只准直管长约 18 cm。多缝系统的详情如图 1(B)所示。

X 射线管是康普顿[4] 描述过的那种,直径小,具有水冷靶子。这就使笔者有可能把辐射体置于距靶 2.5 cm 之内。因此,打到辐射体的射线强度大大增强。

为了本文第三节所述的实验,通过管子的电流为 40~50 毫安,由变压器和整流器组成的整流电源供电,这电源产生 65 千伏(峰值)产生直流电压。高压变压器的原边电压来自市电,并用电感调压器调节。

为了第四节所述的实验,X 射线管在大约 65 千伏,20~40 毫安下工作。

用这套装置,并用大方解石晶体把来自准直器的宽射束反射到电离室中,就有可能保证足够的强度,不损失分辨本领。看来,对于用电离方法测量二次辐射的波长,这套装置是满意的。

应该提到,在本研究中,X 射线管所承担的重负荷会缩短管子寿命,以致有的管子只能工作两个星期。为此,在康普顿教授的指导下,本实验室研制了令人满意的做 X 射线管的设备。不过,此处不讨论这项技术。

3. 被散射的钼射线光谱[11]

用到的辐射体是锂、硼、碳（石墨）、水、钠、石盐、镁、铝、硅和硫。锂、碳和钠的样品取圆柱形，直径 8 mm，水和硼放在同样直径的极薄的蜡纸筒中。石盐、镁、铝、硅和硫都取平板形。所用的硼呈非晶状，内含 4%～5% 氧及微量的硅。纸筒会引进少量的碳和氢。

在实验过程中发生锂和钠表面轻微氧化的情况。从水和石盐散射的辐射可以分别看成是氢与氧和钠与氯的特征线。碳、镁、铝、硅和硫可假设杂质只有相对小的量。

辐射体依次放在距 X 射线管的聚焦点大约 2.5 cm 处，它们辐射的射线将以确定的角度射入准直器。测量的结果如图 2 和图 3。曲线表示电离电流随晶体位置变化的函数关系。每个情况零点位置都是相对于从钼辐射体发出的荧光射线。图 2 代表的实验是用放在以铅皮覆盖的木质箱中的 X 射线管做的，而图 3 代表的曲线则是在箱子完全用铅条封住的情况下做的。这样的设计是为了检验阿利森、杜安和克拉克[12]提到的可能有的箱子效应。考虑到图 2 和图 3 的曲线性质等同这一事实，本项工作没有测量到由于装箱引起的效应。

图 2 中，前六种辐射体的光谱是在不改变调整的情况下取得的。对后两种元素，光阑的缝宽由 0.1 mm 增为 0.2 mm。重新调整引起零点位置变动，如图所示。图 3 的实验中，对于如硅和硫之类原子序数相对高一些的元素，在测量

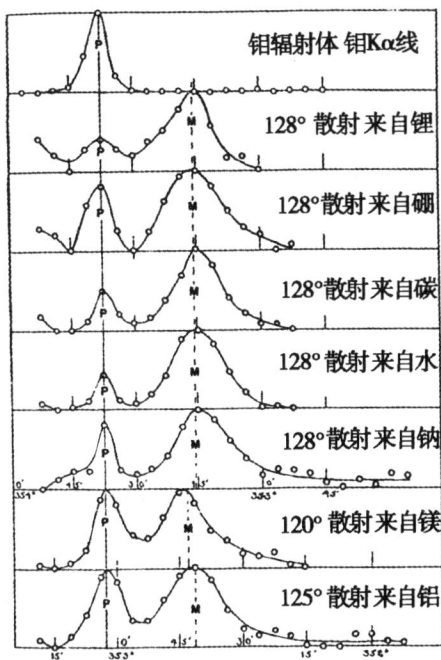

图 2

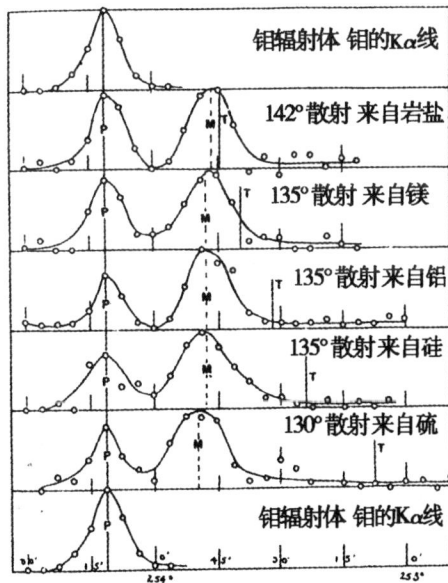

图 3

被其散射之辐射的光谱位移时,为了保证有更大的强度,缝宽从 0.2 mm 改变为 0.4 mm。

这些图形显示,从各种不同元素获得的光谱具有相同的性质。对每一种情况,均匀的钼 $K\alpha$ 射线经散射后分裂成了明显的两部分:不变线 P 占着荧光辐射钼 $K\alpha$ 线原来的位置,另有一根变线,其峰值在误差范围内正处于(1)式所预计的位置 M 上。不同元素的结果有如此显著的一致性,毫无疑问地证实了康普顿效应的真实性。

根据三次射线的想法,短波长限可以证明等于:

$$\lambda = \frac{\lambda_0 \lambda_K}{\lambda_K - \lambda_0} \qquad (2)$$

其中 λ_0 是入射射线的波长,λ_K 是散射的元素的临界 K-吸收波长。克拉克、杜安和斯提夫勒[9] 曾发表论文,介绍有关测量从冰、石盐、铝和硫散射的钼 $K\alpha$ 线的波长的实验。他们每次的结果都显示了三次辐射的短波长限。

在图 3 中,T 标示与散射元素相应的三次射线之短波长限的位置。在现有的实验条件下,笔者发现,所用到的 5 种辐射体,每种都找不到像克拉克、杜安和斯提夫勒在他们的实验中所观察到的三次辐射的证据。鉴于从硫得到的三次辐射似乎被阿利森(Allison)、克拉克和杜安[12] 新近的实验所证实,笔者特意以硫作为二次辐射体做了 10 次实验(其中一次的结果如图 3)。这些实验没有一个显示三次峰的存在。

4. 康普顿效应中变线与不变线之间的能量分配

为了研究变线与不变线之间的能量分配,有必要应用轻元素辐射体,以保证有足够的强度可进行精密的测量。在本实验中用木、石蜡和石墨作散射体。它们都做成直角块状。在每种情况里,钼$K\alpha$光谱散射到$90°$、$105°$、$115°$、$125°$、$135°$、$150°$和$165°$(对于石墨则以$145°$和$155°$代替$150°$)。

图4、图5、图6的曲线代表电离电流(取任意单位)随射线射向方解石晶体的入射掠射角变化的函数关系。以石墨作为二次辐射体的实验用图6代表,而以木和石蜡作辐射体的则分别用图4和图5代表。测量所有角度(除$90°$外)的光谱时,准直器的狭缝宽度均为0.4 mm。对$90°$,狭缝宽度由0.4 mm改为0.2 mm,以保证更高的分辨率。

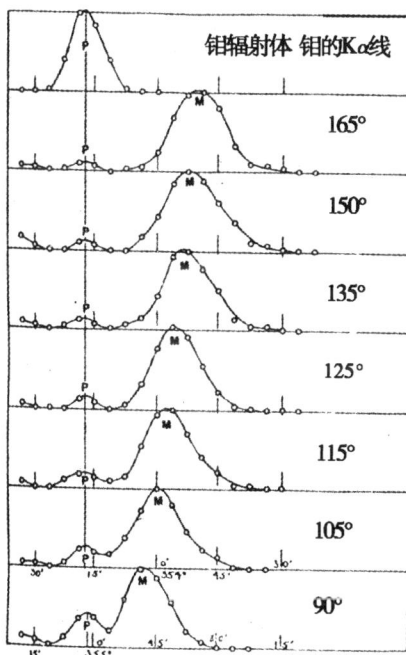

图4 木辐射体

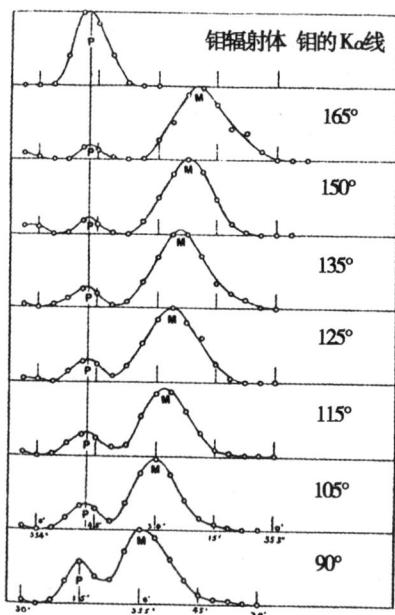

图 5 石蜡辐射体

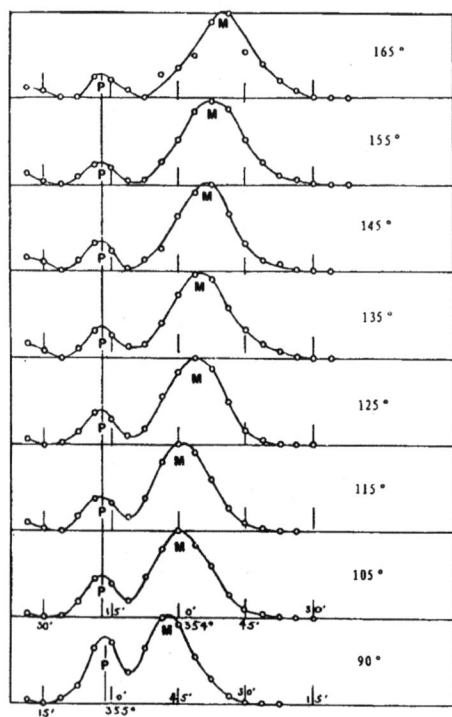

图 6 碳辐射体

当作二次辐射体的三种样品,每种都做了两组实验。从这些测量估计了变线与不变线之间的能量分配。考虑到这些曲线所代表的波长范围甚小,我们可相当近似地假设,不同谱线的能量正比于电离曲线下面覆盖的面积。由于方解石晶体的反射系数几乎与波长无关,还由于电离室充有乙基溴蒸气,几乎完全吸收所研究波长范围内的 X 射线,所以这一近似相当准确。这样,就可以用平面仪将代表谱线的曲线下的面积积分,从而获得各条光谱线的相对能量。

还做了一组特殊的实验,令不同强度的原始射线投向距 X 射线管靶子一定距离的辐射体,改变通过 X 射线管的电流,即可得到不同强度的原始射线。结果发现,变线与不变线之间的相对能量在实验误差之内与入射辐射的强度无关。

这一测量相对强度的结果列表如表 1、表 2 和表 3。其中 φ 代表散射角,E_M、E_P 分别表示变线与不变线的能量(任意单位),R 为 E_M 与 E_P 之比,ε_M 和 ε_P 分别代表变线和不变线的能量百分比。

表 1　木辐射体

φ	E_m	E_P	R	ε_M	ε_P
90	276	94	2.93	74.6	25.4
105	236	58	4.07	80.3	19.7
115	226	51.4	4.39	81.4	18.6
125	281	46	6.10	85.9	14.1

φ	E_m	E_P	R	ε_M	ε_P
135	295	40	7.38	88.1	11.9
150	265	24	11.04	91.7	8.3
165	287	23	12.47	92.5	7.5

表 2　石蜡辐射体

φ	E_m	E_P	R	ε_M	ε_P
90	236	64	3.73	78.8	21.2
105	249	36	6.91	87.3	12.7
115	268	27.5	9.75	90.7	9.3
125	262	17	15.41	93.9	6.1
135	271	16	17.00	94.4	5.6
150	300	13.5	22.22	93.5	4.5
165	300	13	23.08	95.8	4.2

表 3　石墨辐射体

φ	E_m	E_P	R	ε_M	ε_P
90	248	133	1.87	65.1	34.9
105	276	75	3.68	78.6	21.4
115	271	65.5	4.13	80.5	19.5
125	278	59	4.73	82.5	17.5
135	288	49.3	5.84	85.4	14.6
145	287	43	6.67	86.9	13.1

φ	E_m	E_P	R	ε_M	ε_P
155	294	38	7.74	83.5	11.5
165	302	34	8.88	89.9	10.1

为了显示 R 与 φ 的关系,作 R 随 φ 变化的函数关系曲线,如图 7。可以看出,对每一情况 R 这个量几乎都随散射角 φ 线性增加。石蜡的那根曲线稍微有些不规则,这可作如下说明:此时不变线的强度太小,静电计读数相对来说不易确定。由于决定 X 射线量子是根据简单量子定律散射还是按其他某种方式散射,其条件必定也管辖变线与不变线之间能量的分配,所以由现在的结果可引向如下的结论,即散射角在各种决定性因素中一定以某种方式起着重要作用。由于关于这个问题尚未有适当理论发表,在以后的论文中将做进一步讨论。

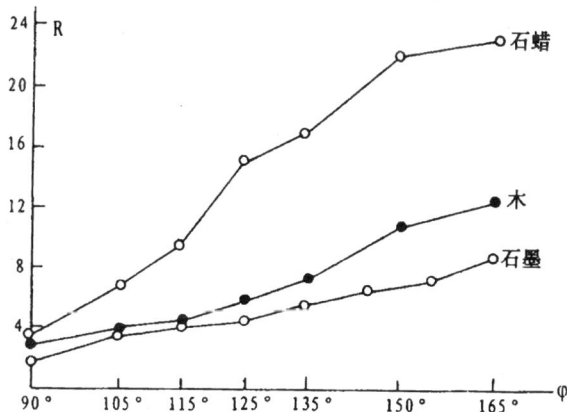

图 7

值得指出的是,石墨散射的光谱中不变线比木散射的光谱中的不变线要明显得多,而石蜡散射的光谱不变线特别暗淡。木是由碳、氢和氧组成,而石蜡则是碳和氢的化合物。这就明显地指出了,轻元素对散射变线最为有效。考虑到石蜡光谱中不变线的暗淡,似乎是散射光谱的不变部分完全是由于石蜡中的碳。可见,氢散射的光谱应仅含变辐射。康普顿教授和笔者早先用锂作二次辐射体所做的一些实验,其未发表的结果支持这一论点。我们发现,当锂样品备制新鲜时,不变线几乎消失。由此考虑,显然康普顿效应只能归属于真正的散射,任何试图将这些现象离异的想法[13]都是难以辩解的。

5. 讨 论

十一种元素散射的波长改变的事实,鲜明地显示了康普顿理论的普遍性。康普顿的工作已经表明,变线位置的变动服从$(1-\cos\varphi)$定律。图 4、图 5、图 6 所代表的结果完全证实了这一点。在那里,从 $90°\sim165°$ 的角度范围里$(1-\cos\varphi)$定律有效。

尽管康普顿和罗斯早先的实验证明了变线比不变线更宽、更不尖锐,罗斯和韦伯斯特(Webster)[14]近来得出结论,"只要假设散射角略微但也是不可避免地缺乏均匀性,就可以预计到其差别"。在本项工作中,对大角度散射角,变线展开为带,如同图 4、图 5、图 6 的曲线所见。变线宽度的一部分是由于从靶 T 看去二次辐射体 R 对应一相当大的角度,所以射线散射到准直器的角度在相当大的范围内变动。然而，如果像罗斯和韦伯斯特所得结论那样，这就是展宽的唯一原因的话，应可期望宽度在大角度时越来越小，而不像实际观察到的那样越来越大。

最后，我们要对三次射线理论说几句话。这个想法是基于下述假设：即三次辐射是由于原始 X 射线释放出的光电子与周围原子的碰撞。尽管对这一观点已有不少人驳斥[15]，笔者认为，只要假定实际中存在某种"活性"电子[16]，即可予以驳斥。事实上，没有先验性的理由可以反驳这样的假定。然而现在看来三次辐射假设的基本困难在于有这样令人惊奇的事实，即只有一组实验似乎是肯定了它，而其他的实验则否定了它。

作为结束语，笔者愿向物理系各位成员给予的合作，特别是 A.H.康普顿教授表示感谢。在康普顿教授的指导下，本文才得以完成。笔者也愿感谢各位朋友希蒙（A. M. Simon）、本莱特（R. D. Bennett）、方（K. C. Fang）和罗佩特（G. A. Roppert）所给予的帮助。

芝加哥大学

赖尔森物理实验室

1925 年 6 月

1　A. H. Compton, *Bull. Nat. Res. Coun.* No. 20, p.16(1922).

2　A. H. Compton, *Bull. Nat. Res. Coun.* No. 20，p.18 (1922); *Phys. Rev.* **21**,207 and 21,483 (1923).

3　P. Debye, *Phys. Zeitschr.* **24**, 161 (April, 1923).

4　A. H. Compton, *Phys. Rev.* **21**, 715 and **23**, 409(1923).

5 P. A. Ross, *Proc. Nat. Acad. Sci.* **9**, 246(1923) and *Phys. Rev.* **22**, 524(1923).

6 B. Davis, paper before section B of A. A. A. S., at Cincinnati, Dec. 1923.

7 M. de Broglie, *Comptes Rendus*, **173**, 908(March 1924).

8 Clark and Duane, *Proc. Nat. Acad. Sci.*, **9**, 413 and 419 (Dec. 1923); **10**, 41 (Jan. 1924) etc.

9 Clark, Duane and Stifler, *Proc. Nat. Acad. Sci.*, **10**, 148(Apr. 1924).

10 W. Soller, *Phys. Rev.* **23**, 292 1924).

11 这些结果已在下列两文中发表:

Compton and Woo, *Proc. Nat. Acad. Sci.*, **10**, 271 (June 1924);

Y. H. Woo, Ibid., (Feb. 1925).

12 Allison, Duane and Clark, *Proc. Nat. Acad. Sci.*, **10**, 379(Sep. 1924).

13 例如: C. G. Barkla, *Nature*, 114(1924).

14 P. A. Ross and D. L. Webster, *Proc. Nat. Acad. Sci.*, **11**, 59 (Jan. 1925).

15 D. L. Webster, *Proc. Nat. Acad. Sci.*, **10**, 186(1924).

A. H. Compton, *Phys. Rev.* **24**, 108 (1924).

16 所用"活性"一词,其意义与化学中活性氯的含意类似。此观点是笔者在三次辐射理论第一次出现时就提出来的,在某种意义上说,它与上述引文中韦伯斯特提出的类似。

补遗 关于本项工作的年表

此项工作进行时,有关二次射线光谱的电离实验仅有康普顿用碳作辐射体做的那个开创性的实验。1923 年 12 月克拉克和杜安宣称[1]他们的结果表明没有康普顿效应,但却有一种"三次"辐射。笔者的工作当时立即投向研究一系列不同辐射体的散射曲线。正当工作取得进展时,克拉克、杜安和斯提夫勒报道了类似的研究结果,他们研究了不同辐射体,并认为所得结果支持三次射线的观点,否定二次 X 射线起源的量子观点。笔者与康普顿教授合作,当时曾发表过一篇论文[3]介绍当时的研究(见本文图 2),给出的结果与杜安及其合作者不一致,支持康普顿对该效应的量子理论。大约与此同时,又有好几位研究者[4]获得了在不同情形下的散射射线的光谱照片,所得结果都与笔者一致。

1924 年 8 月,杜安在英国科学促进会的多伦多(Toronto)年会介绍了他的实验,这些实验似乎表明,显示康普顿效应的那些谱线的出现是由于包装辐射体的箱子含有碳和氧[5]。笔者于是用以铅条镶边的箱子,重复上述实验(见前),所得结果见图 3,跟以前用木材镶边的箱子所得一样。这一结果[6]曾在 12 月向美国物理学会报告,与此同时,还有其他几篇同一题材的论文[7]宣读。这些论文的结论是明确的,即来自所有辐射体的光谱实质上都与笔者论文中描述的一致(见图 2)。所以,如果说波长改变的康普顿理论现在已经确立,则本文所描述的工作对给出问题的最后答案负有部分责任。

在显示和测量了波长变化之后,变线和不变线相对强度的问题就成了第二个重要问题。本项工作是这一领域所做的第一次定量性质的研究。

1　Clark and Duane，*Proc. Nat. Acad. Sci.*，**9**，413－429（Dec. 1923）.

2　Clark, Duane and Stifler，*Proc. Nat. Acad. Sci.*，**10**，148（Apr. 1924）.

3　Compton and Woo，*Proc. Nat. Acad. Sci.*，**10**，271（June 1924）.

4　A. Dauvillier，*Comptes Rendus*，**178**，2097（June 1924）.

M. de Broglie and A. Dauvillier, Ibid.，**179**，11（July 1924）.

P. A. Ross, Proc. *Nat. Acad. Sci.*，**10**，304（July 1924）.

J. A. Becker, Ibid. **10**，342（Aug. 1924）.

A. Muller，*Braggs X-rays and Crystal Structure*，*4th ed.*，1924，p. 297.

5　Cf. Armstrong, Duane and Stifler，*Proc. Nat. Acad. Sci.*，**10**，274 and Allison, Clark and Duane, Ibid.，**10**，379（Sep. 1924）.

6　Y. H. Woo, Proc. *Nat. Acad. Sci.*，（Feb. 1925）；and Compton, Bearden and Woo，*Phys. Rev.* **25**，236（Feb. 1925）.

7　Allison and Duane，*Phys. Rev.* **25**，235（Feb. 1925），and *Proc. Nat. Acad. Sci.*，**11**，25（Jan. 1925）.

Ross and Webster，*Phys. Rev.* 25，235（Feb. 1925），and *Proc. Nat. Acad. Sci.*，**11**，25（Jan. 1925）.

Compton and Bearden，*Proc. Nat. Acad. Sci.*，（Feb. 1925）.

［编者按］这是吴有训的博士论文。

（选自《吴有训文集》，江西出版集团、江西科学技术出版社 2007 年版，第 27～39 页）

4. 康普顿效应中变线与不变线间的强度分布[①]

用康普顿型的小管和索勒(Soller)准直器,从 5 种辐射体——蜡、木、碳、铝和硫,获得了散射 X 射线强度的可信赖的测量结果。对前四种散射体中每一种 Mo $K\alpha$ 线都散射于 $60°$、$75°$、$90°$、$105°$、$120°$、$135°$、$150°$ 和 $165°$,唯一的例外是对铝在 $165°$ 未获可信赖的结果。对硫的散射只做了 $75°$、$90°$ 和 $105°$ 的观测。结果表明,对于给定的辐射体,变线和不变线的能量比随着散射角的增大而增大,正如江赛(Jauncey)理论所预计;但将江赛给出的碳和硫在 $90°$ 处强度比的数值与本文结果比较,表明其理论过高估计了这一比率。还用锂辐射体做了实验,锂放在充有氢的铅室中。实验结果表明,从金属锂散射的二次 X 射线康普顿效应的不变线消失了。

[编者按]美国物理学会第 135 次会议于 1925 年 11 月 27~28 日在芝加哥大学赖尔森(Ryerson)实验室召开。在这次会议上,吴有训被推选为美国物理学会会员。参加会议的约有 200 人,会议共收到论文 60 篇(其中 10 篇只在会上宣布题目),而吴有训的《康普顿效应中变线与不变

---

① 这是吴有训向美国物理学会第 135 次会议提交的论文摘要,原名 "Energy distribution between the modified and the unmodified rays in the Compton Effect",发表于《物理评论》(*Phys. Rev.*)第 27 卷(1926 年)第 102 页。——编者

线间的强度分布》一文被列为首篇论文在大会上宣读。全文则发表于下一期的《物理评论》，即本书第41页题为《康普顿效应中变线与不变线间能量的分配》的一篇论文。华盛顿大学的江赛(G. E. M. Jauncey)在会上也宣读了《散射X射线强度的理论》，并与波伊德(R. A. Boid)和尼普尔(W. W. Nipper)合作，宣读了《康普顿效应中不变线的消失》，与德福(O. K. DeFoe)合作宣读了《X射线变线和不变线散射系数的分离》。江赛和他的合作者都是来自圣路易斯的华盛顿大学。

（选自《吴有训文集》，江西出版集团、江西科学技术出版社2007年版，第40页）

5. 康普顿效应中变线与不变线之间能量的分配[①]

摘　要

散射 X 射线变线与不变线的强度比与散射角的函数关系——用康普顿型的小管和索勒(Soller)准直器,获取了 5 种辐射体——石蜡、木、碳(石墨)、铝和硫的散射 X 射线的可信赖的测量结果。应用了安装有方解石大晶体的电离分光计(乙基溴)。由于研究的波长范围很小,用平面仪把代表谱线的电离曲线下的面积积分,在相当近似的程度内获得了每种光谱的相对能量。测量结果如下:

φ	R(石蜡)	R(木)	R(碳)	R(铝)	R(硫)
60°	2.29	1.19	1.08	0.46	……
75°	3.10	1.85	1.31	0.74	0.25
90°	4.69	2.73	1.45	0.91	0.42

---

① 这是吴有训在美国芝加哥大学期间发表的又一篇论文,原名 "The distribution of energy between the modified and the unmodified rays in the Compton Effect",刊登在美国《物理评论》(*Phys. Rev.*)第 27 卷 (1926 年)第 119~129 页。——编者

φ	R(石蜡)	R(木)	R(碳)	R(铝)	R(硫)
105°	5.16	3.21	1.82	1.23	0.67
120°	5.49	4.57	2.26	1.45	……
135°	6.52	5.38	3.42	2.11	……
150°	6.98	6.21	4.05	2.52	……
165°	7.47	7.00	4.86	……	……

其中 φ 代表散射角，φ 代表变线与不变线的强度比。对于给定元素，R 值随散射角增大而增加，与江赛(Jauncey)理论预计的一般形式相符，但理论给出的数值大了 20%～50%。对于给定的角度，R 值随原子序数减小而增大，石蜡最大，它含的氢比木相对地多些。还用锂辐射体做了实验，锂放在充有氢的铅室中。铅室开有两个云母窗口(厚度约 0.005 mm)，一个窗口让初始射线投向散射体，另一窗口让二次射线进入准直器。当散射角为 110°时，不变线实际上并不存在，肯定小于变线的 4%。这一点似乎证明了，康普顿效应不能归于别的原因，只能归于真正的散射。这也支持了 A.H.康普顿建议的解释，即：在散射过程中，给予电子的能量不足以把电子从原子释出时，就会出现不变线。

在涉及散射 X 辐射的康普顿效应的研究时，变线和不变线的相对强度的测量是重要的。只要以一定的精确度进行这类测量，就可以对散射效应中轨道电子如何起作用的问题给出某些启示[①]。

方法与仪器

为测量二次辐射的强度，我们用到了光谱方法。仪器装置一般说来与康普顿[1] 测量碳散射的二次 X 射线光谱所用的相似，大致如图 1 所示。

从 X 射线管的靶子 T 发出的初始 X 射线落在与准直器共线的二次辐射体 R 上。铅屏 L_1、L_2 放在 X 射线管与准直器之间，以防止未被装盛 X 射线管的铅盒挡住的杂散辐射。二次散射体 R 发出的射线，经过准直器后，打到布拉格(Bragg)光谱仪的方解石晶体上，一部分反射进入电离室。灵敏的康普顿静电计按通常方法测量电离。

索勒(Soller)[2] 所创制的准直器是由一叠用铅箔条隔开的铅箔片组成。本实验用了两只准直器，其长均约 17 cm。X 射线管是小直径的。型式如康普顿描述的那样[1]。本项工作中通过管子的电流为 35～45 毫安，来自由变压器和两极整流管组成的整流电源，这电源在峰值约为 65 千伏的电压下产生断续直流电流。高压变压器的原边电压来自市电，并经电感调压器仔细控制，其变化不超过半伏。

用这些装置，并用大型方解石晶体，把来自准直器的宽

---

① 吴有训在这里明确指出，精确测量变线和不变线的相对强度，有助于研究原子中电子对散射过程的作用。他的散射曲线和定量结果确实为这方面的研究提供了重要依据。因此，他在这方面的贡献应该看成是开创性的。请参阅本文后的"编者按"。——编者

射束反射到电离室中,就有可能保证足够的强度,不损失分辨本领。看来,对于用电离方法研究二次辐射的强度,这套装置是满意的。

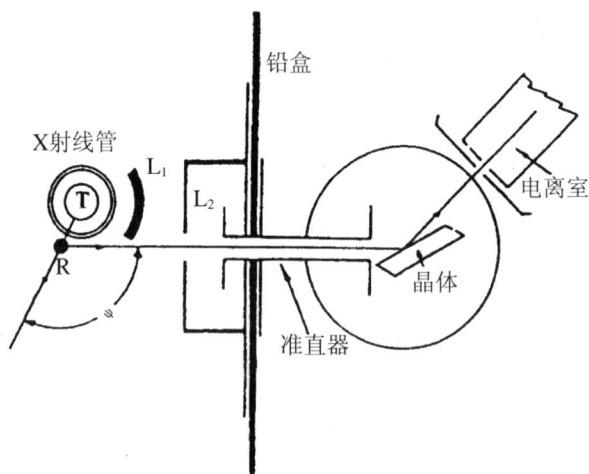

图 1   仪器简图

实验结果

为了研究变线和不变线之间能量的分配,有必要用轻元素作辐射体,以保证有足够的强度可进行精密测量。本实验中用石蜡、木、碳(石墨)、铝和硫作散射体。石蜡、木、碳等样品的形状为 1 cm 直径的圆柱体,而铝和硫为平板状。对前四种样品的每一种,钼 $K\alpha$ 射线谱分别在 $60°$、$75°$、$90°$、$105°$、$120°$、$135°$、$150°$ 及 $165°$ 处散射(对铝的情况,$165°$ 处未取得可信的结果)。由于 X 射线管出了事故,硫的实验只做了 $75°$、$90°$ 和 $105°$。

一组用石蜡作为二次辐射体的实验结果如图 2,图中曲线代表电离电流(取任意单位)随射线射向方解石晶体的入射掠射角的函数关系。用木、碳、铝和硫作为辐射体进行实验,也得到了类似于图 2 的曲线。这些结果详细列表过于繁琐,似无必要。为了测量 60°、75° 和 90° 的光谱,准直器的狭缝宽度取为 0.2 mm,对于 150° 及 165°,狭缝宽度由 0.2 mm 增为 0.4 mm,以保证更大的强度。对于 105°、120° 及 135°,两种准直器都适用。

作为二次辐射体的 5 种样品,每种都做了两组实验。从这些测量估算变线和不变线间能量的分配。考虑到本项工作中研究的波长范围甚小,我们相当近似地假设,不同谱线的能量正比于电离曲线覆盖的面积。由于方解石晶体的反射系数几乎与波长无关,还由于电离室充有乙基溴蒸气,几乎完全吸收所研究波长范围内的 X 射线,所以这一近似相当准确。这样,就可以用平面仪将代表谱线的曲线下的面积积分,从而获得各个光谱的相对能量。

由于变线和不变线在 60° 时彼此难以明显分开,相对能量是根据把包络线分解为两部分,如图 2(A) 的第二根曲线,再进行估算。为了测量 165° 的光谱,散射体必须放在远离靶子(约 10 cm)的地方,因入射辐射有所减弱,测量发生困难。所以,用铝做实验时,165° 的读数重复了数次未获成功。

在对峰值下的面积积分时,应该注意到如何作电离曲线的基线这个问题。据发现,用狭缝(0.2 mm)准直器,不变线的短波长一侧和变线的长波长一侧的连续辐射通常是强度相等,所以连接连续辐射读数的线就可当作所需的基线。但是,当用宽缝(0.4 mm)准直器时,前者的连续辐射总是比后

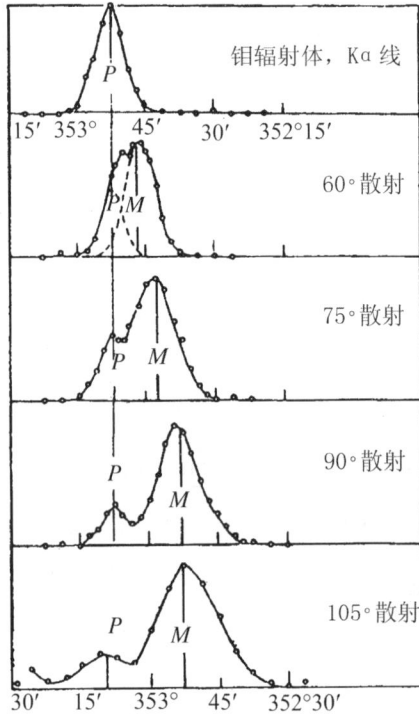

图 2　(A)不同角度下从石蜡散射的 X 射线强度分布

P 表示初始 Mo Kα 线的位置,M 表示根据康
普顿理论计算的变线峰位置。

者强。散射角大时,更是如此。由于用到了溅射过的悬丝,
静电计的灵敏度总是保持恒定,这一效应可以看成是变 β 峰
的存在造成的。所以,变射线下面的连续辐射读数取作代表
变线和不变线峰值的基线高度。代表不变线的曲线就如图 2
(B)的第二根曲线所示,按照荧光 Mo Kα 谱的样子描出,接
到选定的基线上。

在这一方面我们可以提到阿利森和杜安[3] 指出的事实,
即相对于连续辐射的不变线的强度在散射谱中小于直接从 X
射线管靶子上获得的辐射强度。这也许可以归因于:(1)上

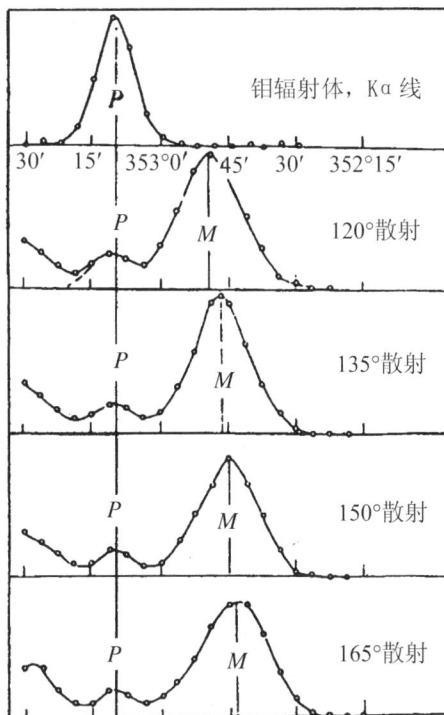

图2 （B)不同角度下从石蜡散射的 X 射线强度分布

述二次辐射中变 β 峰的存在；(2) 正如 A.H.康普顿所建议的那样，二次白辐射的存在。由于辐射体对短波长具有更大的有效散射体积，所以在散射射线中二次白辐射相当强。第一种效应既依赖于散射角，又依赖于缝宽，而第二种效应则随 X 射线管上所加电压变化。

我们完成了一组特殊的实验，改变通过 X 射线管的电流，使不同强度的初始射线投向距管靶确定距离的辐射体。我们发现，变线和不变线的相对能量在实验误差范围内与入射射线强度无关。

这些相对强度的测量结果列表如表 1，其中 φ 代表散射角，R 代表变线对不变线的能量比(单位任意)，s 是多缝系统中单缝的宽度(单位为mm)。

表1 不同辐射体和不同角度变线对不变线的能量比

	木		石蜡		碳		铝		硫	
	s	R	s	R	s	R	s	R	s	R
60°	0.2	1.19	0.2	2.29	0.2	1.08	0.2	0.46	···	···
75°	0.2	1.85	0.2	3.10	0.2	1.31	0.2	0.74	0.2	0.25
90°	0.2	2.73	0.2	4.69	0.2	1.45	0.2	0.91	0.2	0.41
105°	0.2	3.21	0.4	5.16	0.2	1.82	0.2	1.23	0.2	0.67
120°	0.2	4.57	0.4	5.49	0.2	2.26	0.4	1.45	···	···
135°	0.4	5.38	0.4	6.52	0.2	3.42	0.4	2.11	···	···
150°	0.4	6.21	0.4	6.98	0.4	4.05	0.4	2.52	···	···
165°	0.4	7.00	0.4	7.47	0.4	4.08	···	···	···	···

图3将强度比 R 对散射角 φ 作图。可以看出,每组数据均与光滑曲线近似拟合,表明强度比的变化是散射角的函数。除了石蜡之外的所有情况,实验曲线都显示在小角度处向下凹曲,在大角度处向上凸起,对于石蜡,曲线有些不规则。也许要提醒,在这个情况中,不变线的强度太小了,以至于静电计读数相对地不确定。

值得注意的是,石墨散射光谱中的不变线比木散射光谱中的更为显著,而石蜡散射光谱中的不变线特别暗淡。木是由碳、氢和氧组成的,而石蜡则是碳氢化合物。这清楚地说明了,氢元素在散射变线中最为有效。考虑到石蜡光谱中不变线的暗淡,看来很可能的是,散射光谱的不变部分完全是由于石蜡中的碳。可见,氢散射的光谱应仅含变辐射。这一看法从研究锂散射的二次射线得到支持。下节就来介绍锂的情况。

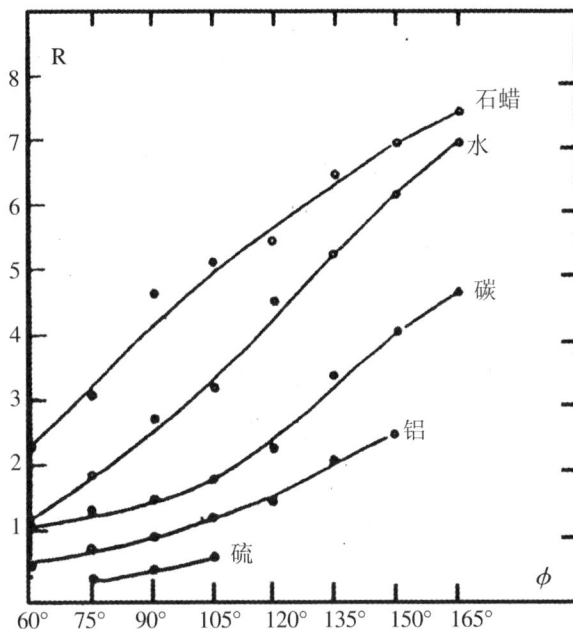

图3　各种辐射体的 $R - \varphi$ 曲线

锂散射的二次 Mo $K\alpha$ 射线强度

早在1924年5月，A. H. 康普顿和笔者就完成了以锂作二次辐射体的实验，其未发表的结果表明用新鲜制备的锂样品，不变线非常暗淡，尽管它的存在确定无疑。戴维斯（B. Davis）[3] 也曾注意到同一效应。近来，阿利森和杜安[4] 测量过锂散射的钼 $K\alpha$ 线，他们为了防止锂氧化，在实验中用一层石蜡油加以保护。他们的结果仍然显示在不变线的位置有微弱的峰存在。这些作者指出，他们的结果可能受到油中的碳的散射的影响。

笔者新近完成了一系列实验，把锂辐射体放在充有氢的铅室中。铅室上安装了两个云母窗,各厚 0.005 mm,一个窗口让初始 X 射线投到散射体上,另一窗口让散射体发出的二次辐射进入准直器。由于铅的散射可忽略不计,而氢比锂轻,这些实验不会受它们之中任何一个的影响。此外,对如何屏蔽固定云母窗的封蜡也给予了特别的注意。

测量结果如图 4。曲线 1 表示用在空气中清洗的锂样品所取得的实验结果之一。曲线 2 和曲线 3 是用在充有氢的倒

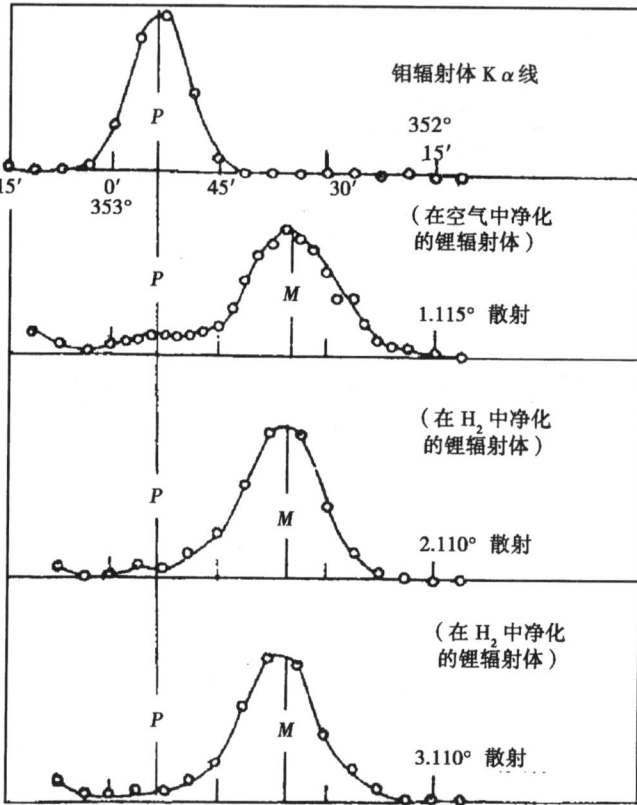

图 4 锂的散射

P 表示初始 Mo Kα 线的位置,M 表示根据康普顿理论计算的变线位置。

置的玻璃罐中仔细清洗过辐射体所取得的两次测量结果。从曲线可见,结果表明在金属锂散射的二次 X 射线中康普顿效应的不变线消失了。

结果讨论

讨论分成两部分:(1) 除锂以外所有辐射体的散射;(2) 锂的散射。

(1) 从表 1 结果可见,能量比随散射角增大而增加,其趋势如图 3 中的曲线。由于决定一个 X 射线量子是否按简单量子定律或其他某种方式受到散射的条件,也必定控制着变线和不变线的能量分配,所以本项工作的结果就会导致如下结论:在起决定作用的诸因素中,散射角以某种方式起着重要作用。

近来江赛(Jauncey)发表论文[5],从理论上探讨对于给定元素和给定入射波长,变线和不变线强度比随散射角变化的问题。这一理论要求,当散射角增大时,变线强度相对于不变线有所增加。遗憾这一理论和本实验的符合只是定性的,而不是定量的。江赛假设以 0.002 A 代表分辨率,他给出了变线相对于不变线的强度比,对 90°碳为 1.47,对 90°硫为 0.62,而本实验对 90°碳强度比为 1.45,对 90°硫为 0.42,尽管所用光谱仪装置的分辨率不大于对应于波长宽度为 0.004 A 的分辨率。看来这一事实表明,江赛的理论过高估计了变线与不变线的强度比。然而,特别令人感兴趣的是,根据江赛理论计算的结果表明,强度比随散射角变化的曲线与实验所得的图 3 的曲线具有大体相同的形式。看来这表明有可能进一步发展江赛的处理方法。

最后可以提出,本实验还表明,对一给定的散射角,变线相对于不变线的强度随散射体的原子序数增大而减小,并且变线的宽度比康普顿的简单方程所允许的还要大。这些都与早先在这个领域所得的结果一致。

(2) 从锂的散射辐射强度测量结果可以做出如下结论:

首先,它提供了明确的证据,证明康普顿效应不能归属于任何别的成因,只能归属于真正的散射,所以,巴克拉(Barkla)[6] 关于区分这些现象的想法难以获得支持。

其次,它支持了康普顿说明不变线存在的第一个假设[7],这个假设是说,电子的束缚能是这样的,即在散射过程中分给电子的能量不足以使电子从原子逸出;但它却与康普顿的另一条假设极不协调,另一假设是说,初始量子被一群电子散射,而不是被单个电子散射。它也与不变线起源于初始(光)量子被核散射的可能解释不一致。

再次,它支持可导致如下结论的想法:氢的散射光谱应没有不变线。

最后,笔者愿向 A.H.康普顿教授表示衷心感谢,感谢他有价值的建议和他在这项工作中有求必应的帮助。

1925 年 10 月 23 日
于芝加哥大学赖尔森物理实验室

1　A. H. Compton,*Phys. Rev.* **22**,409 (1923)

2　W. Soller,*Phys. Rev.* **23**,272(1924)

3　B. Davis, *Phys. Rev.* **25**, 737(1925)

4　Allison and Duanne, *Phys. Rev.* **26**, 300(1925)

5　G. E. M. Jauncey, *Phys. Rev.* **25**, 314(1925) and *Phys. Rev.* **25**, 723(1925)

6　C. G. Barkla, *Nature*, **114**, 753(1924)

7　A. H. Compton, *Phil. Mag.* **46**, 897 (1923)

[编者按] 这是吴有训在美国芝加哥大学期间发表的又一篇论文,原名为"The distribution of energy between the modified and the unmodified rays in the Comopton Effect",该篇论文刊登在《物理评论》杂志 1926 年 2 月号上,受到物理学界的普遍重视。1930 年出版的德文《实验物理学手册》(*Handbuch der Experimental physik*)第 24 卷第 1 分册引用了本文的图 2(A)、(B)及图 3。请参阅本书第 332 页。

从 X 射线散射曲线的形状,有可能获得有关电子在原子中分布和运动状况的知识,这在康普顿的著作中多次提到。例如,他在 1923 年发表于《物理评论》的题为《散射 X 射线的光谱》一文中写道:

不变线和变线的代表曲线在宽度上有明显的不同。变线的宽度较大,这部分是由于石墨散射体 R 对靶子 T 张成较大的角度,这样便使散射到光谱仪晶体上的射线在一定的角度范围内变化。我尽量精确地估计了一下,将由于这一原因所造成的变曲线中部的宽度增加量在图中用画在字母 T 上方的两条短线表示出来。然而,这种几何学上的理由看来不足以完全解释变线的这一加宽现象,至少对散射角为 135° 的情况是如此。看来恐怕应当认为,即使在射线以一准确的角度散射时,变线也会有一定的宽度。

当 X 射线以小角度散射时,不变线通常都会占据主要地位,而在大角度散射的情况下,变线就会占据主要地位。一部分不变线无疑是由于在石墨块的微小晶粒上发生的规则反射造成的。但如果这是不变线的唯一来源,它的强度就应该随着角度的增大而迅速减弱,但实际的观测结果却减弱得慢得多。用来确定这两种射线之间能量分配的条件,就是确定是否能使 X 射线按照简单的量子法则散射的条件。我用另外一种方法对这一分配从实验上进行研究——研究结果将在别的论文中讨论——而影响这种分配的原因目前尚未弄清楚。

为了搞清楚散射曲线与电子运动的关系,有好几位学者做了开创性的工作。在文献中经常提到的有:杜蒙(Du Mond)、江赛(Jauncey)、泡林(Pauling)等人的工作,包括实验和理论两方面。他们查明,康普顿散射轮廓直接反映了物质内部的电子动量分布。这些成果为后来用康普顿轮廓法探测电子动量分布奠定了基础。应该说,康普顿与吴有训合作的以及吴有训一个人作的早期 X 射线散射实验也为后来的研究提供了最初的基础。请参阅:

陈成钧:《用康普顿散射探测电子动量分布》,《物理》,第 9 卷,(1981年)第 300 页。

谢忠信等编著:《X 射线光谱分析》,科学出版社,1982 年,第 59～60 页。

(见《吴有训文集》,江西出版集团、江西科学技术出版社 2007 年版,第 41～51 页)

6. 康普顿效应中变线和不变线的强度比[①]

　　运用已描述过的方法（*Phys. Rev.*27，1926，116），这个方法是用康普顿型的小管和索勒（Soller）准直器，从 15 种辐射体——原子序数从 3～29 的化学元素，可靠地测量了散射 Ag Kα 射线的变线和不变线的强度比。每一种情况都取单一的散射角 120°做了实验。由于所测波长范围很小，每个光谱的相对强度都用平面仪将代表该谱线的电离曲线下面的面积积分。对于不同的散射体测出的强度比值如下表[②]。

---

　　① 这是吴有训向美国物理学会第 140 届例会递交的三篇论文中的第一篇，题为"Ratio of intensities of modified and unmodified rays in the Compton Effect"，刊登于《物理评论》（*Physical Review*）第 28 卷（1926年）第 426 页。美国物理学会第 140 届例会于 1926 年 6 月 16～19 日在加利福尼亚州奥克兰（Oakland）的米尔斯（Mills）学院的物理实验室举行。这次会议是与美国科学促进协会的太平洋分会联合召开的。美国物理学会的报告会在 17 日上午举行。议程中共有 15 篇论文宣读，其中吴有训一人提交的就有三篇。另两篇见后。——编者
　　② 这篇摘要的详细内容于 1931 年发表在《中国科学社会刊》（*Transactions of the Science Society of China*）第 7 卷上。

辐射体	原子序数	强度比	辐射体	原子序数	强度比
Li	3	∞	S	16	1.91
Be	4	8.72	K	19	1.72
B	5	7.02	Ca	20	1.71
C	6	5.48	Cr	24	0.75
Na	11	3.04	Fe	26	0.51
Mg	12	2.78	Ni	28	0.40
Al	13	2.61	Cu	29	0.21
Si	14	2.33			

[编者按]吴有训在这篇论文摘要中发表的实验结果受到了广泛注意,因为这是第一次发表有关多种轻元素散射的定量数据,说明强度比与原子序数的函数关系。这些数据是根据吴有训在当时尚未发表的 15 种元素的 X 射线散射光谱曲线求出的。1930 年出版的德文《实验物理学手册》(*Handbuch der Experimentalphysik*)第 24 卷第 1 分册引用了吴有训的这些数据,并与罗斯(P. A. Ross)晚些时候测定的数据并列,同时,在该书第 457 页将吴有训的数据作图表示强度比与原子序数的函数关系。详见本书第 332 页。1933 年在柏林出版的《物理学手册》(*Handbuch der Physik*)第 23 卷第 2 分册中也引用了吴有训上述数据。15 种元素的 X 射线散射光谱曲线图的第一次出现是在康普顿 1926 年的专著《X 射线与电子》一书中,详见本书第 351 页。

(选自《吴有训文集》,江西出版集团、江西科学技术出版社 2007 年版,第 52～53 页)

7. 康普顿效应中不变线的消失[①]

江赛（Jauncey）关于 X 射线被束缚电子散射的理论（*Phys. Rev.* **25**,314[②]）要求康普顿效应中不变线在散射角的值大于 $\mathrm{vers}\varphi=242\lambda_0^2/\lambda_s$ 时消失，其中 λ_0 为初始 X 射线的波长，λ_s 为散射物质的 K 临界吸收限，两者均以埃格斯特朗表示。对于 Ag $K\alpha$ X 射线（$\lambda_0=0.5604$A）的铍、硼和碳散射，计算得出临界散射角分别为 64°、98°和 137°。据此，笔者用铍在 105°和 120°、用硼在 120°和 135°、用碳在 140°散射 Ag X 射线，并用已经介绍过的电离方法（*Phys. Rev.* **27**,119）从光谱检验散射 X 辐射。在各种情况下，不变峰都明确显现，尽管比起变线来要暗淡些。所以，本项工作的结果与江赛的理论并不

---

① 这是吴有训向美国物理学会第 140 届例会递交的三篇论文中的第二篇，题为"The disappearance of the unmodified line in the Compton Effect"，刊登于《物理评论》（*Physical Review*）第 28 卷（1926 年）第 426 页。——编者

② 江赛的这篇论文题为《康普顿效应中不变谱线的量子理论》，他以康普顿的量子散射理论为基础，假设(a)初始(光)量子能量加电子在玻尔轨道(假定为圆形)的动能等于被散射(光)量子的能量加上反冲电子恰好离开其轨道之后和逸出原子静电场之前的能量；(b)初始(光)量子的动量和电子在轨道上的动量的矢量和等于被散射量子的动量和反冲电子刚从轨道移出时动能之和；(c)初始量子和被散射量子之间的能量差至少应等于电子在其玻尔轨道上的束缚能。由此推出公式 $\mathrm{vers}\varphi=242\,\lambda_0^2/\lambda_0$，其中 $\mathrm{vers}\varphi=1-\cos\varphi$。——编者

相符,也与江赛和他的合作者(*Phys. Rev.* **27**,102①;*Bull. Am. Phys. Soc.* **1**,no. 9,p.10,1926 年 4 月)所作的实验相悖。②

[编者按]康普顿效应得到确证以后,不变线消失的问题成了人们普遍关心的课题。关于这个问题,康普顿在其著作《X 射线与电子》(1926 年)一书中写道:

德福(DeFoe)近来曾用比较初始射线和被散射射线的吸收系数的方法测量变散射和不变散射的比率。他的结果从头到尾都与江赛的理论符合得很好。另一方面,吴有训最近的光谱,就像图 110(即本书第 351 页的光谱曲线——编者)中所示的,被铍和硼散射的射线中的不变线,与江赛的理论公式的预言相反(引自该书第 294 页)。

可见,吴有训的实验结果否定了江赛关于变线与不变线之间强度比的理论。

(选自《吴有训文集》,江西出版集团、江西科学技术出版社 2007 年版,第 54~55 页)

---

① 该论文摘要由华盛顿大学的江赛与德福合作,在美国物理学会第 135 届例会上发表,题为《X 射线变散射系数和不变散射系数的分离》(Separation of the modified and unmodified scattering coefficients of X-rays)。——编者

② 江赛和他的合作者波伊德(R. A. Boyd)及尼普尔(W. W. Nipper)在上述会议上另有一篇论文,题为《康普顿效应中不变线的消失》(The disappearance of the unmodified line in the Compton Effect),刊登于《物理评论》第 27 卷(1926 年)第 103 页。他们改进了实验装置,用照相方法在其理论预计的角度检测硼的 X 射线散射,经过 60 小时的曝光,获得了不变线消失的证据。吴有训所指的可能是江赛的这项工作。——编者

8. 1947 年 5 月 19 日在全校师生
大会上的讲话（节录）

学校如不安定，各事无法进行

本人到学校已一年零八个月,全国教授一致帮助本人办理学校,经过千辛万苦,渡过了种种难关,到现在方有莫大的希望与进步,(鼓掌)我初到校时就提出了"在安定中求进步"的主张,现在已是 5 月,为了安定和进步,就须积极向各方争聘教授,接洽经费,校务会的代表和教授代表都协助学校向公私各方筹措经费,已有相当结果,但因最近学校不大安定,各事无法继续,实在是学校莫大的损失。

民主是大家的，望少数人反省

本人一向希望中大成为民主自由的学校,诸位同学也都有此要求,但民主不是少数人的,而是全体的。(大鼓掌)自己的自由须好好爱护,他人自由须好好尊重才是。(鼓掌)最近有同学拿去上课用的号筒,影响教授和同学上课,我希望这是少数人或仅是一二人不好的行为,希望彻底反省错误。诸位在校时,或不觉得学校怎样可爱,一旦毕业离开了学校,就觉得学校与个人有密切的联系。本校有 30 多年的历史，校友很多，都很关切学校。最近南商、东大、中大毕业同学会改为国立中央大学校友会正式成立，意义实为重大，也一致的帮助学校发展，很值得感谢。请同学爱护学校，当然不能后人。（鼓掌）

要做大勇的人，赶快悬崖勒马

本人为了爱护中大而办中大，（鼓掌）诸位教授先生为了爱护中大，而来中大教育研究。（鼓掌）诸位同学在学校读书，爱护中大，愿她安定进步，（大鼓掌）使中大变成我们理想中的大学！（大鼓掌）

如果有一天，理智不能战胜冲动的情感，使中央大学一招棋输不可挽救，不是我吴有训不爱护中央大学，而是你们不爱护中央大学！（是时普遍鼓掌，情感至为沉痛，听者至为动容）

世界上大勇的人，做事能发能收，我希望同学们要做大勇的人，不要做小勇的人，要悬崖勒马。我希望我这讲话不是最后一次情急呼天。我现在乞求上帝，愿上帝保佑中央大学，希望上帝保佑中央大学的同学。（大鼓掌声不绝）

（选自《南大百年实录·中央大学史料选》编辑组编《南大百年实录·中央大学史料选（上卷）》 第三编 1927～1949 从第四中山大学到中央大学，南京大学出版社 2002 年版）

9. 中央大学卅二届校庆献辞

　　中大溯源南雍,由来固久,自改制高师,以迄今日,亦已三十有二年矣。训猥以蒲梢,承乏校政,欣逢三十二周年校庆,爰略陈鄙陋,以敬献于诸同仁及校友,并以告全体同学焉。

　　吾校创立之初,即以研索学术,潜修德业为宗旨,教者既诲人而不倦,学者亦讽诵以无懈,其钻研孜孜,犹六朝古枯松之历久靡萎,盖至诚不息,始能久远博厚,大学之道也。故本校成立以来,英杰辈出,蔚为江左人望:即抗战军兴,以至复员,虽艰难备尝,屯遭屡至,亦尚弦歌未辍,维学术于不隳。兹后国事,当可澄清,凡传道解惑于斯者,藏修游息于斯者,必能秉承旧规,引倡导学术为己任,发弘光大,以为国本,以为天下法,此训所敬献者一也。

　　吾校校风,夙以诚朴相尚。讲学论道,师友燕居,莫不互见以诚,相须以敬,而执卷问难,登坛析辨,又皆笃实勤谨,不尚浮辞游谈,是以颓俗陋风,不入黉舍,及今世俗浮浇,崇华黜实,吾校尤应特立不阿,以为砥柱,己身既修,亦足以移风易俗,故诚朴学风之传统,允宜善为护持而发扬,此训所敬献者二也。

　　学校之维续扩充,固有赖于政府社会之协助,尤有赖于校友之爱护,吾校迄今卅二年,毕业校友,业近万人,其所护掖母校者,更仆难罄,当为全校师生所感佩,惟来日方长,所期待于校友协助者,尤为殷切,训愿与诸校友共勉之。

此次庆祝校庆,为胜利后之第一次,亦即本届毕业同学结业之时,训躬逢其盛,欣忭逾恒,愧吾不文,谨献管窥,尚乞教正焉。

10. 国民对于科学研究的自信

　　我国最大的弱点,是科学落后,无论是纯粹科学或应用科学,都尚未获得健全的发展。科学的历史和我国的历史相比,真是短得很。中国有 4 000 年的文化历史,科学的历史则不过 300 多年。我国的文化在古代本极辉煌发达,现在之所以落后,也不过是缺少科学的文化。这种落后起自明末,因为在这个时候,现代科学的开山大师意人伽利洛开始在斜塔上作了他有名的实验,是为现代科学发达的肇始。时期在十七世纪初期 。可是差不多在同一时代,我国的徐光启介绍了西洋科学过来。但徐文定公的介绍西洋科学,对于我国的影响很小,这才形成了以后 300 多年来科学文化的落后。

　　并且事实上近代科学文明的具体发达,还是近 200 年内的事。譬如蒸汽机的发明,至今不过 160 多年,发电机的原理,则为 110 年前才由法来第所发明。至于无线电波,不过是在 73 年前由马克斯威尔所发现,再后 20 年始由赫兹所证实。而内燃机的发明,更不过 30 年左右。只是科学的历史虽短,进步却有一日千里之势,而且将来的发展正无限,也许五年十年后,整个世界又要因科学的新发明而另换一个新面目。我们有 4 000 年的文化历史,很值得我们骄傲,可是我们关于科学非常迅速的进步,也必须同时注意,以求迎头赶上,然后我们才能保持住我们几千年的文化历史,使我们的国家民族，在今后的世界中，能与其他各优秀国家民族，共同存在。

本来我国开始注意科学，亦已有50年左右，如我国最早的大学北洋大学，成立到现在已有45年。不过从前国人对于科学的研究，多不切实际，这是造成我国科学落后的最大原因。我以为这50年来一般国民对于究研科学的态度，可以分为三个阶段：

第一个阶段为妄谈科学的时期，为清末年，政府派一些秀才去到日本留学，他们有的入了速成班，有的从私人教师学习，可是他们有许多根本没有学会日本话，上课得请翻译，而那些翻译甚至一点科学知识都没有，随意瞎译一番。因此这一时期的留学生虽有学习科学之名，实际并没学到什么，只是妄谈科学而已。

第二个阶段为空谈科学的时期，妄谈时期过去后，大家似已能认真研习科学。可是他们所学，依然是很空虚。譬如学习慎物或生物学的人，一年可以读完一本很厚的教科书，但他们从不去到野外观察一草一木，更谈不到作其他较繁的实验。同时一般学生都爱高谈理论，把科学也看成空谈的资料。所以当时有人说以我国的大学生和外国的大学生相比，中国学生这种高谈理论的程度，简直可做外国大学生的先生。故这一时期他们表面上虽然一天到晚在研究科学，其实却离真实的研究很远。这种空谈的痕迹，我们现在还在有些学校中可以看得出来。

第三个阶段则为最近15年来这一时期，我们可称之为实在工作时期。从这时起，我国的科学研究工作，开始自己有了国立的路线,能独出心裁自己规划研究工作的程序,研究的成绩,也得到世界各科学家很好的赞许。其最先表现出成绩的是关于地质方面与生物方面的科学,因为这两种科学比较有地域性,工作比较便当。对最近 10 年,则物理化学及数学等学科也都有很多的收获。有人说这 10 年来我国科学研究工作的进步,比以前 30 年都大,这一点不是过分之言。

为什么我国对于科学的研究,近 10 年有这么大的进步!就因为近年许多是外国留学归来的人,能认真专心埋头于研究工作,于是每一门科学,在国内都能不多有几个中心树立。这里所谓中心,就是指在某些地点,对于某门科学的研究树立了基础,而且很有成绩表现。如各种科学研究所及各大学的科学研究机构是。

就一般而论,我国科学研究的进步,可分两方面来说:一是学校方面。这十年来许多学校已非常注重实际研究,研究的设备大为增加,实验多于理论。本来科学是一种实验的产物,研究科学的人,双手必须经过相当训练。譬如说研究科学的人要会吹玻璃,因为有许多实验用的玻璃管,不但外面买起来极贵,而且还不尽合用,只有自己动手制作。过去大家研究科学,手的训练太不注重,现在则手、眼、耳、和脑的训练同时并重,理论与实际颇能相互配合。记得有一个笑话说 10 年前有个在外国的留学生,有人请他装一根无线电的地线,外国的地面多是水门汀,这个留学生便掘开水门汀的地面来装地线,他不知道只要把地线接在自来水管上就成了。这种笑话的产生,也即是说明了他们太缺乏实际训练之故。现在许多大学差不多都自己附设有小的工厂,自己能制作实验机器,受过这训练的学生。其科学研究工作,当然切实得很。

其次,一般青年科学家的努力也真了不起。以前像我们这一辈,到外国花三四年的功夫,才能作好一篇论文,而且那时的国内大学生到外国去,要进人家的实验室就不容易。可是近年到外国去求学的我国青年科学家,常常一年半年就能作好一篇论文,他们也能直接进入人家的实验室去研究,不致为人所拒绝。又如我国留学生从前在法国考取国家博士者极少,现在则得到这种荣誉学位的人相当多。在这里,有许多我国留学生于两年内就取得学位。世界最有名的大学是英国剑桥大学和牛津大学,牛津以人文科学著名,剑桥则以自然科学著名,我国学生从前入剑桥大学,照他们的规矩是要满三年才能参加学位考试。可是近年他们看见我国学生的成绩实在很好,便准许将两来在国内研究院的一年成绩算在三年的期限内,使我国留学生只要两年就可参加学位考试。这一种光荣的收获,也正可证明我国青年科学家近年来成绩的优良。

从这种种事实,可知我国虽然吃亏在科学落后,然近年由于各方面的努力,科学的研究已经大有进步,其种种优良成绩的表现,均足证明我们的民族具有极易接受科学的性能,只要大家对于科学研究有自信,努力于实际的研求探讨,自然可以在短期内迎难赶上。还有我们应该注意的一点,就是我们研究科学,必须具备科学的精神,所谓以科学的精神来研究科学,是要以一种经久不懈的努力与恒心来学生从事于实际的研究。我国人常有一种不好的毛病,当他末结婚之时,很肯努力,很积极,一到结婚有了小孩后,就以为自己老了,而不再努力,却把希望寄托在他儿子身上,这种没出息的思想是与科学的精神绝对违反的。所以我们今后要革除这种不长进的心理,确立对于科学研究的自信,大家普遍地共同努力于科学研究,则我国科学研究的前途必充满光明了。

图书在版编目(CIP)数据

南雍佳篇：中央大学名师文选.一,校长卷/中央
大学南京校友会,《南雍佳篇：中央大学名师文选》编纂
委员会编.—南京：南京大学出版社,2018.5
　ISBN 978-7-305-19461-0

Ⅰ.①南… Ⅱ.①中… ②南… Ⅲ.①高等教育-中
国-文集 Ⅳ.①G649.2-53

中国版本图书馆 CIP 数据核字(2017)第 248723 号

出版发行　南京大学出版社
社　　址　南京市汉口路 22 号　　　　　邮　编 210093
出 版 人　金鑫荣
书　　名　**南雍佳篇：中央大学名师文选(一)校长卷**
编　　者　中央大学南京校友会
　　　　　《南雍佳篇：中央大学名师文选》编纂委员会
责任编辑　陆蕊含
照　　排　南京紫藤制版印务中心
印　　刷　南京爱德印刷有限公司
开　　本　718×1000　1/16　印张 35.25　字数 351 千
版　　次　2018 年 5 月第 1 版　2018 年 5 月第 1 次印刷
ISBN　978-7-305-19461-0
定　　价　98.00 元

网　　址　http://www.njupco.com
官方微博　http://weibo.com/njupco
官方微信　njupress
销售咨询　(025)83594756